KB188673

걸리버 여행기

세계교양전집 41

걸리버 여행기

조나단 스위프트 지음
강경숙 옮김

올리버

조나단 스위프트 Jonathan Swift

· 차례 ·

출판사가 독자에게 전하는 말

이 여행기의 저자인 레뮤얼 걸리버Lemuel Gulliver는 나의 오래되고 친밀한 친구입니다. 또한 우리 사이에는 어머니 쪽으로 친분 관계가 있습니다. 약 3년 전, 걸리버 씨는 레드리프에 있는 자신의 집에 호기심 많은 사람들이 몰려드는 것에 지쳐서, 그의 고향인 노팅엄셔의 뉴어크 근처에 접근성이 편리한 집이 딸린 작은 땅을 구입했습니다. 그는 현재 은퇴하여 살고 있지만 이웃 사람들 사이에서 꽤 괜찮은 존경을 받고 있습니다.

걸리버 씨는 그의 아버지가 살았던 노팅엄셔에서 태어났지만, 나는 그가 그의 가족이 옥스퍼드셔 출신이라고 말하는 것을 들었습니다. 그것을 확인하기 위해 나는 옥스퍼드셔 카운티의 밴버리에 있는 교회 마당에서 걸리버의 여러 무덤과 기념비적인 것을 알아냈습니다.

레드리프를 떠나기 전에, 그는 이 여행기에 관련한 문서들을 관리할 수 있도록 내 손에 맡겼고, 내가 적절하다고 생각하는 대로 그것들을 처리할 수 있도록 허락해 주었습니다. 나는 그 문서들을 세 번이나 주의 깊게 정독했습니다. 스타일은 매우 평범하고 단순했습니다. 그리고 내가 찾은 유일한 단점은 저자가 여행자의 방식을 따라 너무 상황적이라는 것입니다. 그러나 여행기 전체를 통해 보면 명백한 진리가 있음을 알 수 있습니다. 그리고 실제로 저자는 그의 진실성이 너무나 뛰어났기 때문에, 레드리프에 있는 그의 이웃들 사이에서 일종의 속담이 되었습니다. 즉 누군가가 어떤 것을 재확인할 때, "그것은 마치 걸리버 씨가 말한 것처럼 사실"이라고 말할 수 있었습니다.

저자의 허락을 얻어 이 문서들을 전달한 몇몇 훌륭한 사람들의 조언에 의해, 나는 이제 이 문서들이 적어도 얼마 동안은 우리의 젊은 귀족들에게 정치와 당의 흔한 낙서보다 더 나은 오락거리가 될 수 있기를 바라며, 감히 이 문서들을 세상에 내보내고자 합니다. 이 책은 바람과 조수, 여러 번의 여행에서의 변화와 방위에 관한 무수한 구절을 대담하게 뽑아내지 않았다면, 그리고 폭풍우가 몰아칠 때 배를 관리하는 방법에 대한 세세한 묘사를 선원의 스타일로 보여주지 않았다면 적어도 두 배는 더 커졌을 것입니다. 마찬가지로 경도와 위도에 대한 설명도 너무 세세한 것은 뽑아내었습니다. 여기서 나는 걸리버 씨가 약간 불만스러울 수 있을 것으로 생각합니다만, 나는 가능한 한 독자들의 일반적인 수용 능력에 맞게 작품을 수정하여 완성하기로 결심하였습니다. 그러나 바다에 대한 나의 무지가 나로 하여금 몇 가지 실수를 저지르게 만들었다면, 그 잘못에 대한 책임은 오직 나에게 있습니다. 그리고 어떤 여행자가 작가의 손에서 나온 것처럼 작품 전체를 전체적으로 보고 싶은 호기심을 가지고 있다면, 나는 그를 만족시킬 준비가 되어 있습니다.

저자와 관련된 추가 세부 사항에 관해서는 독자는 책의 첫 페이지에서 만족을 얻을 수 있을 것입니다.

리처드 심슨

걸리버 선장이 사촌 심슨에게 보낸 편지

나는 심슨 자네의 부름을 받을 때마다, 자네의 위대하고 아주 빈번한 긴급하다는 말로 나를 설득하여 나의 여행에 대한 매우 빈약하고 부정확한 설명을 출판하도록 설득했으며, 두 대학의 젊은 학생을 고용하여 나의 부정확한 미완성의 원고들을 정리하고 스타일을 수정하라는 지시를 내렸다는 것을 공개적으로 인정할 준비가 되어 있기를 바라네. 나의 사촌 댐피어가 내 조언에 따라 『세계 일주 여행』이라는 책에서 했던 것처럼 말일세. 그러나 나는 심슨 자네에게 어떤 것도 생략되어도 좋다는 것에 동의할 수 있는 권한을 준 것을 기억하지 못하며, 더욱이 어떤 것이 삽입되어야 한다는 것을 허락한 것을 기억하지 못한다네. 그러므로 후자에 관해서는, 나는 여기서 그런 종류의 모든 것을 삭제해야 한다는 것을 덧붙여 두네. 특히 가장 경건하고 영광스러운 기억의 앤 여왕 폐하에 관한 단락, 비록 나는 그녀를 어떤 인간 종보다도 더 존경했다네. 그러나 심슨 자네나 그 내용의 삽입자는 그것이 나의 성향이 아니라는 것을 고려했어야 했다네. 나의 주인 후이늠 앞에서 우리가 만든 어떤 동물을 칭찬하는 것은 예의가 아니라는 것이네. 게다가 그 사실은 모두 완전히 거짓이었네. 내가 알기로는, 여왕 폐하의 통치 기간 중 영국에 있으면서 여왕은 두 명의 수석 장관에 의해 통치했네. 첫 번째는 고돌핀의 영주였고 두 번째는 옥스포드의 영주였네. 그래서 사촌인 심슨 자네는 나에게 거짓을 말하게 만들었네. 마찬가지로, 영사기 아카데미에 대한 설명과 나의 주인 후이늠에게 바치는 나의 강연의 여러 대목에서, 자네는 일부 물질적 상황을 생략하거나, 그것들을 잘게 쪼개거나 변경했기 때문에, 나는 내 자신의 원고인지를 거의 알아보지 못하였네. 내가 전에 편지에서 이것들에 대해 어떤 수정을 암시했을 때, 자네는 권력을 가진 사람들의 기분을 상하게 할까 봐 두렵다고 대답했네. 그들은 언론을 매우 감시했고, 해석하는 것뿐만 아니라 풍자(나는 자네가 이 말을 썼다고 생각하네)처럼 보이는 모든 것을 처벌하는 경향이 있었다고. 그러나 내가 그토록 오래 전에, 그리고 약 5,000리그(1리그=4.8Km)쯤 떨어진 곳에서, 또 다른 통치 기간에, 말했던 것이 어떻게 지금 그 무리를 다스리고 있는 야후들 중 어느 누구에게도 적용될 수 있다는 말인가? 특히 내가 야후들 밑에서 사는 것의 불행을 거의 생각하지 않거나 두려워하지 않았던 때에 말일세. 내가 불평할 가장 큰 이유는, 바로 이 야후들이 후이늠이 끄는 마차에 실려 가는 것을 볼 때, 후이늠이 마치 짐승인 것처럼, 그리고 야후들이 이성적인 피조물인 것처럼 말이라네. 그리고 정말로 그토록 끔찍하고 혐오스러운 광경을 피하는 것이 내가 지금까지 은퇴하게 된 주된 동기 중 하나였다네.

그래서 나는 심슨 자신에 관하여, 그리고 자네에 대한 나의 신뢰에 관하여 자네에게 많은 것을 말하는 것이 적절하다고 생각했네.

다음으로, 나는 자네와 다른 몇몇 사람들의 간청과 거짓 추론에 압도되어, 내 자신의 의견에 매우 반하는 나의 여행이 출판되는 것을 겪게 됨으로써, 나 자신의 판단력이 크게 부족하다고 불평하지 않을 수 없다네. 자네가 공공선의 동기를 주장할 때, 야후족은 교훈이나 모범에 의해 완전히 고칠 수 없는 동물의 한 종이라는 것을 얼마나 자주 자네가 고려하기를 바랐는지를 상기하기 바란다네. 그리고 그것이 증명되지 않았나? 왜냐하면, 모든 학대와 부패가 완전히 사라지는 것을 보는 대신에, 적어도 이 작은 섬에서는, 내가 기대할 만한 이유가 있었기 때문이라네. 보시게, 6개월 이상의 경고 후에도, 나는 나의 책이 나의 의도에 맞는 단 하나의 효과도 낳았다는 것을 알 수가 없었다네. 나는 자네가 편지로 다음과 같은 일이 벌어질 때, 내게 알려주기를 바랐다네. 즉, 당과 파벌의 소멸, 재판관의 학식 있고 정직함, 변론가의 정직하고 겸손하며 상식이 가미됨, 그리고 스미스필드에서 법률 서적을 피라미드로 쌓아 불태움, 젊은 귀족의 교육이 완전히 바뀜, 의사들의 추방, 여성 야후들의 미덕, 명예, 진리, 그리고 좋은 감각이 넘침, 위대한 장관들의 궁정의 집회는 철저하게 뽑고 쓸어졌음, 공로, 배움에 대한 보상이 이루어졌음. 산문과 운문을 통해 언론을 비방하는 모든 사람들은 자신의 목화에서 짠 목화유 외에는 아무것도 먹지 않고 자신의 잉크로 갈증을 해소하도록 정죄 받았음. 이것들과 다른 수천 가지의 개혁들을 나는 그대들의 격려에 힘입어 굳게 믿었다네. 실제로 그것들은 내 책에서 전해진 교훈들로부터 명백히 추론될 수 있었다네. 그리고 그들의 본성이 덕이나 지혜에 대한 최소한의 성향을 가질 수 있었다면, 7개월이란 기간은 야후들이 복종하는 모든 악과 어리석음을 바로잡기에 충분한 시간이었다는 것을 인정해야 한다네. 그런데도 심슨 자네는 지금까지 어떤 편지에서도 나의 기대에 응답하지 못하였네. 반대로 자네는 매주 우편배달부를 통해 여행기의 명예훼손, 여행기의 요점, 여행기의 반성, 회고록, 그리고 두 번째 여행기는 언제 나오는지에 대한 부분만을 알려주었지. 거기서 나는 위대한 국가의 사람들(정치가)에 대해 비판하고 있다는 비난을 받고 있는 나 자신을 보네. 인간 본성을 타락시키고(왜냐하면 그들은 여전히 그것을 스타일링할 수 있는 자신감을 가지고 있기 때문이지.), 여성의 성을 학대한다는 것이지. 나는 또한 그 문서들을 작성한 저자들이 그들 사이에서도 동의하지 않는다는 것을 발견했네. 그들 중 일부는 내가 내 여행기의 저자가 되는 것을 허락하지 않았으며, 그리고 다른 어떤 사람들은 나를 완전히 낯선 책의 저자로 만들어버렸네.

나는 또한 자네의 인쇄업자가 너무 부주의하여 나의 몇 차례의 항해와 귀환의 시간을 혼동하고 날짜를 잘못 잡았다는 것을 알게 되었네. 제대로 된 연도나 제대로 된 달이나 그 달의 날을 지정하지 않았단 말일세. 나는 내 책이 출판된 이후로 원래의 원고가 모두 파괴되었다고 들었네. 나도 또한 사본이 하나도 남아 있지 않다네. 그러나 나는 자네에게 몇 가지 수정본을 보냈으니, 만일, 제2판이 나온다면 자네가 삽입할 수 있을 것일세. 그러나 나는 자네가 수정한 것을 일일이 확인할 수 없네. 그러나 그 문제는 나의 분별력 있고 솔직한 독자들에게 맡겨 그들이 원하는 대로 조정할 수 있을 것이네.

나는 우리의 해양 야후들(선원) 중 일부가 나의 해양 언어에 대해 많은 부분에서 적절하지 않고 지금도 일부는 사용되지 않는 언어라는 결점이 있다는 것을 들었네. 어쩔 수 없네. 내가 어렸을 때 첫 항해에서 나는 가장 나이 많은 선원들의 가르침을 받았고, 그들처럼 말하는 법을 배웠기 때문이라네. 그러나 나는 그 후로 해양의 야후들이 육지의 야후들처럼 그들의 말에 있어서 새로운 것을 갖게 되는 경향이 있다는 것을 발견하였다네. 내가 기억하는 바로는, 내 나라로 돌아올 때마다 그들의 옛 방언이 너무나 바뀌어 있었기 때문에, 나는 새로운 방언을 거의 이해할 수 없었네. 그리고 내가 관찰한 바로는, 어떤 야후가 호기심이 발동하여 런던에서 내 집으로 놀러 왔을 때, 우리 둘 다 상대방이 이해할 수 있는 방식으로 우리의 개념을 전달할 수 없었다네.

야후들의 비난이 어떤 식으로든 나에게 영향을 미칠 수 있다네. 나는 커다란 불평을 가지고 있다네. 그것은 그들 중 일부는 나의 여행기를 단지 내 자신의 두뇌에서 나온 허구라고 생각할 정도로 대담하고, 심지어 후이늠과 야후는 유토피아의 주민들처럼 실제로 더 이상 존재하지 않는다고 생각하고 있다는 것이지.

고백하건대, 릴리퍼트, 브롭딩랙Brobdingrag(그 단어는 철자가 잘못되어, 브롭딩낵Brobdingnag으로 잘못 표기되어 있었네), 그리고 라퓨타에 대해서는, 그들의 존재에 이의를 제기할 만큼 주제넘은 야후에 대해 아직 들어본 적이 없다네. 진실은 모든 독자에게 즉시 확신을 심어주기 때문이지. 그리고 후이늠이나 야후들에 대한 나의 설명에서, 이 나라(영국)에도 그렇게 많은 수천 명의 야후가 있는데, 그들은 후이늠 나라에 있는 그들의 형제 야후들과 별반 다르지 않다는 것이네. 다만, 후이늠의 야후들은 재잘거리고, 벌거벗기까지 하지만. 내가 이 여행기를 쓴 것은 그들의 생각을 수정하기 위한 것이지, 그들의 승인을 받기 위해 쓴 것이 아니라네. 모든 종족이 연합해서 나를 찬양한다고 하더라도 내가 마구간에 보관하고 있는 두 타락한 후이늠의 울부짖음보다 나에게는 덜 중요하다고 생각하네. 왜냐하면 두 후이늠은 타락은 했지만, 나는 여전히 이들로부터 어떤 악덕이 섞이지 않은 어떤 선(행)이 증진되고 있기 때문이지.

이 가엾은 동물들은 주제넘게 내가 내 진실성을 변호할 만큼 타락했다고 생각할까? 나로서는 후이늠 나라에서 야후이지만, 나의 저명한 스승의 지시와 모범에 의해, 2년이라는 시간 동안에 (비록 내가 가장 어렵게 고백하긴 하지만) 거짓말하고, 뒤섞이고, 속이고, 애매모호하게 말하는 그 지옥 같은 습관을 제거할 수 있었지. 특히 유럽인들은 이러한 습관이 강하다네.

나는 이 성가신 경우에 대해 다른 불평할 것들이 많이 있지만, 나는 더 이상 나 자신이나 자네를 괴롭히는 것을 포기하기로 했네. 내가 여행을 하고 마지막으로 돌아온 이후로, 어쩔 수 없는 필요성에 의해 야후들의 몇몇 종족, 특히 내 가족의 종족들과 대화를 나눔으로써 내 야후 본성의 일부 타락이 내 안에서 다시 되살아났다는 것을 거리낌 없이 고백하지 않을 수 없네. 그렇지 않았다면 나는 이 왕국에서 야후 인종을 개혁하는 것과 같은 터무니없는 계획을 결코 시도하지 않았을 것이네. 그러나 나는 이제 더 이상 그러한 모든 선견지명을 가진 계획들을 영원히 끝내기로 했네.

1727년 4월 2일

PART I.

릴리퍼트(난쟁이 나라) 여행

Hogs
P. Mintaon
I. Goede Fortuin
I. Naſſau
ISLES DE LA SONDE
SUMATRA.
Sillabar
D. de la Sonde.
Blefuſcu.
Lilliput
Mendendo
Decouvert l'an 1699.
Pais de Dieme

CHAPTER 01

저자는 자신과 가족에 대한 이야기를 들려준다. 저자의 첫 번째 여행에 대한 이유를 들려준다. 저자는 난파되지만 목숨을 걸고 헤엄쳐 릴리퍼트 나라의 해안에 안전하게 도착한다. 저자는 릴리퍼트의 포로가 되어 그 나라로 끌려간다.

아버지는 노팅엄셔에 작은 영지를 가지고 계셨다. 나는 다섯 형제 중 셋째였다. 아버지는 14살 때 나를 케임브리지에 있는 에마누엘 대학에 보내셨고, 나는 그곳에서 3년 동안 거주하면서 학업에 전념했다. 그러나 나를 부양해야 하는 비용은, 비록 내게 필요한 요금이 매우 적었음에도 불구하고, 가정형편상 얼마 안 되는 재산에 비해 너무 컸기 때문에, 나는 런던의 저명한 외과의사인 제임스 베이츠 씨의 견습생이 되었고, 그와 함께 4년 동안 일했다. 아버지는 이따금 내게 적은 돈을 보내주셨고, 나는 그 돈을 항해술과 수학의 다른 부분을 배우는 데 사용하였다. 그것을 배워두면 여행을 하려는 사람들에게 매우 유용할 것이라고 생각했다. 나는 언젠가는 여행을 하는 것이 내 행운이 될 것이라고 믿었기 때문이다. 내가 베이츠 씨로부터 떠나, 나의 아버지에게로 내려갔다. 거기서 아버지와 나의 삼촌 존, 그리고 몇몇 다른 친척들의 도움을 받았다. 나는 그들로부터 40파운드를 받았고, 라이든(네덜란드의 대학 도시)에서 내가 공부할 수 있게 1년에 30파운드를 주겠다는 약속을 받았다. 거기서 나는 물리학을 2년 7개월 동안 공부했고, 그것이 나의 긴 항해에 유용하리라는 것을 알았다.

라이든에서 돌아온 지 얼마 안 되어, 나의 훌륭한 스승 베이츠 씨로부터 스왈로우 호의 사령관인 에이브라함 패널 선장의 외과의사가 될 수 있도록 추천받았다. 나는 그와 함께 3년 반을 항해하면서 레반트와 다른 지역으로 한두 번 항해를 했다. 돌아왔을 때 나는 런던에 정착하기로 결심했다. 나의 스승이신 베이츠 씨는 내가 정착하는 것을 적극적으로 격려해 주셨으며, 또한 내게 여러 환자들을 소개해 주셨다. 나는 옛 유대인의 작은 집에 살았다. 나의 생활태도를 바꾸라는 충고를 받고, 나는 뉴게이트 가에 사는 에드먼드 버튼 씨의 둘째 딸인 메리 버튼과 결혼했으며, 그녀와 함께 400파운드를 받기도 했다.

그러나 나의 훌륭한 스승 베이츠가 2년 후에 돌아가셨고, 나는 친구가 거의 없었기 때문에 내 사업은 실패로 접어들기 시작했다. 왜냐하면 나의 양심이 나의 동료 의사들 가운데 너무나 많은 의사들의 악한 행위를 하는 것을 용납할 수 없었기 때문이다. 그래서 아내와 몇몇 지인과 상의한 후, 나는 다시 바다로 가기로 결심했다. 나는 두 척의 배에서 외과의사로 일을 했다. 6년이라는 기간 동안 동인도 제도와 서인도 제도를 여러 차례 항해하였으며, 그로 인해 내 재산에 조금은 보탬이 되었다. 여가 시간에는 고대와 현대를 막론하고 최고의 작가들의 작품들을 읽으며 시간을 보냈고, 항상 배에는 많은 수의 책이 제공되었다. 내가 항해 중 배가 해변에 정박하면, 그 지역 사람들의 예절과 기질을 관찰하고 그들의 언어를 배웠다. 거기서 나는 내 좋은 기억력 덕분에 빠르게 그들의 언어를 익힐 수 있었다.

이 여행들 중 마지막 항해에서는 그다지 운이 좋지 않았고, 나는 바다에 지쳐 아내와 가족과 함께 집에 머물 생각이었다. 나는 올드 주얼리에서 패터레인으로, 그리고 거기서 워핑으로 이사하여 선원들 사이에서 의사 사업을 얻기를 희망했다. 그러나 소득을 올리는 데는 실패했다. 상황이 나아지리라는 3년 동안의 기대를 한 후, 나는 남해로 항해 중이던 앤틸로프 호의 윌리엄 프리처드 선장으로부터 유리한 제안을 받아들여 항해를 시작했다. 우리는 1699년 5월 4일에 브리스틀에서 출항하였으며, 우리의 항해는 처음에는 매우 순조로웠다.

그 바다에서 우리가 겪은 모험의 너무 세부적인 사항을 나열함으로써 독자를 괴롭히는 것은 적절하지 않을 것이라고 판단한다. 우리가 거기서 동인도 제도로 가는 도중에, 우리는 반 디멘의 땅 북서쪽에서 격렬한 폭풍이 밀려 왔다는 것을 독자들에게 알려주는 것으로 충분할 것 같다. 관측 결과, 우리는 남위 30° 2″에 위치해 있었다. 우리 선원 중 12명은 과도한 노동과 영양실조로 죽었다. 살아남은 나머지 선원들도 매우 허약한 상태였다. 11월 5일, 그 지역에서는 여름이 시작되고 날씨가 매우 흐렸기 때문에 선원들은 배에서 케이블 반 길이 이내에 있는 바위를 정탐했다. 그러나 바람이 너무 강해서 우리는 바로 그 바람에 의해 바위에 부딪혔고, 즉시 배는 두 조각으로 갈라졌다. 나를 포함한 6명의 선원은 구조용 작은 배를 바다에 내려놓고 배와 바위를 벗어나기 위해 방향을 바꿨다. 내 계산에 의하면 우리는 더 이상 힘이 부칠 때까지 노를 저었고 3리그(1리그=4.8km) 쯤 간 것 같았다. 우리가 배에 있는 동안 이미 많은 노동으로 지쳐 있었다. 그래서 우리는 파도가 잠잠해지기를 기다렸지만, 약 30분 만에 배는 북쪽에서 불어오는 갑작스런 요동에 의해 뒤집혔다. 배에 타고 있던 동료들과 바위 위로 도망친 사람들, 또는 배 안에 남겨진 사람들이 어떻게 되었는지 나는 알 수가 없다. 그래서 그들을 모두 잃어버렸다고 결론을 내렸다. 나 자신의 경우, 나는 행운이 이끄는 대로 헤엄쳤고, 바람과 조류에 밀려 앞으로 나아갔다. 나는 자주 다리를 늘어뜨렸지만, 바다의 바닥을 느낄 수 없었다. 그러나 내가 거의 지쳐갈 때, 더 이상 몸부림칠 수 없게 되었을 때, 나는 어느덧 내가 늘어뜨린 다리의 발에 뭔가 바닥에 닿는 것을 느낄 수 있었다. 이때가 되자 폭풍은 많이 잦아들었다. 경사가 너무 낮아서 나는 해안에 도착하기 전에 거의 1마일을 걸었는데, 나는 그것이 저녁 8시쯤이라고 추측했다. 그런 다음 반마일 가까이 전진했지만 집이나 거주자의 흔적을 찾을 수 없었다. 적어도 나는 너무나 허약한 상태에 있었기 때문에 그들을 관찰할 수 없었다. 나는 몹시 피곤했고, 날씨의 열기가 대단했고, 그리고 배를 떠날 때 마신 브랜디 반 파인트 정도로, 나는 잠을 자고 싶은 마음이 훨씬 더 컸다. 나는 매우 짧고 부드러운 풀밭에 누웠고, 거기서 내 생애에서 기억했던 그 어느 때보다도 더 푹 잠에 빠졌다. 내가 계산해 보니 9시간 정도였다. 내가 깨어났을 때, 여전히 대낮이었기 때문이다. 나는 일어서려고 하였으나 움직일 수 없었으며, 어쩌다 보니 등을 대고 누워 있었고, 내 팔과 다리가 양쪽으로 땅에 단단히 고정되어 있었다. 그리고 길고 굵은 내 머리카락도 같은 방식으로 묶여 있었다. 또한 내 겨드랑이에서 허벅지까지 온몸에 걸쳐 여러 개의 가느다란 끈도 느껴졌다. 나는 위를 바라볼 수밖에 없었다. 태양은 점점 뜨거워지기 시작했고, 그 빛은 내 눈에 거슬렸다. 나는 내 주변에서 혼란스러운 소리를 들었다. 그러나 누워있는 자세로는 하늘 외에는 아무것도 볼 수 없었다. 잠시 후 나는 왼쪽 다리에서 무언가 살아 움직이는 것을 느꼈고, 그 다리에서 내 가슴 위로 부드럽게 앞으로 나아가더니 거의 턱까지 올라왔다. 할 수 있는 한 눈을 아래로 구부렸을 때, 나는 그것이 키가 6인치도 안 되는 인간 생물체이며, 손에는 활과 화살을 들고 있고, 등에는 화살통을 매고 있다는 것을 알아차렸다. 그러는 동안, 나는 첫 번째 사건 이후 적어도 40번은 더 같은 종류의 감정을 느꼈다. 나는 몹시 놀라서 너무나 큰 소리로 고함을 질렀고, 그들 모두가 놀라서 도망쳤다. 그리고 그들 중 몇몇은, 나중에 내가 들은 바로는, 내 옆구리에서 땅으로 뛰어내리다가 넘어지면서 상처를 입었다고 한다. 그러나 그들은 곧 돌아왔고, 그들 중 한 명은 내 얼굴을 제대로 보려고 손을 들고 눈을 치켜뜨며 감탄하며 날카롭지만 뚜렷한 목소리로 "헤키나 데굴"이라고 외쳤다. 다른 사람들은 같은 말을 여러 번 반복했지만, 나는 그 말의 의미를 알지 못했다. 나는 이 모든 시간 동안, 독자들이 믿을지 모르겠지만, 큰 불안 속에 누워 있었다. 이윽고 풀려나려고 안간힘을 쓰던 나는 운이 좋게도 줄을 끊고, 왼팔을 땅에 고정하고 있는 못을 비틀어 뽑아낼 수 있었다. 왜냐하면, 그것을 내 얼굴로 들어 올림으로써, 나는 그들이 나를 묶기 위해 취한 방법들을 알아냈고, 동시에 격렬한 당김으로써, 나에게 과도한 고통을 주었고, 나는 내 왼쪽 머리를 묶고 있는 끈을 조금 풀어서, 내 머리를 겨우 2인치 정도 돌릴 수 있었다. 하지만 그 생물들은 내가 그들을 붙잡기도 전에 두 번째로 달아났다. 그러자 매우 날카로운 억양으로 큰 외침이 들렸고, 그 소리가 멈춘 후에 나는 그들 중 한 명이 "톨고 포낙"이라고 큰 소리로 외치는 것을 들었다. 순식간에 내 왼손에서 100발이 넘는 화살이 쏟아지는 것을 느꼈고, 그 화살은 마치 수많은 바늘처럼 나를 찔렀다. 게다가, 그들은 우리가 유럽에서 폭탄을 쏘는 것처럼 공중으로 또 한 발을 쏘아 올렸는데, 그 중 많은 것이 내 몸에 떨어졌고(나는 느끼지 못했지만), 일부는 내 얼굴에 떨어졌고, 나는 즉시 왼손으로 그것을 가렸다. 이 화살의 소나기가 끝났을 때, 나는 슬픔과 고통으로 신음했다. 그러고는 다시 풀려나려고 애쓰는데 첫 번째보다 더 큰 화살을 또 퍼부었고, 그들 중 일부는 창으로 내 옆구리를 찌르려고 했다. 그러나 운이 좋게도 나는 그들이 뚫을 수 없는 버프 저킨(가죽 상의)을 가지고 있었다. 나는 가만히 누워 있는 것이 가장 신중한 방법이라고 생각했고, 나의 계획은 밤까지 그렇게 계속하는 것이었는데, 그때 내 왼손은 이미 느슨해졌기 때문에 나는 쉽게 풀려날 수 있었다. 그리고 주민들에 관해서는, 그들이 모두 내가 처음 본 6인치 이하의 크기라면, 그들이 나를 대적할 수 있는 가장 강력한 군대의 상대가 될 수 있다고 믿을 만한 이유가 있었다. 그러나 행운은 나를 다르게 처리했다. 사람들은 내가 조용히 있는 것을 보고 더 이상 화살을 쏘지 않았다. 그러나 내가 들은 소리로 보아 그들의 수가 늘어났다는 것을 알았다. 그리고 나로부터 약 4야드 떨어진 곳에서, 내 오른쪽 귀 너머로, 일하는 사람들의 노크 소리처럼 한 시간 이상 노크 소리가 들렸다. 그쪽으로 고개를 돌렸을 때, 말뚝과 끈이 허락하는 대로 땅에서 약 1피트 반 떨어진 곳에 세워진 무대가 보였는데, 그 무대는 네 명의 주민을 수용할 수 있었고, 그곳을 올라갈 수 있는 두세 개의 사다리가 있었다. 거기서부터 그들 중 품격 있어 보이는 한 사람이, 나에게 길게 말을 하였으나 나는 한 음절도 알아듣지 못하였다. 그러나 나는 주요 인물이 연설을 시작하기 전에 "랑그로 데홀 산"을 세 번 외쳤다는 것을 언급했어야 했다(이 말과 이전 말은 나중에 반복되어 나에게 설명되었다). 그러자 즉시 약 50명의 주민들이 와서 내 머리 왼쪽을 묶고 있는 끈을 잘라 버렸고, 나는 머리를 오른쪽으로 돌릴 수 있는 자유를 얻었다. 그래서 말을 하게 될 그의 인격과 몸짓을 관찰할 수 있었다. 그는 중년으로 보였고, 그를 따라온 다른 세 사람 중 누구보다도 키가 컸으며, 그 중 하나는 그의 마차를 움직이는 종이였고, 내 가운데 손가락보다 약간 더 길어 보였다. 다른 두 명은 양쪽에 한 명씩 서서 그를 부축했다. 그는 웅변가처럼 연기했고, 나는 위협적인 부분도 많았고, 약속과 동정 그리고 친절의 분위기도 있었다. 나는 몇 마디 말로, 그러나 가장 복종적인 태도로 왼손을 들고 두 눈으로 태양을 바라보며 그를 증인으로 부르짖듯이 대답했다. 배고픔으로 거의 굶주린 상태에서, 배를 떠나기 전 몇 시간 동안 한 입도 먹지 못했기 때문에, 나는 자연의 요구가 너무나 강하다는 것을 알았기 때문에, 음식을 원한다는 표시로 자주 손가락을 입에 넣음으로써 나의 조바심을 나타내지 않을 수 없었다(아마도 엄격한 예절의 규칙에 어긋나는 것이었을 것이다). '후르고'(그들은 위대한 군주를 그렇게 부른다. 나중에 알게 된 사실이지만)는 나를 아주 잘 이해했다. 그는 무대에서 내려와서, 내 옆구리에 몇 개의 사다리를 놓으라고 명령했고, 그 위에 100명이 넘는 주민들이 나에 대한 첫 번째 정보를 받았을 때, 왕의 명령에 의해 제공되어 그곳으로 보내진 고기가 가득 담긴 바구니를 가득 싣고 내 입으로 걸어갔다. 나는 거기에는 여러 동물의 고기가 있는 것을 관찰했지만, 맛으로 그것들을 구별할 수 없었다. 어깨, 다리, 허리가 양고기 모양과 같았고, 옷차림은 매우 단정했지만, 종달새의 날개보다는 작았다. 한 입에 두세 개씩 먹고, 한 번에 세 개씩 먹었는데, 소총의 총알의 크기 정도였다. 그들은 할 수 있는 한 빨리 나에게 음식을 공급했고, 나의 덩치와 식욕에 대한 경이로움과 놀라움으로 감탄해 마지않았다. 그런 다음 나는 술을 마시고 싶다는 또 다른 신호를 보냈다. 그들은 내가 먹는 것으로 말미암아 적은 양으로는 충분하지 않다는 것을 알게 되었다. 그들은 매우 영리한 민족이었기 때문에, 아주 큰 통 하나를 매우 능숙하게 매달아 놓고는, 그것을 내 손 쪽으로 굴려 꼭대기를 두들겼다. 나는 그것을 생맥주로 마셨는데, 그것은 반 파인트도 되지 않았고 맛은 부르고뉴의 작은 와인과 같았지만 훨씬 더 맛있었기 때문에 잘 마실 수 있었다. 그들은 나에게 두 번째 큰 통을 가져왔고, 나는 같은 방식으로 그것을 마셨고, 더 많은 것을 원한다는 표시를 했다. 그러나 그들은 나에게 줄 것이 하나도 없었다. 내가 이 기적들을 행했을 때, 그들은 기뻐 소리쳤고, 내 가슴 위에서 춤을 추며, 처음에 했던 것처럼 "헤키나 데굴"을 여러 번 반복했다. 그들은 나에게 두 개의 큰 통을 던져 버리라는 신호를 보냈지만, 먼저 아래에 있는 사람들에게 길을 비켜서라고 경고하면서 큰 소리로 "보라크 미볼라"라고 외쳤다. 그들이 공중에 떠 있는 배들을 보았을 때, "헤키나 데굴"하고 외침이 있었다. 고백하건대, 그들이 내 몸을 앞뒤로 스쳐 지나가는 동안, 나는 내 손이 닿는 첫 번째 것들 중 40명 내지 50명을 붙잡아 땅바닥에 내동댕이치고 싶은 유혹을 자주 느꼈다. 그러나 내가 느꼈던 것에 대한 기억, 어쩌면 그들이 할 수 있는 최악은 아닐지도 모른다는 것, 그리고 내가 그들에게 한 명예에 대한 약속-왜냐하면 나는 나의 복종적인 행동을 그렇게 해석했기 때문이다-은 곧 이러한 상상을 지워

버렸다. 게다가, 나는 이제 나 자신이 그토록 많은 비용과 호화로움으로 나를 대접해 준 사람들에 대해 환대의 법칙에 묶여 있다고 생각했다. 그러나 내 생각에 나는 이 조그마한 인간들의 대담함에 충분히 경탄해 마지않았다. 그들은 내 손 중 하나가 자유로울 수 있는 동안에, 나처럼 그토록 거대한 창조체가 그들에게 나타났다는 것을 보고도 떨지 않고, 감히 내 몸을 타고 걸었다. 얼마 후, 내가 더 이상 고기를 요구하지 않는 것을 그들이 관찰했을 때, 황제 폐하로부터 높은 지위에 있는 사람이 내 앞에 나타났다. 그는 나의 작은 오른쪽 다리에 올라타고, 십여 명의 수행원들과 함께 내 얼굴로 앞으로 나아갔다. 그리고 그는 내 눈 가까이에 붙인 인장 왕실 아래에 있는 그의 신임장을 내밀고, 화난 기색은 전혀 없이 약 10분 동안 종종 앞을 가리키며 말했다. 폐하께서 회의에서 동의하신 곳이면 어디든지 저를 이송해야 한다. 나는 몇 마디 말로 대답했지만, 아무 소용이 없었고, 헐거워진 손으로 손표시를 만들어 다른 손(그러나 그와 그의 수행원을 다치게 할까봐 두려워, 수행원의 머리 훨씬 위로 올려놓았다.)에게 대고, 그런 다음 내 머리와 몸에 대어 내가 자유를 원한다는 것을 표시했다. 그는 나를 충분히 이해한 것 같았는데, 그는 못마땅하다는 듯이 고개를 저었고, 나를 죄수로 끌고 가야 한다는 것을 보여주기 위해 손을 들고 있는 자세를 취했다. 그러나 그는 나에게 고기와 음료를 충분히 먹어야 하고 아주 좋은 대우를 받아야 한다는 것을 이해시키기 위해 다른 표시를 했다. 그래서 나는 다시 한 번 내 결박을 끊으려고 시도해 볼 생각을 하였다. 그러나 또다시, 나는 그들의 화살이 내 얼굴과 손에 박히는 것을 느꼈을 때, 그것들은 모두 물집이 잡혀 있었고, 많은 화살들이 아직도 그 안에 박혀 있는 것을 느꼈으며, 마찬가지로 나의 적들의 수가 증가하는 것을 관찰했

잠에서 깬 걸리버

을 때, 나는 그들이 나를 가지고 원하는 대로 할 수 있도록 그들에게 알리기 위한 표시를 해 주었다. 그러자 후르고와 그의 행렬은 매우 공손하고 쾌활한 얼굴로 돌아갔다. 얼마 지나지 않아 나는 "페플롬 셀란"이라는 단어가 자주 반복되는 일반적인 외침을 들었다. 그리고 나는 내 왼편에 있는 많은 사람들이 줄을 어느 정도 풀어주는 것을 느꼈고, 그래서 나는 오른편으로 몸을 돌릴 수 있었고, 소변을 보는 것을 편안하게 할 수 있었다. 나는 소변을 너무 자주 봐서 백성을 크게 놀라게 하였다. 나의 움직임으로 내가 무엇을 하려는지 짐작한 그는 나로부터 그토록 시끄럽고 격렬하게 떨어지는 급류를 피하기 위해 즉시 그쪽의 오른쪽과 왼쪽으로 문을 열었다. 그러나 그 전에 그들은 내 얼굴과 두 손에 일종의 연고를 발랐는데, 냄새가 매우 좋았고, 몇 분 만에 그들의 화살에 의한 통증이 모두 사라지게 되었다. 이러한 상황에다 매우 영양가가 높은 그들의 요리와 음료로 받은 상쾌함이 더해져서, 나는 잠을 잘 수 있었다. 나는 8시간 정도 잠에 떨어졌다. 나중에 안 일이지만, 황제의 명령에 따라 의사들이 포도주가 든 큰 통에 수면 성분의 약을 섞었다는 것이다.

내가 상륙한 후, 땅에서 잠을 자고 있는 것이 처음 발견되었을 때, 황제는 급행으로 그것을 일찌감치 알아챘던 것 같다. 그리고 내각에서 결정하여, 내가 말한 방식대로 나를 묶어야 한다고 결정했는데, (그것은 내가 잠자는 밤에 행해졌다.) 많은 양의 고기와 음료수를 나에게 보내고, 나를 수도로 데려갈 기계를 준비했다.

이 결의안은 아마도 매우 대담하고 위험해 보일 수 있으며, 나는 유럽의 어떤 군주도 이와 같은 경우에 모방하지 않을 것이라고 확신한다. 그러나 내 생각에는, 그것은 지극히 신중하고, 또한 관대했다. 왜냐하면 이 사람들이 그들의 창과 화살로 나를 죽이려고 노력했다면, 내가 잠들어 있는 동안에 나는 분명히 처음으로 똑똑하다는 감각으로 깨어났어야 했으며, 그것은 지금까지 나의 분노와 힘을 불러일으켰을 것이며, 나를 묶고 있는 끈을 끊을 수 있게 해주었을 것이다. 그 후에 그들은 저항할 수 없었기 때문에 나의 자비를 기대할 수 없었을 것이다.

이 사람들은 가장 뛰어난 수학자들이며, 학문의 유명한 후원자인 황제의 지지와 격려에 의해 역학에 있어서 위대한 완성에 도달했다. 이 군주는 나무와 다른 큰 무게를 운반하기 위해 바퀴가 달린 여러 기계를 가지고 있었다. 그는 종종 목재가 자라는 숲 속에서 길이가 9피트인 가장 큰 군함들을 만들고, 그것들을 이 바퀴가 달린 기계들에 싣고 바다로부터 3~400야드 떨어진 곳에까지 실어 가게 한다. 500명의 목수와 기계 운전자들이 그들이 가진 가장 큰 기계를 준비하기 위해 즉시 작업에 착수했다. 그것은 땅에서 3인치 높이로 솟아 있고, 길이는 약 7피트, 너비는 4피트이며, 22개의 바퀴로 움직이는 나무틀이었다. 내가 들었던 외침은 이 기계가 도착했을 때였는데, 내가 착륙한 지 4시간 후에 출발한 것 같았다. 그것은 내가 누워 있을 때 나와 평행하게 다가왔다. 그러나 가장 큰 어려움은 나를 이 기계에 태우는 것이었다. 이 목적을 위해 각각 1피트 높이의 장대 80개가 세워졌고, 실타래 같은 매우 튼튼한 끈을 갈고리로 여러 개의 붕대에 매달아 일꾼들이 내 목과 손과 몸과 다리에 둘렀다. 900명의 가장 건장한 남자들이 이 끈을 끌어올리기 위하여 고용되었는데, 장대에 매달린 많은 도르래로 말미암아 줄을 끌었다. 그리하여 세 시간도 채 안 되어 나를 들어 올려 기계에 매달아 놓았고, 거기서 단단히 묶였다. 나는 이 모든 것을 나중에 들어서 알게 되었다. 왜냐하면, 수송이 진행되는 동안, 나는 내 술에 주입된 그 독한 약의 힘에 의해 깊은 잠에 빠져 있었기 때문이다. 황제의 가장 큰 말 1500마리, 각각 약 4인치 반 높이의 건물이 나를 대도시 쪽으로 끌어당기는 데 사용되었는데, 내가 말했듯이 그 도시는 반마일 떨어져 있었다.

우리가 여행을 시작한 지 약 4시간 후, 나는 매우 어처구니없는 사고로 잠에서 깨어났다. 마차가 잠시 멈춰 서게 되자, 고장 난 것을 바로잡기 위해, 2~3명의 젊은 원주민들이 내가 잠들었을 때 어떻게 보이는지 보고 싶어 했다. 그들은 기계 위로 올라가 내 얼굴에 아주 부드럽게 다가갔고, 그 중 한 명인 경비병 장교가 그의 창의 날카로운 끝을 내 왼쪽 콧구멍에 집어넣었고, 그것은 내 코를 빨대처럼 간질여서 나는 격렬하게 재채기를 했다. 그러고 나서 그들은 눈치 채지 못하고 사라졌고, 내가 그렇게 갑자기 깨어난 이유를 알게 된 것은 3주가 지난 후의 일이었다. 우리는 그날의 나머지 시간을 긴 행군을 하고, 밤에는 500명의 경비병들을 내 양쪽에 배치하고, 절반은 횃불로, 절반은 활과 화살을 들고 휴식을 취하면서, 내가 움직이기만 하면 나를 쏠 준비를 하고 있었다. 이튿날 아침 해가 뜰 때 우리는 행군을 계속하여 정오쯤에 성문에서 200야드 이내의 거리에 도착했다. 황제와 그의 모든 신하가 우리를 맞으러 나왔다. 그러나 그의 위대한 장교들은 결코 황제 폐하가 내 몸에 올라타서 그의 인격을 위험에 빠뜨리는 것을 용납하지 않았다.

기계가 멈춘 곳에는 고대 신전이 서 있었는데, 왕국 전체에서 가장 큰 것으로 여겨졌다. 그것은 몇 년 전에 불미스러운 살인 사건으로 더럽혀졌기 때문에, 그 사람들에 의하면 불경한 것으로 간주되었고, 따라서 일반인이 사용하는 공용이 되었으며, 모든 장신구와 가구는 제거되었다. 이 건물에서 나는 묶여야 한다는 결정이 내려졌다. 북쪽을 향하고 있는 그 큰 문은 높이가 약 4피트였고 너비는 거의 2피트에 가까웠지만, 나는 쉽게 기어들어갈 수 있었다. 대문의 양쪽에는 땅에서 6인치를 넘지 않는 작은 창문이 있었는데, 그 창문 안으로 들어가 왼편에는 국왕의 대장장이가 유럽에서 여성의 시계에 매달려 있는 것과 같은, 거의 그와 비슷한 크기의 사슬이 네 개가 안에 있었고, 그 사슬들은 내 왼쪽 다리에 여섯 개 그리고, 서른 개의 자물쇠로 잠겨 있었다. 이 신전 맞은편, 큰 고속도로 건너편, 20피트 거리에, 적어도 5피트 높이의 탑이 있었다. 여기서 황제는 그의 궁정의 많은 주요 군주들과 함께 나를 볼 기회를 갖기 위해 올라갔는데, 나는 그들을 볼 수 없었기 때문에 내가 나중에 들은 대로 말한 것이다. 10만 명이 넘는 주민들이 같은 목적으로 그 마을에서 나온 것으로 추산되었다. 그리고 나의 경비병들에도 불구하고, 나는 여러 차례에 걸쳐 사다리의 도움으로 내 몸을 오른 사람들이 만 명 이상일 것이라고 믿는다. 그러나 곧 포고령이 발표되었는데, 그것은 내 몸에 오르면 사형에 처한다는 것이었다. 일꾼들은 내가 풀려나는 것이 불가능하다는 것을 알게 되자, 나를 묶고 있는 모든 끈을 끊었다. 그러자 나는 내 생애에서 여태껏 가졌던 것만큼이나 우울한 기분으로 일어났다. 그러나 내가 일어나 걷는 것을 보고 사람들이 얼마나 소란스럽고 놀랐는지는 말로 표현할 수 없다. 나의 왼쪽 다리를 묶고 있는 쇠사슬의 길이는 약 2야드였는데, 나에게 반원을 그리며 앞뒤로 걸을 수 있는 자유를 주었을 뿐만 아니라, 대문에서 4인치 이내에 고정되어 있었기 때문에, 나는 성전에 기어 들어가서 온전한 몸으로 누울 수 있었다.

CHAPTER 02

> 릴리퍼트의 황제는 몇몇 귀족들이 참석한 가운데 감금된 저자를 만나러 온다. 황제의 인격과 습관이 묘사되어 있다. 학식 있는 사람들이 저자에게 그들의 언어를 가르치도록 임명되었다. 저자는 온화한 성품으로 호감을 얻는다. 저자의 주머니를 수색하고 칼과 권총을 빼앗는다.

내가 일어섰을 때, 나는 내 주위를 둘러보니, 고백하건대, 이보다 더 즐거운 전망은 결코 본 적이 없었다. 주위를 둘러싼 시골은 마치 정원이 된 것처럼 보였고, 대체로 40피트의 정사각형으로 둘러싸인 들판은 너무나 많은 꽃밭처럼 보였다. 이 들판에는 16피트 반의 숲이 뒤섞여 있었고, 내가 판단할 수 있는 가장 큰 나무들은 높이가 7피트나 되는 것 같았다. 왼편으로 보이는 마을은 마치 극장에 그려진 도시의 풍경처럼 보였다.

나는 몇 시간 동안 자연적인 생리적 욕구를 받고 있었다. 내가 마지막으로 짐을 내려놓은 지 거의 이틀이 지났을 때였으므로 당연한 일이었다. 나는 절박함과 부끄러움 사이에서 큰 어려움을 겪고 있었다. 내가 생각할 수 있는 최선의 방법은 내 집에 몰래 들어가는 것이었고, 나는 그에 따라 그렇게 했다. 그리고 사원의 문을 닫고, 나는 내 사슬의 길이가 닿을 수 있는 데까지 갔고, 내 몸에서 그동안 불안에 떨고 있던 생리적 욕구를 해결할 수 있었다. 내가 그토록 불결한 행동을 한 것은 이번이 처음이었다. 이에 대해 나는 솔직히 독자가 내 상황과 내가 겪었던 고통을 성숙하고 공정하게 고려한 후에 어느 정도 관용을 베풀어 주기를 바랄 수밖에 없다. 이때부터 나의 끊임없는 연습은 일어나자마자 야외에서 내 사슬의 최대한도 내에서 그 생리적인 욕구를 수행하는 것이었다. 그리고 매일 아침 사람들이 오기 전에 나의 생리적인 욕구를 해결한 것을 처리하기 위해 임명된 두 명의 하인에 의해 수레에 싣고 주의 깊게 운반하도록 합당한 조치를 취하였다. 만일 내가 청결함에 있어서 나의 성품을 세상에 정당화할 필요가 있다고 생각하지 않았다면, 어쩌면 언뜻 보기에는 그다지 중요하지 않게 보일 수도 있는 상황에 대해 그토록 오래도록 생각하지 않았을 것이다. 내가 듣기로는, 나를 비방하는 사람들 중 일부는 이런저런 경우에 기꺼이 의문을 제기해 왔다.

이 생리적인 욕구를 해결했을 때, 나는 신선한 공기를 마실 기회를 가지고 집에서 나왔다. 황제는 이미 탑에서 내려와 말을 타고 나를 향해 진군하고 있었다. 그 말들은 비록 매우 잘 훈련되었음에도 불구하고, 마치 산이 그의 앞에서 움직이는 것처럼 보이는 그러한 광경에 전혀 익숙하지 않았고, 뒷발로 일어섰지만, 뛰어난 기수인 그 황제는 그의 수행원들이 달려들어 굴레를 잡고 있을 때까지 그의 자리를 지켰고, 황제 폐하께서는 말에서 내릴 시간을 가질 수 있었다. 황제가 내리면서, 크게 감탄하며 나를 둘러보았다. 그러나 내 사슬의 길이를 넘어선 거리에서 서 있었다. 황제는 이미 준비가 되어 있는 요리사와 집사들에게 나에게 식량과 음료를 주라고 명령했고, 그들은 내가 그들에게 도달할 수 있을 때까지 바퀴가 달린 일종의 수레에 그것을 밀어 넣었다. 나는 이 수레들을 가져다가 곧바로 모두 비웠다. 그중 20개는 고기로 가득 찼고, 10개는 술로 가득 찼다. 고기를 실은 수레는 각각 두세 입에 먹을 수 있었다. 나는 질그릇에 담긴 10그릇의 술을 한 수레에 싣고 단숨에 마셨다. 나머지도 그렇게 했다. 황후와 남녀 혈통의 젊은 왕자와 공주들은 많은 숙녀들과 함께 의자에 약간 떨어진 곳에 앉아 있었다. 그러나 황제의 말에 사고가 일어나자, 그들은 내려서 그의 황제 가까이에 이르렀는데, 나는 이제 그것을 설명하려고 한다. 황제는 거의 내 손톱 너비만큼 키가 크며, 궁정의 어떤 신하보다도 더 크다. 그것만으로도 보는 사람에게 경외심을 불러일으키기에 충분하다. 그의 이목구비는 강하고 남성적이며, 오스트리아 스타일의 입술과 아치형 코, 안색은 올리브색이며, 얼굴은 꼿꼿하고, 몸과 팔다리는 균형이 잘 잡혀 있으며, 모든 동작은 우아하고, 품행은 위엄이 있다. 지금 그는 전성기를 지나 28살하고도 9개월이 지난 나이였고, 그 중 약 7년을 매우 훌륭하게 통치하였으며, 대체로 승리를 거두었다. 그를 더 잘 볼 수 있도록 나는 옆으로 누워서 내 얼굴이 그의 얼굴과 평행을 이루게 하였다. 그는 단지 3야드 떨어진 곳에 서 있었지만 나는 여러 번 그를 내 손바닥에 올려놓아 봤으므로, 그에 대한 나의 설명은 아주 정확하다. 그의 의복은 매우 수수하고 단순했으며, 그 패션은 아시아인과 유럽인 사이에서 이루어졌다. 그의 머리에는 보석으로 장식된 금으로 된 가벼운 투구를 썼고, 문장에는 깃털이 달려 있었다. 그는 손에는 칼을 뽑아 들고 있었는데, 혹시라도 내가 풀려

나게 된다면 자신을 방어하기 위해서였던 것 같다. 칼의 길이는 거의 3인치였다. 칼자루와 칼집은 다이아몬드가 풍부하게 박힌 금이었다. 그의 목소리는 날카로웠지만 매우 명확하고 또렷했다. 그리고 내가 일어섰을 때, 그 소리를 분명히 들을 수 있었다. 시녀들과 신하들은 모두 가장 화려하게 차려입었다. 그래서 그들이 서 있는 자리는 마치 금과 은으로 수놓은 땅바닥에 펼쳐진 페티코트(치마 아래에 장착하는 여성용 속옷) 같았다. 황제 폐하께서는 내게 자주 말씀하셨고, 나는 대답을 했지만, 우리 둘 다 서로 한 마디도 알아듣지 못했다. 그의 사제들과 법률가들(나는 그들의 습관으로 추측하건대) 몇 명이 그 자리에 있었는데, 그들은 황제로부터 나에게 말을 시켜보라는 명령을 받았다. 그리고 나는 내가 조금이라도 알고 있는 대로 많은 언어로 그들에게 이야기했는데, 그 언어들은 고대 독일어와 네덜란드어, 라틴어, 프랑스어, 스페인어, 이탈리아어, 국제 공통 언어와 같았지만, 모두 아무 소용이 없었다. 두 시간쯤 후에 궁정 사람들은 물러났고, 내게는 경호원이 남게 되었는데, 그것은 아마도 군중들의 무례함과 악의를 막기 위해서였을 것 같다. 군중들은 내 주위로 최대한 가까이 몰려드는 것에 대해 매우 참을성이 없었기 때문이다. 그리고 그들 중 몇몇은 뻔뻔스럽게 나에게 화살을 쏘았다. 나는 내 집 문 옆 땅바닥에 앉아 있었는데, 그 중 하나는 내 왼쪽 눈을 아주 아슬아슬하게 빗나갔다. 그러자 경비 대령은 주모자 6명을 체포하라고 명령하였고, 그들을 결박하여 내 손에 넘겨주는 것만큼 합당한 처벌은 없다고 생각하였다. 그의 병사들 중 몇몇은 그에 따라 그렇게 하여, 그들의 창끝으로 그들을 내 손이 닿는 곳까지 밀어 넣었다. 나는 그 주모자들을 모두 오른손에 들고, 그 중 다섯 명을 코트 주머니에 넣었다. 여섯 번째에 대해서는, 나는 그를 산 채로 잡아

먹으려는 표정을 지었다. 가엾은 남자는 몹시 껄끄러워했다. 대령과 그의 장교들은 특히 내가 주머니칼을 꺼내는 것을 보았을 때 매우 고통스러워했다. 그러나 나는 곧 두려움에서 그들을 놓아주었다. 나는 온화하게 바라보고, 즉시 그를 묶고 있는 끈을 잘라 그를 부드럽게 땅에 내려놓았고, 그는 도망쳤다. 나는 나머지 5명도 같은 방법으로 취급하여 주머니에서 하나씩 꺼냈다. 나는 군인들과 백성들이 나의 관용의 이 표시에 매우 기뻐하는 것을 보았는데, 그것은 궁정에서 나에게 매우 유리하게 작용하였다.

밤이 가까워지면서 나는 어렵게 집에 들어가서 땅바닥에 누워 보름 동안 그렇게 생활하였다. 그러던 중 황제는 나를 위해 침대를 준비하라는 명령을 내렸다. 600개의 일반 침대를 바퀴달린 수레에 실어 내 집에서 작업했다. 그들의 침대가 150개씩 꿰매어져 너비와 길이를 이루었다. 그리고 이것들은 4층이었는데, 그것은 나를 매끄러운 돌로 된 바닥의 딱딱함으로부터 아주 크나큰 해방감을 주었다. 같은 계산으로, 그들은 나에게 시트, 담요, 이불을 제공하였는데, 그것은 그토록 오랫동안 고난에 시달려 온 사람이 충분히 견딜 수 있는 것이었다.

내가 도착했다는 소식이 왕국 전역에 퍼지자, 엄청나게 많은 부유하고 게으르고 호기심 많은 사람들이 나를 보러 왔다. 그래서 마을들은 거의 텅 비었다. 그래서 사람들이 경작과 집안일에 대한 큰 소홀함이 뒤따랐음에 틀림없었지만, 황제 폐하께서 이러한 것을 미리 아시고 몇 차례의 포고령과 국가 명령을 내렸다. 즉 이미 나를 본 사람들은 집으로 돌아가야 하며, 궁정의 허가 없이는 내 집에서 50야드 이내에 감히 들어오지 말라고 지시했다. 이러한 포고령과 국가 명령으로 인해 국무 장관은 상당한 수수료를 받을 수 있었다.

그러는 동안 황제는 자주 회의를 열어 나와 함께 어떤 길을 걸어가야 할지 논의했다. 그 후에 나는 훌륭한 자질을 가진, 누구보다도 비밀을 보장할 수 있는 각별한 친구로부터 궁정이 나에 대하여 다음과 같은 많은 어려움을 겪고 있다는 것을 알게 되었다. 그들은 내가 풀려날 것을 우려했고, 내 식단이 매우 비싸서 기근을 일으킬 수 있다는 것을 우려하여, 때때로 그들은 나를 굶겨 죽이려고 작정하였다. 그렇지 않더라도 적어도 독화살로 내 얼굴과 손을 쏘면 곧 나를 죽일 수도 있었다. 그러나 그들은 다시 생각하기를, 그토록 큰 시체의 악취가 대도시에서 전염병을 일으킬 수 있고, 아마도 왕국 전체로 퍼질 수 있을 것이라고 생각했다. 이러한 의논이 진행되는 동안, 몇몇 육군 장교들이 대회의실 문으로 들어갔고, 그 중 2명은 입장하여 앞에서 언급한 6명의 범죄자들을 처리한 나의 행동에 대해 설명했다. 이 일은 황제 폐하의 가슴에 너무나 좋은 인상을 심어주었고, 나를 위해 모든 마을에 도시 둘레 900야드에 있는 모든 마을로 하여금 매일 아침 적당한 양의 빵과 포도주와 다른 술과 함께, 6마리분의 쇠고기와 40마리의 양, 그리고 나의 생계를 위한 다른 영양소를 바치도록 명령하는 황제의 위임장이 내려졌다. 그에 대한 마땅한 대가를 치르기 위하여 황제 폐하께서는 그의 국고에서 사용하라고 재무성에 명령했다. 대단한 경우를 제외하고는, 그의 백성들에게 어떤 보조금도 지급하지 않는다. 왜냐하면, 그들은 자신의 비용으로 그의 전쟁에 참여하지 않을 수 없기 때문이다. 또한 나의 하인으로 600명을 고용하는 시설을 만들었으며, 그들은 숙식 제공과 급료를 받았고, 내 문 양쪽에 그들을 위해 매우 편리하게 천막을 지었다. 마찬가지로 300명의 재단사들로 하여금 나에게 이 나라의 유행에 맞는 한 벌의 옷을 만들어 주라는 명령을 내렸다. 황제 폐하의 가장 위대한 학자 6명을 고용하여 그들의 언어로 나를 가르치게 하였다. 그리고 마지막으로, 황제의 말과 귀족 및 근위병의 말이 내 앞에서 자주 훈련되어 나에게 익숙해지도록 해야 한다는 명령을 내렸다. 이 모든 명령은 정당하게 집행되었다. 약 3주 만에 나는 그들의 언어를 배우는 데 큰 진전을 이루었다. 그 기간 동안 황제는 자주 나를 방문하여 격려를 해 주었고, 나의 스승들이 나를 가르치는 것을 기꺼이 도와주었다. 우리는 이제 어떤 형태로든 대화를 나누기 시작했다. 내가 배운 첫 번째 단어는 "그분이 제발 나에게 자유를 주시기를 바랍니다."는 나의 소망을 표현하는 것이었고, 나는 매일 무릎을 꿇고 그것을 반복했다. 내가 이해할 수 있는 한, 그의 대답은 "그것은 시간이 필요한 작업이며, 그의 내각의 동의 없이는 생각할 수 없는 것이다. 그것보다 먼저 너는 '루모스 켈민 페소 데스마르 론 엠포스'해야 한다.", 즉 황제와 그의 왕국과 평화를 맹세해야 한다는 것이었다. 그러나 나는 최대한 친절을 베풀어 줄 것이다. 그리고 그는 나에게, "인내심과 슬기로운 행동으로 자신과 신민들로부터 좋은 의견을 얻도록 하라."고 조언했다. 그는 또 말하기를, "만일 황제가 어떤 적절한 관리들에게 몸을 수색하라는 명령을 내린다면, 그것을 나쁘게 여기지 않을 것이며, 즉 아마도 몇 가지 무기를 가지고 다닐 수 있을 수 있을 테니까. 그것들은 그토록 큰 사람에게 맞는 물건이라면, 우리에게는 위험한 물건일 수 있기 때문이다." 나는, "폐하께서는 만족하실 것입니다. 나는 내 몸에 걸친 모든 것을 벗고 그분 앞에서 내 주머니에 있는 모든 것을 내놓을 준비가 되어 있었기 때문입니다." 이것을 나는 일부는 말로, 일부는 몸짓으로 전달했다. 그는 다음과 같이 대답했다. '왕국의 법에 의해, 나는 그의 관리들 중 두 명으로부터 수색을 받아야 한다. 물론, 나의 동의와 도움 없이는 이 일을 할 수 없다는 것을 그는 알고 있다. 그는 나의 관대함과 공의에 대해 매우 좋은 견해를 가지고 있었기 때문에, 그들의 인격을 내 손에 맡길 정도였다. 그들이 내게서 빼앗은 것은 무엇이든지 내가 그 나라를 떠날 때 돌려주거나, 내가 그들에게 정해 놓은 이자율로 지불해야 한다.'는 것이었다. 나는 두 명의 관리를 손에 들고, 먼저 그들을 내 코트 주머니에 넣고, 그 다음에는 내 2개의 고리를 제외한 내 주변의 다른 모든 주머니에 넣었고, 또 다른 비밀 주머니는 내가 수색할 생각이 전혀 없었다. 그 안에는 나 자신 외에는 누구에게도 중요하지 않은 몇 가지 작은 필수품이 있었다. 내 주머니 중 하나에는 은색 시계가 있었고 다른 하나에는 지갑에 소량의 금이 들어 있었다. 이 관리자들은 펜과 잉크와 종이를 가지고 있어서 그들이 본 모든 것을 정확하게 기록하였다. 그들이 수색작업을 마치자, 나에게 그들이 그것을 황제에게 넘겨줄 수 있도록 내려놓아달라고 하였다. 이 목록은 나중에 영어로 번역되었으며, 단어 하나하나는 다음과 같다.

"맨 처음에: 위대한 산사람(나는 '퀸부스 플레스트린'이라는 단어를 이렇게 해석한다.)의 오른쪽 코트 주머니에서", "가장 엄격한 수색 끝에, 우리는 폐하의 국가 최고 기관의 방을 깔고도 남을 만큼 거대한 천 조각을 한 조각 찾았습니다. 왼쪽 주머니에는 은색 금속으로 된 덮개가 달린 거대한 은색 상자가 보았는데, 수색대인 우리는 그것을 들어 올릴 수 없었습니다. 우리는 덮개를 열어달라고 부탁했으며, 우리 중 한 명이 그 안으로 발을 들여놓았을 때, 그는 다리 중간까지 올라오는 먼지를 발견했고, 어떤 부분이 우리 얼굴까지 날아올라 우리 둘 다 몇 번이나 함께 재채기를 했습니다. 그의 오른쪽 양복 조끼 주머니에서 우리는 하얗고 얇은 물질이 엄청나게 많이 들어 있는 것을 발견했는데, 그것은 세 남자의 몸집만한 크기로, 튼튼한 밧줄로 묶여 있고, 검은 형체로 표시되어 있었습니다. 우리는 겸손하게 모든 글자가 우리 손바닥의 절반 크기인 노트라고 생각합니다. 왼쪽 양복 조끼 주머니에는 도구의 일종이 있었고, 그 뒤쪽에는 20개의 긴 장대가 뻗어 있었는데, 이는 폐하의 궁정 앞의 울타리를 닮았습니다. 우리는 그것으로 산사람이 그의 머리를 빗었을 것이라고 추측합니다. 왜냐하면 우리는 항상 그에게 이러저러한 질문을 많이 하지 않았기 때문에, 그가 우리를 이해하기에는 매우 곤란했을 것입니다. 그의 중간 덮개(나는 바지를 의미하는 '란풀로'라는 단어를 이렇게 번역한다.) 오른쪽에 있는 큰 주머니 안에서 우리는 사람 길이만한 속이 빈 철 기둥을 보았는데, 그 기둥은 기둥보다 더 큰 튼튼한 목재 조각에 고정되어 있었습니다. 그리고 기둥의 한쪽에는 거대한 쇳조각이 튀어나와 있었고, 우리는 그것들을 무엇으로 만들어야 할지 알지 못하는 이상한 모양으로 잘려 있었습니다. 왼쪽 주머니에는 같은 종류의 다른 도구가 있습니다. 또한 오른쪽의 작은 주머니에는 부피가 다른 흰색과 빨간색 금속으로 된 여러 개의 둥글고 평평한 조각이 있었습니다. 은색으로 보이는 흰 것들 중 일부는 너무 크고 무거워서 나와 동료는 그것들을 거의 들어 올릴 수 없었습니다. 왼쪽 작은 주머니에는 불규칙한 모양의 두 개의 검은 기둥이 있었는데, 우리는 그의 주머니 맨 아래에 서 있었기 때문에 힘겹게 그 기둥의 꼭대기에 도달할 수 있었습니다. 그 중 하나는 덮여 있었고, 모든 것이 한 조각으로 이루어진 것처럼 보였으나, 다른 하나의 위쪽 끝에는 우리 머리의 두 배쯤 되는 하얗고 둥근 물질이 보였습니다. 이들 각각의 안에는 거대한 강철판이 둘러싸여 있었습니다. 우리는 산사람에게 그 속에 든 것이 무엇인 지 꺼내달라고 하였습니다. 그것이 위험한 도구일 수 있다고 생각했기 때문입니다. 그는 그것들을 그들의 가방에서 꺼내서, 자기 나라에서는 그 중 하나로 수염을 깎고, 다른 하나로는 고기를 자르는 것이 그의 관습이라고 우리에게 말했습니다. 우리가 들어갈 수 없는 두 개의 주머니가 있었는데, 그는 이것을 그의 시곗줄이 달린 시계주머니라고 불렀습니다. 그것은 그의 가운데 덮개 위쪽에 뚫려 있는 두 개의 큰 구멍이었지만, 그의 불룩한 배의 압력에 의해 꽉 끼어 있었습니다. 오른쪽 시계주머니에는 커다란 은색 체인이 매달려 있었고, 맨 아래에는 멋진 종류의 도구가 달려 있었습니다. 우리는 그에게 그 사슬의 끝에 있는 도구를 뽑아내라고 지시했습니다. 그것은 지구본처럼 보였는데, 반은 은색이었고 반은 투명한 금속이었습니다. 왜냐하면, 투명한 면에서, 우리는 어떤 이상한 형상들이 원형으로 그려져 있는 것을 보았고, 그것들을 만질 수 있을 거라고 생각했지만, 우리의 손가락이 그 투명한 물질에 의해 멈춰 지는 것을 알았습니다. 그는 이 도구를 우리의 귀에 가까이 대어 주었고, 그것은 마치 물레방아의 소리처럼 끊임없이 소리를 냈습니다. 그리고 우리는 그것이 어떤 알려지지 않은 동물이거나 그가 숭배하는 신이라고 추측합니다. 그러나 우리는 후자의 견해에 더 기울어져 있습니다. 그 이유는 그가 우리에게 확신을 주었기 때문인데(그는 자신을 매우 불완전하게 표현했기 때문에 우리가 그를 올바르게 이해했다면 그렇다는 것입니다.) 그는 상의하지 않고는 어떤 일도 거의 하지 않았다고 말했습니다. 그는 그것을 그의 신탁이라고 불렀고, 그것이 그의 삶의 모든 행동에 대한 시간을 가리킨다고 말했습니다. 왼쪽 시계주머니에서 그는 거의 어부가 쓸 수 있을 만큼 큰 그물을 꺼냈지만, 지갑처럼 열고 닫을 수 있도록 고안해 냈고, 같은 용도로 그에게 제공했습니다. 우리는 거기에서 몇 개의 거대한 노란색 금속 조각을 발견했는데, 그것들이 진짜 금이라면 엄청난 가치가 있음에 틀림없습니다."

"이렇게 폐하의 명령에 복종하여 그의 모든 주머니를 부지런히 뒤진 후, 우리는 그의 허리에 어떤 거대한 동물의 가죽으로 만든 띠를 발견했는데, 그 허리에는 왼쪽에 다섯 사람 길이의 검이 매달려 있었습니다. 그리고 오른쪽에는 두 개의 감방으로 나눠진 가방 또는 주머니가 있으며, 각 감방에는 폐하의 신하 세 명을 수용할 수 있습니다. 이 감방들 중 하나에는 몇 개의 구체 또는 공들이 있었는데, 그것은 우리 머리만한 크기로서, 그것들을 들어올리기 위해 강한 손이 필요할 만큼, 매우 무거운 금속으로 만들어졌고, 다른 감방에는 어떤 검은 알갱이들이 무더기로 들어 있었지만, 우리가 그 중 50개 이상을 우리 손바닥에 넣을 수 있었기 때문에 큰 부피나 무게는 아니었습니다."

"이것은 우리가 산사람의 신체에서 발견한 정확한 목록이며, 그는 우리를 매우 정중하게 대해주었으며, 폐하의 명령에 대한 존경을 표했습니다. 폐하의 상서로운 통치 89번째 달의 넷째 날에 서명하고 봉인했습니다."

클레프린 프렐록, 마시 프렐록.

이 목록이 황제에게 낭독되었을 때, 황제는 매우 부드러운 어조로 나에게 몇 가지 세부 사항을 전달하라고 지시했다. 그는 먼저 내 단검을 내려놓으라고 하였으며, 나는 그것을 칼집과 함께 내려놓았다. 그러는 동안에 그는 3천 명의 최정예 병력(당시에는 그를 따라다녔다.)에게 활과 화살을 막 발사할 준비를 하고 멀리서 나를 포위하라고 명령했다. 그러나 나는 그것에 대해 신경 쓰지 않았다. 이는 내 눈이 완전히 그의 위엄에 고정되어 있었기 때문이었다. 그런 다음 그는 나에게 검을 꺼내 달라고 요청했으며, 칼집에서 칼을 꺼내니 바닷물에 의해 약간의 녹이 슬었지만 대부분의 부분은 매우 밝았다. 내가 칼을 꺼내자, 즉시 모든 군대가 공포와 놀라움으로 함성을 질렀다. 태양은 맑게 빛났고, 나는 손에 든 검을 이리저리 흔들며 그들의 눈을 현혹시켰다. 가장 관대한 군주이신 폐하께서는 제가 예상했던 것보다 덜 위축되어 보였다. 그는 나에게 그것을 칼집에 다시 집어넣으라고 명령하였고, 제 사슬 끝에서 약 6피트 떨어진 곳에 있는 땅바닥에 최대한 부드럽게 던지라고 명령하였다. 다음으로 그가 요구한 것은 속이 빈 철제 기둥 중 하나였다. 그 말은 내 주머니 속의 권총을 의미했다. 그의 요구에 따라, 나는 그것을 끄집어냈고, 내가 할 수 있는 한 그것을 그에게 표현했다. 다행히 화약 가루가 내 주머니 가까이 있었기 때문에 바닷물에 의해 젖지 않았으므로, 그 가루로만 충전했다(모든 신중한 뱃사람들이 특별한 주의를 기울여야 하는 불편함이다.). 나는 먼저 황제에게 두려워하지 말라고 경고한 다음 그것을 공중에 발사했다. 이곳에서의 놀라움은 내 단검을 보았을 때보다 훨씬 더 컸다. 수백 명이 마치 맞아 죽은 것처럼 쓰러졌다. 그리고 황제조차도 자신의 입장을 고수했지만 한동안 정신을 차릴 수 없었다. 나는 검을 내려놓았을 때와 같은 방식으로 두 자루의 권총을 내려놓았고, 그 다음에는 화약과 총알이 든 주머니를 내려놓았다. 전자는 아주 작은 불꽃으로도 불이 붙어 그의 황궁을 공중으로 날려 버릴 수 있기 때문에 불이 붙지 않게 해달라고 요청했다. 나는 또한 황제가 몹시 보고 싶어 하는 내 시계를 내놓고, 근위병 중 가장 키가 큰 두 명에게 영국의 짐꾼이 맥주 한 통을 메듯이 그것을 장대에 메고 어깨에 장대를 메라고 명령했다. 그는 시계가 끊임없이 내는 소음과 분침의 움직임에 놀랐는데, 그는 그것을 쉽게 식별할 수 있었다. 왜냐하면 그들의 시력은 우리보다 훨씬 더 예리하기 때문이다. 그는 시계에 대해 그의 학식 있는 사람들의 의견을 물었는데, 다양한 의견들이 많이 나왔다. 독자들은 이러한 상황을 굿이 내가 설명하지 않아도 상상할 수 있을 것이다. 실제로 나는 그들의 의견들을 완벽하게 이해할 수 없었을 수도 있다. 그런 다음 나는 은과 구리 돈, 지갑, 큰 금 아홉 닢과 작은 금 몇 닢을 내놓았다. 칼과 면도칼, 빗과 은색 코담배 상자, 손수건과 일기장도 내놓았다. 내 검과 권총 그리고 화약 가루 주머니는 수레에 실려 폐하의 창고로 운반되었다. 그리고 나머지 물건들은 나에게 돌려주었다.

내가 앞에서 말한 바와 같이, 나는 그들의 수색을 피한 개인 주머니 하나를 가지고 있었는데, 그 안에는 한 쌍의 안경(나는 때때로 눈이 약해서 사용한다.)과 주머니 망원경, 그리고 다른 작은 편의 용품들이 있었다. 황제에게는 그리 중요하지 않은 것들이었기에, 나는 그것을 발견하게 할 필요가 없을 것이라고 생각했고, 그것들을 꺼내 놓으면 잃어버리거나 망가뜨릴 수도 있다는 것을 알았다.

CHAPTER 03

저자는 황제와 그의 남녀 귀족들을 매우 특이한 방식으로 생각을 바꾸게 한다. 릴리퍼트 궁정의 공연을 묘사한다. 저자는 특정한 조건들을 전제로 자유를 부여받는다.

나의 온화함과 선한 행실은 황제와 그의 궁정, 그리고 실제로 군대와 일반 백성들에게 너무나도 큰 영향을 미쳤기 때문에, 나는 그리 길지 않은 시간에 자유를 얻을 희망을 품기 시작했다. 나는 이 호의적인 성향을 더욱 증진시키기 위해 가능한 모든 방법을 동원했다. 원주민들은 나로부터의 어떤 위험도 어느 정도 덜 염려하게 되었다. 나는 때때로 누워서 대여섯 명이 내 손에서 춤을 추게 했다. 그리고 마침내 소년 소녀들이 감히 와서 내 머리에서 숨바꼭질하며 놀았다. 이제 나는 그들의 언어를 이해하고 말하는 면에서 상당히 발전하였다. 황제는 어느 날 몇 가지 이 나라의 공연으로 나를 즐겁게 해 주려고 마음먹었는데, 그 공연들은 솜씨와 웅장함에 있어서 내가 알고 있는 모든 나라의 것들보다 능가했다. 나는 밧줄 춤을 추는 사람들만큼은 전혀 느끼지 못했는데, 그들은 땅에서 약 2피트, 12인치 정도 뻗어 있는 가느다란 흰 끈 위에서 하는 공연(밧줄 공연)을 했다. 나는 이 공연에 대해서 조금 더 자세한 설명을 하려고 하는데, 독자들에게 양해를 바랄뿐이다.

이러한 밧줄 공연은 고위직에 대한 후보자이고 궁정에서 높은 호감을 받는 사람들에 의해서만 실행된다. 그들은 어려서부터 이 기술에 대해 훈련을 받으며, 항상 귀족 출신이나 교양 교육을 받은 것은 아니다. 죽음이나 불명예(종종 발생함)로 인해 고위 관직이 공석이 되었을 때, 그 후보자 중 5~6명이 황제에게 밧줄 위에서 춤을 추며 폐하와 궁정을 즐겁게 해 달라고 청원한다. 그리고 넘어지지 않고 가장 높이 뛰는 사람이 공석인 고위직을 얻게 된다. 매우 자주 고위 장관들은 그들의 기술을 보여주고, 아직 그들의 능력이 녹슬지 않았다는 것을 황제에게 확신시키라는 명령을 받는다. 재무 장관인 플림냅은 제국 전체의 다른 관리보다 적어도 1인치 더 높은 밧줄 위에서 장난을 치기도 한다. 나는 그가 영국에서 흔히 볼 수 있는 짐 꾸리는 노끈보다 두껍지 않은 로프에 고정된 나무로 된 쟁반 위에서 함께 공중제비를 하는 것을 여러 번 보았다. 민사 담당 수석 비서관인 내 친구 릴드레살은 내 개인 의견으로는 재무 장관 다음으로 두 번째 서열이다. 나머지 위대한 장군들은 비슷비슷하다.

이러한 밧줄 공연은 종종 치명적인 사고를 동반하며, 그 중 많은 수의 사고가 기록되어 있다. 나 자신도 두세 명의 후보가 팔다리가 부러지는 것을 보았다. 그러나 장관들 자신이 그들의 손재주를 보이라는 명령을 받을 때 위험은 훨씬 더 크다. 왜냐하면, 그들 자신과 동료들을 능가하려고 다툼으로써, 그들은 너무나 과도하게 긴장하기 때문에, 그들 중에 넘어지지 않은 사람은 거의 없으며, 그들 중 일부는 두세 번이나 사고를 당하는 경우도 있다. 내가 릴리퍼트에 도착하기 한두 해 전쯤에, 플림냅이 공연을 할 때, 실수로 땅에 놓인 왕의 쿠션 중 하나가 그의 추락의 힘을 약화시키지 않았다면, 플림냅은 틀림없이 그의 목이 부러졌을 것이라고 나는 확신했다.

마찬가지로 또 다른 특별한 공연이 있는데, 그것은 특별한 경우에 황제와 황후, 그리고 총리 앞에서만 보인다. 황제는 6인치 길이의 가느다란 명주실 세 개를 탁자 위에 놓는다. 이러한 실은 다음과 같다. 하나는 파란색, 다른 하나는 빨간색, 세 번째는 녹색이다. 황제가 그의 호의의 독특한 표시로 구별하려는 마음을 가진 사람들에게 상품으로 제안된다. 의식은 폐하의 대회의실에서 거행되며, 거기서 후보자들은 이전과는 매우 다른 솜씨로 시험을 치르게 되는데, 나는 신세계나 구세계의 다른 어떤 나라에서도 이와 같은 공연은 조금도 찾아볼 수 없었다. 황제는 손에 막대기를 들고 양쪽 끝을 수평선과 평행하게 하고, 전진하는 후보자들은 막대기가 전진하거나 눌림에 따라 여러 번 때로는 막대기를 뛰어넘고, 때로는 막대기 아래로 기어간다. 때로는 황제가 막대기의 한쪽 끝을 잡고 그의 총리가 다른 쪽 끝을 잡는다. 때로는 총리가 전적으로 혼자서 그것을 가지고 있다. 가장 민첩하게 자신의 역할을 수행하고 도약하고 기어가는 데 가장 오래 버티는 사람은 1등으로 파란색의 명주실을 보상받는다. 2등은 빨간색으로, 3등은 녹색으로 된 실이 주어지는데, 그들 모두는 그것을 허리춤에 두 번 두르고 다닌다. 그리고 이 궁정에서 이 허리띠 중 하나로 단장하지 않은 관리들은 거의 없다.

군대의 말들과 왕실 마구간의 말들은 날마다 내 앞에서 끌려 다녔기 때문에, 더 이상 거리낌이 없었고, 오히려 시작도 하지 않고 내 발밑까지 올라오곤 했다. 기수들은 내가 손으로 땅을 짚고 있을 때, 말을 몰아 내 손 위로 뛰어넘곤 했다. 그리고 황제의 사냥꾼 중 한 명이 큰 말을 타고 내 발과 신발 위로 솟아올라 건너갔다. 실로 대단한 도약이었다. 나는 어느 날 매우 비범한 방법으로 황제의 마음을 사로잡는 행운을 누렸다. 나는 그가 보통 지팡이 두께를 가진 2피트 높이의 막대기 몇 개를 나에게 가져다 달라고 요청했다. 그러자 폐하께서는 그의 숲의 주인에게 그에 따라 지시를 내리라고 명령했다. 그리고 다음 날 아침, 여섯 명의 나무꾼이 각각 여덟 마리의 말이 끄는 마차를 타고 도착했다. 나는 이 막대기 중 아홉 개를 가져다가 2피트 반의 정사각형 모양으로 땅에 단단히 고정하고, 다른 네 개의 막대기를 가져다가 땅에서 약 2피트 떨어진 각 모서리에서 평행하게 묶었다. 그런 다음 나는 똑바로 서 있는 아홉 개의 막대기에 손수건을 매달았다. 그것을 사방으로 펴서 북의 꼭대기처럼 단단하게 만들었다. 그리고 손수건보다 약 5인치 더 높이 솟아오른 네 개의 평행한 막대기는 양쪽에 선반 역할을 했다. 내가 이 작업을 마치고, 황제에게 24명의 최정예 말들로 이루어진 부대가 이 평원에 와서 훈련하게 해 주기를 요청했다. 폐하께서는 그 제안을 승인하셨고, 나는 그것들을 행사할 적절한 장교들과 함께 무장을 한 말들을 하나씩 하나씩 손으로 옮겨놓았다. 그들은 자리를 잡자마자 두 부대로 나뉘어 모의 접전을 벌였는데, 화살을 쏘고, 칼을 뽑고, 도망치거나 추격하고, 공격하거나 퇴각하는 등, 한마디로 내가 본 최고의 군사 훈련을 볼 수 있었다. 평행한 막대기는 그들과 그들의 말이 무대 위로 떨어지는 것을 보호했다. 황제는 너무나 기뻐서 이 여흥을 여러 날 동안 반복하라고 명령했고, 한 번은 기뻐하며 황제가 직접 들어 올려져 작전 명령의 말을 전하기도 했다. 그리고 아주 어럽게 황후를 설득하여 무대에서 2야드 내에 그녀의 의자를 배치하고 그녀를 앉히게 해서, 그녀는 공연 전체를 볼 수 있었다. 이 오락에서 불의의 사고가 일어나지 않은 것은 나의 행운이었다. 단 한 번, 대장 중 한 사람의 불같은 야생마 같은 말이 발굽으로 발을 내딛다가 내 손수건에 구멍을 뚫고 발이 미끄러져 기수와 자신이 넘어졌다. 그러나 나는 즉시 기수와 말을 풀어주고, 한 손으로는 구멍을 막고, 다른 한 손으로는 그들을 들어 올릴 때와 같은 방법으로 군대를 내려놓았다. 넘어진 말은 왼쪽 어깨에 약간의 무리가 갔지만 기수는 별로 다치지 않았다. 나는 할 수 있는 한 내 손수건을 잘 수선했지만, 그런 위험한 공연에서 더 이상 손수건의 힘에 의지하지 않을 것이다.

내가 자유의 몸이 되기 2~3일 전쯤 내가 이런 재주를 부리며 궁정을 즐겁게 하고 있을 때, 폐하께 전령이 알리는 특급이 도착했다. 그 전령은 폐하의 신하들 중 몇몇이 내가 처음 끌려간 곳 근처에서 말을 타고 가다가 매우 이상한 모양의 거대한 검은 물질이 땅에 쓰러져 있는 것을 보았다고 말했다. 그것의 가장자리는 둥글게 뻗어 있어 폐하의 침실만큼 넓고, 중앙은 사람만큼 높이 솟아 있었다는 것이다. 그들이 처음에 이해했던 것처럼, 그것은 살아 있는 생물이 아니었다. 그것은 풀밭 위에 아무런 움직임도 없이 누워 있었기 때문이었다. 그리고 그들 중 몇몇은 그곳을 여러 번 돌아다녔다. 그들은 서로의 어깨에 올라타서 평평하고 평평한 꼭대기에 이르렀고, 그것을 밟아 보니 그 안이 텅 비어 있었다. 그들은 겸손하게 그것이 산 사람에 속한 어떤 것일지도 모른다고 생각했다. 그리고 폐하께서 즐거워하신다면, 그들은 단지 다섯 마리의 말로 그것을 가져올 수 있다고 했다. 나는 곧 그것이 무엇을 의미하는지 알았고, 이 정보를 들을 수 있게 되어 마음속으로 기뻤다. 배가 난파된 후 처음으로 해안에 도착했을 때, 나는 너무나 혼란스러웠던 것 같아서, 내가 잠자리에 들기 전에, 노를 젓는 동안 머리에 끈으로 매달아 놓았고, 수영하는 동안 내내 매고 있던 모자가 육지에 도착한 후에 떨어져나갔다. 내가 추측하기로는, 그 끈은 어떤 사고로 끊어졌는데, 나는 그것을 결코 알지 못했지만, 내 모자를 바다에서 잃어버렸다고 생각했다. 나는 황제 폐하에게 가능한 한 빨리 그것을 나에게 가져다 줄 것을 간청하고, 그에게 그것의 용도와 성격을 설명했다. 그리고 다음날 마차꾼들이 그것을 가지고 도착했지만, 상태가 그리 좋아 보이지 않았다. 그들은 모자의 가장자리에서 1인치 반 이내의 가장자리에 두 개의 구멍을 뚫고 구멍에 두 개의 갈고리를 고정했다. 이 고리들은 긴 끈으로 마구에 묶여 있었고, 그리하여 내 모자는 반마일 이상을 끌고 갔다. 그러나 그 나라의 땅은 매우 매끄럽고 평평했기 때문에 예상보다 피해를 많이 입지는 않았다.

이 일이 있은 지 이틀 후, 황제는 그의 대도시 안팎에 주둔하고 있는 그의 군대의 일부에게 준비 태세를 갖추라고 명령한 후, 매우 특이한 방법으로 공연을 벌이는 상상을 했다. 그는 내게 가능한 한 다리를 최대한 벌리고 서 있기를 바랐다. 그런 다음 그는 그의 장군(그는 늙고 경험 많은 지도자이자 나의 후원자였다.)에게 군대를 가까운 순서로 소집하여 내 다리 사이로 행군시키라고 명령했다. 발은 스물넷, 말은 열여섯 마리씩 나란히 서서 북을 치고, 군기를 휘날리고, 창칼을 앞으로 나아갔다. 이 부대는 3,000명의 보병과 1,000마리의 말로 이루어진 기병이 있었다. 폐하께서는 행군하는 모든 병사들에게 나의 신체에 대해 가장 엄격한 예의를 지키라는 명령을 내렸으며, 이를 어길 시 사형에 처한다고 하였다. 그러나 몇몇 젊은

릴리퍼트 군대의 행군

장교들이 내 다리 사이를 지나갈 때 눈을 뜨는 것을 막을 수는 없었다. 그리고 진실을 고백하자면, 그 당시 내 바지는 너무나 허술한 상태였기 때문에 웃음과 감탄을 자아내는 기회를 제공했다.

나는 나의 자유를 위해 너무나 많은 추모와 탄원서를 보냈기 때문에, 폐하께서는 먼저 내각에서, 그 다음에는 전체 회의에서 그 문제를 길게 언급했다. 회의에서는 스키레시 볼골람을 제외하고는 아무도 반대하지 않았는데, 그는 어떤 사유도 없이 나의 치명적인 적이 되었다. 그러나 나의 자유에 대한 탄원은 전체 위원회에 의해 스키레시 볼골람의 반대에도 불구하고, 황제에 의해 승인되었다. 스키레시 볼골람은 장관으로 갈베트, 즉 그 나라의 해군 제독이었으며, 폐하의 신임을 매우 많이 받았고, 일에 정통한 사람이었지만, 침울하고 지기 싫어하는 안색을 가진 사람이었다. 그러나 그는 마침내 설득되어 나의 석방에 대해 따르게 되었다. 그러나 석방에 대한 조항과 조건을 내세웠다. 내가 자유로워져야 할 것, 그리고 내가 맹세해야 할 것에 대해서 그는 작성해야 한다고 했다. 이 석방에 대한 조건과 맹세는 스키레시 볼골람이 두 명의 차관과 몇몇 저명한 사람들이 참석한 가운데 직접 나에게 가져왔다. 그 문서들이 낭독된 후에, 나는 그 문서들의 조건을 지키겠다는 맹세를 하라는 요구를 받았다. 처음에는 내 나라의 방식으로, 그 후에는 그들의 법이 정한 방법으로 그렇게 하였다. 그들의 법이 정한 방식으로는 왼손으로 오른발을 잡고, 오른손의 가운뎃손가락을 정수리에, 엄지손가락을 오른쪽 귀 끝에 대는 것이었다. 그러나 독자들이 그 민족 특유의 문체와 표현 방식에 대해 어느 정도 알고 싶어 할 뿐만 아니라, 내가 자유를 되찾게 된 근거가 된 기사를 알고 싶어 할 수도 있기 때문에, 나는 이 문서 전체를 내가 할 수 있는 한 한 단어 한 단어 번역하여 여기에 공개하고자 한다.

"골바스토 모마렘 에블라메 구르딜로 셰핀 뮬리 울리 구, 릴리퍼트의 가장 강력한 우주의 기쁨과 공포인 황제, 그의 영토는 5,000블루스트

룩(둘레 약 12마일)으로 지구의 가장 끝까지 확장된다. 모든 군주의 군주, 사람의 아들들보다 키가 크다. 황제의 발은 중앙을 누르고, 황제의 머리는 태양에 뻗쳐있다. 황제의 끄덕임에 땅의 군주들이 무릎을 흔든다. 황제는 봄처럼 즐겁고, 여름처럼 편안하고, 가을처럼 풍성하고, 겨울처럼 두렵다. 황제의 가장 숭고한 위엄은 우리의 천상의 영토에 늦게 도착한 산사람에게 다음과 같은 조항을 제안하며, 그는 엄숙한 맹세로 이를 이행해야 할 것이다.

첫째, 산사람은 우리의 위대한 인장(옥새) 아래 우리의 허가 없이는 우리의 영토를 떠나지 못한다.

둘째, 그는 우리의 명백한 명령 없이 우리의 대도시에 감히 들어오지 못한다. 들어올 시, 주민들은 2시간 동안 문 안에 머물도록 경고해야 한다.

셋째, 산사람은 그의 걸음을 우리의 주요 넓은 도로로 제한하고, 초원이나 옥수수 밭에서 걷거나 누우면 안 된다.

넷째, 그는 앞서 말한 길을 걸을 때, 우리의 사랑하는 신하들의 신체, 그들의 말, 마차를 짓밟지 않도록 최대한의 주의를 기울여야 하며, 우리의 신민들 중 어느 누구도 그들의 동의 없이 그의 손에 올려놓지 않도록 주의해야 한다.

다섯째, 긴급 전령을 특별히 파견을 필요로 하는 경우, 산사람은 매달에 한 번씩 전령과 말을 주머니에 넣고 6일간의 여행을 해야 하며, (필요하다면) 그 전령을 우리 황제의 면전으로 안전하게 돌려보내야 한다.

여섯째, 그는 블레푸스쿠 섬에 있는 우리의 적들에 대항하는 우리의 동맹이 될 것이며, 지금 우리를 침략하려고 준비하고 있는 그들의 함대를 파괴하기 위해 최선을 다해야 한다.

일곱째, 앞서 말한 산사람은 여가 시간에 우리 일꾼들을 돕고, 어떤 큰 돌을 들어 주요 공원의 벽을 쌓고, 다른 우리 왕실 건물을 덮는 데 도움을 주어야 한다.

여덟째, 산사람은 두 달의 시간 안에 우리 영토의 둘레를 정확하게 측량하여 해안을 도는 자신의 걸음걸이를 계산하여 제공해야 한다.

마지막으로, 위의 모든 조항을 준수하겠다는 엄숙한 선서에 따라, 상기 산사람은 1,724명의 우리 신민을 부양하기에 충분한 고기와 음료를 매일 수당으로 받을 것이고, 우리 왕족에 대한 자유로운 접근과 우리의 호의를 얻을 것이다. 벨파보락에 있는 우리 궁전에서, 우리 통치 기간의 아흔 한 번째 달의 열두 번째 날에 작성되었다."

나는 매우 기쁜 마음으로 이 문서들의 조건을 맹세하고 승인을 약속했지만, 그 조건들 중 일부는 내가 바랄 수 있었던 것만큼 명예롭지 않았다. 그 조건들은 전적으로 해군 제독 스키레시 볼골람의 악의에서 비롯된 것이다. 내가 맹세를 하자, 나의 사슬은 즉시 풀렸고, 나는 완전한 자유를 얻었다. 황제께서 직접 나의 자유에 대한 맹세를 하는 행사에 참석해 주셨다. 나는 폐하의 발 앞에 엎드려 인정하였으나, 그는 나에게 일어나라고 명령하였다. 허영심의 비난을 피하기 위해, 나는 다시 말하지 않겠다. 많은 정중한 표현들을 한 후에, 황제는 덧붙였다. '그는 내가 유용한 하인이 되기를 바랐고, 그가 이미 나에게 베풀어 준 모든 호의를 충분히 받을 자격이 있으며, 또한 미래에도 그렇게 할 것이며, 이에 보답하는 산사람이 되기를 바랐다.'

독자들은 나의 자유의 회복에 관한 마지막 글에서, 황제는 나에게 1,724명의 릴리퍼트인들이 부양하기에 충분한 양의 고기와 음료를 허락하도록 규정하고 있다는 것을 봐주기 바란다. 얼마 후, 궁정에 있는 친구에게 어떻게 그 확정된 숫자를 정하게 되었는지 물었더니, 그는 폐하의 수학자들이 사분면의 도움으로 내 몸의 높이를 측정한 결과, 12대1의 비율로 내 몸의 높이를 초과하는 것을 알았고, 그들은 그들의 몸의 유사성으로부터 결론을 내렸다고 말했다. 내 몸을 유지하는 데는 적어도 1,724명의 식량이 있어야 하며, 따라서 그 수의 릴리퍼트인을 부양하는 데 필요한 만큼의 식량이 필요했다. 이를 통해 독자는 그 민족의 독창성과 위대한 군주의 신중하고 정확한 경제에 대한 아이디어를 상상할 수 있을 것이다.

CHAPTER 04

릴리퍼트의 수도인 밀덴도가 황제의 궁전과 함께 묘사되었다. 그 제국의 일에 관해 저자와 수석 비서관이 대화를 한다. 저자는 황제의 전쟁에서 황제를 섬기겠다고 제안한다.

내가 자유를 얻은 후에 그가 처음으로 요청한 것은, 수도인 밀덴도를 볼 수 있도록 허가해 달라는 것이었다. 황제는 나에게 쉽게 허락했지만, 주민들이나 그들의 집에 해를 끼치지 말라는 특별한 의무가 있었다. 사람들은 내가 그 도시를 방문하려는 계획이 선포됨에 따라 알아차렸다. 밀덴도를 둘러싼 벽은 높이가 2피트 반이고 너비가 적어도 11인치이므로 마차와 말이 그 주위를 매우 안전하게 운전할 수 있었다. 그리고 그것은 10피트 거리마다 강력한 탑들로 둘러싸여 있다. 나는 서쪽 대문을 넘어서서, 내 외투 자락으로 집의 지붕과 처마를 손상시킬까 봐 두려워서, 짧은 양복 조끼만 입은 채로, 두 개의 주요 거리를 매우 부드럽게 지나갔다. 나는 거리에 남아 있을지도 모르는 산책자들을 밟지 않기 위해 극도로 주의를 기울여 걸었는데, 비록 모든 사람이 위험에 처하지 않도록 집에 머물러야 한다는 명령이 매우 엄격했음에도 불구하고 말이다. 다락방의 창문과 집의 꼭대기는 구경꾼들로 너무나 붐볐기 때문에, 나는 여행 내내 이보다 더 인구가 많은 곳을 본 적이 없다고 생각했다. 그 도시는 정확한 정사각형이며, 성벽의 각 변의 길이는 500피트이다. 두 개의 큰 거리는 다리를 가로질러 네 부분으로 나뉘는데, 그 폭은 5피트이다. 골목길과 골목길은 들어갈 수 없고 지나갈 때만 볼 수 있었는데 12인치에서 18인치까지였다. 이 도시는 50만 명의 인구를 수용할 수 있으며, 집은 3층에서 5층까지이며, 상점과 시장이 잘 갖추어져 있었다.

황제의 궁전은 두 개의 큰 거리가 만나는 도시의 중심에 있다. 그것은 2피트 높이의 벽으로 둘러싸여 있고, 건물들로부터 20피트 떨어져 있다. 나는 폐하의 허락을 받아 이 벽을 넘었다. 그리고 그곳과 궁전 사이의 공간이 너무 넓어서 사방에서 쉽게 볼 수 있었다. 바깥쪽 궁전은 40피트의 정사각형이며, 두 개의 다른 궁전을 포함한다. 가장 안쪽에는 왕실 침전이 있다. 이 침전을 보고 싶었지만 매우 어려웠다. 왜냐하면, 한 광장에서 다른 광장으로 이어지는 큰 문들은 높이가 18인치, 너비가 7인치에 불과했기 때문이다. 이제 바깥뜰의 건물들은 적어도 5피트 높이였고, 벽은 깎은 돌로 견고하게 지어졌고 두께는 4인치였음에도 불구하고, 말뚝에 심각한 손상을 입히지 않고는 내가 그 위를 밟고 지나가는 것이 불가능했다. 황제는 내가 그의 궁전의 웅장함을 볼 수 있기를 간절히 바랐다. 그러나 나는 그 후 사흘이 지나서야 볼 수 있었다. 그 기간 동안에 나는 도시에서 약 100야드 떨어진 왕립 공원에서 가장 큰 나무들 중 몇 그루를 칼로 베어 두 개의 의자를 만들었는데, 각각 높이가 약 3피트였고 내 무게를 지탱할 수 있을 만큼 튼튼했다. 백성들에게 두 번째 선포를 통지한 후, 나는 두 개의 의자를 손에 들고 다시 도시를 지나 궁전으로 갔다. 내가 바깥뜰 옆으로 왔을 때, 나는 한쪽 의자에서서 다른 쪽 의자를 손에 들었다. 나는 이것을 지붕 위로 들어 올려 첫 번째 뜰과 두 번째 뜰 사이의 공간에 부드럽게 내려놓았는데, 그 공간은 너비가 8피트였다. 그런 다음 나는 한 의자에서 다른 의자로 매우 편리하게 건물을 밟고 고리가 달린 막대기로 내 뒤의 첫 번째 의자를 들어올렸다. 이러한 방법으로 나는 가장 안쪽 뜰에까지 들어갔다. 그리고 옆으로 누워서 일부러 열어 놓은 중간층의 창문에 얼굴을 대고 상상할 수 있는 가장 화려한 방을 발견했다. 거기서 나는 황후와 어린 왕자들이 여러 숙소에 그들의 주요 수행원들과 함께 있는 것을 보았다. 여왕 폐하께서는 나에게 매우 상냥한 미소를 지으며 기뻐하시고는 창문 밖으로 손을 내밀어 키스를 했다.

그러나 나는 이런 종류의 더 많은 묘사를 독자들에게 설명하지는 않을 것이다. 왜냐하면, 나는 그것들을 이제 거의 출판될 준비가 된 더 큰 책을 위해 남겨두기를 원하기 때문이다. 그 큰 책은 이 제국에 대한 일반적인 설명을 포함하고 있으며, 최초로 건립된 시기부터 긴 일련의 왕자를 통해, 그들의 전쟁과 정치, 법률, 학문 및 종교에 대한 특별한 설명과 함께, 그들의 식물과 동물, 그들의 독특한 매너와 관습, 그리고 다른 문제들을 매우 흥미롭고 유용하게 다루고 있다. 현재 나의 주된 계획은 그 제국에서 약 9개월 동안 거주하면서 대중이나 나 자신에게 일어났던 사건들과 거래들을 이야기하는 것뿐이다.

어느 날 아침, 내가 자유를 얻은 지 보름쯤 지났을 때, 사적인 일을 담당하는 수석 비서관(그들이 그를 이렇게 부르는)인 릴드레살이

단 한 명의 하인만 데리고 내 집에 왔다. 그는 하인에게 거리를 두고 기다리라고 명령하고, 나에게 한 시간 동안 면담을 할 수 있게 해 달라고 했다. 나는 그의 자질과 개인적 장점 때문에, 그리고 내가 궁정에서 자유를 탄원할 때 그가 나에게 해 준 많은 좋은 일 때문에 기꺼이 동의했다. 나는 그가 내 귀에 더 쉽게 닿을 수 있도록 누워 있겠다고 제안했지만, 그는 대화 중에 내 손 위에 올라와서 얘기하는 쪽을 택했다. 그는 나의 자유를 얻은 것에 대한 칭찬으로 시작했다. 그는 '그런 결정에 대하여 어떤 공로가 있는 것처럼 말 할 수도 있을 것이다.'고 말했지만, 그러나 '현재 궁정의 상황이 아니었다면 아마도 나는 그렇게 빨리 자유를 얻지 못했을 것이다.'고 덧붙였다. "우리가 외국인들에게는 번영하고 있는 것처럼 보일지 모르지만, 우리는 두 가지의 강력한 악, 즉 국내의 폭력적인 파벌과 해외로부터의 가장 강력한 적의 침략의 위험 아래에서 놓여 있다. 첫 번째에 관해서는, 지난 약 70개월 동안 이 제국에는 '트라멕산'과 '슬라멕산'이라는 이름 아래, 그들이 자신들을 구별하는 신발의 굽이 높은 굽과 낮은 굽으로 투쟁하는 두 정당이 있었다는 것을 당신은 이해해야 한다. 실제로 높은 굽이 우리의 고대 체질에 가장 잘 맞는다고 주장된다. 그러나 아무리 그렇다 하더라도, 폐하께서는 정부 행정과 황실의 선물에 있어서의 모든 관직을 오직 낮은 굽만을 사용하기로 결정하셨으니, 그대는 알 수 있을 것이다. 그리고 특히 폐하의 발뒤꿈치는 그의 어떤 궁정 사람보다 적어도 한 '드루르'(1인치의 약 14분의1 정도)만큼 낮다. 이 두 정당 사이의 적대감이 너무 높아서 그들은 서로 먹지도 마시지도 말하지도 않는다. 우리는 트라멕산, 즉 높은 굽이 수적으로 우리를 능가하지만, 권력은 전적으로 우리 슬라멕산 편에 있다. 우리는 황위 계승자인 그의 왕자 전하가 높은 굽에 대한 경향을 어느 정도 가지고 있다고 이해한다. 적어도 우리는 그의 발뒤꿈치 중 하나가 다른 발뒤꿈치보다 높기 때문에 걸음걸이에 절뚝거림이 있다는 것을 분명히 발견할 수 있다. 이제, 이러한 내분의 불안 속에서, 우리는 우주의 또 다른 위대한 제국인 블레푸스쿠 섬의 침략으로 위협을 받고 있으며, 이 제국은 거의 폐하의 제국만큼 크고 강력하다. 우리가 당신이 단언하는 것을 들은 바에 의하면, 당신만큼 큰 인간 피조물이 거주하는 다른 왕국과 국가가 세상에 있다는 것에 대해, 우리 철학자들은 많은 의심을 품고 있으며, 차라리 당신이 달이나 별들 중 하나에서 떨어졌다고 추측하고 싶다. 왜냐하면, 당신 같은 거인이 백 명이라면 짧은 시간 안에 폐하의 영토의 모든 과일과 가축을 파괴할 것이 확실하기 때문이다. 게다가, 우리의 육천 달의 역사는 릴리퍼트와 블레푸스쿠의 두 위대한 제국 외에 다른 어떤 지역도 언급하지 않는다. 이 두 강대국이 지난 36개월 동안 가장 끈질긴 전쟁을 벌여왔다는 것이다. 그 전쟁은 다음과 같이 시작되었다. 우리가 달걀을 먹기 전에 깨뜨리는 원시적인 방법이 더 넓은 쪽을 깨서 먹는 다는 것은 누구에게나 이용되어 왔다. 그러나 현재 폐하의 할아버지는 소년 시절에 고대의 관습에 따라 달걀을 먹으려 깨다가 우연히 손가락 하나를 베었다. 그러자 그의 아버지는 칙령을 발표하여 모든 신하들에게 달걀의 작은 끝(뾰족한 부분)을 깨뜨려 먹으라고 명령하였으며, 이를 어길 시에는 큰 벌을 내리게 했다. 백성들은 이 법에 대해 매우 분개했기 때문에 우리의 역사는 이 때문에 여섯 차례의 반란이 일어났다. 한 황제는 목숨을 잃었고 다른 황제는 황위를 잃었다. 이러한 시민 소요는 블레푸스쿠의 군주에 의해 끊임없이 조장되었다. 그리고 그들이 진압될 때, 망명자들은 항상 그 제국으로 피난처 삼아 찾아 도망쳤다.

11,000명의 사람들이 달걀의 뾰족한 부분을 깨어 먹기 위해 복종하기보다는 차라리 여러 차례에 걸쳐 죽음을 겪었다. 이 논쟁에 대해 수백 권의 큰 책이 출판되었으나, 빅-엔디안(달걀을 위쪽 넓은 부분으로 깨는)으로 먹는 것을 주장하는 책들은 오랫동안 금지되어 왔고, 전체 당원들은 법적으로 공직을 가질 수 없게 되었다. 이러한 고난의 과정에서, 블레푸스쿠의 황제들은 자주 그들의 대사들을 통해 우리가 그들의 책 블룬데크랄(그들의 알코란, 즉 경전) 54장에 있는 말과 다르게 우리의 위대한 예언자 러스트로그의 근본적인 교리를 거스르고 있다고 비난했다. 그러나 이것은 블룬데크랄 경전에 대한 단순한 잘못된 해석으로 생각된다. '모든 참된 신자들은 편리한 끝에 그들의 알을 깨뜨린다.'는 말이기 때문이다. 그리고 어느 것이 편리한 결말인지는 내 작은 소견으로는, 모든 사람의 양심에 맡겨지거나, 적어도 최고 치안 판사의 결정에 맡겨지는 것이 낫다고 생각한다. 이제 빅-엔디안이라고 주장하는 망명자들은 블레푸스쿠의 궁정 황제로부터 많은 신임을 얻었고, 이곳 고국에 있는 그들의 일행으로부터 많은 개인적인 도움과 격려를 받았기 때문에, 두 제국 사이에는 36개월 동안 피비린내 나는 전쟁이 계속되어 다양한 승패를 거두었다. 그 기간 동안 우리는 40척의 주력함과 훨씬 더 많은 수의 소형 선박, 그리고 3만 명의 최고의 선원과 병사들을 잃었다. 그리고 적군이 입은 피해는 우리보다 다소 클 것으로 간주된다. 그러나 그들은 이제 수많은 함대를 갖추었고 우리를 덮칠 준비를 하고 있다. 그리고 황제 폐하께서는 당신의 용맹과 힘을 크게 신뢰하시며, 제게 당신 앞에 이러한 상황을 설명하라고 명령했다."

나는 수석 비서관이 다음과 같은 나의 겸손한 의무를 황제에게 고하기를 간청했다. "외국인인 내가 두 정당에 간섭하는 것이 될 수 없다고 생각하지만, 나는 내 생명의 위험을 무릅쓰고 모든 침략자에 맞서 그의 개인과 국가를 방어할 준비가 되어 있습니다."

CHAPTER 05

저자는 비범한 책략으로 적의 침략을 막는다. 저자에게 높은 영예의 칭호가 수여되다. 블레푸스쿠의 황제로부터 사절이 도착하여 평화를 청한다. 사고로 황후의 궁전이 불에 탄다. 저자는 궁전의 나머지 부분을 구하는 데 중요한 역할을 한다.

블레푸스쿠 제국은 릴리퍼트의 북동쪽에 위치한 섬으로, 800야드 너비의 물길로만 분리되어 있다. 나는 아직 그 제국을 보지 못하였고, 침략 의도가 있다는 통지를 받았을 때, 나에 대한 정보를 전혀 받지 못한 적의 배들 중 일부에게 발각될까 두려워 그들의 해안 쪽으로 가는 것은 피했다. 전쟁 중에는 두 제국 사이의 모든 교류가 엄격히 금지되었고, 이를 어길 시, 사형에 처했으며, 우리 황제는 모든 선박에 대해 금수 조치를 내렸다. 나는 폐하께 적의 함대 전체를 포획하기 위한 계획을 알렸다. 우리 정찰대에 의하면, 그 함대는 항구에 정박해 있었으며, 첫 순풍을 타고 항해할 준비를 하고 있다고 한다. 나는 가장 경험 많은 선원들에게 그들이 자주 배관을 파는 수로의 깊이에 대해 자문을 구했다. 누가 나에게 말하기를, 만조의 중간에는 70글럼글러프(1글럼글러프는 1.8미터) 깊이가 있었는데, 이것은 유럽 측정치로는 약 6피트이다. 그리고 나머지는 기껏해야 50글럼글러프이다. 나는 북동쪽 해안을 향해 걸어서 블레푸스쿠로 건너갔고, 거기서 언덕 뒤에 누워서, 나의 작은 망원경을 꺼내어 닻을 내린 적의 함대를 살펴보았는데, 함선이 약 50척이었고, 그보다 더 많은 수의 수송선들이 정박해 있는 것을 보았다. 그런 다음 나는 내 집으로 돌아와서, 많은 양의 가장 강한 굵은 밧줄과 쇠막대기를 주문했다(정당하게 허락을 이미 받아놓았다.). 그 굵은 밧줄은 짐꾸리는 노끈처럼 굵었고, 쇠막대기는 그 길이와 크기가 뜨개질바늘만큼 길고 굵었다. 나는 굵은 밧줄을 더 강하게 만들기 위해 세 번을 꼬았고, 같은 이유로 세 개의 쇠막대를 함께 꼬아서 그 끝부분을 구부려 갈고리를 만들었다. 이렇게 50개의 갈고리를 가능한 한 많은 굵은 밧줄에 고정시킨 후, 나는 북동쪽 해안으로 돌아가서, 외투와 신발과 스타킹을 벗어 던지고, 만조가 되기 약 30분 전에 가죽바지를 입고 바다로 걸어 들어갔다. 나는 할 수 있는 한 서둘러 걸어갔고, 땅이 발로 느껴질 때까지 약 30야드 정도 가운데로 헤엄쳐 갔다. 30분도 채 되지 않아서 함대에 도착했다. 적병들은 나를 보자 너무나 무서워서 배에서 뛰어내려 해안으로 헤엄쳐 갔는데, 그곳에는 적어도 삼만 명 이상의 적병이 우글거리고 있었다. 그런 다음 각각의 뱃머리에 있는 구멍에 갈고리를 걸고 적선의 선미에 굵은 밧줄을 걸고, 모두 함께 묶었다. 내가 이렇게 하는 동안, 적들은 수천 발의 화살을 쏘았고, 그 중 많은 화살이 나의 손과 얼굴에 박혀서, 지나치게 영리하게도 나의 일에 많은 방해가 되었다. 나의 가장 큰 걱정은 내 눈의 보호에 대한 것이다. 만일 내가 급하게 방법을 마

블레푸스쿠 함대를 하나로 묶는 걸리버

련하지 않았더라면 틀림없이 실명을 했을 것이다. 나는 다른 작은 필수품들 중에서도 안경을 개인 주머니에 넣어 두었는데, 전에 보았듯이 그 안경은 황제의 수색대를 피해 숨겨둔 것이었다. 나는 이것들을 꺼내어 할 수 있는 한 코에 단단히 고정시켜 매고, 적의 화살에도 불구하고 대담하게 나의 일을 계속하였다. 그 화살들 중 많은 화살이 내 안경의 안경알에 명중하였으나, 다른 효과는 전혀 없었으며, 안경을 조금도 파괴시키지 못하였다. 나는 이제 모든 갈고리를 조이고, 매듭을 손에 들고 당기기 시작했다. 그런데 배 한 척도 흔들리지 않았다. 이는 그들이 모두 닻에 의해 단단히 바닥에 고정되어 있었기 때문이다. 그래서 이제부터 내 작업의 가장 대담한 부분이 실행될 것이다. 나는 끈을 놓고, 배에 고정된 갈고리를 남겨 두고, 닻을 고정시키는 굵은 밧줄을 단호하게 칼로 잘랐는데, 나의 얼굴과 손에 약 200발의 화살을 맞고 말았다. 그런 다음 나는 갈고리가 묶여 있는 밧줄의 매듭 끝을 집어 들고, 아주 쉽게 적의 가장 큰 함대 50척을 내 뒤로 끌어당겼다.

내가 의도한 바를 조금도 눈치 채지 못했던 블레푸스쿠인들은 처음에는 놀라움으로 어리둥절해 했다. 그들은 내가 밧줄을 자르는 것을 보았지만, 단지 배들이 표류하거나 서로 부딪히게 하는 것이라고 생각했다. 그러나 그들은 함대 전체가 순서대로 움직이는 것을 감지하고, 내가 끝에서 당기는 것을 보았을 때, 거의 묘사하거나 상상할 수 없을 정도로 슬픔과 절망의 비명을 질렀다. 위험에서 벗어났을 때, 나는 잠시 멈춰 서서 내 손과 얼굴에 박힌 화살을 뽑아냈다. 그리고 내가 처음 도착했을 때 받았던 것과 같은 연고를 몇 개 발랐다. 그런 다음 안경을 벗고 한 시간쯤 기다렸다가 썰물로 약간 물이 빠질 때까지 적 함대를 가지고 중앙 부분을 건너 릴리퍼트의 왕립 항구에 무사히 도착했다.

황제와 그의 모든 신하들은 바닷가에 서서 이 위대한 모험의 결말을 기대하고 있었다. 그들은 배가 커다란 반달 모양으로 앞으로 나아가는 것을 보았지만, 가슴까지 물속에 잠겨 있는 나를 알아볼 수 없었다. 내가 수로 중앙으로 나아갔을 때, 그들은 더욱 고통스러워했는데, 왜냐하면 내가 목까지 물속에 잠겨있었기 때문이었다. 황제는 내가 물에 빠져 죽었고 적의 함대가 적대적인 태도로 접근하고 있다고 결론을 내렸으나 곧 두려움이 풀렸다. 한 걸음 한 걸음 내디딜 때마다 수로가 점점 얕아졌기 때문에, 나는 릴리퍼트 주민들의 소리가 들리는 지점 내에 들어왔고, 함대를 고정하는 굵은 밧줄의 끝을 들고 큰 소리로 외쳤다. "릴리퍼트의 가장 강력한 국왕 폐하 만세!" 이 위대한 폐하는 내가 상륙할 때 가능한 모든 조건을 갖추고 나를 맞아들였고, 그 자리에서 나에게 '나르닥'의 호칭을 부여해 주었는데, 그것은 그들 중에서 가장 높은 명예로운 호칭이다.

폐하께서는 내가 다른 기회를 빌어 적의 나머지 함대를 모두 항구로 데려오기를 원하셨다. 그리고 군주들의 야망은 너무나 측량할 수 없어서, 그는 블레푸스쿠 제국 전체를 하나의 지방으로 축소하고, 총독이 그곳을 통치하는 것으로 생각하는 것 같았다. 빅-엔디안들을 파괴하고, 사람들로 하여금 그들의 달걀을 뾰족한 끝으로 깨뜨리도록 강요하는 것, 그럼으로써 그는 전 세계의 유일한 군주로 남고 싶어 했다. 그러나 나는 정책과 정의의 주제에서 끌어낸 많은 주장을 통해, 나는 그가 생각하는 계획을 포기하도록 만류하려고 노력했다. 나는 "나는 결코 자유롭고 용감한 사람들을 노예로 만드는 도구가 되지 않겠습니다."라고 분명하게 항의했다. 그리고 그 문제가 평의회에서 논의되었을 때, 장관들 중에서 지혜로운 일부는 나의 의견과 같았다.

나의 이 공개적이고 대담한 선언은 황제 폐하의 계략과 정치에 너무나 반대되는 것이었기 때문에 그는 결코 나를 용서할 수 없었다. 그는 내각에서 매우 교묘한 방법으로 그것을 언급했는데, 거기서 나는 가장 지혜로운 사람들 중 몇몇이 적어도 그들의 침묵으로 보아 내 의견에 동조하는 것처럼 보인다고 말했다. 그러나 나의 은밀한 적들인 다른 사람들은 간접적으로 나를 비난하는 표현들을 참을 수 없었다. 이때부터 폐하와 나를 악의적으로 대적하려는 일부의 신하들 사이에 음모가 시작되었는데, 그 음모는 두 달도 채 안 되어 터져 나와 나를 완전한 죽음으로 몰고 갈 뻔했다. 군주들에게 해준 가장 큰 봉사는 그들의 정치욕심을 만족시키기를 거부하는 것에 비하면, 작은 비중을 차지는 것에 불과했다.

나의 공적이 있은 지 약 3주 후, 블레푸스쿠로부터 엄숙한 사절이 도착하여 겸손한 평화 제의를 하였고, 그 조약은 곧 우리 황제에게 매우 유리한 조건으로 체결되었으므로, 나는 독자들에게 이 내용에 대해서는 자세하게 언급하지 않겠다. 약 500명의 행렬을 거느린 여섯 명의 대사들이 있었는데, 그들의 입장은 매우 웅장하여, 그들의 주인의 위엄과 그들의 중요한 임무에 합당해 보였다. 그들의 평화 조약이 완성될 때, 나는 지금 내가 궁정에서 가진 신용으로, 적어도 궁정에서 그렇게 보이는 것으로 인해, 그들에게 몇 가지 이득이 되는 일을 해주었다. 내가 얼마나 그들에게 우호적인 친구였는지를 전해들은 고위 사절단은 공식적으로 나를 방문했다. 그들은 나의 용맹과 관대함에 대해 많은 칭찬으로 시작하여, 나를 그들의 주인인 황제의 이름으로 그 왕국으로 초대하였으며, 그들이 그토록 많은 경이로움을 느꼈던 나의 엄청난 힘에 대한 몇 가지 증거를 보여 주기를 바랐다. 나는 그들에게 기꺼이 방문하겠다고 했다. 이 방문 내용의 세부적인 사항들은 독자에게 번거로움을 줄 수 있으므로 생략하려고 한다.

내가 얼마 동안 고위 사절을 대접했을 때, 그들은 무한한 만족과 놀라움을 안겨주었으며, 나는 그들이 황제에게 나의 가장 겸손한 존경을 표하는 영광을 베풀기를 바랐다. 황제의 덕행은 전 세계를 존경으로 가득 채웠다. 나는 고국으로 돌아가기 전에, 그들의 황제를 찾아뵙기를 바랐다. 따라서 나는 우리 황제를 만나는 영광을 가졌을 때, 나는 블레푸스쿠 황제를 찾아 뵐 수 있도록 사전 허락을 요청했고, 그는 기꺼이 허락했지만 내가 느낄 수 있을 정도로 매우 냉정한 태도였다. 그러나 어떤 사람으로부터 '플림냅과 볼골람이 블레푸스쿠 고위 사절 대사들과 나의 관계를 불충의 표시로 표현했다.'는 속삭임을 듣기 전까지는 그 이유를 추측할 수 없었다. 나는 내 마음속으로는 불충의 표시가 전혀 없음을 확신한다. 그리고 이것이 내가 궁정과 대신들에 대한 어떤 불완전한 개념을 처음으로 생각하기 시작한 때였다.

이 대사들은 통역을 통해, 두 제국의 언어가 유럽의 어느 두 나라 못지않게 서로 다르며, 각 나라는 자기 나라의 언어가 전통적으로 고대하고 아름다움과 활력을 자랑하며 이웃 나라의 언어에 대해서는 노골적인 경멸을 표한다고 나에게 말했다. 그러나 우리 황제는 그들의 함대를 나포함으로써 얻은 유리한 이점에 입각하여 그들에게 신임장을 제출하고 릴리퍼트어로 연설을 하도록 강요했다. 그리고 두 왕국은 교류를 통해 무역과 상업, 그들 사이에 상호 존재하는 망명자들의 지속적인 수용, 그리고 각 제국에서 젊은 귀족과 부유한 상류층을 다른 나라로 보내는 관습에서 벗어나 세상을 보고 인간과 예절을 이해함으로써 스스로를 연마한다. 해상 지역에 거주하는 저명한 사람들이나 상인이나 선원은 거의 두 제국의 언어로 대화를 나눌 수 있었다. 몇 주 후, 내가 블레푸스쿠 황제에게 경의를 표하러 갔을 때, 내 적들의 악의를 통해, 큰 불행 속에 빠졌었는데, 그것은 나에게 매우 행복한 모험이었음을 알게 되었다. 나는 이 일을 적절한 때에 다시 이야기 할 것이다.

독자들은 내가 자유를 되찾기 위한 조항에 서명했을 때, 그것들이 너무 비굴하다는 이유로 내가 싫어하는 조항들이 있었다는 것을 기억할 것이다. 극도의 필요성 때문에 나는 복종하지 않을 수 없었다. 그러나 이제 나는 그 제국에서 가장 높은 계급인 나르닥이 되었기 때문에, 그러한 문서는 나의 위엄보다 낮은 것으로 여겨졌고, 황제는 (그분께 공정하게 행하기 위해) 한 번도 나에게 그것들을 언급하지 않았다. 그러나 얼마 지나지 않아 나는 적어도 그 당시의 생각으로는 가장 중요한 봉사를 할 기회를 갖게 되었다. 한밤중에 나는 우리 집 문 앞에서 수백 명의 사람들이 울부짖는 소리에 깜짝 놀랐다. 그래서 갑자기 깨어났을 때, 나는 일종의 공포에 휩싸였다. 나는 '브르글룸(도둑질)'이라는 단어가 끊임없이 반복되는 것을 들었다. 황제의 궁정 중 몇 명이 군중을 뚫고 지나가면서, 황후마마의 내전에서 궁중의 시녀가 로맨스를 읽고 있는 동안 잠이 든 부주의로 인해 황후마마의 내전이 불타고 있으니 즉시 오라고 간청했다. 나는 순식간에 일어났다. 그리고 내 앞에 놓인 길을 닦으라는 명령이 내려졌고, 마찬가지로 달빛이 비치는 밤이었기 때문에, 나는 사람들 중 어느 누구도 짓밟지 않고 궁전으로 가기 위해 방향을 바꾸었다. 나는 그들이 이미 궁전 벽에 사다리를 놓고 양동이로 담아온 물(수원의 위치가 좀 멀었다.)을 붓고 있었다. 이 양동이는 큰 골무만 한 크기였고, 가난한 사람들은 할 수 있는 한 빨리 나에게 그것들을 공급해 주었지만 불꽃이 너무 맹렬해서 별 도움이 되지 않았다. 나는 불행히도 서둘러 오는 바람에 코트를 가져오지 못했다. 코트만 있으면, 쉽게 불을 제압할 수 있었지만, 아쉽게도 가죽 재킷만 입고 있었다. 그 상황은 전적으로 절망적이고 통탄스러워 보였다. 그리고 이 웅장한 궁전은, 만일 내가 특이한 정신에 의해, 갑자기 어떤 방법을 생각해내지 않았더라면, 틀림없이 황후마마의 내전은 불에 타 없어졌을 것이다. 나는 전날 저녁에 이뇨작용이 매우 강한 '글리미그림'이라고 불리는 가장 맛있는 와인을 많이 마셨다(블레푸스쿠 사람들은 그것을 플루넥이라고 부르지만, 릴리퍼트의 와인이 더 좋은 종류로 여겨진다.). 천만다행으로, 내가 불길에 아주 가까이 다가와서 불을 끄려고 애쓰면서 얻은 열기로 인해 마신 포도주가 몸속에서 소변으로 배출되기 시작했다. 나는 그것을 그렇게 많이 비우고, 적절한 장소에 아주 잘 적용했기 때문에, 3분 안에 불은 완전히 꺼졌고, 궁전을 세우는 데 그토록 오랜 세월이 걸렸던 그 고귀한 궁전의 나머지 부분은 파괴되지 않고 보존되었다.

이제 날이 밝았고, 나는 황제에게 축하를 드리기 위해 기다리지 않고 집으로 돌아왔다. 왜냐하면 비록 내가 매우 뛰어난 공로를 세웠지만, 내가 그 일을 행한 방식에 대해 폐하께서 어떻게 분개할지를 알 수 없었기 때문이다. 왜냐하면 이 나라의 기본 법칙에 의해, 궁전 경내에서 소변을 보는 행위는 사형으로 다스려지는 대죄이기 때문이다. 그러나 나는 폐하로부터 '나의 사면을 형식적으로 전달하기 위해 대법관에게 명령을 내리겠다.'는 전갈에 의해 약간의 위안을 얻었지만, 나는 그 문서를 받지 못했다. 황후는 내가 한 일을 가장 혐오스럽게 생각하고, 궁정의 가장 먼 곳으로 이전해서, 이전의 궁전은 절대로 그녀가 사용할 수 있도록 수리되어서는 안 된다고 굳게 결심했다. 그리고 그녀의 신임하는 자들 앞에서 복수를 맹세하는 것이었다.

CHAPTER 06

릴리퍼트 주민들의 학문, 법, 관습, 자녀를 교육하는 방식을 설명한다. 이 나라에서 저자의 생활 방식을 묘사한다. 저자가 어떤 위대한 여인에 대한 변호를 한다.

비록 이 제국에 대한 세세한 묘사를 특별한 논문에 실으려고 생각했지만, 그래도 호기심 많은 독자를 만족시키기 위해 몇 가지 일반적인 아이디어를 말하려고 한다. 원주민의 일반적인 크기가 6인치 미만이기 때문에 식물과 나무뿐만 아니라 다른 모든 동물에도 정확한 비율이 있다. 예를 들어, 가장 키가 큰 말과 소는 높이가 4인치에서 5인치 사이이며, 양은 1인치 반이다. 그들의 기러기는 우리의 참새만큼의 크기이고, 그래서 가장 작은 것에 이를 때까지 아래로 여러 단계씩 내려가서, 아주 작은 미물에 까지 이른다면 내 눈에는 거의 보이지 않는다. 그러나 자연은 릴리퍼트인들의 눈을 그들의 시야에 적합한 모든 물체에 적응시켰다. 그들은 매우 정확하게 보지만, 먼 거리에서는 볼 수 없다. 그리고 가까이 있는 물체에 대한 그들의 시력의 날카로움을 보여주기 위해, 나는 요리사가 흔한 우리의 파리보다 크지 않은 종달새의 깃털을 뽑는 것을 관찰한 적이 있다. 그리고 어린 소녀는 우리 눈에는 보이지 않는 실크로 보이지 않는 바늘에 실을 꿰고 있다. 그들의 가장 높은 나무들은 약 7피트 높이이다. 나는 거대한 왕립 공원에 있는 그것들 중 일부를 말한 것인데, 그 꼭대기들은 내가 주먹을 꽉 쥐고도 닿을 수 있는 것들이었다. 다른 야채도 같은 비율이다. 그러나 이러한 것들은 독자의 상상에 맡긴다.

나는 여러 시대를 거쳐 그들 사이에서 모든 분야에서 번성해 온 그들의 학문에 대해서는 현재로서는 거의 말하지는 않겠다. 그러나 그들의 글쓰기 방식은 매우 독특하여, 유럽인들처럼 왼쪽에서 오른쪽으로 나아가지도 않고, 아라비아인들처럼 오른쪽에서 왼쪽으로, 위에서 아래로 이어지지도 않는다. 중국인과 비슷하지만 영국의 숙녀처럼 종이의 한쪽 귀퉁이에서 다른 쪽 귀퉁이까지 비스듬하게 써나간다.

그들은 죽은 자를 머리를 바로 아래로 향하게 묻는데, 이는 그들이 11,000개월이 지나면 모두가 다시 살아날 것이라는 견해를 가지고 있기 때문이다. 그 기간에 지구(그들이 평평하다고 생각하는)는 거꾸로 뒤집힐 것이며, 이 방법으로 그들은 부활할 때 그들의 발로 설 준비가 된다는 것이다. 그들 가운데 학식 있는 자들은 이 교리의 불합리성을 고백한다. 그러나 그 관습은 여전히 저속한 것에 순응하여 계속되고 있다.

이 제국에는 매우 독특한 법률과 관습이 있다. 그리고 만일 그것들이 나의 소중한 조국의 그것들과 직접적으로 반대되는 것이 아니라면, 나는 그것들을 정당화하는 데 있어서 조금 말하고 싶은 유혹을 받을 것이다. 그저 그들의 법률과 관습이 잘 시행되기를 바랄 뿐이다. 먼저 언급할 것은 정보원에 관한 것이다. 여기에서는 국가에 대한 모든 범죄는 가장 엄중하게 처벌된다. 그러나 고발당한 사람이 재판에 출두하여 자신의 결백을 명백히 밝히면, 고발자는 즉시 불명예스러운 죽음을 당하게 된다. 그리고 무고한 사람은 그의 재산이나 땅을 몰수하여 그의 시간을 잃은 것에 대해, 그가 겪은 위험에 대해, 그의 투옥 생활의 고난에 대해, 그리고 그를 변호하는 데 있어서 그에게 씌워진 모든 혐의에 대해 네 배의 보상을 받는다. 또는 고발자의 자금이 부족할 경우 대부분 황실에서 공급한다. 황제는 또한 그에게 호의를 나타내는 어떤 공개적인 표시를 하사하며, 그의 결백을 온 도시에 선포한다.

그들은 사기를 도둑질보다 더 큰 범죄로 간주하며, 따라서 그것을 사형으로 처벌한다. 그들이 주장하기를, 상식적인 사람이 주의와 경계를 하면, 재산을 도둑으로부터 보호할 수 있지만, 정직한 사람은 그보다 더 우월한 교활함이 있는 사람에 대항할 수 있는 방어책은 없다. 그리고 물건을 사고파는 것은 끊임없는 거래가 있어야 하기 때문에, 신용에 의존하게 된다. 그런데 사기가 허용되고 묵인되거나 그것을 처벌할 법이 없는 경우, 정직한 거래인은 항상 실패하게 되고, 정직하지 못한 거래인은 이득을 얻는다. 언젠가 내가 황제에게 중재를 부탁한 것을 기억한다. 그 죄인은 자신이 받은 큰돈을 가지고 달아나서 돈의 주인에게 커다란 손해를 입힌 사람이다. 나는 황제에게 그 사람이 정상참작의 여지가 있으며, 단지 신뢰를 저버린 것일 뿐이라고 말하자, 황제는 내가 그 범죄의 가장 큰 가중행위를 변호하는 것이 끔찍하다고 생각했다. 진실로 나는 나라마다 다른 관습을 가지고 있다는 일반적인 대답 이상의 할 말이 거의 없었다. 고백하건대, 나는 진심으로 부끄러웠다(이후에 의회 법안이 통과되어 일부 신뢰 위반이 자본화되었다.).

우리는 보통 보상과 처벌을 모든 정부가 의존하는 두 개의 주축이라고 부르지만, 나는 릴리퍼트를 제외하고는 어떤 나라도 이 격언을 실천에 옮기는 것을 결코 볼 수 없었다. 73개월 동안 자기 나라의 법률을 엄격히 준수했다는 것을, 누구든지 충분한 증거를 제시할 수 있는 사람은, 그의 삶의 질이나 상태에 따라, 그 용도를 위해 충당된 기금에서 비례하는 금액과 함께 특정한 특권을 주장할 수 있다. 그는 또한 '스닐폴', 즉 '법률가'라는 호칭을 받는다. 그것은 그의 이름에 더해지지만, 그의 후손에게로 상속되지는 않는다. 그리고 이 사람들은 내가 그들에게 우리의 법은 보상에 대한 언급 없이 오직 처벌에 의해서만 집행된다고 말했을 때, 정책적으로 결함이 있는 사회라고 생각했다. 바로 이 때문에 그들의 사법 법정에서 공의의 형상은 여섯 개의 눈으로 형성된다. 즉, 그 눈은 앞에 둘, 뒤에 둘, 양쪽에 하나씩 있어, 신중함을 의미한다. 오른손에는 황금 주머니를, 왼손에는 칼이 들어 있는 칼집을 들고 있어 그녀가 벌보다 보상을 더 좋아한다는 것을 보여준다.

공직에 필요한 사람을 고용함에 있어서, 그들은 위대한 능력보다는 훌륭한 도덕성을 더 중요하게 생각한다. 왜냐하면, 정부는 인류에게 필요하기 때문에, 공직에 필요한 사람은 인간의 평범한 이해력만 있으면, 어떤 지위나 다른 위치나 상관없이 적합하다고 믿기 때문이다. 그리고 신의 섭리는 공무의 관리를 오직 소수의 숭고한 천재성을 가진 사람들에 의해서만 이해될 수 있는 신비한 업무로 만들려는 의도가 결코 없다는 것이다. 한 시대를 통해 천재성을 가진 사람이 세 명이 태어나는 경우는 좀처럼 드물다. 그들은 진리, 공의,

절제, 그리고 그와 유사한 것들이 모든 사람의 능력 내에 있다고 가정한다. 경험과 선한 의도에 의해 도움을 받는 덕목의 실천은 특별한 학습 과정이 필요한 경우를 제외하고는 어떤 사람이든 그의 국가에 봉사할 자격을 갖추게 될 것이다. 그러나 도덕적 덕목이 결핍된 자는 우월한 정신적 자질을 가지도 있다고 하더라도, 공직을 결코 맡길 수 없다고 생각했다. 그리고 적어도, 도덕성을 가진 사람이 무지로 저질러진 실수들은, 공공의 복지에 그렇게 치명적인 결과를 초래하지는 않지만, 성향이 부패하고, 그의 부패를 숨기고, 번식하고, 방어하는 데 뛰어난 능력을 가진 사람의 행위는 공공의 복지에 치명적인 결과를 초래하게 된다.

마찬가지로, 신의 섭리에 대한 불신을 가진 사람은 어떤 공적인 지위도 가질 수 없게 된다. 왜냐하면, 군주들이 스스로를 섭리의 대리자라고 공언하기 때문에, 릴리퍼트인들은 군주가 그가 행동하는 권위를 부인하는 그런 사람들을 고용하는 것보다 더 불합리한 일은 없다고 생각하기 때문이다.

이런 법들과 다음의 법들을 언급할 때, 나는 릴리퍼트인들이 인간의 타락한 본성에 의해 타락한 가장 추악한 부패를 말하는 것이 아니라, 원래의 순수한 제도들을 의미하는 것으로 이해할 수 있다. 왜냐하면, 밧줄 위에서 춤을 추면서 큰 직업을 얻거나, 막대기를 뛰어넘어 그 아래로 기어들어가 호의와 명성의 상징을 얻는 그 악명 높은 관습에 대해서는, 독자들은 그것들이 현재 통치하고 있는 황제의 할아버지에 의해 처음 소개되었고, 당파와 파벌의 점진적인 증가에 의해 현재의 절정에 이르렀다는 것을 알아야 한다.

배은망덕은 그 중에서 사형에 해당하는 범죄인데, 우리가 다른 나라들에서도 그랬던 것으로 책에서 읽어서 알고 있다. 왜냐하면 그들은 그렇게 추론하기 때문이다. 누구든지 악을 저지르면 인류에게 공동의 적이 되기 때문에, 그런 사람은 같이 살기에는 적합하지 않다.

부모와 자녀의 의무에 관한 그들의 개념은 우리와 매우 다르다. 왜냐하면, 남성과 여성의 결합은 자연의 위대한 법칙에 기초를 두고 있기 때문에, 종을 번식시키고 지속하기 위해서는, 릴리퍼트인들은 남성과 여성이 다른 동물들처럼 탐욕의 동기에 의해 함께 결합되는 것이 필요하다고 생각한다. 그리고 그들의 어린아이에 대한 그들의 부드러움은 그와 같은 자연적 원리에서 나온다. 이러한 이유로 그들은 아이가 그를 낳은 아버지에 대해, 또는 그를 세상에 데려온 것에 대해, 그의 어머니에 대해 어떤 의무를 지고 있는 것이 아니다. 인간 생활의 비참함을 고려할 때, 그것은 그 자체로 유익한 것도 아니었고, 그의 부모가 그렇게 의도한 것도 아니었으며, 그들의 생각은 그들의 사랑의 만남에서 다른 방식으로 사용된 것이었다. 이러한 추론에 근거하여, 그들의 견해는, 부모들은 자기 자녀들의 교육에 대한 책임을 맡긴 다른 모든 사람들 중에서 가장 마지막에 있는 사람들이라는 것이다. 그리하여 그들은 모든 마을에 공공 보육원을 가지고 있으며, 거기서 시골 주인과 노동자를 제외한 모든 부모들은 남녀 모두의 유아를 양육하고 교육시키기 위해 보낼 의무가 있으며, 그들이 20개월이 되면 그 때 그들은 어느 정도 유순함의 기초를 가지고 있다고 생각한다. 이 공공 보육원은 다양한 자질과 성별에 적합한 여러 종류가 있다. 또한 자녀들을 그들의 부모의 계급과 그들 자신의 능력과 성향에 걸맞은 생활 상태에 맞게 준비시키는 데 능숙한 교사들이 있다. 먼저 남성 보육원에 대해 말하고, 그 다음에 여성 보육원에 대해 말하겠다.

고귀하거나 저명한 출생의 어린 소년들을 위한 보육원에는 신중함과 학식 있는 교사와 여러 보조 대리인이 제공되었다. 아이들의 옷과 음식은 수수하고 소박하다. 그들은 명예, 정의, 용기, 겸허, 관용, 종교 및 조국에 대한 사랑의 원칙 속에서 자랐다. 그들은 먹고 자는 시간이 매우 짧고, 신체 운동으로 구성된 기분 전환을 위해 두 시간을 보내는 시간을 제외하고는 항상 어떤 일을 했다. 그들은 네 살이 될 때까지 남들의 도움으로 옷을 입지만, 네 살 이후에는 그들의 신분에 상관없이 스스로 옷을 입어야 한다. 그리고 50세 정도인 많은 여성 수행원들은 가장 천한 일만을 수행한다. 아이들은 결코 하인들과 대화하는 것을 허락하지 않으며, 그들의 기분 전환을 위한 오락이라도 적은 숫자의 무리를 지어야 하며, 항상 교사나 보조 대리인 중 한 사람의 면전에서 해야 한다. 그렇게 함으로써 그들은 우리의 자녀들이 겪게 되는 어리석음과 악덕에 대한 초기 예방을 할 수 있다는 것이다. 그들의 부모는 1년에 두 번만 아이들을 볼 수 있으며, 방문 시간은 한 시간 이내여야 한다. 부모는 아이를 만나거나 헤어질 때 아이에게 키스하는 것이 허용된다. 그러나 그러한 경우에도 항상 곁에 서 있는 교사는 그들이 속삭임이나, 애정 표현을 사용하거나, 장난감, 과자 등의 선물을 가져오는 것을 용납하지 않는다.

아이의 교육과 오락을 위하여 사용되는 비용은 각 가정으로부터 지불받으며, 부모가 정당한 지불을 하지 못할 경우, 황제의 관리들에 의해 강제로 징수된다.

평범한 신사, 상인, 거래인, 수공예품업자의 아이들을 위한 보육원도 같은 방식으로 관리된다. 거래인을 위해 고안된 사람들만이 열한 살에 견습생이 되고, 고위 관료의 아이는 열다섯 살까지 계속 교육을 받는데, 우리 나이로 따지면, 스물한 살에 해당한다. 그러나 졸업하기 3년 전부터는 외출을 금지하는 것이 점차 느슨해진다.

여성 보육원에서, 고위 관료의 어린 소녀들은 남자들과 똑같이 교육을 받으며, 항상 교수나 대리인의 면전에서 그들이 스스로 옷을 입게 될 때까지 오직 그들의 단정한 여자 하인들이 옷을 입혀준다. 그러나 그것은 다섯 살이 될 때까지이다. 그리고 만일 이 여자 하인들이 무섭거나 어리석은 이야기로 소녀들을 즐겁게 하려고 한다면, 그들은 그 도시에서 공개적으로 세 번 채찍질을 당하고, 1년 동안 감옥에 갇히고, 이 나라의 가장 황량한 지역으로 종신토록 추방된다. 그리하여 어린 소녀들은 남자들과 마찬가지로 겁쟁이이고 어리석은 자신이 되는 것을 부끄러워하며, 품위와 청결함을 넘어서는 모든 개인적 장신구를 경멸하게 된다. 나는 그들의 성性의 차이로 인한 그들의 교육에 있어서 어떤 차이도 느끼지 못하였다. 다만 여성들의 운동이 전체적으로 남자 아이들처럼 강도가 높지 않으며, 가정생활에 관한 몇 가지 규칙들이 그들에게 주어졌고, 더 한정된 범위만 배울 수 있다는 것만 다를 뿐이다. 왜냐하면, 그들의 격언 '지위 있는 사람들 사이에서, 아내는 항상 젊을 수 없기 때문에, 항상 합리적이고 기분 좋은 동반자가 되어야 한다.'는 것이다. 소녀들이 결혼 적령기인 12세가 되면, 그들의 부모나 보호자는 교사들에게 큰 감사를 표하며 그들을 집으로 데려가며, 젊은 여성과 그녀의 동료들은 눈물로써 작별하게 된다.

좀 지위 낮은 종류의 여성 보육원에서는, 여자 아이들은 그들의 성性과 직위에 적합한 모든 종류의 일을 배운다. 직업적인 견습생은 일곱 살에 보육원을 떠나고, 나머지는 열한 살까지 보육원을 다닌다.

이 보육원에 자녀를 보내는 지위 낮은 가정들은, 가능한 한 낮게 매겨진 그들의 1년 동안의 학비를 내야하며, 그 외에도, 보육원의 관리인에게 작은 몫의 금액을 납부해야 한다. 따라서 모든 부모는 법에 의한 그들의 비용을 납부해야만 한다. 릴리퍼트인들은 자신들의 성적인 욕구에 복종하여 아이들을 세상에 내보내고, 그들을 부양하는 책임을 대중에게 떠넘기는 것보다 더 불공평한 일은 없다고 생각하기 때문이다. 지위 높은 사람들에 대해서는, 그들은 각 자녀에게 그들의 상태에 적합한 일정한 액수를 충당할 수 있는 담보를 제공한다. 그리고 이 자금은 항상 훌륭한 세심한 절약과 가장 정확하고 공정하게 관리된다.

시골 주민과 노동자들은 자녀들을 집에서 교육한다. 그들의 일은 땅을 일구고 경작하는 것뿐이기 때문에, 그들의 교육은 대중에게 별로 중요하지 않다. 그러나 그들 중 늙고 병든 사람들은 병원의 지원을 받는다. 구걸은 이 제국에서 존재하지 않는 직업이기 때문이다.

그러면 이제 여기서 호기심 많은 독자들의 관심을 다른 곳으로 돌리려고 한다. 내가 9개월하고도 13일의 체류 기간 동안 나의 가정생활과 이 나라에서의 생활 방식에 대해 어떻게 적응했는지 어느 정도 설명하고자 한다. 나는 나 자신을 위하여 나의 작은 손재주를 어쩔 수 없이 사용할 수밖에 없었다. 나는 왕립 공원에서 가장 큰 나무를 베어 충분히 편리한 탁자와 의자를 만들었다. 200명의 재단사들이 고용되어 나의 셔츠와 침대와 식탁을 위한 천을 만들었는데, 그들이 구할 수 있는 가장 튼튼하고 거친 종류였다. 그러나 그들은 여러 겹으로 함께 누비이불을 만들 수밖에 없었는데, 가장 두꺼운 것이 잔디밭보다 약간 더 가늘었기 때문이다. 그들이 만든 천은

걸리버의 옷을 만들기 위해 치수를 재고 있는
릴리퍼트의 제단사들

보통 너비가 3인치이고, 길이가 한 조각 당 3피트로 이루어져 있다. 내가 땅에 누워 있을 때, 한 명은 내 목에, 다른 한 명은 다리 중간에 서서, 각각 끝을 잡고 있는 튼튼한 줄을 뻗은 채, 세 번째 줄은 1인치의 단위로 줄의 길이를 측정했다. 그런 다음 그들은 내 오른손 엄지손가락을 측정하고 더 이상은 측정하지 않았다. 수학적 계산에 의해, 엄지손가락 둘레의 두 배가 손목 둘레와 같으며, 기타 등등 목과 허리도 같은 둘레이며, 내가 그들 앞에 양장 따위에 쓰이는 본을 알려주기 위해 바닥에 내려놓은 내 낡은 셔츠의 도움으로, 그들이 잰 치수는 정확히 맞아떨어졌다. 300명의 재단사들이 같은 방법으로 나에게 옷을 만들어 주었다. 그러나 그들은 내 치수를 알기 위해 또 다른 꾀를 냈다. 나는 무릎을 꿇었고, 그들은 땅에서 내 목까지 사다리를 들어 올렸다. 이 사다리 위에 그들 중 한 사람이 올라타서, 내 옷깃에서 바닥까지 측량을 재는 줄을 떨어뜨렸는데, 그것은 내 외투의 길이에 딱 맞아떨어졌지만, 내 허리와 팔은 내가 직접 쟀다. 내 옷이 완성되었을 때, 그것은 내 집에서 만들어졌을 때(그들 중 가장 큰 집도 내 옷을 담을 수 없었기 때문에), 그것들은 영국의 여성들이 만든 패치워크(색깔, 무늬, 크기, 모양이 각기 다른 여러 가지 천을 이어 붙여 하나의 커다란 천으로 만드는 수공예)처럼 보였고, 단지 내 옷이 모두 하나의 색깔이었다는 것뿐이었다.

나는 300명의 요리사들을 데리고 내 집 주변에 지어진 작고 편리한 오두막에서 그들과 그들의 가족들이 살았고, 나에게 하루에 두 번씩 요리를 담아 준비했다. 나는 스무 명의 웨이터를 손에 들고 탁자 위에 놓았다. 백 명이 더 땅바닥에 앉아 있었고, 어떤 사람들은 고기 접시를 들고 있었고, 어떤 사람들은 포도주와 다른 술들이 담긴 통을 어깨에 메고 있었다. 위의 웨이터가 우리가 유럽의 우물에서 양동이를 끌어 올릴 때 그런 것처럼 원하는 대로 매우 독창적인 방식으로, 특별한 끈으로 들어올렸다. 그들의 고기 한 접시는 한 입 베어 물기에 좋았고, 그들의 술 한 통은 적당한 생맥주였다. 그들의 양고기는 우리 것보다 못하지만 그들의 쇠고기는 훌륭하다. 나는 등심이 너무 커서 세 입 베어 물어야 했다. 이것은 참 드문 일이었다. 나의 하인들은 내가 그것을 먹는 것을 보고 깜짝 놀랐는데, 영국에서 종달새의 다리를 먹듯이 뼈도 함께 쇠고기를 먹었기 때문이다. 나는 그들의 거위와 칠면조를 보통 한 입에 가득 먹었는데, 고백하건대 그들은 우리의 것보다 훨씬 맛이 뛰어나다. 그들의 작은 새(닭)들 중에서 나는 칼끝에서 스무 마리 내지 서른 마리를 한 번에 먹을 수 있었다.

어느 날 황제 폐하께서는 나의 생활 방식을 알게 되시고 나서, 자신과 그의 황녀 그리고 젊은 왕자들과 함께 나와 함께 식사하는 행복을 누리기를 바랐다. 그들은 모두 함께 왔고, 나는 그들을 내 탁자 위의 중요한 의자에 앉히고, 나를 바로 마주 보고 있는 동안, 그들의 경비병들을 그 주위에 배치했다. 재무 장관인 플림냅도 마찬가지로 흰 지팡이를 들고 그곳에 참석하였다. 나는 그가 종종 시큰둥한 얼굴로 나를 바라보는 것을 보았는데, 나는 그것을 개의치 않고, 나의 사랑하는 조국에 대한 경의를 표하기 위해, 그리고 궁정을 감탄으로 가득 채우기 위해 평소보다 더 많이 먹었다. 나는 폐하의 이번 방문이 플림냅에게 그의 주인인 황제께 나를 험담할 기회를 주었다고 생각했다. 플림냅은 항상 나의 은밀한 적이었지만, 겉으로는 평소보다 더 나에게 애정 표현을 하여 그의 본성을 감췄다. 그는 황제에게 "국고의 형편없이 낮은 상태로, 그는 어쩔 수 없이 대폭 할인된 가격으로 돈을 조달해야 합니다. 재무부 지폐가 9% 이하로 유통되고 있으며, 산사람을 위해 일백오십만 '스프루그'(그들의 가장 큰 금화, 반짝거리는 얇은 장식 조각의 크기에 비함) 대가를 치르고 있습니다. 그래서 전체적으로 볼 때, 황제께서는 산사람을 해임하는 첫 번째 공정한 기회를 취하는 것이 바람직할 것입니다."라고 얘기했다.

나는 여기서 나 때문에 무고한 고통을 겪은 한 훌륭한 부인의 명성을 변호하지 않을 수 없다. 재무 장관은 어떤 사악한 말의 악의로 아내를 질투하였다. 그의 아내가 나에게 격렬한 애정을 표현했다고 알렸으며, 한 번은 그녀가 내 숙소에 개인적으로 찾아온 적이 있었는데, 이것이 궁중 스캔들로 한동안 이어졌다. 나는 이것을 아무런 근거 없이 가장 악명 높은 거짓이라고 엄숙히 선언하노니, 더욱이 그녀는 자유와 우정의 모든 순진한 표시로 나를 기꺼이 대하였다. 나는 그녀가 내 집에 자주 왔지만 항상 공개적으로, 그리고 마차에 세 명(그녀의 여동생과 어린 딸, 그리고 어떤 특별한 지인)이 항상 같이 왔다. 그러나 이것은 궁정의 다른 많은 여인들에게도 공통적인 것이었다. 그리고 나는 여전히 내 종들에게 호소하노니, 그들이 어느 때라도 내 문 앞에, 그 안에 어떤 사람이 있는지는 알지 못하는 마차가 서 있는 것을 보았는지. 그런 경우에, 하인이 나에게 통지를 하면, 나의 습관은 즉시 문으로 가서 경의를 표한 후, 마차와 두 마리의 말을 매우 조심스럽게 손에 들고(왜냐하면 만약 여섯 마리의 말이 있다면, 마부는 항상 네 마리의 마구를 풀었기 때문이다.), 그것들을 탁자 위에 올려놓았는데, 그곳에는 움직일 수 있는 테두리를 꽤 둥글게 사고를 방지하기 위해 5인치 높이로 고정해 놓았다. 그리고 나는 종종 네 대의 마차와 말들을 한꺼번에 내 탁자 위에 올려놓았고, 나는 의자에 앉아서 그들을 향해 얼굴을 기울였다. 그리고 내가 한 무리와 대화하고 있을 때, 마부들은 다른 무리들을 내 테이블 주위로 부드럽게 몰아주곤 했다. 나는 이러한 대화 속에서 많은 오후를 매우 기분 좋게 보냈다. 하지만 나는 재무 장관이나 그의 두 정보원(나는 그들의 이름을 밝히고 그들이 최선을 다하게 할 것이다.) 클루스트릴과 드룬로를 무시하고, 내가 전에 말했듯이 황제 폐하의 명백한 명령에 의해 파견된 수석 비서관 릴드레살을 제외하고는 그 누구도 나에게 비밀리에 찾아온 적이 없다는 것을 증명한다. 위대한 여인의 명성에 그토록 관련되지 않았다면, 나 자신에 대해서는 말할 것도 없고, 나는 이 문제에 대해 그렇게 오래 생각하지 않았을 것이다. 그때 나는 나르닥이 되는 영광을 누렸지만, 재무 장관은 그렇지 못했다. 왜냐하면 온 세상이 알다시피, 그는 단지 '글룸글룸'인 한 단계 낮은 호칭을 가진 사람일 뿐이다. 즉 영국의 후작의 칭호가 공작보다 한 단계 열등한 칭호인 것처럼. 그러나 나는 그가 나보다 앞선 그의 직분을 맡은 것에 대해 인정한다. 이 거짓 정보들은, 내가 나중에 언급할 적절하지 않은 사고로 인하여 알게 되었는데, 그 때문에 재무 장관은 얼마 동안 그의 부인에게 나쁜 표정을 지었고, 나에게는 더 나쁜 표정을 지었다. 비록 그가 마침내 속은 것을 알고 그녀와 화해했지만, 나는 그에 대한 모든 신용을 잃었고, 황제 자신에 대한 나의 관심은 매우 빠르게 식어가는 것을 발견했다.

CHAPTER 07

저자는 그를 대역죄로 고발하려는 계획을 알아차리고 블레푸르쿠로 탈출한다. 저자는 블레푸르쿠에서 환영받는다.

내가 이 왕국을 떠나는 것에 대해 이야기하기 전에, 두 달 동안 나를 모함해 온 사사로운 음모를 독자에게 알리는 것이 적절할 것 같다.

나는 지금까지 평생토록 궁정에서 낯선 사람으로 살아왔다. 내 신분 상태가 낮아서 궁정에 들어갈 자격이 없었기 때문이다. 나는 정말로 위대한 군주들과 장관들의 성향에 대해 충분히 듣고 읽었지만, 멀리 떨어진 외딴 나라에서 내가 생각했던 것처럼 유럽의 군주들과 장관들에 의해 다스려지는 그것들과는 매우 다른 격언에 의해 통치되면서 엄청난 결과를 나타내리라고는 결코 예상하지 못했다.

내가 블레푸스쿠 황제를 찾아뵈러 가려고 막 준비하고 있을 때, 궁정에 있는 한 고위 관리(그가 황제 폐하의 가장 큰 불쾌감을 느끼게 했을 때, 나는 그에게 큰 도움을 준 적이 있었다.)가 밤에 아주 은밀하게 내 집에 마차의 의자도 가리고, 그의 이름을 알려주지도 않고, 나를 만나기를 요청해왔다. 마부는 돌려보내고, 그 고위 관리가 들어 있는 마차를 내 코트 주머니에 넣고, 믿음직한 하인에게 명령을 내려 만일 누가 찾아온다면 내가 기분이 우울해서 일찍 잠이 들었다고 말하라고 한 다음, 내 집 문을 잠그고, 평소의 습관대로 코트에서 마차를 꺼내 탁자 위에 올려놓고, 그 옆에 앉았다. 일반적인 인사를 주고받은 후, 그는 걱정으로 가득 찬 고위 관리의 얼굴을 관찰하고 그 이유를 물으니, 그가 말하기를 "당신의 명예와 생명에 크게 관련된 문제에 대해 인내심을 가지고 나의 말을 들어주겠소?"라고 했다. 그의 연설은 다음과 같은 취지였으며, 그가 나를 떠나자마자 나는 그것을 적어 두었다.

"당신은 최근에 평의회의 여러 위원회가 그대 때문에 지극히 개인적인 방법으로 소집되었다는 것을 알아야 합니다. 그리고 폐하께서 완전한 결정을 하신 지 겨우 이틀이 지났습니다.

당신은 스키레시 볼골람(갈베트 또는 해군 제독)이 당신이 이 나라에 도착한 이래로 거의 언제나 당신의 치명적인 적이었음을 잘 알고 있을 것입니다. 왜 그랬는지에 대한 그의 원래 이유를 저는 알지 못하지만, 그의 증오는 당신이 블레푸스쿠를 상대로 거둔 대성공 이후로 더욱 커졌고, 그로 인해 제독으로서의 그의 영광은 많이 가려졌습니다. 볼골람은 그의 부인 때문에 그대에 대한 적대감이 악명 높은 고위 재무 장관 플림냅, 장군 림톡, 시종장 랄콘, 그리고 대법관 발무프와 함께 반역죄와 다른 중형 범죄로 당신에 대한 탄핵 조항을 준비하였습니다."

이 서문은 나 자신의 장점과 결백을 의식하면서 나를 너무 조급하게 만들었기 때문에 그의 말을 막으려고 했다. 그는 나에게 조용히 하라고 간청하고는 다시 이어서 이렇게 말하였다.

"당신이 내게 베풀어 준 호의에 대한 감사의 표시로, 나는 전체 재판 과정에 대한 정보와 기사의 탄핵 문서의 사본을 입수하였습니다. 나는 당신의 은혜를 갚기 위해 내 목숨을 걸었습니다."

산사람에 대한 탄핵 조항

제1조

황제 폐하 칼린 데파르 플루네의 통치 기간에 제정된 법령에 의해, 황궁의 경내에서 소변을 보는 자는 누구든지 대역죄의 고통과 형벌을 받게 될 것이다. 그럼에도 불구하고, 상기 산사람은 상기 법률을 공공연히 위반하고, 폐하의 가장 친애하는 황후의 궁전에서 발생한 화재를 진압한다는 명목으로, 악의적으로, 배신적으로, 그리고 악마적으로, 상기 왕궁의 경내에 누워서 그의 소변을 배출함으로써, 상기 궁전의 불을 껐다. 그 행위는 상기에 규정된 법령을 위반한 것이다.

제2조

상기 산사람이 블레푸스쿠 제국 함대를 왕실 항구로 데려온 후, 황제 폐하의 명령을 받아 블레푸스쿠 제국의 다른 모든 선박을 나포하고, 그 제국을 지방으로 축소하고, 총독의 통치를 받는다. 또한 모든 빅-엔디안 망명자들뿐만 아니라, 마찬가지로 빅-엔디안은 망명자의 이단을 즉시 버리지 않을 그 제국의 모든 사람들을 처형하라는 명령을 받는다. 상기 산사람은, 그의 가장 상서롭고, 고요한 황제의 위엄에 반하는 반역자처럼, 양심을 강요하거나 무고한 사람들의 자유와 생명을 파괴하기 싫다는 구실로 상기 행동을 면제받기를 청원했다.

제3조

블레푸스쿠 궁정에서 황제 폐하의 궁정에 평화를 청하러 온 대사들이 도착했을 때, 산사람은 거짓 배신자처럼, 그들이 최근에 황제 폐하의 공공연한 적이었던 군주의 하인이며, 황제 폐하에 대항하여 공개적인 전쟁을 벌이고 있는 군주의 하인이라는 것을 알고 있었음에도 불구하고, 그 대사들을 돕고, 방조하고, 위로하고, 부추겼다.

제4조

상기 산사람은 충실한 신하의 의무에 반하여 지금 블레푸스쿠의 궁정과 제국으로 항해를 준비하고 있으며, 이 항해에 대해 그는 황제 폐하로부터 구두로써 허가만 받았다. 그리고 이 구두 허가만으로, 거짓되고 배신적인 의도를 가지고 블레푸스쿠로 가려하며, 그럼으로써 최근에 적이 된 블레푸스쿠의 황제를 돕고, 위로하고, 부추기며, 앞서 말한 그의 황제 폐하와 공공연한 전쟁을 벌이려는 의도를 가지고 있다.

"이외에도 다른 조항이 있으나 이것들이 가장 중요하며, 그래서 나는 이 조항들을 당신에게 읽어드립니다."

"이 탄핵에 대한 몇 차례의 논쟁에서, 폐하께서는 그의 크나큰 관대함을 많이 보여주셨다는 것을 고백하지 않을 수 없습니다. 그대가 폐하께 행한 봉사를 자주 언급하여, 그대의 범죄에 대해 참작하려고 노력했습니다. 재무 장관과 해군 제독은 밤에 당신의 집에 불을 질러 가장 고통스럽고 치욕스러운 죽음을 맞이하게 해야 한다고 주장했고, 장군은 독화살로 무장한 2만 명의 군사를 이끌고 와서 당신의 얼굴과 손에 독화살을 쏘아야한다고 했습니다. 당신의 하인들 중 몇몇은 당신의 셔츠와 시트에 독액을 뿌리라는 개인적인 명령을 받았고, 그렇게 하면 곧 당신이 자신의 살을 찢고 극도의 고문 속에서 죽게 될 것입니다. 장군도 같은 의견을 냈습니다. 그리하여 오랫동안 대다수가 당신을 반대하였습니다. 하지만 폐하께서는 가능하다면 당신의 목숨을 살려주겠다고 결심하셨고, 마침내 시종장을 설득하셨습니다."

"이 사건이 있은 후, 항상 당신의 진정한 친구라고 인정되는 사무담당 수석 비서관인 릴드레살은 황제 폐하로부터 의견을 전달하라는 명령을 받았고, 그는 그렇게 했습니다. 그는 당신이 저지른 죄가 크기는 하지만, 여전히 황제의 자비를 베풀 여지가 있고, 이는 군주로써 가장 칭찬할 만한 덕목입니다. 그는 말하기를, 당신과 릴드레살의 우정은 세상에 너무나 잘 알려져 있기 때문에, 아마도 가장 명예로운 이사회는 그를 편파적이라고 생각할 수도 있을 것입니다. 그러나 그는 자기가 받은 명령에 순종하여 자신의 감정을 거리낌 없이 표현하곤 하였습니다. 폐하께서 당신의 공로를 고려하시고, 그분의 자비로운 성품에 따라 당신의 목숨을 살려 주시고, 오직 그대의 두 눈을 뽑으라는 명령만 내리신다면, 그는 겸손하게 생각하고, 이로써 공의가 어느 정도 충족될 수 있으며, 온 세상이 황제의 관대함에 박수를 보낼 수 있으리라고 생각합니다. 당신의 눈을 잃는 것이 육체적인 힘을 쓰는데 장애가 되지 않을 것이며, 그것으로 당신은 여전히 황제의 위엄에 도움이 될 수 있을 것입니다. 당신이 실명에 대한 두려움이 적의 함대를 무너뜨리는 데 가장 큰 어려움이었다면, 실명으로 인한 위험을 알 수 없지만, 가장 위대한 군주들이 더 이상 하지 않는 것처럼 장관들의 눈으로 보는 것만으로도 충분할 것입니다."

"릴드레살의 이 제안은 전체 이사회에서는 극도의 불만이 표출되게 하였습니다. 해군 제독 볼골람은 화를 참지 못하고, 화가 치밀어 올라 장관이 어떻게 반역자의 목숨을 보존하기 위해 자신의 의견을 주제넘게 말할 수 있는지 의아해하며 말했습니다. 당신이 행한 일은 모든 참된 국가적 관점에서 볼 때, 당신의 범죄를 더욱 악화시켰다는 것입니다. 여왕 폐하의 궁전(그는 공포에 질려하면서 언급했습니다.)에서 소변을 배출하여 불을 끌 수 있었지만, 또 다른 경우에는 같은 방법으로 홍수를 일으켜 궁전 전체를 잠기게 할 수 있는 것입니다. 그리고 당신이 적의 함대를 끌어올 수 있게 했던 바로 그 힘이, 불만이 처음으로 생기면 적의 함대를 되돌려 보낼 수도 있을 것입니다. 볼골람은 반역이 명백한 행동으로 이어지기 전에 마음속에서 시작되듯이, 당신의 마음속에 빅 엔디안이라고 생각할만한 충분한 이유가 있었다고 봤습니다. 그는 그래서 당신을 반역자로 비난했고, 따라서 당신이 사형에 처해져야 한다고 주장했습니다."

"재무 장관도 같은 의견이었는데, 그는 폐하의 국고가 상당히 곤경에 처해있음을 보여주었습니다. 그것은 당신에게 들어가는 비용을 유지하기 위해서 사용되는 국고가 곧 지탱할 수 없을 정도로 감소하였습니다. 당신의 눈을 잃게 하는 릴드레살의 제안은 이 악에 대한 치료법과는 너무나 거리가 멀었기 때문입니다. 어떤 종류의 새의 눈을 멀게 하면, 그들은 눈이 먼 후 더 빨리 먹이를 먹고 더 빨리 뚱뚱해졌다는 일반적인 관행에서 명백히 드러났습니다. 성스러운 폐하와 당신의 재판관인 평의회는 그들의 양심에 따라 당신의 유죄를 완전히 확신하고 있었으며, 이는 엄격한 법조문이 요구하는 공식적인 증거 없이도 당신에게 사형을 선고하기에 충분합니다."

"그러나 사형에 반대한다는 확고한 의지를 가진 황제 폐하께서는 의회가 당신을 실명하게 하는 것을 너무 관대하다고 비난한다고 생각하니, 앞으로 다른 추가적인 방법을 말해보라고 하셨습니다. 이에 그대의 친구인 수석 비서관인 릴드레살은, 재무 장관이 이의를 제기한 것에 대한 대답으로, 폐하가 산사람에게 드는 유지비용에 대해 큰 책임을 지고 있다는 것에 대해 다시 듣기를 겸손하게 바라면서, 황제의 수입을 단독으로 처분할 수 있는 재무 장관이 산사람의 유지비용을 점차적으로 줄임으로써 그 해악에 쉽게 대처할 수 있을 것이라고 말했습니다. 그로 인하여 충분한 음식이 부족하게 된 산사람은 쇠약해지고 쇠약해지며, 식욕을 잃게 되고, 그 결과 몇 달 안에 부패하여 죽게 될 것입니다. 그대의 시체에서 나는 악취도 그렇게 위험하지 않을 것이며, 그때에는 악취가 절반 이상 줄어들 것입니다(쇠약해져서 몸무게가 절반 이상 줄어들 것이므로). 그리고 산사람이 죽자마자 5~6천 명의 폐하의 신하들이 2~3일 안에 산사람의 뼈에서 살을 도려내고, 수레에 싣고 먼 곳에 묻어 전염병을 막을 수 있으며, 그 유골은 후세에 대한 존경의 기념물로 남길 수 있을 것입니다."

"그리하여 그 비서의 대단한 우정으로 말미암아 모든 일이 타협되었습니다. 산사람을 조금씩 굶겨 죽이는 계획은 비밀로 해야 한다는 것이 엄하게 명령되었습니다. 그러나 산사람의 눈을 뽑는다는 형벌의 내용은 문서에 기록되어 있습니다. 제독 볼골람을 제외하고는 아무도 반대하지 않았으나, 그는 황후의 사람으로서, 폐하의 끊임없는 선동을 받아 당신의 죽음을 강요했습니다. 황후는 당신이 그녀의 궁전 화재 때, 불을 끄기 위해 취한 그 악명 높고 불법적인 방법 때문에 당신에게 끊임없는 악의를 품고 있었습니다."

"사흘 후에 당신의 친구인 수석 비서관이 당신의 집으로 찾아가서 당신 앞에서 탄핵 조항을 읽으라는 지시를 받을 것입니다. 그런 다음 폐하와 의회의 큰 관대함과 호의를 나타내기 위해, 그 다음으로써 당신은 눈을 실명하게 할 수밖에 없습니다. 폐하께서는 이에 대해 의문을 품지 않으시고 감사하고 겸손하게 복종할 것이라고 생각하실 것입니다. 그리고 폐하의 외과의사 20명이 참석하여, 당신이 땅에 누워 있을 때 매우 날카로운 화살을 그대의 눈에 발사하여 당신의 눈을 실명하게 하는 수술이 잘 수행되는 지를 볼 것입니다."

"당신이 어떤 조치를 취할 것인지는 당신의 신중함에 맡기겠습니다. 의심을 피하기 위해, 나는 내가 왔던 것처럼 은밀하게 즉시 돌아가야 합니다."

고위 관리는 그렇게 떠나갔고, 나는 많은 의심과 마음의 혼란 속에서 혼자 남아 있었다.

그것은 이 군주와 그의 내각에 의해 도입된 관습이었는데(내가 확신하건대, 이전 시대의 관행과는 매우 다르다.), 궁정이 군주의 분노를 만족시키기 위해, 또는 총애하는 자의 악의를 만족시키기 위해 어떤 잔인한 처형을 명령한 후에는, 황제는 항상 그의 전체 의회에게 연설을 하여 그의 큰 관대함과 부드러움을 표현했다. 이는 황제의 인품을 온 세상이 다 알고 인정하는 사실로, 이 연설은 즉시 왕국 전역에 게시되었다. 또한 폐하의 인품에서 나오는 자비에 대한 찬사만큼 백성을 두렵게 하는 것도 없었다. 왜냐하면, 이러한 찬사가 확대되고 확대될수록 형벌은 더욱 비인간적이고, 고통 받는 자는 더욱 무죄하다는 것을 알았기 때문이다. 그러나 나 자신에 대해 고백하지 않을 수 없다. 내 출생이나 교육에 의해 궁정에 어울리는 자질을 타고난 적이 없었으며, 사물을 판단하는 데 너무나 미약하기 때문에 이 탄핵 조항에서 관대함과 호의를 발견할 수 없었다. 오히려, 이 탄핵 조항(아마도 잘못 안 것인지도 모르지만)은 온화하기보다는 엄격하다고 생각했다. 나는 가끔 재판을 계속하는 것을 생각하기도 했다. 비록 나는 피의자로써 여러 조항들에서 주장하는 사실들을 부인할 수는 없었지만, 그럼에도 불구하고 그들이 어느 정도 정상 참작을 인정해 주기를 바랐기 때문이다. 그러나 내 일생 동안 많은 국가에서의 재판문을 정독해 보았고, 판사들이 지시하는 것이 적절하다고 생각하는 대로 종결되는 것을 보아왔기 때문에, 나는 그토록 중요한 시점에서, 그리고 그토록 강력한 적들에 대항하여 그토록 위험한 판결에 의존할 수 없었다. 한때 나는 저항을 강하게 결심하기도 했다. 나에게 자유가 있는 동안에는 그 제국의 모든 힘을 다해도 나를 굴복시킬 수 없었기 때문이다. 나는 쉽게 돌로 그 도시를 산산조각 낼 수도 있었다. 그러나 나는 곧 황제에게 한 맹세, 그로부터 받은 호의, 그리고 황제가 나에게 부여한 나르닥이라는 높은 칭호를 기억함으로써 공포에 질려 그 계획을 도저히 실행할 수 없었다. 또한 나는 곧 신하들의 고마움을 알지 못했고, 폐하의 현재의 엄격한 판결로 과거에 내게 베풀어준 모든 혜택들이 사라졌다고 생각할 수 없었다.

마침내, 나는 한 가지 결심을 굳혔는데, 그 결심으로 내가 어느 정도 비난을 받을 수 있을 것 같았지만, 그 비난에 대해 부당하다고는 생각하지 않는다. 고백하건대, 나는 내 눈을 보존하고, 결과적으로 내가 자유롭게 된 것은 나 자신의 큰 경솔함과 경험의 결핍 덕분이라 할 수 있다. 왜냐하면, 만일 내가 그때 다른 많은 궁정에서 관찰한 군주들과 장관들의 본성을 알았더라면, 그리고 그들이 나보다 가벼운 범죄자들을 대하는 방식을 알았더라면, 나는 매우 기민하고 준비된 태도로 나에게 내려진 쉬운 처벌에 스스로 복종했을 것이기 때문이다. 그러나 젊음으로 인한 경솔함으로, 또한 황제 폐하의 허락을 얻었으므로 블레푸스쿠의 황제를 찾아뵐 수 있게 되어, 나는 이 기회를 이용하여, 사흘이 지나기 전에, 나의 친구인 수석 비서관 릴드레살에게 편지를 보내어, 내가 받은 허락에 따라 그날 아침에 블레푸스쿠를 향해 출발하겠다는 나의 결심을 알렸다. 비서관의 대답을 기다리지 않고 나는 우리 함대가 정박해 있는 섬의 해안 쪽으로 갔다. 나는 덩치 큰 함선을 붙잡아 뱃머리에 밧줄을 묶고, 닻을 들어 올리고, 옷을 벗고, 내 옷(팔에 끼고 다니는 이불과 함께)을 배에 싣고, 그것을 끌고 물속을 걸어가면서 헤엄치는 사이에 블레푸스쿠 사람들이 오랫동안 나를 기대했던 블레푸스쿠의 왕립 항구에 도착했다. 그들은 나에게 두 명의 가이드를 붙여주었고, 제국과 같은 이름인 수도로 나를 안내했다. 나는 성문에서 200야드 이내에 도착할 때까지 안내인들을 내 손에 들고 '안내인 중 한 명에게 나의 도착을 비서에게 알리고, 그에게 내가 거기서 폐하의 명령을 기다리고 있다.'고 전달하도록 얘기했다. 한 시간쯤 지나서, '왕족 가족과 궁정의 고위 관리들이 참석한 폐하가 나를 영접하러 나온다.'는 답을 받았다. 나는 100야드를 전진했다. 황제와 그 수행원들은 말에서, 황후와 시녀들은 마차에서 내렸고, 나는 그들이 어떤 두려움이나 걱정에 떨고 있다는 것을 느끼지 못했다. 나는 땅바닥에 엎드려 폐하와 황후의 손에 입을 맞췄다. 나는 폐하께 "나는 나의 약속에 따라, 그리고 나의 주인이신 릴리퍼트 황제의 허락을 받아 이토록 강력한 군주를 만나는 영광을 누리게 되었습니다. 그리고 나의 황제에 대한 나의 의무와 일치하는 한, 내 힘으로 황제에게 어떠한 도움이라도 제공하기 위해 왔습니다."라고 말했다. 나의 수치에 대해서는 한 마디도 언급하지 않았다. 왜냐하면 나는 지금까지 나의 수치스런 처사에 대한 어떠한 정보도 받지 못했기 때문이다. 그리고 나 자신이 그러한 설계에 대해 완전히 무지하다고 생각할 수도 있다. 또한 내가 황제의 힘에서 벗어난 상태에서 황제가 그 비밀을 찾아낼 것이라는 것도 상상할 수가 없었다. 그러나 곧 내가 속았다는 것이 드러났다.

나는 이 궁정에서의 나의 환영에 대한 자세한 이야기는 독자들에게 하지 않을 것이다. 그것은 그토록 위대한 군주의 관대함에 어울리지 않았으며, 집과 잠자리가 없어 이불을 뒤집어쓴 채 땅바닥에 누워 있어야 했던 어려움 정도만 알아주었으면 한다.

CHAPTER 08

저자는 운이 좋은 사건으로 블레푸스쿠를 떠날 방법을 찾는다. 저자는 몇 가지 어려움을 겪은 후, 무사히 고국인 영국으로 돌아온다.

블레푸스쿠에 도착한 지 사흘 후, 호기심에 그 섬의 북동쪽 해안으로 걸어가서, 나는 반리쯤 떨어진 바다에서 약간 배가 뒤집힌 것처럼 보이는 것을 발견했다. 나는 신발과 스타킹을 벗고, 이삼백 야드를 걸어가서, 그 물체가 조류의 힘으로 더 가까이 다가오는 것을 발견했다. 그러고 나서 그것이 진짜 배라는 것을 분명히 알았는데, 나는 그것이 폭풍우에 의해 배에서 떨어져 나온 구명보트라고 생각했다. 그 후 나는 즉시 도시로 돌아갔고, 황제 폐하께 함대를 잃은 후 남은 가장 큰 배 20척과 부제독의 지휘 하에 있는 3천 명의 선원을 지원해주기를 바랐다. 이 함대는 곡선으로 항해했고, 나는 배를 처음 발견한 해안으로 가장 짧은 경로로 되돌아갔다. 나는 조류가 그 보트를 더 가까이 밀어 넣었다는 것을 알았다. 선원들은 내가 미리 밧줄을 충분한 강도로 꼬아 둔, 그 밧줄을 받았는데, 함대가 도착하자, 나는 옷을 벗고 배에서 100야드 이내로 들어올 때까지 걸어갔고, 그 후에는 배 가까이까지 헤엄쳐 가야 했다. 선원들은 밧줄의 끝을 나에게 던져 주었는데, 나는 그것을 배의 앞부분에 있는 구멍에 매달았고, 다른 쪽 끝은 함대에 매달았다. 그러나 나는 나의 모든 수고가 별 소용이 없음을 깨달았다. 왜냐하면 아직 바다의 깊이가 내가 작업할 수 있는 깊이만큼 얕지 않기 때문이다. 그래서 나는 어쩔 수 없이 뒤에서 헤엄쳐 가야 했고, 할 수 있는 한 자주 한 손으로 배를 앞으로 밀어야 했다. 그리고 나에게 유리한 조류를 따라, 나는 턱을 들고 땅을 느낄 수 있을 정도로 멀리 나아갔다. 나는 2~3분 동안 쉬었다가 배를 한 번 더 밀었고, 그런 식으로 바다가 내 겨드랑이보다 높지 않을 때까지 계속했다. 그리고 이제, 가장 힘든 부분이 끝났으므로, 나는 한 척의 배에 실려 있는 다른 밧줄들을 꺼내어 먼저 배에 고정시켰고, 그 다음에는 나를 따라오는 아홉 척의 배에 고정시켰다. 바람이 순조롭게 불었으므로 선원들은 배를 끌고 나는 밀고 나갔고, 우리는 해안에서 40야드 이내의 거리에 도착했다. 썰물이 빠질 때까지 기다렸다가 배가 바닥에 닿자, 이천 명의 선원들과 밧줄 그리고 끌어올리는 도구의 도움을 받아, 배를 바닥으로부터 돌려놓았는데, 배가 거의 손상되지 않았다는 것을 알았다.

나는 열흘 동안의 노동으로 만든 쓸 만한 노의 도움으로, 블레푸스쿠의 왕실 항구에 도착하기까지의 힘들었던 어려움에 대해서는 독자들에게 구지 말하지는 않을 것이다. 내가 도착하자마자 그토록 거대한 배를 보고 경탄하는 거대한 무리의 사람들이 나타났다. 나는 황제에게 "나는 운이 좋아 이 배를 발견할 수 있었고, 이 배가 나를 고국으로 돌아갈 수 있는 곳으로 데려다 줄 수 있을 것입니다."고 말했다. 그리고 "폐하의 명령으로 블레푸스쿠를 떠날 수 있는 허가와 함께 이 배에 고국으로 돌아갈 때까지 필요한 물자를 구해 주시면 감사하겠습니다."라고 간청했다. 황제는 친절한 설명을 한 후에 기쁘게 허락했다.

내가 블레푸스쿠의 궁정에 있는 시간 동안, 나는 우리 황제로부터 블레푸스쿠의 궁정에 나와 관련된 릴리퍼트에서의 어떤 표현도 듣지 못했다는 사실에 매우 놀랐다. 그러나 나는 나중에 개인적으로 알게 되었는데, 황제 폐하께서는 내가 그의 계략에 대해 조금도 눈치 채지 못했다는 것을 결코 알아차리지 못하셨고, 나는 우리 궁정에서 잘 알려진 그가 나에게 준 허가증에 따라 내 약속을 이행하기 위해 블레푸스쿠에 갔을 뿐이며, 행사가 끝나면, 며칠 내로 돌아오리라고 믿고 있었다. 그러나 우리 궁정에서는 마침내 나의 오랜 부재로 인해 고통스러워했다. 그리고 재무 장관과 그 일당의 나머지 사람들과 상의한 후에, 나에 대한 탄핵 문서들을 가지고 고위 관료를 파견하였다. 이 사절은 블레푸스쿠의 황제에게 '산사람의 눈을 실명하게 하는 것 외에는 더 이상의 어떠한 처벌도 하지 않는, 우리 황제의 위대한 관대함'을 나타내라는 것이었으며, 사절이 말하기를, "산사람은 공의를 피해 도망쳤으며, 만약 내가 두 시간 안에 돌아오지 않는다면, 나르닥의 칭호를 박탈당하고 반역자로 선언될 것이다." 사절은 더 나아가 "두 제국 사이의 평화와 우호를 유지하기 위해, 우리 황제는 그의 형제인 블레푸스쿠가 산사람의 손과 발을 묶은 채 릴리퍼트로 돌려보내어 반역자로 처벌되도록 명령할 것을 기대한다."고 덧붙였다.

블레푸스쿠의 황제는 3일 동안 상의한 후, 많은 예의와 변명으로 구성된 대답을 돌려보냈다. 그는 "산사람을 결박하여 릴리퍼트로 보내는 것에 대해, 그것은 불가능하다. 비록, 산사람이 우리의 함대를 빼앗았지만, 그는 우리 두 나라가 평화를 이루는 데 있어서 많은 도움을 주었으므로 나는 황제로서 그에게 큰 의무감을 지니고 있다. 그러나 우리 두 나라의 황제는 곧 편안해 질 것이다. 산사람을 해안에서 바다로 데려다 줄 수 있는 거대한 배를 발견했기 때문으로, 나는 선원들에게 나의 도움과 지시를 받아 그 배에 필요한 물자를 채우라고 명령했다. 이제, 몇 주 만 지나면 두 제국이 그토록 지탱할 수 없는 골칫거리에서 해방될 수 있을 것이다."라고 했다.

이 대답을 가지고 사절은 릴리퍼트로 돌아갔다. 그리고 블레푸스쿠의 황제는 지나간 모든 것을 나에게 이야기했다. 동시에 (그러나 가장 은밀한 비밀리에) 내가 황제에게 봉사를 계속한다면, 은혜로운 보호를 제공하겠다고 했다. 거기서 나는 비록 그가 진실하다고 믿었지만, 그럼에도 불구하고 나는 도저히 피할 수 없는 곳에서는 다시는 군주나 장관들을 조금도 신뢰하지 않기로 결심하였다. 그래서 그의 호의적인 의도에 대한 모든 합당한 감사를 표하고, 나는 겸손하게 용서를 구했다. 나는 그에게, "선이든 악이든 행운이 나의 길에 배를 던져 주었기 때문에, 그토록 강력한 두 황제 사이의 불화의 계기가 되기보다는 나 자신이 바다로 모험을 떠나기로 결심했습니다."라고 말했다. 황제는 조금도 불쾌해하지 않았다. 나는 우연한 기회를 통해 그가 나의 결심을 매우 기뻐한다는 것을 알게 되었고, 그의 장관들도 또한 대부분 마찬가지였다.

이러한 점들이 고려되었기 때문에 나는 의도했던 것보다 다소 빠르게 떠나는 것을 서두르게 되었다. 궁정은 나를 빨리 떠나게 하려는 마음이 안달이 났기 때문에 매우 기꺼이 이에 응하였다. 500명의 일꾼들이 동원되어 내 지시에 따라 가장 튼튼한 천을 열

세 겹으로 엮어 내 배에 두 개의 돛을 달았다. 나는 밧줄을 만드는 데 어려움을 겪었다. 그들이 가지고 있는 가장 굵고 강한 밧줄을 열 번, 스무 번, 또는 서른 번 꼬아서 만들었다. 바닷가를 오랫동안 탐색하다가 우연히 발견한 커다란 돌이 닻으로 사용하는 데 도움이 되었다. 나는 300마리 암소분량의 쇠기름을 가지고 있었는데, 그것은 내 배에 기름을 바르는 데 쓰기도 하고, 그 외 다른 용도로도 사용하였다. 나는 노와 돛대를 만들기 위해 가장 큰 목재를 베는 데 엄청난 고통을 겪었지만, 큰 목재의 거친 부분을 잘라내면, 황제의 조선공들의 도움을 받아 그것들을 매끄럽게 다듬을 수 있었다.

한 달쯤 지나 모든 것이 준비되었을 때, 나는 황제의 명령을 받으면 떠나겠다고 했다. 황제와 그 가족이 궁전에서 나왔다. 나는 엎드려서 황제가 매우 친절하게 내민 손에 입을 맞추었다. 황후와 그의 어린 왕자들에게도 손에 입을 맞추었다. 황제는 한 장에 200개의 스프루그가 들어있는 지갑 50개와 황제의 초상화를 선물하셨고, 나는 초상화가 훼손되지 않도록 즉시 내 장갑 중 하나에 넣었다. 내가 블레푸스쿠를 떠날 때의 의식은 너무 많으므로, 더 이상의 그 내용으로 독자를 괴롭히지는 않겠다.

나는 백 마리의 황소고기와 삼백 마리의 양고기, 그에 비례하는 빵과 음료, 사백 명의 요리사가 만들어준 조리된 고기를 배에 싣고 출항 준비를 했다. 나는 여섯 마리의 암소와 두 마리의 황소를 산 채로 배에 실었으며, 같은 수의 암양과 숫양을 실어 내 나라로 데리고 가서 그 품종을 번식시키려고 하였다. 그리고 배에서 그들을 먹이기 위해 나는 질 좋은 건초 한 묶음과 옥수수 한 자루를 실었다. 나는 기꺼이 원주민 십여 명을 데려가겠다고 했지만, 황제가 그것만은 결코 허락하지 않았다. 샅샅이 내 주머니를 뒤지는 것 외에도, 황제께서는 나의 명예를 걸고 "본인의 동의와 욕망이 있더라도 나의 신하들 중 어느 누구도 데려갈 수 없다."고 말씀하셨다.

이렇게 내가 할 수 있는 한 모든 것을 잘 준비한 후, 나는 1701년 9월 24일 아침 6시에 출항했다. 바람이 남동쪽으로 불었으며 북쪽으로 4리쯤 갔을 때, 저녁 6시쯤에 나는 북서쪽으로 반리쯤 떨어진 작은 섬을 발견했다. 나는 앞으로 나아가 사람이 살지 않는 것처럼 보이는 섬의 가장자리에 닻을 내렸다. 그런 다음 약간의 음식을 섭취하고 휴식을 취했다. 나는 적어도 여섯 시간 정도 푹 잠을 잔 것 같다. 깨어난 지 두 시간 만에 하루가 저물었다는 것을 알았기 때문이다. 맑은 밤이었다. 나는 해가 뜨기 전에 아침을 먹었다. 나는 바람이 순조롭게 불었기 때문에, 닻을 올리고 전날에 했던 것과 같은 항로로 주머니에 든 나침반이 지시하는 데로 방향을 잡았다. 나의 의도는, 가능하다면, 반 디멘스 랜드의 북동쪽에 있다고 믿을 만한 섬들 중 하나에 도달하는 것이었다. 나는 그날 하루 종일 아무것도 발견하지 못했다. 그러나 이튿날, 오후 세 시쯤에, 내 계산에 의하면 블레푸스쿠로부터 24리를 갔을 때, 나는 저 멀리 남동쪽으로 향하는 배를 발견했다. 나의 진로는 정동쪽이었다. 나는 그 배에 신호를 보냈지만, 대답을 들을 수 없었다. 그러나 나는 바람이 잠잠해졌으므로 그 배에 점점 더 가까워지는 것을 알았다. 나는 할 수 있는 한 모든 돛을 펼치고, 30분 만에 그 배는 나의 존재를 확인하더니 포구를 열고 나를 향해 대포를 발사했다. 사랑하는 조국을 다시 볼 수 있다는 뜻밖의 희망과 조국에 남겨진 소중한 가족을 볼 수 있다는 기쁨을 말로 표현하기는 어렵다. 그 배는 돛을 느슨하게 했고, 나는 9월 26일 저녁 5시에서 6시 사이에 그 배와 함께 나란히 했다. 그 배의 영국 국기를 보니 가슴이 뛰었다. 나는 소와 양을 외투 주머니에 넣고, 나머지 식량이 든 짐을 모두 그 배에 실었다. 그 배는 일본에서 북해와 남해를 통해 돌아온 영국 상선이었다. 뎁트퍼드 출신의 선장인 존 비델은 매우 예의바른 사람이자 훌륭한 선원이었다.

우리가 지금 있는 곳은 남위 30° 위치였다. 그 배에는 약 50명의 선원들이 타고 있었다. 여기서 나는 나의 오랜 옛 동료인 피터 윌리엄스를 만났는데, 그는 선장에게 나에 대해서 좋은 성품을 가진 사람으로 소개해 주었다. 선장은 나를 친절하게 대해 주었고, 내가 마지막으로 어디서 왔는지, 그리고 내가 어디로 가려고 하는지 알려주기를 원했다. 나는 몇 마디 짧은 말로 말했지만, 그는 내가 미쳐 날뛰고 있다고 생각했고, 내가 겪은 위험들에 의해 내 머리가 약간 이상해졌다고 생각했다. 그래서 나는 내 주머니에서 검은 소와 양을 꺼내 보여주었다. 선장은 크게 놀라면서 나의 진실을 충분히 믿게 되었다. 그런 다음 나는 그에게 블레푸스쿠의 황제가 나에게 준 금과 함께 폐하의 초상화, 그리고 그 나라의 다른 진귀한 물건들을 보여 주었다. 나는 그에게 각각 200개의 큰 금화가 들어 있는 지갑 두 개를 주면서, 우리가 영국에 도착하면 새끼를 가진 암소 한 마리와 큰 양을 선물로 주겠다고 약속했다.

나는 이 항해에 대해 특별히 독자에게 자세한 이야기는 하지 않을 것이다. 이 항해는 대부분 매우 순조로웠다. 우리는 1702년 4월 13일에 다운스에 도착했다. 나에게 단 한 가지 불행한 일이 있었는데, 그것은 배에 있던 쥐들이 내 양 한 마리를 잡아 갔다는 것이다. 나는 그 양의 살이 깨끗이 발려진 뼈들을 발견했다. 나머지 다른 내 가축들은 안전하게 해변에 도착하여 그리니치의 잔디 볼링장에서 풀을 뜯게 했는데, 나는 항상 그곳에서 풀을 잘 먹지 못할까 걱정했는데, 다행히도 풀의 부드러운 맛으로 인해 매우 푸짐하게 먹이를 잘들 먹었다. 선장이 나에게 품질이 가장 좋은 비스킷을 건네주지 않았다면, 그렇게 긴 항해 동안 나의 가축들을 잘 보존할 수 없었을 것이다. 나는 비스킷을 잘 문질러 가루로 만들고, 그것을 물과 섞어서 가축들에게 먹일 수 있었다. 내가 영국에 머무른 짧은 기간 동안에, 나는 내 가축들을 많은 고위급 사람들과 다른 사람들에게 보여줌으로써 상당한 이익을 얻었다. 그리고 나의 두 번째 항해를 시작하기 전에, 나는 내 가축들을 600파운드에 팔았다. 나의 마지막 귀환 이후로 나는 품종이 상당히 증가되었다는 것을 발견했다. 특히 양들이 많이 번성했으며 양털이 아주 섬세해서 모직 제조에 이점이 많을 것 같았다.

나는 아내와 가족과 함께 단지 두 달 정도만 머물렀다. 이질적인 나라를 보고 싶은 나의 끝없는 욕망 때문이었다. 나는 아내에게 1,500파운드를 남겨 두고, 그녀를 레드리프의 좋은 집에 살게 해 주었다. 나는 남은 재산을 가지고 다녔는데, 일부는 돈으로, 일부는 상품으로 가지고 다녔는데, 이는 내 재산을 늘리기 위한 희망 때문이었다. 나의 큰삼촌인 존은 일 년에 약 30파운드씩 나오는 에핑 근처의 땅을 나에게 남겨 주었다. 그리고 나는 페터레인에 있는 블랙블을 장기간 임대를 주었는데, 그곳에서는 나에게 훨씬 더 많은 이익을 가져다주었다. 그래서 나는 내 가족을 교구에 남겨 둘 위험이 전혀 없었다. 큰삼촌의 이름을 딴 내 아들 조니는 중등학교(공부를 잘 하는 11~18세의 학생들이 다니던 학교)에 다녔고, 천진난만한 아이였다. 그때 내 딸 베티(지금은 결혼해서 자녀들이 있다.)는 자수를 하고 있었다. 나는 아내와 자식을 모두 눈물로 남겨두고, 수라트(인도 뭄바이 북쪽 약 200km, 탑티 강의 하류에 연한 구자라트 주의 도시)로 향하는 리버풀의 존 니콜라스 선장의 300톤급 상선 어드벤처 호에 승선했다. 그러나 이 항해에 대한 나의 기록은 나의 두 번째 여행을 참조해야 할 것이다.

PART II.

브롭딩낵(거인 나라) 여행

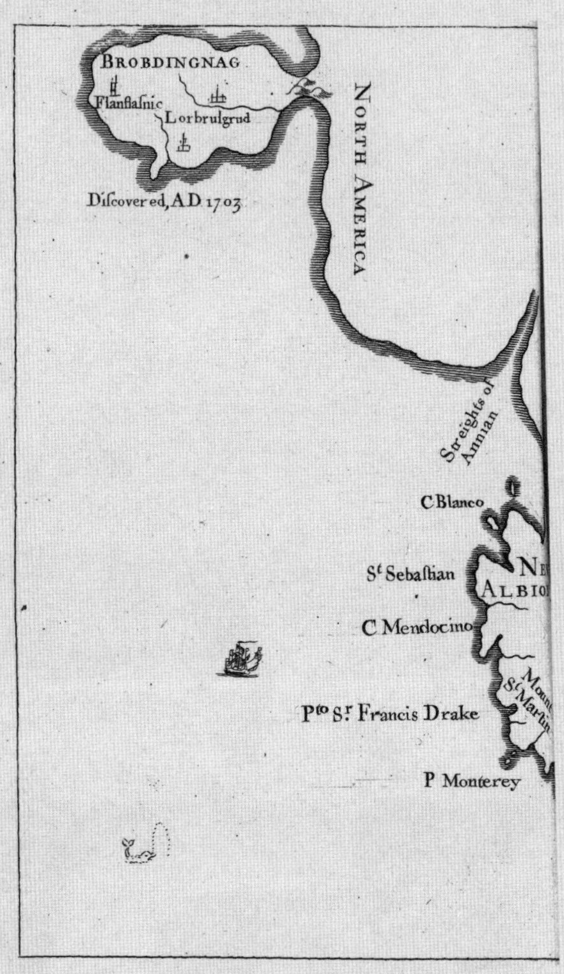

BROBDINGNAG
Flanflasnic
Lorbrulgrud
Discovered, A.D. 1703
NORTH AMERICA
Streights of Annian
C Blanco
St Sebastian
C Mendocino
Pto Sr Francis Drake
P Monterey

CHAPTER 01

큰 폭풍이 묘사되었다. 물을 길어오기 위해 육지로 배를 보낸다. 저자도 함께 간다. 저자는 해안에 홀로 남겨졌고, 원주민 중 한 명에게 붙잡혀 농부의 집으로 옮겨졌다. 그곳에서 환영회와 더불어 몇 가지 사고가 일어난다. 거주민에 대해 설명한다.

자연적인 기질과 운에 의해 활동적이고 역마살이 낀 듯한 생활에 처해 있는 나로서는, 돌아온 지 두 달 만에 다시 고국을 떠나 1702년 6월 20일에 콘월 사람 출신인 존 니콜라스 선장과 함께 수라트로 향하는 모험을 위해 배를 탔다. 우리는 희망봉에 도착할 때까지 매우 거센 바람을 만났고, 그곳에서 우리는 신선한 물을 얻기 위해 상륙했다. 그러나 배에서 물이 새는 것을 발견하고 우리는 물건들을 내리고 그곳에서 겨울을 보냈다. 더군다나 선장이 병에 걸렸기 때문에 우리는 3월 말까지 희망봉을 떠날 수 없었다. 그 후 우리는 다시 항해를 시작하여 마다가스카르 해협을 지날 때까지는 좋은 항해를 했다. 그러나 그 섬의 북쪽으로, 그리고 남위 약 5°까지 이르자, 그 바다들에서 관찰되는 바람은, 12월 초부터 5월 초까지 북쪽과 서쪽 사이에 일정한 동일한 강풍을 불게 하는 것으로 관찰되며, 4월 19일에는 훨씬 더 격렬하게, 그리고 평소보다 더 서쪽으로 불기 시작했다. 20일 동안 그렇게 계속되었다. 그 기간 동안, 우리는 몰루카 제도의 약간 동쪽으로, 그리고 적도에서 북쪽으로 약 3도 정도 밀려났는데, 우리 선장이 5월 2일에 관찰한 바에 따르면, 바람이 그쳤고, 그곳은 완전히 평온하였다. 거기서 나는 조금도 기뻐하지 않았다. 그러나 선장은 그 바다를 항해하는 데 경험이 많은 사람이었기 때문에 우리 모두에게 폭풍에 대비하라고 명했고, 그 폭풍은 다음 날에 일어났다. 왜냐하면 남부 몬순이라고 불리는 남풍이 불기 시작했기 때문이었다.

바람이 과도하게 불 것 같다는 것을 알게 된 우리는 세로돛을 접고 앞 돛을 접기 위해 대기했다. 그러나 악천후를 겪으면서 우리는 대포가 빠르게 움직이는 것을 보고 뒷 돛에 치는 세로로 된 돛도 접었다. 배는 바람을 측면으로 매우 넓게 받고 있어서 배를 정지시키는 시도나 선체의 돛을 모두 접고 빼대만 남기는 것보다 바다 앞에서 그냥 흘러가는 대로 내버려 두는 것이 더 낫다고 생각했다. 우리는 앞 돛을 움직이지 못하게 고정시켜 놓고, 앞 돛을 후미로 끌어올렸다. 조타 장치인 키는 악천후로 바람이 강하게 부는 쪽으로 움직였다. 배는 아주 용맹스럽게 버텨주었다. 우리는 앞쪽 돛을 고정시켜 놓았으나 돛이 찢어졌고, 우리는 돛의 활대를 끌어내려 돛을 배에 넣고 모든 것을 깨끗하게 치워 놓았다. 그것은 매우 맹렬한 폭풍이었다. 바다가 낯설고 위험하게 휘몰아쳤다. 우리는 채찍질하는 선원의 난간을 타고 가서 키를 쥔 조타수를 도왔다. 우리는 우리의 중간 돛대를 내리지 않고 모든 것을 그대로 두었는데, 왜냐하면 중간 돛대는 바다의 풍랑 앞에서 아주 잘 버텨주었고, 우리는 중간 돛대가 높이 서 있고, 배가 더 안전하다는 것을 알았고, 우리에게 폭풍을 헤치고 바다 공간이 있다는 것을 알았기 때문에 바다를 더 잘 통과할 수 있었다. 폭풍이 그쳤을 때, 우리는 앞 돛과 주 돛을 펼쳐 놓아 배를 고정시켰다. 그런 다음 세로로 된 뒷 돛, 중간 돛 및 앞 돛대의 가운데 돛대에 다는 돛을 설정했다. 우리의 진로는 동북동쪽이었고, 바람은 남서풍이었다. 우리는 우현의 돛이 제대로 펼쳐질 수 있도록 밧줄을 끌어당기고, 날씨 전망대인 활대의 승강기를 조정하여 밧줄을 풀어 놓았다. 우리는 바람을 막아주는 버팀대를 세우고, 요란스러운 날씨에 의해 앞으로 끌어당겨, 그것들을 조이고, 고정하고, 바람 방향으로 뒷 돛의 침로를 끌어당겨서, 배가 최대한 바람 부는 쪽으로 기울어지도록 했다.

이 폭풍우가 몰아치는 동안 서남서에 강한 바람이 불어 닥쳐, 내 계산에 의하면 우리는 동쪽으로 약 500리그쯤 떠밀려갔기 때문에, 배에서 가장 나이가 많은 선원도 우리가 세계 어느 지역에 있는지 알 수 없었다. 우리의 식량은 잘 버텨주었으며, 우리 배는 아주 튼튼했고, 우리 선원들은 모두 건강한 상태였다. 그러나 우리는 물 때문에 극도의 고통 속에 빠져 있었다. 우리는 북쪽으로 방향을 더 틀기보다는 같은 항로를 유지하는 것이 최선이라고 생각했다. 만약 북쪽으로 방향을 틀었다면 그레이트 타르타리의 북서쪽 부분과 얼어붙은 바다로 들어갈 수도 있었기 때문이다.

1703년 6월 16일, 돛대 꼭대기에 있던 한 소년이 육지를 발견했다. 17일에, 우리는 거대한 섬, 즉 대륙을 온전히 볼 수 있게 되었는데, 그 남쪽에는 바다로 튀어나온 작은 목덜미의 땅이 있었고, 100톤이 넘는 배를 정박하기에는 너무 얕은 바닷가가 있었다. 우리는 이 바닷가에서 1리그 정도 떨어진 곳에 닻을 내렸고, 우리 선장은 잘 무장된 12명의 부하들을 긴 배에 태우고, 물을 찾으면 가져올 수 있도록 물을 담을 수 있는 그릇을 함께 실어 보냈다. 나는 그들과 함께 가겠다고 요청했다. 그래야 내가 그 나라를 볼 수 있으며, 내가 할 수 있는 한 많은 발견을 할 수 있지 않을까 생각했기 때문이다. 우리가 육지에 도착했을 때, 우리는 강이나 샘은 발견하지 못했고, 주민들의 흔적 또한 보지 못했다. 그래서 우리 선원들은 바닷가에서 신선한 물을 찾기 위해 해안을 배회했고, 나는 혼자 건너편으로 1마일쯤 걸어가서 그 나라가 온통 황량하고 바위투성이인 것을 알았다. 나는 이제 지치기 시작했고, 내 호기심을 만족시킬 만한 것이 아무것도 보이지 않았기 때문에, 나는 바닷가를 향하여 살며시 내려갔다. 그리고 바다가 내 시야에 가득 찼고, 나는 우리 선원들이 이미 배에 올라타 있는 힘껏 배를 향해 노를 젓는 것을 보았다. 나는 비록 별 성과는 없었지만 그들을 쫓아가려 했을 때, 나는 거대한 생물이 바다에서 가능한 한 빨리 그들을 뒤쫓는 것을 관찰했다. 바다는 그의 무릎 높이 정도였으며, 그 괴물은 엄청난 걸음걸이를 내디뎠다. 그러나 우리 병사들은 그로부터 반리쯤 앞서 있었고, 그 주위의 바다는 뾰족한 바위들로 가득 차 있었다. 그래서 그 괴물은 배를 따라잡을 수 없었다. 이것은 나중에 나에게 전해져 안 사실이다. 나는 감히 지금 상태의 결과를 확인하기 위해 머물러 있지 않았으며, 처음에 갔던 길로 가능한 한 빨리 달렸고, 그 다음에는 가파른 언덕을 올라갔다. 그 언덕 위에서 그 나라에 대한 약간의 전망을 볼 수 있었는데, 나는 그 땅이 완전히 경작되어 있다는 것을 알았다. 그러나 처음으로 나를 놀라게 한 것은 풀의 길이였는데, 건초를 위해 보관하는 것처럼 보이는 그 땅에는 약 20피트 높이의 풀이 누워 있었다.

나는 아주 넓은 큰 길로 떨어졌는데, 비록 그 길이 주민들에게는 보리밭을 가로지르는 오솔길로만 사용되었을지라도, 나는 그 길을 그렇게 생각했다. 이 길을 나는 얼마 동안 걸었지만, 이제 수확이 가까워지고 있고, 옥수수가 적어도 40피트 높이로 솟아 있어서 양쪽을 거의 볼 수 없었다. 나는 이 밭의 끝까지 한 시간을 걸어가야 했는데, 그곳에는 적어도 120피트 높이의 울타리가 쳐져 있었고, 나무들이 너무 높아서 나는 그들의 높이를 가늠할 수 없었다. 이 밭에서 다음 밭으로 넘어가야 할 길목이 있었다. 그곳에는 네 개의 계단이 있었고, 가장 높은 곳에 왔을 때 건너야 할 돌이 있었다. 나는 이 계단을 오르는 것이 불가능했는데, 왜냐하면 모든 계단의 높이가 6피트였고 위쪽 돌은 약 20피트였기 때문이었다. 나는 울타리 틈을 찾으려고 애쓰고 있었는데, 옆 밭에 사는 주민 중 한 명이 바다에서 우리 배를 뒤쫓는 것을 보았던 그와 같은 크기의 인간이 계단 쪽을 향해 전진하고 있는 것을 발견했다. 그는 키가 평범한 첨탑처럼 높아 보였고, 내가 추측할 수 있는 한 한 걸음마다 약 10야드를 걸어갔다. 나는 극도의 두려움과 놀라움에 사로잡혀 옥수수밭 속으로 달려갔고, 거기서 나는 그가 계단 꼭대기에서 오른편에 있는 다음 밭을 돌아보는 것을 보았고, 그가 나팔보다 몇 배 더 큰 목소리로 부르는 것을 들었으나 그 소리는 공중에서 너무 울렸다.

그래서 나는 처음에는 확실히 천둥소리라고 생각했다. 그러자 그와 같은 일곱 마리의 괴물이 손에 수확용 갈고리를 들고 그에게 다가왔는데, 각 갈고리는 낫 여섯 자루만한 크기였다. 이 사람들은 첫 번째 사람들처럼 잘 차려입지 않았으며, 그들은 그의 하인이나 일꾼처럼 보였다. 그가 몇 마디 말을 하자 그들은 내가 누워 있는 밭

거인 주민을 보고 놀라 옥수수 밭으로 숨는 걸리버

에서 곡식을 거두러 갔다. 나는 할 수 있는 한 그들과 거리를 두었지만, 옥수수 줄기가 때때로 1피트 이상 떨어져 있지 않았기 때문에 옥수수 줄기 사이에 내 몸을 거의 끼울 수 없었기 때문에 극도로 어렵게 움직일 수밖에 없었다. 그러나 나는 방향을 틀어 앞으로 나아갔고, 비와 바람에 의해 옥수수가 심어진 밭의 한 부분에 이르렀다. 여기서 나는 한 발자국도 앞으로 나아갈 수 없었다. 줄기가 너무나 얽혀 있어서 나는 기어들어갈 수 없었고, 떨어진 이삭의 수염은 너무나 강하고 뾰족해서 내 옷을 뚫고 내 살을 파고들었기 때문이다. 동시에 나는 내 등 뒤에서 100야드도 안 되는 곳에서 추수꾼들의 소리를 들었다. 너무 고생해서 몹시 낙담하고, 슬픔과 절망에 완전히 압도되어, 나는 두 옥수수 더미 사이에 누워서, 거기서 나의 생애를 마칠 수 있기를 진심으로 바랐다. 나는 적막한 과부와 아버지 없는 자녀들을 생각하니, 한탄이 절로 나왔다. 나는 모든 친구들과 친척들의 충고를 무시하고 두 번째 항해를 시도한 나 자신의 어리석음과 고집스러움을 한탄했다. 이 무서운 마음의 동요 속에서, 나는 릴리퍼트를 생각하지 않을 수 없었는데, 그 주민들은 나를 세상에 나타난 가장 위대한 놀라움·감탄을 자아낼 정도로 엄청난 사람으로 여겼다. 나는 내 손에 제국 함대를 끌 수 있었고, 그 제국의 연대기에 영원히 기록될 다른 행동들을 수행할 수 있었지만, 후세 주민들은 수백만 명이 증언했음에도 불구하고 나의 그런 업적을 거의 믿지 않을 것이다. 나는 이 나라에서는 보잘것없는 존재로 보이는 것이 나에게 얼마나 비참한 일인지를 곰곰이 생각해 보았다. 그러나 나는 이것이 나의 불행 중에서 가장 작은 것이라고 생각했다. 왜냐하면, 인간들이 그들의 덩치에 비례하여 더욱 야만적이고 잔인하다는 것을 알고 있는 지금, 이 거대한 야만인들 중 첫 번째 야만인의 입에 한 입 베어 물리지 않는 것을 내가 기대할 수 있겠는가? 의심할 여지없이 철학자들은 우리에게 비교에 의해서가 아니라면 아무것도 위대하거나 작은 것이 없다고 말은 한다. 그 말은 옳다. 릴리퍼트인들이 어떤 그들보다 작은 사람들이 사는 나라를 찾게 한 것이 행운이었을지도 모르는데, 그 나라 사람들은 나에게 그랬던 것처럼 릴리퍼트인들에게는 보잘것없는 존재였을 것이다. 그리고 이 엄청난 치명적인 종족조차도 우리가 아직 발견하지 못한 세계의 어느 먼 지역에서도 똑같이 압도적일 수 있다는 것을 누가 알겠는가?

나는 겁에 질리고 당황하여 이런 생각을 계속하게 되는 것을 견딜 수 없었다. 그때 한 추수꾼이 내가 누워 있는 옥수수 산등성이에서 10야드 이내로 다가오더니, 다음 걸음으로 나를 그의 발밑에 깔려 죽게 하거나 그의 수확용 갈고리로 둘로 잘려질 수 있다는 것을 깨닫게 되었다. 그러므로 그가 다시 움직이려 할 때, 나는 이 두려움 때문에 내가 최대한의 큰 소리로 비명을 지르게 하였다. 그러자 그 거대한 생물은 발걸음을 짧게 걷고, 얼마 동안 그의 아래를 둘러보더니, 마침내 내가 땅에 누워 있을 때 나를 흠칫 보았다. 그는 나 자신이 때때로 영국에서 족제비에게 했던 것처럼, 작고 위험한 동물을 붙잡아 할퀴거나 물 수 없게 하려는 사람의 조심스러움을 가지고 잠시 생각해 보았다. 이윽고 그는 나를 집게손가락과 엄지손가락 사이로 잡아 그의 눈에서 3미터 이내로 끌어들여 나의 형체를 더욱 완벽하게 볼 수 있게 하였다. 나는 그의 의도를 짐작했고, 나에게 행운이 따라 정신적으로 현재를 유지할 수 있었기 때문에, 비록 그가 나를 땅에서 60피트 이상의 공중에 떠 있게 했을지라도, 비록 그가 내 옆구리를 심하게 꼬집었을지라도, 내가 그의 손가락 사이로 빠져나갈까봐 조금도 몸부림치지 않기로 결심했다. 내가 감히 할 수 있는 것은 태양을 향해 눈을 치켜들고, 두 손을 모으고 간청하는 자세를 취하고, 당시 내가 처해 있던 상태에 어울리는 겸손하고 우울한 어조로 몇 마디 말하는 것뿐이었다. 왜냐하면 우리가 보통 증오스러운 작은 동물을 파괴하려고 하듯이, 그가 나를 땅바닥에 내동댕이칠 것을 매순간 파악했기 때문이다. 그러나 다행스럽게도 그는 나의 목소리와 몸짓에 만족하는 것처럼 보였고, 나를 호기심 어린 눈길로 바라보기 시작했으며, 비록 그가 이해할 수는 없었지만, 내가 명료한 단어를 발음하는 것을 매우 기이하게 여겼다. 그러는 동안 나는 신음하며 눈물을 흘리며 고개를 옆으로 돌리는 것을 참을 수 없었다. 내가 그의 엄지와 손가락의 압력에 얼마나 잔인하게 상처를 받았는지를 할 수 있는 한 그에게 알려 주었다. 그는 내 말의 의미를 이해한 것 같았다. 그는 자기 옷깃을 들어 올려 나를 그 안에 살며시 집어넣고는 즉시 나와 함께 그의 주인에게로 달려갔는데, 그는 실질적인 농부였고 내가 들에서 처음 보았던 바로 그 사람이었다.

그 농부는 (그들의 말로 미루어 짐작하건대) 나에 대한 이야기를 그의 하인으로부터 듣고서는, 지팡이만한 크기의 작은 짚 한 조각을 가져다가 내 코트의 옷깃을 들어 올렸다. 그는 그것이 자연이 나에게 준 일종의 덮개라고 생각했던 것 같다. 그는 내 얼굴을 더 잘 보기 위해 내 머리카락을 옆으로 날려 보냈다. 그는 자기 하인들을 불러 모으고, 나중에 알게 된 사실이지만, 그들이 들판에서 나를 닮은 작은 생물을 본 적이 있느냐고 물었다. 그런 다음 그는 나를 네 발(두 손과 두 발)을 부드럽게 바닥에 닿게 내려놓았지만, 나는 즉시 일어나서 천천히 앞뒤로 걸으면서 사람들에게 나는 도망칠 생각이 없다는 것을 보여주었다. 그들은 모두 내 주위에 둥그렇게 앉아서 내 움직임을 더 관찰했다. 나는 모자를 벗고 농부를 향해 낮게 절을 했다. 나는 무릎을 꿇고 손과 눈을 치켜들고 할 수 있는 한 큰 소리로 몇 마디 말을 했다. 나는 주머니에서 금 지갑을 꺼내 겸손하게 그에게 내밀었다. 그는 그것을 손바닥에 얹어 본 다음, 그것이 무엇인지 보기 위해 눈 가까이에 대고, 그 후에 핀으로 여러 번 돌려 보았지만 (그는 소매에서 그것을 꺼냈다) 아무 것도 알 수 없었다. 그래서 나는 그에게 손을 땅에 대라고 표시를 하였다. 그런 다음 나는 그 지갑을 가져다가 열어 모든 금을 그의 손바닥에 쏟아 부었다. 각각 4자루의 권총으로 된 6개의 스페인 금화가 있었고, 그 옆에는 20개 또는 30개의 작은 동전이 있었다. 나는 그가 그의 작은 손가락 끝을 그의 혀로 핥고, 나의 가장 큰 금화 중 하나를 집고, 그 다음에 다른 금화를 집는 것을 보았다. 그러나 그는 그것들이 무엇인지를 전혀 모르는 것 같았다. 그는 나에게 그것들을 다시 내 지갑에 넣으라는 몸짓을 했고, 그 지갑을 다시 내 주머니에 넣으라는 신호도 보냈는데, 나는 그것을 여러 번 그에게 준 후에 그렇게 하는 것이 최선이라고 생각했다.

이때쯤 농부는 내가 이성적인 동물임에 틀림없다고 확신했던 것 같다. 그는 나에게 자주 말을 걸었다. 그러나 그의 목소리는 물레방앗간 소리처럼 내 귀를 꿰뚫었지만, 그의 말은 충분히 또렷했다. 나는 여러 언어로 가능한 한 큰 소리로 대답했고, 그는 종종 내 2야드 이내에 귀를 기울였으나 모두 헛수고였으니, 우리는 서로의 언어를 전혀 알아들을 수 없었기 때문이었다. 그런 다음 그는 하인들을 일하러 보내고, 주머니에서 손수건을 꺼내 왼손에 두 배로 펴서 손바닥을 위로 향하게 하여 땅에 평평하게 놓고, 나에게 그 안으로 들어가라는 표시를 했다. 그 수건은 두께가 1피트를 넘지 않았기 때문에 내가 쉽게 할 수 있었다. 나는 순종하는 것이 나의 몫이라고 생각했고, 넘어질까 봐 두려워 손수건 위에 몸을 온전히 얹고, 남은 손수건으로 내 머리를 감싸서 더 안전하게 하도록 했다. 이런 식으로 해서 나를 그의 집으로 데려갔다. 거기서 그는 자기 아내를 불러

나를 보여 주었다. 그러나 그녀는 영국의 여성들이 두꺼비나 거미를 보고 하는 것처럼 비명을 지르고 뒤로 도망쳤다. 그러나 그녀가 나의 행동을 유심히 관찰해 보고 내가 그녀의 남편이 보이는 신호를 얼마나 잘 알아듣는지 알게 되자, 그녀는 곧 받아들이게 되었고, 점차 나를 매우 부드럽게 대해 주었다.

낮 열두 시쯤 하인 한 명이 식사를 가지고 왔다. 그것은 지름이 약 24피트인 접시에 담긴 단 하나의 실질적인 고기 요리였다(농부의 평범한 조건에 적합한). 일행은 농부와 그의 아내, 세 자녀, 그리고 늙은 할머니였다. 그들이 자리에 앉았을 때, 그 농부는 나를 그로부터 얼마간 떨어진 곳에 놓았는데, 그 탁자는 바닥에서 30피트 높이였다. 나는 몹시 무서웠고, 넘어질까 봐 두려워 가장자리에서 가능한 한 멀리 떨어져 있었다. 아내는 고기를 조금 다진 다음 나무 쟁반에서 빵을 부수어 내 앞에 놓았다. 나는 그녀에게 낮은 절을 하고, 나이프와 포크를 꺼내 먹으려고 엎드렸고, 그들은 매우 즐거워했다. 여주인은 하녀를 보내어 약 2갤런이 담긴 작은 컵을 가져오고 그 안에 음료를 채웠다. 나는 두 손에 힘겹게 그릇을 들고, 가장 정중한 태도로 부인의 건강을 빌며 음료를 마셨고, 영어로 가능한 한 큰 소리로 그 말을 표현했는데, 그 말에 일행은 너무나 진심으로 웃었으며, 나는 그 소리에 거의 귀가 먹먹할 지경이었다. 이 음료는 맛이 조금은 사과 주스 같았고 불쾌하지 않았다. 그런 다음 주인은 나에게 그의 나무 쟁반 쪽으로 오라는 신호를 보냈다. 그러나 내가 탁자 위를 걸을 때, 관대한 독자들이라면 쉽게 상상하고 이해하듯이, 항상 큰 놀라움을 느끼면서, 나는 우연히 빵 껍질에 부딪혀 엎어졌지만, 아무런 상처도 입지 않았다. 나는 즉시 일어났고, 나의 주인과 그 식솔들이 관심을 갖고 관찰하는 것을 보고, 내 모자를 (예의

바른 태도를 보이기 위해 겨드랑이에 끼고 있었다) 머리 위로 세 번 흔들었는데, 이것은 내가 넘어졌어도 아무렇지 않았다는 것을 보여주기 위해서였다. 그러나 나의 주인(앞으로 농부를 '주인'이라고 부를 것이다)을 향하여 앞으로 나아가는데, 그의 옆에 앉은 열 살쯤 되어 보이는 소년인 그의 막내아들이 나의 다리를 잡고 공중으로 높이 들어 올려 나는 모든 팔다리를 떨었으나 그의 아버지인 주인이 나를 그에게서 빼앗았고, 동시에 그의 왼쪽 뺨을 때려 주었다. 마치 유럽의 기마 부대를 땅바닥에 쓰러뜨리고, 그를 식탁에서 치우라고 명령하는 것처럼 말이다. 그러나 그 소년이 나에게 앙심을 품게 될까 두려웠고, 보통 우리의 모든 아이들이 참새, 토끼, 어린 새끼 고양이, 그리고 강아지에게 얼마나 장난꾸러기인지를 잘 기억하고 있었기 때문에, 나는 무릎을 꿇고 그 소년을 가리키면서, 나의 주인이 그의 아들이 용서받기를 바란다는 것을 이해시키려 했다. 주인은 내 의사를 따랐고, 그 소년은 다시 자리에 앉았으며, 나는 그 소년에게 가서 그의 손에 입을 맞추었다. 나의 주인은 그 소년의 손을 잡고, 그 손으로 나를 부드럽게 쓰다듬게 해주었다.

한창 식사 중에, 여주인이 가장 아끼는 고양이 한 마리가 그녀의 무릎 위로 뛰어들었다. 내 뒤에서 십여 명의 양말 직조공들이 일하는 것 같은 소리가 들렸다. 고개를 돌려 보니, 그 동물의 가르랑거리는 소리에서 비롯된 것이었다. 그 고양이의 머리와 한쪽 발을 보려고 계산해 보니, 그 동물은 소보다 세 배는 더 커 보였으며, 여주인이 먹이를 주고 쓰다듬고 있었다. 이 고양이의 사나운 얼굴은 나를 완전히 혼란에 빠뜨렸다. 나는 50피트 이상 떨어진 탁자의 맨 끝에 서 있었지만 말이다. 비록 나의 여주인이 고양이를 굳게 붙잡았지만, 고양이가 샘을 내고 나를 고양이의 발톱으로 붙잡을까 두려워했다. 그러나 공교롭게도 위험은 없었다. 주인이 나를 그녀로부터 3야드 이내에 두었을 때 그 고양이는 나를 조금도 눈여겨보지 않았기 때문이다. 그리고 사나운 짐승 앞에서 달아나거나 두려움을 느끼는 것은 그 짐승이 당신을 쫓거나 공격하게 만드는 확실한 방법이라는 것을 여행의 경험을 통해 항상 말해 왔고 사실로 밝혀졌기 때문에, 이 위험한 시점에서 나는 어떤 태도도 보이지 않기로 결심했다. 나는 대담하게 고양이의 머리 앞을 대여섯 번 걸었고, 그 고양이로부터 반 야드 이내로 들어갔다. 그러자 고양이는 마치 나를 더 무서워하는 듯이 뒤로 물러섰다. 나는 개들에 대한 걱정은 덜했다. 농부들의 집에서 늘 그렇듯이 개 서너 마리가 방으로 들어왔다. 그 중 하나는 코끼리 네 마리와 같은 덩치의 마스티프 종이였고, 다른 하나는 그레이하운드 종으로 마스티프보다 약간 키가 크지만 그렇게 크지는 않았다.

식사가 거의 끝나갈 때, 유모가 한 살쯤 된 아이를 팔에 안고 들어왔는데, 그 아이는 즉시 나를 훔쳐보더니, 런던 브리지에서 첼시까지 너무나 들었을 법한 돌풍처럼 울어대기 시작했다. 그 어머니는 순수한 관용으로 나를 들어 올려 아이 쪽으로 데려갔고, 그 아이는 이윽고 나의 허리를 붙잡아 내 머리를 그의 입에 넣으려고 했다. 나는 너무나 놀라 큰 소리로 울부짖었으므로 그 아이는 겁을 먹고 나를 떨어뜨렸으며, 어머니가 앞치마를 내 밑에 두지 않았더라면 나는 틀림없이 내 목을 부러뜨렸을 것이다. 유모는 아기를 진정시키기 위해 딸랑이를 사용했는데, 그것은 큰 돌로 채워진 일종의 속이 빈 그릇이었고 아이의 허리에 굵은 끈으로 고정되어 있었다. 그러나 모두 헛수고였다. 그래서 그녀는 젖을 물리는 마지막 방법을 적용했다. 고백하건대, 호기심 많은 독자에게 그 유모의 유방의 부피와 모양과 색깔에 대해, 무엇과 비교해야 할지 알 수 없는 그녀의 괴물 같은 가슴의 모습만큼 나를 혐오스럽게 한 대상은 없었다. 그녀의 유방은 6피트나 눈에 띄게 서 있었고, 둘레가 16피트보다 작을 수는 없었다. 젖꼭지는 내 머리의 절반 정도 되었고, 그 젖꼭지와 파낸 쪽의 색깔은 반점, 여드름, 주근깨로 너무나 다양해서 이보다 더 메스꺼워 보일 수 없었다. 왜냐하면 나는 그녀를 가까이서 볼 수 있었기 때문에, 그녀는 앉아서, 빨기 편하게, 그리고 나는 탁자 위에 서 있었다. 이것은 나로 하여금 우리 영국 여성들의 하얀 피부에 대해 생각하게 만들었는데, 그들은 단지 우리 자신의 크기이기 때문에 우리에게 그렇게 아름다워 보이며, 그들의 결점은 돋보기를 통해서가 아니라면 볼 수 없기 때문이다. 실험을 통해 알 수 있지만, 가장 매끄럽고 하얀 피부도 돋보기를 통해서 보면 거칠며 색이 좋지 않아 보인다는 것을 발견했다.

내가 릴리퍼트에 있을 때, 그 작은 체구의 사람들의 피부색이 세상에서 가장 하얗게 보였던 것을 기억한다. 그리고 나의 절친한 친구인 한 학식 있는 사람과 이 주제에 관해 이야기하면서, 그는 내가 그를 내 손으로 잡고 가까이 데려갔을 때보다 땅에서 나를 바라볼 때 내 얼굴이 훨씬 더 희고 매끄럽게 보인다고 말했는데, 그는 처음에 그 광경이 매우 충격적이었다고 고백했다. 그는 '그는 내 피부에 큰 구멍을 발견할 수 있었다. 내 수염의 그루터기는 멧돼지의 털보다 열 배나 강하고, 내 안색은 여러 가지 색깔로 이루어져 있어 전혀 불쾌하지 않았다.'고 했다. 나는 내 성별과 내 나라의 대부분의 다른 사람들처럼 얼굴이 하얗고 내가 여행으로 인해 햇볕에 탄 적이 거의 없는데도 불구하고 말이다. 다른 한편으로는, 그는 황제의 궁정에 있는 여인들을 비웃으면서 나에게 '한 명은 주근깨가 있다.

또 다른 한 명은 입이 너무 넓다. 세 번째는 코가 너무 크다.'고 구별할 수 있다고 했지만, 나는 하나도 구분할 수 없었다. 고백하건대, 이 성찰은 너무나도 명백했다. 그러나 독자들이 그 거대한 생물들이 실제로 기형이라고 생각할까 봐 나는 참을 수 없었다. 왜냐하면 나는 그들에게 공정해야 하기 때문이다. 그들은 아름다운 종족이며, 특히 나의 주인의 얼굴의 특징은, 비록 그가 단지 농부였을지라도, 내가 60피트의 높이에서 그를 보았을 때, 매우 균형이 잘 잡혀 보였다.

식사가 끝났을 때, 나의 주인은 일꾼들에게로 나갔고, 나는 그의 목소리와 몸짓으로 알 수 있듯이, 그의 아내에게 나를 돌보라는 엄한 명령을 내렸다. 나는 몹시 피곤하여 잠을 자고 싶었는데, 나의 여주인은 그것을 알아차리고 나를 자기 침대에 눕히고 깨끗한 흰 손수건으로 나를 덮었지만 그 손수건은 전쟁 꾼의 주 돛보다 더 크고 거칠었다.

나는 두 시간쯤 잠을 잤고, 아내와 아이들과 함께 집에 있는 꿈을 꾸었는데, 그것이 나의 슬픔을 더욱 가중시켰는데, 깨어났을 때 나는 폭이 2~300피트, 높이가 200피트가 넘는 넓은 방에 혼자 20야드 너비의 침대에 누워 있었다. 나의 여주인은 집안일을 하러 나갔고, 나를 가둬 놓았다. 침대는 바닥에서 8야드 떨어진 곳에 있었다. 나는 소변이 마려워 침대에서 내려갔지만, 나는 감히 여주인을 부를 수 없었다. 만약 그랬더라도, 나와 같은 목소리를 내고, 내가 누워 있는 방에서 가족이 머무는 부엌까지 그토록 먼 거리에서 그렇게 멀리 떨어진 곳에서, 그것은 헛된 일이었을 것이다. 이런 상황 속에서 쥐 두 마리가 커튼을 기어올라 냄새를 맡고 침대 위를 왔다 갔다 했다.

그 중 한 마리가 내 얼굴에 거의 다가왔고, 나는 겁에 질려 일어나 내 단검을 꺼내 나 자신을 방어했다. 이 끔찍한 동물들은 양쪽에서 나를 공격할 수 있는 대담함을 가지고 있었고, 그 중 한 마리는 내 옷깃에 앞발을 갖다 댔다. 하지만 나는 운이 좋게도 그가 나에게 어떤 장난을 치기 전에 그의 배를 찢어버렸다. 그는 내 발 앞에 엎드렸다. 다른 한 마리는 동료의 운명을 보고 도망쳤지만, 등에 상처 하나 없이는 보낼 수 없었기에, 도망치는 그 쥐에게 상처를 주었고, 그 쥐는 피를 흘리게 되었다. 이 일이 있은 후, 나는 숨을 고르고 정신을 차리기 위해 침대 위를 부드럽게 왔다 갔다 했다. 이 생물들은 큰 마스티프와 같은 크기였지만, 무한히 더 민첩하고 사나웠다. 그래서 만일 내가 잠들기 전에 허리띠를 벗었다면, 나는 틀림없이 갈기갈기 찢겨져 잡아먹혔을 것이다. 나는 죽은 쥐의 꼬리를 측정해 보았고, 길이가 2야드나 되는 것을 알았다. 그러나 여전히 피를 흘리며 누워 있는 쥐를 침대에서 시체를 끌어내리는 것은 내 위장에 무리가 갔다. 나는 그것이 아직 생명이 붙어 있는 것을 알았고, 목을 단검으로 강하게 베면서 철저히 마무리했다.

얼마 지나지 않아 여주인이 방에 들어왔는데, 피투성이가 된 나를 보고 달려와 나를 자기 손으로 들어 올렸다. 나는 죽은 쥐를 가리키며 미소를 지으며 내가 다치지 않았다는 것을 보여주는 다른 신호를 보냈다. 그러자 그녀는 매우 기뻐하며 하녀를 불러 집게로 죽은 쥐를 집어 창문 밖으로 던져 버렸다. 그런 다음 그녀는 나를 탁자 위에 올려놓았고 나는 피투성이가 된 내 단검을 보여주었고 코트 옷깃에 닦은 다음 칼집에 다시 넣었다. 나는 다른 사람이 나를 위해 해 줄 수 없는 한 가지 일을 하도록 나의 장기로부터 압력을 받았고, 따라서 내가 바닥에 놓아주기를 원한다는 것을 나의 여주인에게 이해시키려고 노력했다. 그녀가 그렇게 한 후에는, 나의 부끄러움 때문에 나는 문을 가리키고 여러 번 절하는 것 외에는 달리 표현할 수 없었다. 그 선한 여주인은 몹시 어렵게 마침내 내가 무슨 상황에 처하게 될 것인지를 알아차리고는 나를 다시 그녀의 손에 올려놓고 정원으로 걸어 들어가서 나를 내려놓았다. 나는 한쪽으로 약 200야드 가서, 그녀에게 나를 보지도 따라오지도 말라고 손짓하면서, 두 개의 밤색 잎 사이에 몸을 숨기고, 거기서 용변을 배출했다.

나는 점잖은 독자가 이런 저런 세부적인 것들에 대해 곰곰이 생각하는 것에 대해 용서해 주기를 바라며, 그것들이 아무리 저속한 사람들에게는 하찮게 보일지라도, 철학자가 그의 생각과 상상력을 넓히고, 그것들을 공적인 생활뿐만 아니라 사적인 생활의 이로운 점으로 적용하는 데 분명히 도움이 될 것이다. 그 안에서 나는 주로 진리에 대해 공부해 왔으며, 학문이나 문체의 어떤 장식도 취하지 않았다. 그러나 이 여행의 전체 장면은 내 마음에 너무나 강렬한 인상을 남겼고, 내 기억 속에 너무나 깊이 자리 잡았기 때문에, 그것을 종이에 적으면서 나는 단 한 가지라도 중요한 상황을 빠뜨리지 않았다. 그러나 엄격한 검토를 통해, 나는 지루하고 하찮은 것으로 비난받을까봐 두려워서 나의 첫 번째 사본에 있던 덜 중요한 몇몇 구절들을 지워버렸다. 그로 인해 여행자들은 종종, 아마도 정당한 이유 없이 비난을 받는 경우가 있다.

CHAPTER 02

농부의 딸에 대해 자세히 설명한다. 저자는 시장 마을로, 그리고 대도시로 갔다. 저자의 여행에 대한 세부적인 사항들을 자세히 설명한다.

나의 여주인에게는 아홉 살짜리 딸이 있었는데, 그 아이는 나이에 비해 체구가 작고, 바늘 솜씨가 뛰어나며, 아기에게 옷을 입히는데 능숙했다. 그녀의 어머니와 그녀는 나를 위해 밤에 필요한 아기 요람을 고안해 냈다. 요람은 캐비닛의 작은 서랍에 넣고, 서랍은 쥐들에 대한 공포 때문에 매달아 놓은 선반 위에 놓았다. 이 요람은 내가 그 사람들과 함께 지내는 동안 항상 내 침대였는데, 비록 차츰차츰 더 편리해졌지만, 나는 그들의 언어를 배우고 내가 필요로 하는 것들을 알리기 시작했다. 이 어린 소녀는 손재주가 어찌나 좋았던지, 내가 그녀 앞에서 한두 번 옷을 입고 벗는 것을 보고 나면, 그녀는 나에게 옷을 입히고 벗길 수 있을 정도로 총명했지만, 그녀가 나에게 옷을 입고 벗는 것을 스스로 하도록 내버려 두었을 때에는 나는 결코 그녀에게 의지하지 않았다. 그녀는 나에게 셔츠 일곱 벌과 다른 리넨 제품들을 만들어 주었는데, 구할 수 있는 한 고운 천으로 만들었는데, 그것은 실로 굵은 베옷보다 더 거칠었다. 그리고 그녀는 나를 위하여 자기 손으로 그것들을 끊임없이 세탁해 주었다. 그녀는 나에게 언어를 가르쳐 주는 학교 여교사이기도 했다. 내가 어떤 것을 가리킬 때면 그녀는 그녀의 언어로 그것의 이름을 말해 주었고, 그래서 며칠 안에 나는 내가 마음먹은 것은 무엇이든지 불러낼 수 있었다. 그녀는 성격이 매우 좋았고, 키가 40피트를 넘지 않았으며, 나이에 비해 체구가 작았다. 그녀는 나에게 '그릴드리그'라는 이름을 지어 주었고, 그 가족 또한 나를 그 이름으로 불렀으며, 나중에는 왕국 전체가 나를 그 이름으로 부르게 되었다. 이 단어는 라틴인들이 나눈큘러스, 이탈리아인들이 호문셀레티노, 그리고 영어의 마네킨(난쟁이)이라고 불러온 것이다. 내가 그 나라에서 살 수 있었던 것은 주로 그녀의 덕분이다. 내가 그곳에 있는 동안 우리는 결코 헤어지지 않았다. 나는 그녀를 나의 '글럼달클리치', 즉 작은 유모라고 불렀다. 그리고 나에 대한 그녀의 보살핌과 애정에 대한 언급을 생략할 수 없으며, 나는 그녀가 마땅히 받아야 할 만큼 보답할 수 있는 힘이 내게 있기를 진심으로 바란다. 그렇지 않으면 나는 그녀의 불명예의 무고하지만 불행한 도구가 되어야 하며, 그에 대한 두려움이 너무나 크다.

이제 농부의 이웃들에게 나의 존재가 알려지기 시작했는데, 주인이 들판에서 이상한 동물을 발견했다는 것으로, 그 동물은 덩치가 '스플래크넉(매우 잘 생긴, 약 6피트 길이의 동물)'만한 크기지만 모든 부분이 인간 생물처럼 정확하게 형성되어 있었다는 것이다. 그것은 또한 모든 행동에 있어서 인간을 모방한 것 같다는 것이다. 그

걸리버에게 언어를 가르치는 글럼달클리치

나름의 작은 언어로 말하는 것 같았고, 이미 우리의 말을 여러 개 배웠고, 두 다리로 똑바로 서고, 길들여지고 온순하고, 부르면 오고, 시키는 것은 무엇이든지 하고, 세상에서 가장 훌륭한 팔다리를 가졌고, 세 살짜리 귀족의 딸보다 더 고운 피부색을 가지고 있었다는 것이다. 열심히 살고 있는 내 주인의 특별한 친구였던 또 다른 농부가 이 이야기의 진실을 알아보기 위해 일부러 주인님 집을 방문했다. 나는 즉시 꾸며져서 탁자 위에 놓여 졌고, 거기서 나는 명령받은 대로 걸었고, 단검을 뽑았다가 다시 넣었고, 주인의 손님에게 경의를 표하고, 그의 언어로 어떻게 지내는지 물었으며, 나의 작은 유모가 나에게 가르쳐 준 대로 환영한다고 말했다. 늙고 시력이 흐릿한 이 남자는 나를 더 잘 보려고 안경을 썼다. 나는 진심으로 웃지 않을 수 없었는데, 그것은 그의 눈이 두 개의 창문이 있는 방으로 들어오는 보름달처럼 보였기 때문이다. 나의 환희의 원인을 발견한 우리 주인 가족들은 나와 함께 웃었고, 그 늙은 친구는 바보처럼 화를 내며 표정을 구겼다. 그는 대단한 수전노의 성격을 가지고 있었다. 그리고 불행하게도, 그는 나의 주인에게 저주스러운 제의를 했다. 즉 우리 집에서 약 220마일 떨어진 다음 마을에서 30분 동안 마차를 타고 가야 하는 장날에 나를 데리고 가서 보여 주자는 것이었다. 나는 내 주인과 그의 친구가 함께 속삭이고 때때로 나를 가리키는 것을 보았을 때 어떤 장난이 있다고 생각했다. 그리고 나의 두려움은 내가 그들의 말 중 일부를 엿듣고 이해했다고 상상하게 만든 것이다. 그러나 다음 날 아침, 나의 작은 유모인 글럼달클리치가 영리하게도 어머니에게서 알아낸 모든 것을 나에게 말해 주었다. 가엾은 소녀는 나를 품에 안고 수치심과 슬픔으로 울었다. 그녀는 무례하고 천박한 사람들이 나를 쥐어 죽이거나 내 팔다리 하나를 부러뜨릴 수 있는 장난을 칠 수 있다는 것을 알았다. 그녀는 또한 내가 얼마나 겸손한 성품을 가지고 있는지, 내가 얼마나 나의 명예를 소중히 여기는지 안다고 말했으며, 그리고 또한 돈을 위해 가장 비열한 사람들에게 공개적인 구경거리로 노출되는 것이 얼마나 모욕적인 일인지를 안다고 말했다. 그녀는 그녀의 아빠와 엄마가 그릴드리그가 그녀의 것이 되어야 한다고 약속했다고 말했다. 그러나 이제 그녀는 부모님이 작년에 그녀에게 어린 양을 주는 척하다가 살이 찌자마자 푸줏간 주인에게 팔았던 것처럼 그릴드리그를 그렇게 팔아치울 수 있음을 알게 되었다. 내 입장에서는 내가 글럼달클리치보다 걱정이 덜하다고 할 수 있다. 나는 언젠가 자유를 되찾을 것이라는 강한 희망을 가지고 있었고, 그 희망은 결코 나를 떠나지 않았다. 그리고 괴물로 끌려 다니는 불명예에 대해, 나는 나 자신을 이 나라에서 완벽한 이방인으로 여겼고, 내가 영국으로 돌아간다 해도 그러한 불행은 결코 나에게 치욕적으로 받아들여 질 수 없다고 생각했다. 이 상황에서는 대영제국의 왕 자신도 나와 같은 고통을 겪었을 것이기 때문이다.

나의 주인은 친구의 제의에 따라 다음 장날에 나를 상자에 담아 이웃 마을로 데리고 갔고, 그의 어린 딸, 나의 유모를 그의 뒤에 있는 말에 태웠다. 상자는 사방이 닫혀 있었고 내가 드나들 수 있는 작은 문과 공기가 들어갈 수 있는 몇 개의 송곳으로 뚫은 작은 구멍이 있었다. 글럼달클리치는 아기 침대의 이불을 그 안에 넣어 내가 누울 수 있도록 매우 조심스럽게 했다. 그러나 비록 30분밖에 걸리지 않았을지라도, 나는 이 여행에서 몹시 떨리고 혼란스러웠다. 왜냐하면 말은 매 걸음마다 약 40피트를 갔고 너무나 높이 뛰었기 때문에, 그 동요는 큰 폭풍 속에서 배가 오르내리는 것과 같았으며, 또한 훨씬 더 빈번했다. 우리의 여행은 런던에서 성 알란스 교회까지의 거리(약 32Km)보다 다소 멀었다. 나의 주인은 그가 자주 가던 여관에서 내렸다. 여관 주인과 잠시 상의하고 필요한 몇 가지 준비를 한 후에, 그는 '그룰트루드(호객꾼)'를 고용하여, 녹색 독수리의 표시에서 볼 수 있는 이상한 생물에 대한 공지를 마을에 알리게 했다.

그것은 그렇게 크지 않은 스플래크넉으로 몸의 모든 부분이 인간을 닮았고, 몇 마디 말을 할 수 있고, 수백 가지 잔재주를 부릴 수 있다고 했다.

나는 여관에서 가장 큰 방의 탁자 위에 놓였는데, 그 방은 거의 300피트나 되는 방이었다. 나의 글럼달클리치는 탁자 가까이에 있는 낮은 의자에 서서 나를 돌보고 내가 해야 할 일을 지시했다. 나의 주인은 군중을 피하기 위해 한 번에 서른 명만 나를 보도록 했다. 나는 소녀가 명령하는 대로 탁자 위를 걸어 다녔다. 그녀는 내가 언어를 이해하는 정도까지 알고 있는 한 나에게 질문을 했고, 나는 할 수 있는 한 큰 소리로 대답했다. 나는 몇 번이나 그 구경꾼을 향해 돌아서서 겸손한 경의를 표하고, 환영한다고 말하고, 내가 배운 다른 말들을 사용하였다. 나는 글럼달클리치가 컵으로 사용하라고 준 술이 가득 담긴 골무를 집어 들고 구경꾼들의 건강을 위해 마셨고, 내 단검을 꺼내 영국의 펜싱 선수들의 칼놀림처럼 따라 했다. 글럼달클리치가 나에게 지푸라기의 일부를 주었는데, 나는 유년시절에 배웠던 것처럼 지푸라기를 창으로 삼아 검술을 단련하였다. 나는 그날 열두 부류의 무리에게 보여 졌고, 종종 같은 행동을 반복하도록 강요받았고, 마침내 나는 피곤과 괴로움으로 반쯤 죽을 때까지 공연해야 했다. 나를 본 사람들은 너무나 놀랍다는 소문을 냈기 때문에 사람들은 언제든지 공연장 문을 부수고 들어올 것만 같았다. 나의 주인은 자기 자신의 이익을 위하여 나의 어린 유모 외에는 아무도 나를 만지는 것을 용납하지 않았다. 그리고 위험을 막기 위해, 탁자 둘레에 의자를 놓아 내가 모든 사람의 손이 닿지 않는 곳에 두었다. 그러나 재수 없는 남학생이 내 머리에 직접 개암 열매를 겨누어 던졌고 그것은 나를 아슬아슬하게 빗나갔다. 그렇지 않았다면 그것은 너무나도 폭력적이었기 때문에, 거의 작은 호박만큼 컸기 때문에, 틀림없이 내 뇌를 손상시켰을 것이지만, 나는 그 젊은 도적이 많이 얻어맞고 방에서 쫓겨나는 것을 보는 것으로 만족감을 대신했다.

나의 주인은 다음 장날에 다시 나를 보여 주겠다고 공고하였다. 그러는 동안에 그는 나를 위해 편리하게 타고 갈 차를 준비해 놓았는데, 그렇게 할 충분한 이유가 있었다. 왜냐하면 나는 첫 여행으로 너무나 피곤했고, 여덟 시간 동안이나 함께 공연을 했기 때문에 다리를 딛고 서 있을 수도, 한 마디도 할 수 없었기 때문이다. 적어도 사흘이 지나서야 기력을 회복할 수 있었다. 나의 명성을 듣고, 100마일 떨어진 곳으로부터 모든 이웃 신사들이 나를 보러 내 주인의 집으로 왔기 때문에 나는 집에서도 쉴 수 있는 처지가 아니었다. 아내와 아이들을 데리고 있는 사람이 30명 이상일 수 없었고(이 나라는 인구가 매우 많기 때문에), 나의 주인은 집에 있을 때마다 한 가족에게만 해당되더라도 방이 꽉 찬 요금을 요구했다. 그리하여 얼마 동안 나는 비록 내가 장날의 그 도시를 가지 않았어도, 주중 매일(그들의 안식일인 수요일을 제외하고)을 조금도 편히 보낼 수 없었다.

나의 주인은 내가 꽤 많은 수익을 얻을 수 있을 것 같아, 나를 왕국의 가장 큰 도시들로 데리고 가기로 결심했다. 그리하여 긴 여행에 필요한 모든 것을 스스로 마련하고, 집안일을 해결한 후, 그는 아내를 떠나보냈고, 내가 도착한 지 약 두 달 후인 1703년 8월 17일, 우리는 그 제국의 중앙에 위치한, 우리 집에서 약 3,000마일 떨어진 대도시를 향해 출발했다. 나의 주인은 그의 딸 글럼달클리치를 그의 뒤에 타게 했다. 글럼달클리치는 나를 무릎에 앉히고 허리에 묶은 상자에 넣어 안고 다녔다. 그녀는 구할 수 있는 가장 부드러운 천으로 사방에 안감을 덧대고, 그 아래에는 퀼트를 잘 깔았으며, 아기 침대와 함께 가구를 비치하고, 나에게 린넨과 다른 필수품을 마련해 주었으며, 모든 것을 가능한 한 편리하게 만들어 주었다. 우리는 짐을 가지고 우리를 따라 온 집의 소년 외에는 다른 친구가 없었다.

나의 주인의 계획은 길가에 있는 모든 마을에서 나의 공연을 보여주고, 길에서 벗어나 50마일이나 100마일을 가서, 그가 고객을 기대할 수 있는 어떤 마을이나 고위 인사의 집으로 가서 공연을 하는 것이었다. 우리는 하루에 7~8마일을 넘지 않는 쉬운 여행을 하였다. 글럼달클리치는 일부러 나를 편안하게 해 주려고 말의 질주에 피곤하다고 불평했다. 그녀는 종종 내 요구에 따라 나를 상자 밖으로 데리고 나와서, 나에게 시원한 공기를 흡입할 수 있게 해주고, 나에게 그 나라를 보여주려고 했지만, 항상 나를 이끄는 끈을 굳게 잡아 주었다. 우리는 나일 강이나 갠지스 강보다 훨씬 더 넓고 깊은 대여섯 개의 강을 건넜는데, 런던 브리지의 템스 강처럼 작은 강은 거의 없었다. 우리는 10주간의 여행을 하였고, 나는 많은 마을들과 개인 가족들 외에도 열여덟 개의 큰 도시들을 돌아다녔다.

10월 26일에 우리는 그들의 언어로 '로르브뤌그루드' 즉 '우주의 자부심'이라고 불리는 대도시에 도착했다. 나의 주인은 왕궁에서 그리 멀지 않은 도시의 중심가에서 숙소를 잡고, 나의 인신과 지체에 대한 정확한 설명이 들어 있는 평소와 같은 형태의 홍보물을 발행하였다. 그는 3~400피트 너비의 큰 방을 하나 빌렸다. 그는 지름이 60피트인 탁자를 마련해 놓았는데, 나는 그 탁자 위에서 내 역할을 해야 했고, 내가 넘어지는 것을 막기 위해 그것의 가장자리에 3피트 둘레로 둘러쌓았고, 그만큼 높은 곳에 놓았다. 나는 하루에 열 번씩 공연을 했는데, 모든 사람들이 놀라워하고 만족스러워 했다. 나는 이제 그들의 언어를 웬만큼 잘 말할 수 있었고, 나에게 들려오는 모든 단어를 완벽하게 이해할 수 있었다. 게다가, 나는 그들의 알파벳을 배웠고, 여기저기서 문장을 설명하기 위해 변화를 줄 수 있었다. 글럼달클리치가 우리가 집에 있을 때와 여행 중 여가 시간에 나의 스승이었기 때문이다. 그녀는 주머니에 작은 책 한 권을 넣고 다녔는데, 그 책은 산슨의 지도책보다 크지 않다. 그것은 어린 소녀들이 사용하는 흔한 논문이었는데, 그들의 종교에 대해 간략하게 설명하였다. 이 책으로 그녀는 나에게 글자를 가르쳐 주었고, 단어들 또한 해석해 주었다.

CHAPTER 03

> 저자는 왕궁에 들어갔다. 왕비는 그의 주인인 농부에게서 그를 사서 왕에게 바친다. 저자는 폐하의 위대한 학자들과 논쟁을 벌인다. 저자를 위해 궁정의 방을 제공받다. 저자는 여왕의 총애를 받는다. 저자는 영국의 명예를 위해 일어선다. 저자는 여왕의 난쟁이와 다툰다.

내가 매일 공연으로 겪는 잦은 진통들은 몇 주 만에 내 건강에 매우 큰 변화를 가져왔다. 나의 주인이 내 곁을 지킬수록, 그는 더욱 만족할 줄을 몰랐다. 나는 위장이 많이 망가졌으며, 나의 몰골은 거의 해골로 전락해 버렸다. 그 농부는 나의 모습을 지켜보고는 내가 곧 죽을 것 같다는 결론을 내리고, 할 수 있는 한 나를 더욱 부려먹기로 결심했다. 그가 이렇게 생각하고 혼잣말을 하고 있을 때, 한 신사 안내원인 '사드랄'이 궁정에서 나와서, 나의 주인에게 여왕과 그녀의 시녀들의 오락을 위해 나를 즉시 그곳으로 데려다 주라고 명령했다. 그들 중 몇몇은 이미 나의 공연을 보러 왔었고, 나의 미모와 행동과 좋은 감각에 대해 기이한 것들을 보고해 주었다. 여왕과 여왕을 모시던 사람들은 나의 태도에 대해 더할 나위 없이 기뻐했다. 나는 무릎을 꿇고 여왕의 발에 키스하는 영광을 달라고 요청했다. 그러나 이 자애로운 여왕은 나를 식탁에 앉히자 나를 향해 새끼손가락을 내밀었고, 나는 두 팔로 그것을 껴안고 그 끝을 내 입술에 최대한 가까이 댔다.

그녀는 내 나라와 여행에 대한 몇 가지 일반적인 질문을 했고, 나는 가능한 한 적은 단어로 명확하게 대답했다. 그녀는 "내가 궁정에서 사는 것을 만족할 수 있겠는가?"하고 물었다. 나는 탁자 위에 엎드려 절하고, 겸손하게 대답했다. "나는 내 주인의 노예이지만, 내가 마음대로 할 수 있다면, 나는 폐하를 위해 일생을 바치는 것을 자랑스럽게 생각합니다."라고 한 다음 그녀는 주인에게 "나를 좋은 가격에 팔 의향이 있겠습니까?"하고 물었다. 내가 한 달도 살 수 없을 것으로 생각한 그는 나와 헤어질 준비가 되어 있었고, 그 자리에서 금 천 닢을 요구했는데, 각 금은 대략 팔백 모이도르(포르투갈·브라질의 옛 금화)의 크기였다. 그러나 그 나라와 유럽 사이의 모든 것이 차지하는 비율과 그 중에서도 금의 높은 가격을 고려하면, 영국에 있는 천기니 이상의 큰 액수는 아니었다. 나는 "이제 저는 여왕의 가장 겸손한 피조물이자 봉신(봉건 군주에게서 봉토를 받은 신하)이 되었으니, 항상 저를 그토록 세심하게 보살피고 친절하게 보살펴 주고, 그 일을 아주 잘 해 주었던 글럼달클리치가 여왕의 시중을 드는 하녀로 받아들여지고, 계속해서 저의 유모이자 강사가 될 수 있도록 간청하지 않을 수 없습니다."

여왕께서는 나의 요청에 동의하셨고, 또한 농부의 동의도 쉽게 얻어냈으며, 농부는 딸을 궁정에서 필요한 인물이 되어 기뻤고, 가

여왕의 새끼손가락을 끌어안은 걸리버

난한 소녀 자신도 기쁨을 감출 수 없었다. 나의 옛 주인인 농부는 나에게 작별 인사를 하고, 나를 훌륭한 분에게 맡겼다고 말하고 물러갔고, 나는 여기서 한 마디도 하지 않고 가볍게 고개를 숙일 뿐이었다.

여왕은 나의 냉정함을 통찰했다. 그리고 농부가 궁정에서 나갔을 때 나에게 이유를 물었다. 나는 대담하게도 여왕에게 말하기를, "나는 돌아가신 주인님에게 빚진 다른 의무가 없었는데, 그것은 그의 밭에서 우연히 발견된 불쌍하고 무해한 생물을 죽음에 이르게 하지 않은 것 외에는 없습니다. 그 의무는 그가 왕국의 절반을 돌아다니면서 내게 공연을 시켜서 얻은 이익과 그가 지금 나를 팔아넘긴 값으로 충분히 보상되었습니다. 그동안 내가 살아온 삶은 내 힘의 열 배나 되는 동물을 죽일 만큼 고된 것이었습니다. 나의 건강은 하루 중 매 시간마다 군중을 즐겁게 하는 끊임없는 고된 일로 인해 많이 손상되었습니다. 그리고 내 주인이 내 목숨이 위태롭다고 생각하지 않았다면, 폐하께서는 그렇게 싸구려 거래를 하지 않으셨을 것입니다. 그러나 나는 그토록 위대하고 선량한 여왕, 자연의 장식품, 세상의 사랑, 신하들의 기쁨, 창조의 불사조의 보호 아래 학대받는 것에 대한 모든 두려움에서 벗어났기 때문에, 돌아가신 주인님의 걱정이 근거 없는 것처럼 보이기를 바랍니다. 왜냐하면 나는 이미 여왕의 가장 위엄 있는 존재의 영향으로 내 영혼이 되살아나는 것을 발견했기 때문입니다."

이것이 매우 부적절하고 망설임이 있는 나의 연설의 요약이었다. 후반부는 전체적으로 그 민족 특유의 문체로 썼는데, 그녀가 나를 국정으로 데려가는 동안 나는 글럼달클리치로부터 몇 가지 문장을 배웠던 것이다.

여왕은 나의 말솜씨에 결함이 있는 것을 크게 인정하면서도, 그토록 작은 동물이 그토록 많은 재치와 뛰어난 감각을 가지고 있는 것을 보고 놀랐다. 그녀는 나를 자기 손으로 데리고 왕에게 갔고, 왕은 그의 내각으로부터 물러나와 있었다. 무척 위엄 있고 근엄한 용모를 지닌 왕께서는 내 모습을 첫눈에 잘 살피지 못하시고, 냉정한 태도로 왕비에게 “스플래크넉을 좋아하게 된 지 얼마나 되었느냐?”고 물었다. 내가 여왕의 오른손에 가슴을 안고 누워 있을 때, 그는 나를 스플래크넉으로 여겼던 것 같다. 그러나 무한한 재치와 유머를 가진 여왕은 나를 부드럽게 눕히고, 폐하께 나 자신에 대해 설명하라고 명령했고, 나는 몇 마디 말로 설명했다. 그리고 내각 문 앞에 있던 글럼달클리치는 내가 그녀의 시야에서 벗어나는 것을 참을 수 없었다. 내가 그녀의 아버지 집에 도착한 후부터 지나간 지금까지의 모든 것을 확인시켜 주었다.

왕은 그의 영토에서 누구보다도 학식 있는 사람이었으며, 철학, 특히 수학 연구에 대한 교육을 받았다. 그러나 그는 내 모습을 정확히 관찰하고, 내가 똑바로 걷는 것을 보았을 때, 내가 말을 시작하기 전에, 나는 어떤 독창적인 예술가가 고안한 시계태엽 장치(그 나라에서는 시계 기술이 매우 완벽하게 도달했음)일지도 모른다고 생각했다. 그러나 왕은 내 목소리를 듣고, 내가 전달하는 것이 규칙적이고 이성적인 것임을 발견하고는 놀라움을 감출 수 없었다. 왕은 내가 그의 왕국에 들어온 방법에 대해 내가 그에게 알려준 사실에 결코 만족하지 않았고, 오히려 그것이 글럼달클리치와 그녀의 아버지 사이에 짜여 진 이야기라고 생각했다. 즉 그녀가 나를 더 좋은 가격에 팔 수 있도록 일련의 단어들을 가르쳐 주었다는 것이다. 이런 상상을 바탕으로 그는 나에게 몇 가지 다른 질문을 던졌고, 여전히 나의 이성적인 대답을 받았다. 외국 억양과 언어에 대한 불완전한 지식, 그리고 내가 농부의 집에서 배운 몇 가지 소박한 표현이 섞여 있고, 궁정의 정중한 스타일에 어울리지 않는다는 것 외에는 다른 결함이 없었다.

폐하께서는 그 나라의 관습에 따라 매주 대기하고 있던 세 명의 위대한 학자를 보내셨다. 이 학자들은 얼마 동안 나의 몸 구석구석을 매우 친절하게 살펴본 후, 나에 대해 서로 다른 의견을 냈다. 그들 모두는 내가 자연의 규칙적인 법칙에 따라 만들어질 수 없다는 것에 동의했는데, 그 이유는 내가 재빠른 속도나 나무에 오르거나 땅에 구멍을 파는 등의 방법으로 내 생명을 보존할 수 있는 능력을 가지고 있지 않았기 때문이었다. 그들은 나의 이빨을 보고 매우 정확하게 관찰하여 내가 육식 동물임을 알았다. 그러나 대부분의 네발짐승들은 나에게 상대가 되지 않을 정도로 압도적이었고, 들쥐들은 다른 것들과 마찬가지로 너무 민첩했기 때문에, 내가 달팽이와 다른 곤충들을 먹지 않는 한, 내가 어떻게 스스로를 지탱할 수 있는지 상상할 수 없었으며, 그들은 많은 박식한 논증을 통해 내가 도저히 할 수 없다는 것을 증명했다. 이 거장들 중 한 명은 내가 배아 즉 유산 출산일지도 모른다고 생각하는 것 같았다. 그러나 다른 두 사람은 이 의견을 거부하였는데, 그들은 나의 팔다리가 완전하고 완성되었다고 관찰하였다. 그리고 나는 몇 년을 살았는데, 그것은 내 수염에서 드러났듯이, 그들이 돋보기를 통해 명백하게 발견한 사실이었다. 그들은 나를 난쟁이로 보지도 않았는데, 왜냐하면 나의 작은 신체는 모든 비교를 초월했기 때문이었다. 여왕이 가장 좋아하는, 그 왕국에서 잘 알려진 가장 작은 난쟁이는 키가 거의 30피트에 달했기 때문이다. 많은 토론 끝에 그들은 만장일치로 나는 문자 그대로 '자연의 장난'으로 해석되는 '렐플럼 스칼카스' 일 뿐이라고 결론을 내렸다. 이것은 유럽의 현대 철학에 정확히 부합하는 결정이며, 그 철학 교수들은 아리스토텔레스의 추종자들이 자신들의 무지를 감추려고 헛되이 노력했던 신비술적 원인들에 대한 오래된 회피를 경멸하면서, 모든 어려움에 대한 이 놀라운 해결

책을 발명하여, 인간 지식의 말할 수 없는 진보에 이르게 하였다.

이 결정적인 결론이 내려진 후에, 나는 한두 마디 말을 들어 달라고 간청하였다. 나는 왕에게 나 자신을 소개했고, 왕에게 확신을 주었다. "나는 수백만의 남녀가 많은 나라 출신이며, 그들도 내 체구처럼 작습니다. 그곳에는 동물, 나무, 집이 모두 조화를 이루고 있으며, 그 결과 폐하의 신하들 중 어느 누구라도 이곳에서 할 수 있는 것처럼 나 자신을 방어하고 자양분을 찾을 수 있습니다. 나는 세 학자의 주장에 대한 완전한 대답으로 받아들여 주시기 바랍니다." 이에 대해 그들은 경멸의 미소를 지으며, "그 농부가 내 교육에서 아주 잘 가르쳤군."하고 대답할 뿐이었다. 이해력이 훨씬 더 높았던 왕은 학식 있는 부하들을 해산시키고 농부를 불러들였는데, 다행히도 그는 아직 마을을 떠나지 않고 있었다. 그래서 먼저 그를 개인적으로 물어본 다음, 나와 그 어린 소녀와 함께 그를 대면한 후, 폐하께서는 우리가 그에게 말한 것이 어쩌면 사실일지도 모른다고 생각하기 시작했다. 그는 여왕이 나를 특별히 돌보도록 요청했다. 그리고 글럼달클리치가 여전히 나를 돌보는 그녀의 직분을 계속해야 한다고 생각했다. 그는 우리가 서로에 대해 깊은 애정을 가지고 있다는 것을 알았기 때문이다. 그녀를 위한 편리한 숙소가 궁정 내에 제공되었다. 그녀에게는 교육을 담당할 특별한 일종의 교사, 그녀에게 옷을 입혀줄 하녀, 그리고 공무적인 하찮은 일을 담당할 두 명의 다른 하인이 제공되었다. 그러나 나에 대한 보살핌은 전적으로 글럼달클리치 자신에게 할당되었다. 여왕은 자신의 가구 제작자에게 클럼달클리치와 내가 동의할만한 모델을 본떠 침실로 사용할 수 있는 상자를 고안하라고 명령했다. 이 사람은 매우 독창적인 예술가였는데, 나의 지시에 따라 3주 만에 나를 위해 16피트 정사각형, 12피트 높이의 나무로 된 방을 완성했다. 그곳에는 창틀 창문과 문 하나, 그리고 런던의 침실과 같은 두 개의 옷장이 있었다. 천장에 해당되는 널빤지는 두 개의 경첩으로 위아래로 들어 올리고 내릴 수 있게 되어 있고, 여왕의 실내 장식이 비치된 침대에 넣어야 했다. 글럼달클리치는 매일 그것을 자신의 두 손으로 꺼내 바람을 쏘인 다음, 밤에는 그것을 내려놓고 내 위의 천장에 자물쇠를 걸어 잠가 놓았다. 작은 특이한 것을 만드는 것으로 유명했던 한 훌륭한 일꾼이 상아와 다르지 않은 물질로 만든 등받이와 틀이 있는 의자 두 개와 내 물건을 넣을 수 있는 캐비닛이 있는 두 개의 탁자를 만들어 주기로 약속했다. 방의 바닥과 천장은 물론 사방까지 퀼트로 되어 있다. 나를 태워 가는 사람들의 부주의로 인한 사고를 방지하고, 내가 객차를 타고 갈 때 충격의 힘을 줄이기 위해서였다. 나는 큰 쥐와 생쥐가 들어오는 것을 막기 위해 문을 잠글 수 있는 자물쇠와 열쇠를 만들어달라고 했다. 그 대장장이는 몇 번의 시도 끝에 그들 중에서 이제까지 볼 수 없었던 가장 작은 자물쇠를 만들었는데, 내가 영국의 어느 신사의 집 대문에서 본 자물쇠 중에서 그것보다는 더 컸다. 나는 글럼달클리치가 열쇠를 잃어버릴까 봐 두려워서 열쇠를 내 주머니에 넣어 두었다. 여왕은 구할 수 있는 가장 얇은 비단을 주문했는데, 그것은 나에게 영국식 담요보다 훨씬 두껍지 않은 옷을 만들기 위해서였다. 그렇지만 내가 그것들에 익숙해질 때까지 매우 거추장스러웠다. 그 옷들은 왕국의 유행을 따랐으며, 부분적으로는 페르시아인을, 부분적으로는 중국인을 닮았으며, 매우 근엄하고 점잖은 것이었다.

여왕은 나와 함께 있는 것을 무척 좋아했기 때문에 나 없이는 식사를 할 수 없을 지경이었다. 나는 여왕이 식사를 하는 식탁의 바로 위, 여왕의 왼쪽 팔꿈치 바로 위에 놓인 탁자와 의자가 나의 것이었다. 글럼달클리치는 내 탁자 근처 바닥에 놓인 의자에 서서 나를 도와주고 돌봐 주었다. 나는 은으로 된 접시와 둥그런 그릇, 그리고 다른 필수품들을 전부 가지고 있었는데, 그것들은 여왕의 것과 비례하여, 내가 런던의 장난감 가게에서 아기집의 가구를 사기 위해 본 것보다 훨씬 크지는 않았다. 글럼달클리치는 이것들을 은색 상자에 넣어 그녀의 주머니에 넣어 두었다가, 내가 원하는 대로 식사 때 나에게 꺼내 주었다. 내 식기는 그녀가 항상 직접 깨끗하게 설거지를 해주었다. 왕비와 함께 식사한 사람은 왕족인 두 공주 외에는 아무도 없었다. 나이가 많은 공주는 열여섯 살이었고, 어린 공주는 열세 살 하고도 1개월이었다. 여왕께서는 내 접시 중 하나에 조그마한 고기 한 점을 올려놓곤 하셨는데, 나는 그것을 직접 잘라서 먹었고, 여왕의 기분 전환은 내가 미니어처 속에서 먹는 것을 보는 것이었다. 여왕은 (실제로 위장이 약했음) 한 입에 영국 농부 십여 명이 한 끼에 먹을 수 있는 양을 먹어치웠다. 나에게는 한동안 매우 메스꺼운 광경이었다. 그녀는 종달새의 날개와 뼈를 이빨로 씹어 먹었는데, 그 날개는 다 자란 칠면조의 그것보다 아홉 배나 더 컸다. 그리고 12페니짜리 빵 두 개만한 빵 한 조각을 입에 넣었다. 그녀는 큰 통 위에 놓인 황금 컵에 담긴 물을 마셨다. 그녀의 나이프는 낫의 두 배는 길었고, 손잡이에 곧게 세워져 있었다. 숟가락, 포크 및 기타 도구들도 모두 같은 비율로 컸다. 나는 글럼달클리치가 호기심에서 나를 데리고 궁정의 탁자 몇 개를 보러 갔을 때, 그곳에는 열 개 또는 열두 개의 거대한 나이프와 포크가 함께 있는 것을 기억하며, 나는 그때까지 그렇게 끔찍한 광경을 본 적이 없다고 생각했다.

매주 수요일(내가 관찰한 바에 따르면, 그날은 그들의 안식일이다)은 왕과 왕비 그리고 그 자녀들은 폐하의 거처에서 함께 식사하는 것이 관례로, 이제 나는 그들의 식사에서 매우 좋아하는 사람이 되었다. 그리고 이때쯤이면 나의 작은 의자와 탁자는 그의 왼편, 소금 저장고 중 하나 앞에 놓였다. 왕은 나와 대화하는 것을 즐겼고, 유럽의 예절, 종교, 법률, 정부, 학문에 대해 물었다. 거기서 나는 내가 할 수 있는 최선의 설명을 그에게 해주었다. 그의 이해는 너무나 명확했고, 그의 판단은 너무나 정확했기 때문에, 그는 내가 말한 모든 것에 대해 매우 지혜로운 숙고와 관찰을 하였다. 그러나 고백하건대, 내가 사랑하는 조국에 대해, 바다와 육지를 통한 우리의 무역과 전쟁, 종교의 분열, 그리고 국가의 정당에 대해 이야기하는 데 너무 지나치게 설명한 후에야 비로소 알게 되었다. 그의 교육에 대한 편견이 너무나 널리 퍼져 있었기 때문에, 그는 나를 오른손으로 들고 다른 손으로 부드럽게 쓰다듬으면서, 한참 웃은 후에 나에게 '내가 휘그당원지, 토리당원인지?' 물었다. 그런 다음 그는 왕실 군주의 돛대만큼이나 높은 흰 지팡이를 들고 뒤에서 기다리고 있는 그의 총리를 돌아보며, "저처럼 작은 곤충들이 흉내 낼 수 있는 인간의 위엄이란 것이 얼마나 경멸스러운 일인가! 그들은 작은 둥지와 굴을 만들어 집과 도시라고 부른다. 그들은 의복과 마차를 중요하다고 생각한다. 그들은 사랑하고, 싸우고, 논쟁하고, 속이고, 배신한다!"고 하였다. 나의 얼굴은 예술과 무기의 여왕, 프랑스의 골칫거리, 유럽의 중재자, 덕행, 경건, 명예, 그리고 진리의 자리, 세상의 자부심과 부러움인 우리의 고귀한 조국을 그토록 경멸적으로 취급되는 것을 듣고 분개하는 마음으로 붉으락푸르락했다.

그러나 나는 마음의 상처를 입는 것에 대해 분개할 수 있는 상태가 아니었기 때문에, 깊은 생각에 이르러 나는 내가 상처를 입었는지 아닌지 의심하기 시작했다. 몇 달 동안 이 민족을 보고 대화하는 것에 익숙해진 후에, 그리고 내가 눈에 보이는 모든 물체가 그에 비례하는 크기라고 관찰한 후에, 내가 처음에 그들의 덩치와 모습에서 상상했던 공포는 너무나 닳아 없어졌기 때문에, 만일 내가 그때 그들의 화려한 옷차림과 생일용 옷을 입은 영국의 영주들과 숙녀들의 무리를 보았더라면, 진실을 말하자면, 가장 정중한 태도로 그들의 여러 배역을 연기하고, 절을 하고, 칭찬을 한다면, 나는 왕과 그의 고관들이 나에게 했던 것처럼 그들을 비웃고 싶은 강한 유혹을 받았을 것이다. 여왕이 나를 거울 쪽으로 손을 얹곤 했을 때, 우리 두 사람이 함께 내 앞에 완전히 보이는 것처럼 보였을 때, 나는 나 자신에게 미소를 짓는 것을 참을 수 없었다. 그리고 비교보다 더 우스꽝스러운 것은 없을 것이다. 그래서 나는 정말로 내 자신이 평소의 크기보다 몇 배 더 줄어들었다고 상상하기 시작했다.

여왕의 난쟁이만큼 나를 화나게 하고 모욕하게 하는 것은 없었다. 그는 그 나라에서 일찍이 가장 작은 체구를 가지고 있었기 때문에 (나는 진실로 그가 키가 30피트도 되지 않았다고 생각하기 때문에), 그보다 훨씬 작은 생물을 보는 것에 너무나 무례해져서, 그는 여왕의 대기실에서 나를 지나갈 때면 항상 허세를 부리며 크게 보이곤 했다. 그리고 그는 나의 작음에 대해 한두 마디의 재치 있는 말을 거의 빼놓지 않았다. 이에 대해 나는 그를 형제라고 부르고, 그에게 레슬링을 도전하는 방법으로 복수할 수밖에 없었다. 나의 재치 있는 말은 궁정 하인들의 입에 오르내리게 되었다. 어느 날, 저녁 식사 때, 이 악랄한 난쟁이는 내가 그에게 한 말에 너무나 화가 나서, 폐하의 의자 틀 위로 몸을 일으켜 세우고, 아무런 해를 끼치지 않고 앉아 있던 나를 가운데로 끌어올려 크림이 담긴 큰 은색 그릇에 나를 떨어뜨리고는 가능한 한 빨리 도망쳤다. 나는 푹 빠졌는데, 내가 수영을 잘하지 못했더라면 매우 힘들었을 것이다. 그 순간 글럼달클리치는 우연히 방의 반대편에 있었고, 여왕은 너무나 겁에 질려 있었기 때문에 나를 도와줄 정신이 없었다. 그러나 나의 작은 유모는 나를 구하기 위해 달려왔고, 내가 크림 1쿼트 이상을 삼킨 후에 나를 꺼내주었다. 나는 침대에 눕혀졌다. 그러나 나는 완전히 망가진 옷 한 벌을 잃어버린 것 외에 다른 피해를 입지는 않았다. 그 난쟁이는 심하게 채찍질을 당하였고, 더 큰 벌로 그가 나를 던져 넣은 크림 그릇을 강제로 마셔 버리게 했다. 얼마 지나지 않아 여왕이 그를 품격 높은 여인에게 하사하였으므로, 나는 그를 더 이상 못 보니 매우 만족스러웠다. 그런 악랄한 난쟁이가 그의 분노를 어느 극단까지 가져갔을지 알 수 없었기 때문이다.

그는 전에 나에게 비열한 속임수를 부려 여왕을 웃게 만들었지만, 동시에 여왕은 진심으로 화가 났고, 내가 중재할 만큼 관대하지 않았더라면 즉시 그를 죽였을 것이다. 여왕은 접시에 골수가 들어있는 뼈를 올려놓고, 뼈에서 골수를 모두 빼 먹고, 그 뼈를 다시 접시에 세워 놓았는데, 그 자리는 이전처럼 세워져 있었다. 기회를 엿보던 난쟁이는 글럼달클리치가 탁자로 가서 자리를 비운 사이 식사 때 나를 돌보기 위해 서 있던 의자에 올라가 나를 두 손으로 들어 올려 다리를 꽉 쥐고 허리 위를 골수를 빼 먹은 뼈에 쐐기를 박아 한동안 붙어있는 매우 우스꽝스러운 모습을 만들었다. 내가 무슨 일이 일어났는지 알게 되기까지는 거의 1분이 걸렸다고 나는 확신한다. 나는 소리 내어 부르짖는 것이 창피하다고 생각했기 때문이다. 하지만 왕족들은 고기를 뜨겁게 먹는 일이 드물어서 내 다리는 데이지 않았고, 오직 내 스타킹과 바지만 안타까운 상태였다. 난쟁이는 나의 간청에 의해 소리 내어 채찍질하는 것 외에는 다른 처벌을 받지 않았다.

나는 두려움 때문에 여왕에게 자주 꾸짖음을 받았다. 그리고 그녀는 나에게 우리나라 사람들이 나만큼 겁쟁이냐고 묻곤 했다. 그 경우는 이랬다. 왕국은 여름에는 파리들이 몹시 들끓는다. 그리고 이 혐오스러운 곤충들은 각각 던스터블 종달새만큼 커서 내가 식사를 하는 동안 거의 쉬지 않았고, 그들의 윙윙거리는 소리는 계속해서 내 귀를 맴돌았다. 그들은 때때로 내 부근에 내려서 혐오스러운 배설물을 남기거나 산란을 하곤 했는데, 나에게는 그것이 매우 눈에 띄었지만, 그 나라의 원주민들은 작은 물체를 보는 데는 그다지 예민하지 않았다. 때때로 그들은 내 코나 이마에 내려앉아 나를 쏜살같이 찔렀고, 매우 불쾌한 냄새를 풍겼다. 그리고 나는 그 점성이 있는 물질을 쉽게 추적할 수 있었는데, 우리의 박물학자들은 그 생물들이 천장 위에서 발을 위로 올리고 걸을 수 있게 해준다고 말한다. 나는 이 혐오스러운 동물들에 대항하여 나 자신을 방어하기 위해 많은 노력을 기울였고, 그것들이 내 얼굴에 닿을 때부터 견딜 수 없었다. 난쟁이의 일반적인 습관은, 우리 가운데 있는 남학생들이 하는 것처럼, 이 곤충들 몇 마리를 손에 쥐고, 나를 놀라게 하고, 여왕님의 기분을 돌리기 위해 갑자기 내 코 밑으로 내보내는 것이었다. 나의 치료법은 그것들이 공중을 날아다닐 때 칼로 그것들을 조각내는 것이었는데, 그 때 나의 손재주는 매우 칭찬을 받았다.

어느 날 아침, 글럼달클리치가 맑은 날에 늘 그랬던 것처럼, 나를 창문 위에 있는 상자에 넣어 바람을 쐬게 했던 것을 기억한다(왜냐하면 나는 감히 그 상자를 창문 밖으로 못에 매달아 놓을 엄두를 내지 못하기 때문이다. 우리가 영국의 새장을 다룰 때처럼). 내가 하나의 창문을 들어

말벌과 사투를 벌이는 걸리버

올린 후에, 아침 식사로 달콤한 케이크 한 조각을 먹기 위해 내 테이블에 앉았다. 냄새에 매료된 스무 마리 이상의 말벌이 많은 백파이프의 드론보다 더 크게 윙윙거리며 방으로 날아 왔다. 그들 중 몇몇은 내 케이크를 빼앗아 조금씩 가져갔다. 다른 것들은 내 머리와 얼굴 주위를 날아다니며 그 소리로 나를 당황하게 만들었고, 나는 그들이 쏘는 것에 대한 극도의 공포에 빠졌다. 그러나 나는 용기를 내어 단검을 당겨 공중에서 그들을 공격했다.

나는 그중 네 마리를 황천길로 보냈지만, 나머지는 도망쳐 버렸고, 나는 곧 창문을 닫았다. 이 곤충들은 자고새만큼 컸는데, 나는 그들의 침을 뽑아내고, 그것들이 길이가 1인치 반이고, 바늘처럼 날카롭다는 것을 발견했다. 나는 그것들을 모두 조심스럽게 간직했다. 그 후로 유럽의 여러 지역에서 다른 호기심을 가지고 그것들을 보여 준 후, 영국으로 돌아왔을 때 나는 그 중 세 개를 그레셤 대학에 주었고, 네 번째 것은 나 자신을 위해 간직하고 있다.

CHAPTER 04

브롬딩낵 국가를 설명한다. 현대 지도를 수정하기 위한 제안을 한다. 왕의 궁전 그리고 대도시에 대한 일부를 설명한다. 저자의 여행 방식을 설명한다. 주요 사원을 묘사했다.

이제 나는 독자들에게 이 나라에 대해 간략하게 설명하려고 하는데, 내가 여행한 곳까지는 대도시인 로르브룰그루드에서 2,000마일을 넘지 않았다. 왜냐하면 내가 늘 시중들던 여왕은 왕의 행보를 따라갈 때면 결코 더 멀리 가지 않았고, 폐하가 그의 국경을 보고 돌아올 때까지 거기서 머물렀기 때문이다. 이 군주의 영토의 전체 범위는 길이가 약 6,000마일에 이르고, 너비는 3에서 5마일에 이른다. 그러므로 나는 유럽의 지리학자들이 일본과 캘리포니아 사이의 바다만을 가정함으로써 큰 오류에 빠져 있다고 결론을 내리지 않을 수 없다. 왜냐하면 타타르(동부 유럽에서 서부 아시아 일대)의 거대한 대륙에 대항하기 위해서는 땅의 균형이 있어야 한다는 것이 언제나 나의 의견이었기 때문이다. 그러므로 그들은 이 광대한 땅을 미국의 북서쪽 지역과 연결시킴으로써 그들의 지도와 해도를 수정해야 하며, 나는 거기서 그들에게 나의 도움을 줄 준비가 되어 있다.

그 왕국은 반도半島로서, 북동쪽으로 30마일 높이의 산맥에 의해 경계를 이루는데, 그 산맥은 정상에 있는 화산들 때문에 도저히 지나갈 수 없다. 가장 학식 있는 사람들조차도 그 산맥 너머에 어떤 종류의 사람들이 살고 있는지, 또는 그들이 정말로 거주하고 있는지도 알지 못한다. 다른 세 면은 바다로 둘러싸여 있다. 왕국 전체에 항구가 하나도 없고, 강이 흘러 들어가는 해안 지역은 뾰족한 바위로 가득 차 있고, 바다는 대체로 너무 거칠어서 그들의 가장 작은 배로는 모험을 할 수 없다. 그래서 이 사람들은 나머지 세계와의 어떤 무역에서도 완전히 배제되어 있다. 그러나 큰 강에는 배가 많고 훌륭한 물고기가 풍부하다. 그들은 바다에서는 거의 아무것도 얻지 못하는데, 그 이유는 바다의 물고기가 유럽의 물고기와 크기가 거의 같기 때문에 잡을만한 가치가 없기 때문이다. 이로써 자연은 그토록 비범한 대량의 식물과 동물을 생산함에 있어서 전적으로 이 대륙에 국한되어 있다는 것이 명백하며, 이에 대한 이유는 철학자들에 의해 결정되도록 남겨두겠다. 그러나 때때로 그들은 우연히 바위에 부딪히는 고래를 데려가는데, 서민들은 그것을 진심으로 먹는다. 내가 아는 이 고래들은 너무나 커서 사람이 어깨에 메고 다닐 수 없을 정도였다. 그리고 때때로, 호기심 때문에, 그들은 로르브룰그루드로 바구니에 담아 데려온다. 나는 그 중 하나가 왕의 식탁에 놓인 접시에 담겨 있는 것을 보았는데, 그것은 희귀한 것으로 여겨졌지만, 그가 그것을 좋아한다는 것을 관찰하지는 못했다. 왜냐하면, 나는 그린란드에서 다소 큰 고래를 본 적이 있지만, 정말로 그 거대함이 그를 혐오하게 만들었다고 생각하기 때문이다.

이 나라에는 51개의 도시, 100개의 성벽으로 둘러싸인 읍, 그리고 수많은 마을이 있기 때문에 사람이 많이 살고 있다. 호기심 많은 독자를 만족시키기 위해, 로르브뤼그루드를 묘사하는 것으로 충분할지도 모르겠다. 이 도시는 거의 두 개의 동일한 부분으로 나뉘는데, 강에 의해서 거의 비슷한 면적으로 양분된다. 그곳에는 80,000채가 넘는 집이 있고, 약 60만 명의 주민이 살고 있다. 그것은 길이가 3글롬글룽(영국 마일로는 약 54마일 정도)이고 너비는 2.5글롬글룽이다. 왕의 명령에 의해 만들어진 왕실 지도에 직접 그것을 측정하였으니, 그 지도는 나를 위해 일부러 땅에 펼쳐놓았고, 백 피트나 뻗어 있었다. 나는 맨발로 지름과 둘레를 여러 번 측정하고, 저울로 계산해 보니 꽤 정확하게 측정되었다.

왕의 궁전은 일반적인 건물이 아니라 둘레가 약 7마일에 이르는 건물 더미이다. 주요 방들은 일반적으로 높이가 240피트이고, 넓이와 길이는 비례한다. 마차는 글럼달클리치와 나에게 허락되었는데, 그녀의 여자 가정교사는 자주 그녀를 데리고 마을을 구경하거나 상점들 사이를 돌아 다녔다. 나는 항상 내 상자에 담겨서 그들의 일원이었다. 비록 그 소녀가 내 요청에 따라 종종 나를 꺼내어 손에 들고, 우리가 거리를 지나갈 때 집과 사람들을 더 편리하게 볼 수 있도록 했다. 나는 우리 마차가 웨스트민스터 홀의 한 칸 정도라고 생각했지만, 전체적으로 그렇게 높지는 않았다. 그러나 나는 우리 마차의 크기를 아주 정확히 가늠할 수는 없었다. 어느 날 가정교사는 우리 마부에게 몇 군데 상점에 들르라고 명령했는데, 그곳에서는 기회를 엿보던 거지들이 마차 옆으로 몰려들어 나에게 유럽인의 눈으로 본 가장 끔찍한 광경을 보여 주었다. 거지들 중 한 여성이 유방암을 앓고 있었는데, 그 암은 괴물 같은 크기로 부풀어 올랐고, 구멍이 가득했는데, 그 중 두세 개에는 쉽게 기어들어갈 수 있었고, 내 몸 전체를 덮을 수 있었다. 또 한 남자 거지는 목에 혹을 달고 있었는데, 그 혹은 양털 다섯 자루보다 컸다. 그리고 또 다른 거지는 두 개의 나무다리 의족을 하고 있는데, 각각 높이가 약 20피트나 되었다. 그러나 무엇보다도 가장 혐오스러운 광경은 그들의 옷에 기어다니는 이였다. 나는 이 해충의 팔다리를 현미경으로 보는 유럽인의 팔다리보다 훨씬 더 육안으로 뚜렷하게 볼 수 있었고, 그들의 주둥이는 돼지처럼 튀어나와 있었다. 그것들은 내가 처음 본 것들이었고, 만약 나에게 적절한 도구들이 있었다면 나는 그 중 하나를 해부할 만큼 호기심을 가졌을 텐데, 불행하게도 그 도구들을 배에 두고 왔다. 사실 그 광경은 너무나 메스꺼워서 내 속을 완전히 뒤집어 놓았다.

내가 평소 가지고 다니던 큰 상자 외에도, 여왕은 여행의 편의를 위해 약 12피트 정사각형, 10피트 높이의 작은 상자를 만들라고 명령했다. 평소 가지고 다니던 큰 상자는 글럼달클리치의 무릎에 비해 다소 너무 컸고 마차에서도 번거로웠기 때문이다. 그것은 같은 제작자에 의해 만들어졌고, 나는 전체적인 고안을 감독했다. 이 여행용 작은 상자는 세 면의 사각형 중간에 창문이 있는 정확한 사각형이었고, 각 창문은 긴 여행에서 사고를 방지하기 위해 바깥쪽에 철선으로 격자를 만들었다. 창문이 없는 네 번째 면에는 두 개의 튼튼한 'ㄷ' 모양의 꺾쇠가 고정되어 있었는데, 이것은 내가 말을 타려고 했을 때 나를 태운 사람의 가죽 벨트에 이 꺾쇠를 끼우고 허리에 버클을 채워 내가 떨어지지 않게 하기 위함이다. 이것은 언제나 어떤 진지하고 믿음직한 하인의 임무였는데, 내가 왕과 왕비의 행보를 지켜보거나, 정원을 구경하고 싶어 하거나, 궁정에 있는 어떤 위대한 여인이나 국무 장관을 방문할 때, 글럼달클리치가 어쩌다 함께 할 수 없을 때, 나는 그 하인이 있어 마음을 놓을 수 있었다. 나는 곧 위대한 장교들 사이에서 알려지고 존경받기 시작했는데, 그것은 내 자신의 어떤 공로보다도 폐하의 호의에 더 기인한다고 나는 생각한다. 여행할 때, 내가 마차에 싫증이 났을 때, 말을 탄 하인이 내 상자에 버클을 채우고 그 앞에 있는 방석 위에 놓곤 했다. 그리고 거기서 나는 세 개의 창문을 통해 삼면으로 그 나라의 전경을 볼 수 있었다. 나는 이 벽장 안에 야전 침대와 해먹을 천장에 매달아 놓았고, 의자 두 개와 탁자 하나를 바닥에 깔끔하게 나사로 고정하여 말이나 마차의 동요에 이리저리 흔들리지 않게 하였다. 그리고 오랫동안 바다 항해에 익숙해져 있었기 때문에, 그러한 움직임이 때때로 매우 격렬하기는 했지만, 나를 크게 동요시키지는 못했다.

나는 도시를 보고 싶을 때마다 항상 여행용 작은 상자에 있었다. 글럼달클리치는 그 나라의 추세에 따라 일종의 개방형 세단에서 그녀의 무릎에 여행용 작은 상자를 올려놓고, 4명의 남자가 이 세단을 짊어지고 여왕의 상징복을 입은 다른 두 명의 하인이 동석했다. 나에 대해 자주 얘기를 듣던 사람들은 세단 주위로 몰려들어 매우 호기심을 자아냈고, 그 소녀는 이들의 욕구를 충분히 만족시켜주기 위해서 세단을 멈추게 하고 나를 더 편리하게 볼 수 있도록 그녀의 손에 나를 올려놓았다.

나는 주요 신전, 특히 왕국에서 가장 높은 것으로 간주되는 그 신전에 속한 탑을 매우 보고 싶어 했다. 그래서 어느 날 글럼달클리치가 나를 그곳으로 데리고 갔는데, 나는 정말로 실망한 채 돌아왔다고 말할 수 있다. 왜냐하면 그 높이는 땅에서 가장 높은 꼭대기까지 계산하여 삼천 피트를 넘지 않았기 때문이다. 그 사람들과 유럽의 우리 사이의 크기 차이를 감안할 때, 그 높이는 감탄할 만한 대단한 것이 아니며, 솔즈베리 성당의 첨탑과 (내 기억이 맞는다면) 비율에서도 전혀 미치지 못하는 것이었다. 그러나 내 일생 동안에, 나 자신이 많은 신세를 지고 있음을 인정하게 될 한 나라의 이미지를 손상시키지 않기 위해, 이 유명한 탑이 높이에서는 원하는 것이 아니었지만, 그 아름다움과 강한 힘을 느끼기에는 충분했다. 왜냐하면 성벽의 두께는 거의 100피트이고, 다듬어진 돌로 지어졌으며, 각각은 약 40피트의 정사각형이다. 그리고 성벽의 사방이 신과 황제의 동상으로 장식되어 있으며, 대리석으로 절단되어 실물보다 크며 여러 틈새에 배치되어 있다. 나는 이 조각상들 중 하나에서 떨어져 쓰레기 더미 사이에 무사히 놓여 있는 작은 손가락을 발견했다. 그것은 정확히 4피트 1인치의 길이였다. 글럼달클리치는 그것을 손수건에 싸서 주머니에 넣어 집으로 가져갔고, 그녀와 같은 나이의 아이들이 보통 그렇듯이 글럼달클리치도 그런 장신구들을 매우 좋아했다.

왕의 주방은 실제로 고귀한 건물이며, 꼭대기는 아치형이며, 높이는 약 600피트이다. 그 거대한 화덕은 세인트폴 성당의 둥근 지붕보다 열 걸음 정도 적다. 왜냐하면 나는 영국으로 돌아온 후에 일부러 화덕을 측정해 보았기 때문이다. 그러나 내가 주방 창살, 거대한 냄비와 주전자, 고기가 꼬치에 꽂히는 것 등 다른 많은 세부 사항들을 함께 묘사한다고 해도, 아마도 거의 믿기지 않을 것이다. 적어도 혹독한 비평가는 여행자들이 흔히 그렇듯이 내가 조금 확대해서 해석했다고 생각하기 십상이다. 이런 비난을 피하기 위해 나는 너무 많은 다른 극단으로 달려갈까 봐 두렵다. 그리고 만약 이 여행기가 브롭딩낵(그 왕국의 일반적인 이름)의 언어로 번역된다면, 그리고 그곳으로 전해진다면, 왕과 그의 백성들은 내가 거짓되고 비하적인 표현으로 그들에게 해를 입혔다고 불평할 이유를 갖게 될지도 모른다.

폐하께서는 그의 마구간에 600마리 이상의 말을 두는 일이 거의 없다. 말들의 키는 일반적으로 54피트에서 60피트 높이 정도이다. 그러나 폐하가 의식 절차가 있는 날에 외부로 나갈 때면, 500마리의 말로 이루어진 군대 호위병이 그를 시중을 든다. 실로 나는 이 광경이 일찍이 볼 수 없는 가장 화려한 광경이라고 생각했다. 그런데 이 의식 절차에서 그의 군대 호위병들의 일부가 전투 대형을 이루고 있는 것을 보았다. 이에 대해서는 다른 기회를 찾아 말할 것이다.

CHAPTER 05

저자에게 일어난 몇 가지 모험들을 설명한다. 범죄자의 처형에 대해 설명한다. 저자는 그의 항해 기술을 보여준다.

나는 나의 작은 존재가 여러 가지 우스꽝스럽고 귀찮은 사고에 노출되지 않았다면, 이 나라에서 충분히 행복하게 살았을 것이다. 그 사고 중 일부 몇 가지를 감히 말씀드리고자 한다. 글럼달클리치는 종종 나를 작은 상자에 넣어 궁정의 정원으로 데려갔고, 때때로 나를 그 상자에서 꺼내 그녀의 손에 앉거나 걷게 했다. 난쟁이가 여왕으로부터 쫓겨나기 전, 그는 어느 날 우리를 따라 궁정의 정원으로 들어갔고, 내 작은 보모는 나를 내려놓았다. 그와 나는 난쟁이 사과나무 근처에 가까이 있었으므로, 나는 그와 사과나무들 사이의 어리석은 암시를 이야기함으로써 내 재치를 보여줄 필요가 있다고 생각했다. 그러자 그 악랄한 난쟁이는 기회를 엿보다가 내가 사과나무의 한 가지 아래를 걷고 있을 때, 내 머리 바로 위에 있는 그 가지를 흔들었고, 브리스틀의 통만큼 큰 사과 12개가 내 귀 주위로

난쟁이의 계략으로 사과 열매에 등을 맞은 걸리버

굴러 떨어졌다. 그중 한 개가 내가 우연히 몸을 굽히고 있을 때 등을 때리더니 내 얼굴을 땅에 처박히게 했다. 그러나 나는 별다른 상처를 입지 않았고, 난쟁이는 내가 도발을 했기 때문에 내 요청에 의해 용서를 받았다.

또 다른 날, 글럼달클리치는 나의 기분 전환을 위해 부드러운 풀밭에 놓아두었고, 그녀는 그녀의 가정교사와 함께 얼마간의 거리를 두고 걸었다. 그러는 동안에 갑자기 맹렬한 우박이 쏟아져 내렸고, 나는 동시에 그 우박의 힘에 의해 땅에 쓰러졌다. 그리고 내가 쓰러졌을 때, 우박은 마치 내가 테니스공으로 얻어맞은 것처럼 내 온몸을 잔인하게 강타했다. 그래서 나는 네 발로 기어 다니기 시작했고, 레몬 백리향의 가장자리에 엎드려 몸을 피했지만, 머리부터 발끝까지 너무 멍이 들어 열흘 동안 밖에 나갈 수 없었다. 이것은 전혀 놀랄 일도 아니다. 왜냐하면 그 나라의 자연은 모든 활동을 통하여 동일한 비율로 관찰되기 때문이다. 우박의 크기는 유럽의 우박보다 1,800배에 가까운 크기이다. 나는 호기심이 많았기 때문에 그것들을 측정했으므로 단언할 수 있다.

그러나 더 위험한 사고가 같은 정원에서 나에게 일어났는데, 나의 글럼달클리치가 나를 안전한 장소에 두었다고 믿고(나는 종종 그녀에게 그렇게 하라고 간청했다. 나는 내 생각을 즐길 수 있도록 그렇게 하도록 간청했다.) 내 상자를 들고 다니는 수고를 덜기 위해 집에 남겨 두고, 그녀의 가정교사와 그녀의 지인 몇몇 여성들과 함께 정원의 다른 곳으로 갔다. 그녀가 자리를 비우고 귀를 기울이지 않는 동안, 수석 정원사 중 한 사람의 작은 흰 발바리 개 한 마리가 우연히 정원에 들어와서 내가 누워 있는 곳 근처에 나타났다. 그 개는 냄새를 따라 바로 다가와서 나를 입에 물고 꼬리를 흔들며 주인에게 곧장 달려갔다. 그리고 나를 살며시 땅에 내려놓았다. 운이 좋게도 그 개는 너무나 잘 훈련되어 있기 때문에, 나는 조금도 다치지 않고, 심지어 내 옷이 찢어지는 일도 없이 그의 이빨 사이로 옮겨졌다. 그러나 나를 잘 알고 나에게 큰 친절을 베풀었던 그 가난한 수석 정원사는 몹시 당황해했다. 그는 부드럽게 나를 두 손으로 안고 괜찮은지를 물었다. 그러나 나는 너무나 놀라고 숨이 가빠서 아무 말도 할 수 없었다. 몇 분 후에 나는 정신을 차렸고, 그는 나를 나의 글럼달클리치에게로 안전하게 데리고 갔는데, 그 무렵 그녀는 나를 두고 가던 곳에서 돌아왔고, 내가 나타나지 않고 그녀가 불렀을 때도 대답하지 않자 몹시 괴로워하고 있었다. 그녀는 개 때문에 정원사를 심하게 질책했다. 그러나 그 일은 비밀에 부쳐졌다. 글럼달클리치는 여왕의 노여움을 두려워했기 때문에 궁정에서 결코 알려지지 않았다. 그리고 정말로, 나 자신에 대해서도, 그런 이야기가 나와서는 안 된다고 생각했다.

이 사고로 인해 글럼달클리치는 절대로 나를 외부에 두고 그녀의 시야에서 벗어나지 않게 하겠다는 결심을 굳혔다. 나는 오랫동안 이 결심을 두려워했기 때문에 나 혼자 남겨진 그 시절에 일어났던 약간의 불운한 모험을 그녀에게 숨겼다. 한번은 솔개가 정원 위를 맴돌다가 나를 향해 몸을 굽혔는데, 내가 단호하게 단검을 뽑지 않고 빽빽한 넝쿨 아래로 달려가지 않았다면, 그는 분명히 나를 발톱으로 낚아채 갔을 것이다. 또 한 번은 새로이 두더지가 파놓은 흙 두둑으로 걸어가다가 그 동물이 흙을 퍼뜨린 구덩이에 목까지 빠졌고, 그래서 옷을 망친 것에 대해 변명하기 위해 기억할 가치도 없는 거짓말을 지어내기도 했다. 또한 혼자 걸으며 가난한 영국에 대해 생각하다가 우연히 달팽이 껍질을 밟고 넘어져서 오른쪽 정강이가 부러졌던 적도 있다.

나 혼자서 산책을 하고 있는데, 작은 새들이 나를 전혀 무서워하지 않는 것 같고, 마치 아무 생물도 근처에 없는 것처럼 무관심하고 안전하게 지렁이와 다른 먹이를 찾으러 1야드 이내에서 이리저리 뛰어다니는 것을 관찰하는 것을 보면 더 기뻐해야 할지 아니면 수치스러워해야할지 알 수가 없었다. 개똥지빠귀 한 마리가 대담하게도 내 손에 있던 지폐와 함께 글럼달클리치가 방금 아침 식사로 준 케이크 한 조각을 낚아채간 것도 기억한다. 내가 이 새들 중 어떤 것이라도 잡으려고 하면, 그 새들은 대담하게 내게 등을 돌리며 내 손가락을 쪼아 보려고 애썼고, 나는 감히 내 손가락이 그들의 부리에 닿는 곳에 밀어 넣을 엄두를 내지 못했다. 그러고는 그 새들은 예전처럼 아무렇지도 않게 벌레나 달팽이를 사냥하러 돌아갔다. 그러던 어느 날, 나는 두툼한 몽둥이를 집어 들고 있는 힘을 다해 던졌는데, 운이 좋게도 홍방울새에게 던져졌기 때문에 나는 그 홍방울새를 넘어뜨리고 두 손으로 그 새의 목을 잡고 의기양양하게 그와 함께 글럼달클리치에게 달려갔다. 그러나 기절하기만 한 그 새는 정신을 차리고 나서 내 머리와 몸 양쪽을 날개로 상자를 너무 많이 때렸기 때문에, 나는 그 새를 팔 길이만큼 끌어안고 발톱이 닿지 않는 곳에 있었으므로 나는 그 새를 놓아줄까말까를 스무 번이나 생각했다. 그러나 나는 곧 우리 하인 중 한 명이 그 새의 목을 비틀어서 죽게 했고, 나는 여왕의 명령에 따라 다음 날 그 새를 식사로 대접받았다. 내가 기억할 수 있는 한 이 홍방울새는 영국의 백조보다 약간 더 커 보였다.

하녀들은 종종 글럼달클리치를 그들의 거처로 초대했고, 그녀가 나를 보고 만지는 즐거움을 누리기 위해 일부러 나를 데리고 오기도 했다. 그들은 종종 나를 머리끝부터 발끝까지 발가벗기고 그들의 가슴에 완전히 눕혔다. 그래서 나는 몹시 혐오감을 느꼈는데, 솔직히 말해서 그들의 피부에서 매우 불쾌한 냄새가 났기 때문이었다. 나는 내가 많은 존경심을 가지고 있는 그 훌륭한 여성들에게 불리하게 언급하거나 의도하려는 것은 아니다. 그러나 나는 나의 자그마한 체구에 비례하여 나의 감각이 더 예리했으며, 그 저명한 사람들은 그들의 연인이나 서로에게 있어서, 영국에서 우리와 같은 수준의 사람들이 있는 것보다 더 불쾌하지는 않았다. 그리고 결국, 나는 그들이 향수를 사용할 때보다 그들의 자연스러운 냄새가 훨씬 더 참을만했다는 것을 알았고, 그들이 향수를 사용할 때면 나는 즉시 그 향수에 취해 기절해버렸다. 릴리퍼트에 있을 때, 나의 친한 친구는 어느 따뜻한 날에 내가 많은 운동을 한 후 자유를 얻어 나에 대한 강한 냄새에 대해 불평했던 것을 나는 잊을 수가 없다. 비록 나는 대부분의 사람들과 마찬가지로 나에게는 거의 잘못이 없지만, 나는 그의 냄새 맡는 능력이 나보다 그만큼 더 좋았다고 생각한다. 나의 냄새 맡는 능력이 이 거인 나라 사람들에게서 나는 냄새를 더 잘 맡는 것처럼. 이 점에 관해서는, 나는 나의 주인 여왕과 나의 유모인 글럼달클리치에게 공의를 표하지 않을 수 없다. 그들의 인격은 영국의 어떤 여인보다도 더욱 다정했다.

이 명예로운 하녀들 중에서 나를 가장 불안하게 했던 것은 (나의 유모가 나를 데리고 그들을 방문했을 때) 그들이 나를 아무런 예의 없이 마치 아무런 중요하지 않은 생물처럼 다루는 것을 보는 것이었다. 왜냐하면 그들은 내 앞에서 피부가 다 드러나게 옷을 벗고 그들의 작업복을 입곤 했기 때문이다. 그들의 벌거벗은 몸 바로 앞에서, 나는 그것이 유혹적인 광경이 되는 것과는 거리가 멀었고, 나에게 공포와 혐오감 이외의 다른 감정을 주는 것이 아니었다. 그들의 피부는 너무나 거칠고 고르지 못하며, 너무나 다양한 색깔을 띠고 있었다. 내가 그들을 가까이서 보았을 때, 여기저기에 도랑처럼 넓은 점이 있었고, 그 곳에는 실타래보다 두꺼운 털이 매달려 있었다. 그들의 신체 중 나머지 부분에 대해서는 말할 것도 없다. 또한 그들은 내가 곁에 있는 동안에, 그들이 적어도 두 개의 큰 통(238~530리터)만큼 마신 것을 소변으로 배출하기 위해서, 세 개의 큰 통 이상을 담을 수 있는 그릇에 담아 배출하면서도 조금도 양심의 가책을 느끼지 않았다. 이 멋진 하녀들 중에서 가장 잘생긴 열여섯 살의 유쾌하고 장난기 많은 소녀는 때때로 나를 그녀의 젖꼭지 중 하나에 걸터앉히곤 했다. 독자는 내가 지나치게 세심하지 않은 점을 양해해 주기를 바란다. 그러나 나는 너무나 불쾌했기 때문에, 그 젊은 아가씨를 더 이상 볼 수 없게끔 핑계를 만들어 달라고 글럼달클리치에게 간청했다.

하루는 글럼달클리치의 조카인 한 젊은 신사가 와서 두 사람에게 사형 집행을 보러 가자고 재촉했다. 그것은 그 신사의 절친한 지인 중 한 명을 살해한 남자에 관한 것이었다. 글럼달클리치는 그녀의 성격에 맞지 않았지만 그 무리에 속하게 되었다. 왜냐하면 그녀는 천성적으로 마음이 여렸기 때문이다. 그리고 나 자신에 관해서는, 비록 나는 그런 종류의 광경을 혐오하지만, 그럼에도 불구하고 나의 호기심은 내가 비범하다고 생각하는 어떤 것을 보도록 나를 유혹하였다. 그 흉악범은 사형 집행을 위해 세워진 발판 위의 의자에 고정되어 있었고, 그의 머리는 약 40피트 길이의 칼로 한 방에 잘려 있었다. 정맥과 동맥은 어마어마한 양의 피를 뿜어냈고, 공중에서 너무나 높이 솟아올랐기 때문에, 베르사유의 거대한 제트 분수에서 물이 뿜어대는 것보다도 높이 뿜어댔다. 그리고 머리가 단두대 바닥에 떨어졌을 때, 내가 적어도 반마일 떨어져 있었음에도 불구하고 나를 놀라게 할 만큼 튕겼다.

내가 바다에서의 항해에 대해 이야기하는 것을 자주 듣곤 했던 여왕은 내가 우울할 때면 모든 기회를 이용하여 나의 기분을 전환시켜주려고 했다. 나에게 돛이나 노를 다루는 방법을 아는지, 그리고 노를 젓는 약간의 운동이 내 건강에 도움이 될 수 있지 않을까 물었다. 나는 두 가지 모두를 아주 잘 안다고 대답했다. 왜냐하면 나의 본래 직업은 배의 외과의사가 되는 것이었지만, 종종 급한 경우에는 평범한 선원처럼 일하도록 강요받았기 때문이다. 그러나 나는 그들의 나라에서 어떻게 노 젓기가 가능한지 알 수 없었다. 왜냐하면 그곳에서는 아주 작은 나룻배라도 우리 영국의 일류 군함과 같았기 때문이다. 그리고 내가 다룰 수 있는 작은 배는 그들의 어떤 강에서도 결코 살아남지 못할 것이다. 여왕 폐하께서는 내가 배를 고안한다면 직접 목수가 만들게 하고, 그 배로 항해할 수 있는 장소를 제공하겠다고 했다. 그 목수는 영리한 일꾼으로, 나의 지시에 따라 열흘 만에 모든 노력을 기울여 여덟 명의 유럽인을 태울 수 있는 유람선을 완성했다. 유람선이 완성되었을 때, 여왕은 너무나 기뻐서 그것을 가지고 왕에게 달려갔고, 왕은 그것을 물이 가득 찬 저수조에 넣으라고 명령했고, 나는 시험의 방법으로 그 안에 나를 넣었는데, 나는 공간이 없어서 두 개의 스컬(한 사람이 양 손에 잡고 젓는 작은 노의 하나) 또는 작은 노를 저을 수 없었다. 그러나 여왕은 이전에 이미 다른 계획을 고안해 냈다. 그녀는 목수에게 길이 300피트, 너비 50피트, 깊이 8피트의 나무 여물통을 만들라고 명령했다. 여물통의 누수를 방지하기 위해 잘 조정했으며, 궁전의 외부 방의 벽을 따라 바닥에 놓았다. 물이 썩기 시작하면 배수구가 아래쪽에 있어 물을 빼낼 수 있었고, 두 명의 하인이 쉽게 반시간 안에 나무 여물통을 쉽게 물로 채울 수 있었다. 여기서 나는 종종 내 기분 전환을 위해 노를 젓곤 했는데, 여왕과 그녀의 숙녀들은 내 기술과 민첩성을 보고 매우 즐긴다고 생각했다. 때때로 나는 돛을 올렸으며, 그러면 내 일은 배를 조종하는 것뿐이었다. 숙녀들은 부채로 나에게 강풍을 불어 주었다. 그리고 그들이 지칠 때면, 그들의 하녀 중 일부는 숨을 불어넣어 내 돛을 앞으로 날려 보냈고, 나는 내가 원하는 대로 우현이나 좌현을 조종하여 내 예술을 보여주었다. 내가 일을 마치면, 글럼달클리치는 항상 내 배를 옷장으로 가져가서 못에 매달아 말렸다.

이 연습을 하다가 한 번은 내 목숨을 빼앗길 뻔한 사고를 만났다. 하녀 중 하나가 내 배를 여물통에 넣은 다음, 글럼달클리치의 가정교사가 매우 공손하게 나를 들어 올려 배에 태웠지만, 나는 우연히 그녀의 손가락 사이로 빠져나갔고, 세상에서 가장 운이 좋게도 그 선량한 숙녀의 배에 꽂힌 코르크 핀에 걸쳐져서 멈춰지지 않았다면, 틀림없이 40피트 아래의 바닥으로 떨어져 죽을 뻔했다. 핀의 머리가 내 셔츠와 내 바지의 허리띠 사이에 걸렸고, 그리하여 글럼달클리치가 나를 구하러 달려와 구해줄 때까지 나는 공중의 한가운데에 대롱대롱 매달려 있었다.

또 한 번은 사흘에 한 번씩 내 여물통에 깨끗한 물을 채우는 일을 맡은 하인 중 한 명이 너무 부주의해서 거대한 개구리가 그의 양동이에서 빠져나가게 했다(그것을 인식하지 못한 듯). 그 개구리는 내가 배에 태워질 때까지 숨어 있었는데, 그때 쉴 곳을 보고 기어 올라가서 한쪽이 너무 기울어지는 바람에 나는 배가 뒤집히는 것을 막기 위해 다른 쪽에 온 힘을 싣고 균형을 잡아야 했다. 개구리가 배에 타자마자 그 개구리는 한 번에 배의 절반 길이로 뛰어오르더니, 내 머리 위를 앞뒤로 뛰어다니며 내 얼굴과 옷을 그 역겨운 점액으로 물들였다. 그 개구리의 거대함은 그것을 상상을 뛰어 넘는 가장 기형적인 동물로 보이게 했다. 하지만 나는 글럼달클리치가 도와주려 하자 나 혼자 감당할 수 있다고 했다. 나는 내 스컬 중 하나로 개구리를 한참 동안 두들겼고, 마침내 개구리를 배 밖으로 몰아낼 수 있었다.

그러나 내가 그 왕국에서 겪은 가장 큰 위험은 주방 점원 중 한 명의 원숭이 때문이었다. 글럼달클리치는 볼일을 보기 위해 나를 옷장에 넣어 잠가 놓고, 어디론가 갔다. 날씨가 몹시 따뜻했기 때문에 옷장 창문은 열려 있었고, 내가 보통 살았던 더 큰 상자의 창문과 문도 열려 있었다. 그 상자는 내가 생활하는데 크고 편리했다. 내가 조용히 식탁에 앉아서 명상하고 있을 때, 무언가가 옷장 창문으로 튕겨 들어오는 소리가 들렸고, 이쪽에서 저쪽으로 이리저리 뛰어다니는 소리가 들렸다. 나는 몹시 놀라면서도, 과감하게 밖을 내다보려고 했지만, 내 자리에서 꼼짝하지는 않았다. 그리고 나서 나는 이 장난기 많은 동물이 이리저리 뛰어다니는 것을 보았고, 마침내 그는 내 상자로 왔으며, 그는 큰 즐거움과 호기심으로 상자를 보는 것 같았고, 문과 모든 창문을 엿보는 것 같았다. 나는 내 방(상자)의 가장 먼 구석으로 물러났다. 그러나 원숭이가 사방을 들여다보는 것은 나를 너무나 무섭게 만들었고, 나는 누구나 쉽게 할 수 있는 것처럼 침대 밑에 몸을 숨길 수 있는 마음의 여유를 갖지 못했다. 원숭이는 엿보고, 웃고, 수다를 떨며 얼마간 시간을 보낸 후, 마침내 나를 발견했다. 그리고 고양이가 쥐와 놀 때처럼 그의 한쪽 발을 문 안으로 뻗었는데, 나는 종종 그를 피하기 위해 자리를 옮겼지만, 그는 마침내 내 코트의 옷깃(그 시골 비단으로 만들어졌기 때문에 매우 두껍고 튼튼했다.)을 잡고 나를 밖으로 끌고 나갔다. 원숭이는 나

개구리를 쫓아내는 걸리버

를 오른쪽 앞발로 들어 올리고 마치 유모가 젖을 빨 아이를 대하듯이 나를 안았다. 마치 내가 유럽에서 같은 종류의 생물이 자기 새끼에게 하는 것을 본 것처럼 말이다. 내가 몸부림치자, 그는 나를 너무 더 세게 쥐어짜서 나는 복종하는 것이 더 현명하다고 생각했다.

나는 그가 종종 다른 발로 내 얼굴을 매우 부드럽게 쓰다듬는 것으로 보아, 나를 원숭이의 어린 새끼로 여기는 것으로 믿을 만 했다. 이런 혼란 속에서 그는 마치 누군가가 문을 여는 것 같은 옷장 문에서 나는 소리에 놀라더니 갑자기 자기가 들어왔던 창문으로 뛰어 올라갔고, 거기서부터 지붕과 배수구를 밟고 세 다리로 걷고, 네 번째 다리로 나를 안고, 마침내 우리 집 옆에 있는 지붕으로 기어 올라갔다. 나는 원숭이가 나를 데리고 나가는 것을 본 글럼달클리치가 순간적으로 비명을 지르는 것을 들었다. 가엾은 소녀는 거의 정신이 어질어질해졌다. 궁전의 그 구역은 온통 소란스러웠다. 하인들은 사다리를 찾아 달려갔다. 그 원숭이는 건물 산등성이에 앉아서 한쪽 앞발로 나를 아기처럼 안고 다른 한 발로 그의 바지 한쪽에 있는 가방에서 꺼낸 어떤 음식을 급작스럽게 내 입에 쑤셔 넣고, 내가 먹지 않을 때는 나를 쓰다듬어 주었다. 아래에 있는 많은 군중들은 웃음을 참지 못했다. 나도 그들이 정당하게 비난받아야 한다고 생각하지는 않는다. 왜냐하면 의심의 여지없이, 그 광경은 나 자신을 제외한 모든 사람들에게 충분히 우스꽝스러웠기 때문이다. 어떤 사람들은 원숭이를 쫓아내려고 돌을 던졌다. 그러나 이러한 행동은 절대적으로 금지되었다. 그렇지 않았다면 아마도 그 돌에 의해 내 머리가 완전히 망가졌을 것이다.

이제 사다리들이 설치되었고, 몇몇 사람들이 사다리를 올라탔다. 원숭이가 그 광경을 보고 거의 포위된 자신을 발견하고 세 다리로는 충분히 속도를 내어 도망할 수 없다는 것을 깨닫고 나를 능선 타일에 떨어뜨리고 도망쳤다. 나는 땅으로부터 500야드 떨어진 이곳에 얼마 동안 앉아서, 매 순간 바람에 날리거나, 나 자신의 현기증에 넘어지거나, 산등성이에서 처마까지 계속해서 굴러 떨어질

지도 몰랐다. 그러나 나의 글럼달클리치의 한 하인인 한 정직한 젊은이가 기어 올라와서 나를 그의 바지 주머니에 넣어 안전하게 내려왔다.

나는 원숭이가 내 목구멍으로 밀어 넣은 더러운 것들에 거의 질식할 뻔했지만, 나의 사랑스러운 글럼달클리치가 작은 바늘로 내 입에서 그것들을 골라냈고, 나는 구토를 했으며, 그것으로 나는 큰 안도감을 가질 수 있었다. 그러나 나는 이 혐오스러운 동물이 나를 쥐어짜는 바람에 너무나 쇠약하고 옆구리에 멍이 들었기 때문에, 나는 이틀 밤을 침대에 누워 있을 수밖에 없었다. 왕과 왕비와 모든 신하들이 날마다 사람을 보내어 나의 건강을 살폈다. 그리고 여왕께서는 내가 병중에 있을 때 여러 차례 나를 방문해 주셨다. 그 원숭이는 죽임을 당했으며, 궁전 주변에 그런 동물을 키워서는 안 된다는 명령이 내려졌다.

내가 회복된 후 왕을 찾아갔을 때, 왕의 호의에 대한 감사의 표시를 하자 왕은 이 모험에 대해 호기심이 발동하여 나에게 많은 질문을 하면서 기뻐했다. 그는 나에게 물었다, "원숭이의 발에 누워 있는 동안 어떤 생각을 하였는가? 원숭이가 준 음식이 얼마나 좋았는지, 그의 먹이는 방법, 그리고 지붕 위의 신선한 공기가 배고픔을 자극하지 않았는지." 그는 "자기 나라에서 그런 경우에는 어떻게 했을까?"를 알고 싶어 했다. 나는 폐하께, "유럽에는 다른 곳에서 호기심 때문에 데려온 원숭이를 제외하고는 원숭이가 없으며, 너무 작아서 그들이 나를 공격하려고 한다면 십여 마리를 함께 다룰 수 있습니다."라고 말했다. 그리고 내가 아주 최근에 관계를 맺었던 그 괴물 같은 동물에 대해서는(그것은 정말로 코끼리만큼 컸다.), "내 두려움 때문에 내 단검을 이용하려고 생각하게 되었다면(사납게 바라보며, 칼

자루에 손뼉을 치며 말했다.), 원숭이가 내 방에 앞발을 집어넣었을 때, 아마도 나는 그가 더 빨리 빼고 싶어 할 정도로 상처를 줬어야 했을 텐데, 그러지 못한 것이 유감입니다."라고 말했다. 나는 마치 자신의 용기가 의심받을까 봐 질투하는 사람처럼 단호한 어조로 이 말을 전했다. 그러나 내 말은 큰 웃음 외에는 아무 것도 만들어내지 못했으며, 왕의 위엄에 대한 주변 사람들의 존경심으로도 그들의 웃음을 억제할 수는 없었다. 이것은 나로 하여금 인간이 그와 비교할 수 있는 모든 평등의 정도에서 벗어난 사람들 가운데서 자신의 명예를 얻으려고 노력하는 것이 얼마나 헛된 시도인지를 반성하게 만들었다. 그럼에도 불구하고 나는 귀국 이후 영국에서 내 자신의 행동에 대한 교훈을 매우 자주 보았다. 출생, 인격, 재치, 상식에 대한 최소한의 칭호도 없이 조그마한 경멸스러운 종자가 주제넘게 자기가 중요한 사람이라고 여기고 왕국의 가장 위대한 사람들과 함께 발을 딛는 것이다.

나는 매일 궁정에 우스꽝스러운 이야기를 늘어놓았는데, 글럼달클리치는 비록 나를 과도하게 사랑했지만, 내가 폐하를 거스르려고 생각하는 어떤 어리석은 행동을 저지를 때마다 여왕에게 알려줄 만큼 충분히 친절했다. 글럼달클리치의 가정교사는 그동안 아팠던 글럼달클리치를 약 한 시간 거리, 즉 도시에서 30마일 떨어진 곳으로 바람 쐬러 데리고 갔다. 그들은 들판의 작은 오솔길 근처에서 버스에서 내렸고, 글럼달클리치는 내 여행 상자를 내려놓았고, 나는 걷기 위해 밖으로 나갔다. 길에는 소똥이 있었고, 나는 그것을 뛰어 넘으려고 노력했다. 나는 불행히도 너무도 짧게 뛰어 올랐고, 내 무릎까지 소똥에 빠져있었다. 나는 얼마간 힘겹게 걸어서 지나갔고, 한 하인이 손수건으로 나를 최대한 깨끗이 닦아 주었다. 글럼달클리치는 우리가 집으로 돌아올 때까지 나를 상자에 가두었다. 거기서 왕비는 곧 지나간 일을 알게 되었고, 그 하인은 그것을 궁정에 퍼뜨렸으므로, 그리하여 궁정의 며칠 동안의 모든 즐거움은 나의 희생으로 이루어졌다.

CHAPTER 06

왕과 왕비를 기쁘게 하기 위해 저자가 몇 가지 고안을 낸다. 저자는 음악에서 자신의 재능을 보여준다. 왕은 영국의 상태에 대해 묻고, 저자는 그와 관련하여 대답한다. 저자에 대한 왕의 관찰을 묘사한다.

나는 일주일에 한두 번씩 왕의 아침에 특별한 사람의 방문을 받는 의식에 참석하곤 했다. 왕이 면도를 하기 위해 이발사와 함께 있는 것을 자주 보았는데, 처음에는 그 광경을 보는 것이 참으로 끔찍했다. 이발사의 면도칼은 일반 낫보다 거의 두 배나 길었기 때문이다. 폐하께서는 그 나라의 관습에 따라 일주일에 두 번만 면도를 하셨다. 한번은 이발사를 설득하여 비눗물이나 거품을 좀 받았는데, 거기에서 가장 강한 머리카락 줄기를 40 내지 50개를 골랐다. 그런 다음 부드러운 나무 한 조각을 가져다가 빗의 뒷면처럼 잘라서 글럼달클리치에서 얻은 작은 바늘로 같은 거리를 두고 여러 개의 구멍을 뚫었다. 나는 머리카락 줄기를 그 구멍에 단단히 고정시키고 칼로 긁어내고 뾰족한 쪽으로 기울여서 매우 잘 견딜 수 있는 빗을 만들었다. 그것은 어울리는 공급품이었다. 내가 가지고 있는 빗은 이빨이 너무 많이 빠져서 거의 쓸모가 없었기 때문이다. 나는 이 나라에서 나에게 필요한 빗을 만들어줄 만큼 훌륭하고 정확한 재능 있는 예술가를 알지 못했다.

그리고 이것은 내가 많은 여가 시간을 보냈던 한 오락을 생각나게 한다. 나는 여왕의 시녀가 내게 여왕 폐하의 머리를 빗을 때 떨어지는 머리카락들을 좀 구해 달라고 했고, 얼마 지나지 않아 나는 많은 양의 머리카락을 얻었다. 그리고 왕으로부터 나를 위해 사소한 일들을 처리하라는 일반적인 명령을 받은 가구 제작자인 내 친구와 상의했다. 나는 그에게 내 상자 안에 있는 것보다 크지 않은 두 개의 의자 틀을 만들고, 가는 송곳으로 작은 구멍을 뚫고, 등받이와 좌석을 디자인하는 부분 주위에 구멍을 뚫으라고 지시했다. 이 구멍을 통해 나는 내가 뽑을 수 있는 가장 강한 털을 엮었는데, 그것은 영국의 등줄기 의자 방식을 따라 만들어졌다. 그것들이 완성되었을 때, 나는 등줄기 의자들을 여왕 폐하께 선물로 드렸다. 여왕은 등줄기 의자들을 그녀의 캐비닛에 보관했고, 호기심이 있는 사람들에게 그것들을 보여주곤 했는데, 실제로 등줄기 의자들은 그것들을 보는 모든 사람의 경이로움이었기 때문이다. 여왕은 나를 이 의자 중 하나에 앉으라고 했지만, 나는 한때 여왕 폐하의 머리를 장식했던 그 귀중한 머리카락 위에 내 몸의 불명예스러운 부분을 얹느니 차라리 죽는 편이 낫겠다고 항의하며 그녀의 복종을 절대적으로 거부했다. 이 머리카락들로 (나는 항상 기계적인 천재성을 가지고 있었기 때문에) 또한 여왕 폐하의 이름이 금색 글씨로 적혀있는 약 5피트 길이의 깔끔한 작은 지갑을 만들었고, 여왕의 동의를 얻어 그것을 글럼달클리치에게 선물했다. 솔직히 말하자면, 그것은 쓸모가 있다기보다는 보여주기 위한 것이었고, 커다란 동전의 무게를 견딜 힘이 없었기 때문에, 그녀는 그 안에 여자아이들이 좋아하는 작은 장난감 외에는 아무것도 보관하지 않았다.

음악을 즐겼던 왕은 궁정에서 자주 음악회를 열었고, 나는 탁자 위에 올려 놓인 나의 상자 안에서 가끔 그 음악회에 참석하여 그 음악들을 듣곤 했다. 그러나 소음이 너무 커서 나는 곡조를 거의 구별할 수 없었다. 나는 왕의 군대의 모든 북과 나팔 소리가 동시에 여러분의 귀에 들리는 것처럼 함께 뛰고 울려 퍼질 것이라고 생각해보기 바란다. 내가 할 수 있는 한 공연자들이 앉는 자리에서 상자를 멀리 떨어뜨리고, 그 상자의 문과 창문을 닫고, 창문 커튼을 당기는 것이 나의 최선이었다. 그 후에는 나는 그들의 음악이 불쾌하지 않다는 것을 알았다.

나는 젊었을 때 스피넷(5각형으로 된 작은 하프시코드 또는 소형 피아노)을 가지고 노는 법을 조금 배웠다. 글럼달클리치는 그녀의 방에 하나를 두었고, 가정교사가 일주일에 두 번씩 그녀를 가르쳤다. 나는 그것을 스피넷이라고 불렀는데, 왜냐하면 그것이 그 악기와 다소 닮았고, 같은 방식으로 연주되었기 때문이다. 내 머릿속에는 이 악기로 영국 곡조를 연주하여 왕과 왕비를 즐겁게 해 주겠다는 상상이 떠올랐다. 왜냐하면 스피넷의 길이가 거의 60피트에 가까웠고, 각 건반의 너비가 거의 1피트였기 때문에, 팔을 뻗어도 다섯 개의 건반 이상에 도달할 수 없었고, 건반들을 누르는 것은 주먹으로 능숙하게 치는 것이 필요했는데, 그것은 너무나 큰 수고가 될 것이고, 아무 의미도 없는 것이었다. 내가 고안한 방법은 이것이었다. 나는 두 개의 둥근 막대기를 준비했다. 그것들은 한쪽 끝이 다른 쪽

끝보다 더 두꺼웠고, 나는 그것들을 두드려도 건반의 윗부분이 손상되거나 소리를 방해하지 않도록 쥐의 가죽으로 두꺼운 끝을 덮었다. 스피넷 앞에는 열쇠에서 약 4피트 아래에 벤치가 놓여 있었고, 나는 벤치에 앉았다. 나는 할 수 있는 한 빨리 그 위에 옆으로 달려서, 이쪽으로, 저쪽으로, 두 개의 막대기로 적절히 건반을 두드리고, 빠르고 경쾌한 지그 춤곡을 연주하여 두 폐하의 큰 만족을 얻었다. 그러나 그것은 내가 이제껏 겪어 본 운동 중에서 가장 격렬한 운동이었다. 나는 16개 이상의 건반을 칠 수 없었고, 따라서 다른 예술가들처럼 저음과 고음을 함께 연주할 수도 없었다. 그것은 내 연주의 큰 단점이었다.

내가 전에 말한 바와 같이, 왕은 탁월한 이해력을 가진 군주였는데, 자주 나를 내 상자에 넣어 그의 사저에 있는 탁자 위에 놓으라고 명령하곤 했다. 그런 다음 그는 나에게 상자에서 의자 하나를 꺼내 캐비닛 꼭대기에서 3야드 이내에 앉으라고 명령했다. 그것은 나를 그의 얼굴과 거의 같은 수준의 높이로 데려 왔다. 이런 식으로 나는 그와 몇 차례 대화를 나누었다. 언젠가 나는 자유로이 폐하께 말할 수 있는 기회를 가졌다. 나는 "폐하가 유럽과 나머지 다른 세계에 대해 드러내시는 경멸은, 폐하가 통달했던 뛰어난 정신적 자질에 대한 올바른 해답이 아닌 것 같습니다. 이성은 몸의 크기와 비례하여 함께 확장되지 않습니다. 그와는 반대로, 우리나라에서는 가장 키가 큰 사람들이 이성적으로 행동하지 못하는 경우가 종종 있습니다. 다른 동물들 중에서도, 꿀벌과 개미는 많은 큰 종류의 동물들보다 더 산업적이고 예술적이며 총명하다는 명성을 가졌습니다. 그리고 폐하께서는 나를 보잘것없는 존재로 여기셨지만, 나는 살아서 폐하께 어떤 기억할만한 일을 해드릴 수 있기를 바랍니다."

라고 했다. 왕은 나의 말을 주의 깊게 듣고, 나에 대해 전보다 훨씬 더 좋은 견해를 갖기 시작했다. 그는 "나는 자네가 할 수 있는 한 영국 정부에 대해 정확하게 설명해 주면 좋겠네. 왜냐하면, 군주들이 일반적으로 그들 자신의 관습을 좋아하는 것처럼(왜냐하면 그는 나의 이전 강연을 통해 다른 군주들에 대해 그렇게 추측했기 때문이다.), 나는 배울만한 것이 무엇이든 듣는 것이 기쁘기 때문이네."

예의 바른 독자여, 그때 내가 얼마나 자주 데모스테네스(고대 그리스의 정치가)나 키케로(고대 로마의 정치가 · 철학자 · 웅변가)의 말 주변이 있었다면, 그로 인해 나는 내 소중한 조국의 장점과 훌륭함에 걸맞은 방식으로 조국의 찬양을 축하할 수 있었을는지 상상해 보라.

나는 폐하께 우리의 영토는 두 개의 섬으로 이루어져 있으며, 이 섬들은 아메리카 대륙에 있는 우리의 식민지가 옆에 있으며, 하나의 군주 아래 세 개의 강력한 왕국을 이루고 있다는 것을 알리는 것으로 연설을 시작했다. 나는 우리 토양의 비옥함과 우리 기후의 온도에 대해 오랫동안 생각했다. 그런 다음 나는 영국 의회의 구성에 대해 크게 연설했다. 부분적으로 상원라고 불리는 저명한 기관으로 구성되어 있다. 가장 고귀한 혈통을 가진 사람들, 그리고 가장 오래되고 풍부한 유산을 가진 사람들이 상원의 구성원이다. 나는 그들이 왕과 왕국의 조언자가 될 자격을 갖추기 위해 예술과 무기에 대한 교육에 항상 각별한 주의를 기울였다고 설명했다. 입법부에도 참여한다. 사법 최고 법원의 구성원이 될 수 있으며, 거기에는 항소가 있을 수 없다. 그리고 용맹, 행동, 충성심으로 군주와 국가를 수호할 준비가 항상 되어 있는 용사가 된다. 이들은 왕국의 간판이자 보호자이며, 가장 유명한 조상들의 합당한 추종자들이며, 그들의 명예는 그들의 미덕에 대한 보상이었으며, 그들의 후손들은 한 번도 타락한 적이 없다고 알려져 있다. 이들에게 주교라는 칭호 아래 몇몇 거룩한 사람들이 그 모임의 일부로서 합류하였는데, 그들의 독특한 업무는 종교를 돌보는 것이며, 그 안에 있는 사람들을 가르치는 것이다. 영주와 그의 가장 지혜로운 조언자들은, 그들의 생애의 신성함과 그들의 박식함의 깊이로 말미암아 가장 마땅히 구별되는 사제들 가운데서, 온 나라를 두루 두루 다니며 이들을 찾고 찾았다. 그들은 참으로 성직자와 백성의 영적 아버지들이었다.

의회의 다른 부분은 하원이라고 불리는 의회로 구성되었는데, 그들은 모두 주요 신사들이었고, 그들의 위대한 능력과 조국에 대한 사랑을 위해 국민 스스로가 전 국민의 지혜를 대표하기 위해 자유롭게 뽑고 추려냈다. 그리고 이 두 단체(상원과 하원)가 유럽에서 가장 권위 있는 의회를 구성한다. 이 의회는 군주와 함께 전체 입법부로써의 일을 수행한다.

그런 다음 나는 사법부의 설명으로 내려갔다. 존경받는 현자이자 법의 해석자인 판사들이 다스리며, 논쟁의 여지가 있는 인간의 권리와 재산을 결정하고, 악덕을 처벌하고 무죄를 보호하기 위해 주재했다. 나는 우리 재무부의 신중한 국고 관리에 대해 언급했다. 바다와 육지를 넘나드는 우리 해군과 육군의 용맹과 업적도 언급했다. 나는 우리 가운데 각 종교 종파나 정당이 얼마나 많을 것인지를 계산하여 우리 국민의 수를 계산하였다. 나는 우리의 스포츠와 오락, 또는 내 나라의 명예에 도움이 될 수 있다고 생각되는 다른 어떤 특정한 것조차도 빼놓지 않았다. 그리고 나는 약 100년 전에 영국에서 있었던 일들과 사건들에 대한 간략한 역사적 설명을 함으로써 모든 이야기를 마쳤다.

이 대화는 한 번에 몇 시간에 걸쳐 진행한 다섯 번의 알현으로도 제대로 끝나지 않았다. 왕은 대단한 집중력으로 주의를 기울여 전체를 들었고, 내가 말한 것을 자주 기록했으며, 나에게 어떤 질문을 하려고 했는지에 대한 메모도 남겼다.

내가 이 긴 연설을 끝냈을 때, 폐하께서는 여섯 번째 알현에서 그의 적은 노트를 참조하면서 모든 기사에 대해 많은 의문과 반론을 제시하셨다. 그는 "우리 젊은 귀족들의 정신과 육체를 수양하기 위해 어떤 방법을 사용했으며, 그들은 일반적으로 그들의 생애의 첫 번째이자 가르칠 수 있는 부분을 어떤 종류의 일을 하며 보내는지, 어떤 귀족 가문의 대가 끊겼을 때, 공석인 상원의원을 공급하기 위해 어떤 조처를 취하는지, 새로운 군주가 될 사람들에게 필요한 자격요건은 무엇인지, 새롭게 뽑히는 사람의 발전동기가 군주의 비위, 궁정의 여인들에게 바쳐지는 돈의 액수, 또는 공공의 이익에 반하는 정당을 강화하려는 계획 등이 영향을 미치는지, 이 군주들은 자기 나라의 법에 대해 얼마나 많은 지식을 가지고 있었으며, 어떻게 그 법을 통해 최후의 수단으로 동료 신민의 재산을 결정할 수 있게 되는지, 그들이 언제나 탐욕이나 편파성이나 궁핍으로부터 자유로웠기 때문에 뇌물이나 다른 어떤 사악한 견해가 그들 사이에 설 자리가 없었는지, 내가 말한 그 거룩한 군주들이 종교 문제에 대한 지식과 그들의 삶의 신성함 때문에 항상 그 계급으로 승진했는지 여부, 그들이 평범한 사제들이었을 때 결코 시대에 순응하지 않았기 때문에 승진했는지 아니면 어떤 귀족에게 노예처럼 맹종하는 목사가 되었는데, 그들은 상원의원에 입회한 후에도 그의 의견을 계속 비굴하게 따랐는지."

그런 다음 왕은 또 알고 싶은 것을 계속 질문했다. "하원의원이라고 부르는 사람들을 선출하는 데 어떤 기술이 사용되었는가? 돈

이 많은 낯선 갑부가 저속한 유권자들에게 영향을 주어 그들의 지주보다 먼저 그를 선택하게 할 수 있는지, 아니면 이웃에서 가장 훌륭한 신사보다 먼저 그를 선택하도록 영향을 미칠 수 있는지?" 나는 하원의원이 되면 큰 어려움과 많은 비용이 들어가며, 어떠한 봉급이나 연금도 받지 못하기 때문에 종종 그들의 가정을 파멸에 이르게 한다고 했다. 폐하는, "그러면 어쩌다 사람들이 이 집회에 들어가려고 그토록 난폭하게 몰두하게 되었는가?" 이렇게 물었다. 하원의원은 덕행과 공적 정신의 과장된 긴장으로 보였기 때문에, 폐하께서는 그것이 항상 진실하지 않을 수도 있다는 것을 의심하는 것 같았다. 그리고 그는 "그토록 하원의원이 되고자 하는 열성적인 신사들이 부패한 내각과 결탁하여 나약하고 악랄한 군주의 계략에 공공의 이익을 희생시킴으로써 그들이 처한 비난과 곤경에 대해 스스로 보상할 수 있는 견해를 가질 수 있는지 알고 싶었다."고 말했다. 폐하는 이 일에 대해서 내게 세세하게 캐물었는데, 셀 수 없이 많은 질문과 반론들을 제시하셨다. 나는 이러한 반복적인 질문들에 대한 것을 다 거론한다는 것이 신중하지도 않고 비생산적이라고 생각한다.

내가 우리 사법부에 관하여 말한 것에 대하여, 폐하께서는 몇 가지 점에서 만족할만한 대답을 원하셨는데, 이것에 대해서는 이전에 긴 소송 끝에 많은 비용을 지불하고 거의 파멸할 뻔한 적이 있는 나로서는 더 잘 말 할 수 있었다. 그는 "옳고 그른 것을 판단하는 데 보통 얼마의 시간이 소요되며, 비용은 어느 정도 드는가? 옹호자들과 웅변가들이 명백히 부당하거나 성가시거나 억압적이라고 알려진 원인에 대해 변호할 자유가 있었는가? 종교나 정치에서 정당이 정의의 척도에서 어떤 비중을 차지하는가? 그 간청하는 웅변가들이 공평에 대한 일반적인 지식으로 교육받은 사람들이었는가, 아니면 지방, 국가, 그리고 다른 지방의 관습에 의해서만 교육을 받은 사람들이었는가? 그들이나 그들의 재판관들이 그 법들을 작성하는 데 어떤 역할을 했는가? 그들은 그것을 해석할 자유가 있다고 가정하고, 그들이 원하는 대로 부연 설명을 할 수 있는가? 그들이 서로 다른 시기에 같은 원인에 대해 찬성하거나 반대하고, 반대 의견을 입증하기 위해 판례를 인용한 적이 있는가? 그들이 부유한 집단이었든 가난한 집단이었든? 그들이 탄원하거나 자신의 의견을 전달하는 것에 대해 금전적 보상을 받았는가? 그리고 특히, 그들이 하원의 멤버로 들어간 적이 있는가?"

그는 그 다음으로 우리 재무부의 국고 관리에 대해 물었다. 폐하는 내 기억력이 떨어졌다고 생각했다. 왜냐하면 나는 우리나라의 세금을 연간 약 5~6백만으로 계산했기 때문이며, 내가 그 문제들을 언급하려고 했을 때, 폐하는 때때로 그것들이 두 배 이상에 달한다는 것을 발견했다. 왜냐하면 그가 기록한 메모들은 이 점에 있어서 매우 구체적이었기 때문이다. 왜냐하면 그가 나에게 말한 것처럼, 우리나라의 행동에 대한 지식이 그에게 유용하게 쓰일 수 있을 것으로 생각했고, 그의 계산은 틀리지 않을 것이라고 확신했기 때문이었다. 그러나 내가 그에게 말한 것이 사실이라면, 그는 여전히 왕국이 어떻게 개인처럼 자신의 영지를 다 써버릴 수 있는지 난감해하고 있었다. 그는 나에게 "우리의 채권자는 누구인가? 그리고 우리가 그들에게 지불할 돈을 어디에서 찾는가?" 그는 내가 그토록 비용이 많이 드는 전쟁에 대해 이야기하는 것을 듣고 놀라워했다. "우리는 분명히 전쟁을 좋아하는 백성이고, 그렇지 않으면 매우 나쁜 이웃들 사이에서 살아왔으며, 우리의 장군들은 우리의 왕들보다 더 부유해야 한다."고 말했다. 그는 "무역이나 조약, 또는 우리의 함대로 해안을 방어하지 않고서는, 우리가 우리 섬에서 무슨 일을 할 수 있겠는가?"하고 물었다. 무엇보다도, 그는 내가 평화로운 때에, 자유로운 사람들 가운데 있는 용병 상비군에 대해 이야기하는 것을 듣고 놀랐다. 그는 말하기를, "만일 우리가 우리 자신의 동의에 의해, 우리의 대표자들의 인격으로 다스려진다면, 그는 우리가 누구를 두려워하는지, 누구에 대항하여 싸워야 하는지 상상할 수 없을 것이다. 또한 한 개인의 집이 자신과 그의 아이들, 그리고 가족을 지키기 위해서 거리에서 적은 임금을 주고 모집한 용병들-이들은 그들의 목을 잘라서 100배는 더 많은 돈을 벌 수 있는 대여섯 명의 악당들-이 지키는 것보다 자신과 그의 아이들, 그리고 가족이 더 잘 지킬 수 있지 않을까?" 이 질문에 대해서 폐하는 나에게 의견을 물었다.

그는 나의 '이상한 종류의 산술'을 비웃었다. 그는 그것을 '종교와 정치에 있어서 우리 가운데 있는 여러 종파로부터 추출해낸 계산법으로 우리 민족의 수를 계산하는 것이다.'고 즐거워했다. 그는 대중에게 불리한 견해를 가진 사람들이 왜 변해야 하는지, 또는 그것을 감추지 말아야 할 이유를 알지 못했다. 그리고 첫 번째를 요구하는 것은 어느 정부에서나 전제 정치이며, 두 번째를 강요하지 않는 것은 정부의 나약함이었다. 왜냐하면 사람은 그의 옷장에 독약을 보관하는 것은 허용될 수 있지만, 그것들을 기운을 북돋우는 약으로 팔아서는 안 되기 때문이다.

그는 물었다, "우리 귀족과 상류층의 기분 전환을 위한 것으로 자네는 도박을 언급했네. 이 도박을 보통 몇 살에 시작하는지, 그리고 언제 끝내는지 알고 싶네. 또한 그들이 얼마나 많은 시간을 사용하는지, 도박이 그들의 재산에 영향을 미칠 정도로 높아진 적이 있었는지 등에 대해서 알고 싶네. 비열하고 악랄한 사람들이 도박 기술에 대한 그들의 손재주로 인해 큰 부에 도달하지 못하는가? 때로는 우리의 고귀한 귀족들이 그들에게 의존하고, 그들을 사악한 동료에게 길들이고, 그들의 정신 개선을 전적으로 빼앗아 가며, 그들이 입은 손실로 말미암아 다른 사람들에게 그 악명 높은 손재주를 배우고 연습하도록 강요하지는 않는가?"

그는 지난 세기 동안 우리가 겪은 일들에 대해 내가 그에게 전해준 역사적 설명에 완전히 깜짝 놀랐다. 폐하께서는 "그것은 음모, 반란, 살인, 학살, 혁명, 추방의 무더기일 뿐이며, 탐욕, 파벌, 위선, 배신, 잔인함, 분노, 광기, 증오, 질투, 욕망, 악의, 야망이 낳을 수 있는 가장 나쁜 결과였다."라고 주장했다.

폐하께서는 다른 알현 앞에서 내가 말한 모든 것을 요약하는 데 많이 힘겨워하셨다. 그가 한 질문과 내가 한 대답을 비교했다. 그런 다음 나를 그의 손 위에 올려놓고, 부드럽게 쓰다듬으며, 다음과 같은 말과 그가 그것들을 말한 방식 또한 결코 잊지 못할 것이다. "나의 작은 친구 그릴드리그, 당신은 당신의 나라에 가장 칭찬할만한 찬사를 남겼다. 당신은 무지, 게으름, 악덕이 입법자의 자격을 갖추는 적절한 재료라는 것을 분명히 증명했다. 율법은 그것들을 왜곡하고, 혼란스럽게 하고, 회피하는 데 관심과 능력을 쏟는 사람들에 의해 가장 잘 설명되고, 해석되고, 적용된다. 나는 당신 나라의 제도들 가운데서 어떤 제도의 잘 형성된 것을 관찰하는데, 그것들은 원래는 용인될 수 있었을지 모르지만, 이 반쪽은 지워졌고, 나머지는 완전히 흐려지고 부패로 얼룩져 있다. 당신이 말한 모든 것에 의하면, 누구든지 너희 가운데 어느 한 사람의 역할을 구하는데 완벽함이 요구되지는 않는 것 같다. 남자들이 그들의 미덕 때문에 귀족의 작위를 받는게 아니고, 제사장들이 그들의 경건함이나 학문 때문에 승진하는 게 아니고, 군인들이 그들의 행동이나 용맹 때문에, 판사들이 그들의 정직함 때문에, 상원의원들이 그들의 조국에 대한 사랑 때문에, 또는 상담자들이 그들의 지혜 때문에 그 자리에 있는 것은 아니라는 것이다." 왕은 말을 이어갔다, "당신의 생애의 많은 부분을 여행에 보낸 당신에게, 나는 당신이 지금까지 당신 나라의 많은 악행에서 벗어날 수 있기를 바라는 마음이 크다. 그리고 내가 그대와의 대화에서 수집한 것, 그리고 많은 공을 들여 짜내고 당신에게서 얻어낸 대답은, 나는 당신 나라의 주민 대부분이 자연이 지구 표면을 기어 다녀서 고통을 주는 가장 치명적인 작은 역겨운 해충 종족이라고 결론을 내리지 않을 수 없다."

CHAPTER 07

저자의 조국에 대한 사랑을 표현한다. 저자는 왕에게 많은 이익을 주는 제안을 하지만 거절당한다. 저자는 정치에 대한 왕의 큰 무지를 느낀다. 거인 나라의 학문은 매우 불완전하고 제한되어 있다. 법률, 군사 문제, 국가의 정당 등에 대해 이야기한다.

내가 내 이야기 중 폐하와의 대화 부분을 숨기지 않은 것은 오직 진리에 대한 지극한 사랑 때문이다. 나의 분노를 표출하는 것은 헛된 일이었고, 나의 원망은 언제나 조롱을 받았었다. 그리고 나의 고귀하고 사랑하는 조국이 그토록 학대를 받았어도, 나는 인내하고 참을 수밖에 없었다. 나는 나의 독자들 중 어느 누구라도 나와 같겠지만, 할 수 있는 한 진심으로 유감스럽게 생각한다. 그러나 이 군주는 모든 것에 대해 너무나 호기심이 많고 특히 내 조국의 세부 사항에 대해 궁금해 했기 때문에, 응하지 않는다면 감사나 예의범절에도 어긋나므로, 내가 할 수 있는 한 그에게 만족한 대답을 주지 않을 수 없었다. 그러나 이처럼 나는 내 자신의 변호를 위해 말할 수 있는 것이 많다. 나는 그의 많은 질문들을 교묘하게 회피했고, 답을 하다라도 모든 점에 있어서 진리의 엄격함이 허용하는 것보다 몇 배나 더 우리 조국에 유리한 방향으로 했다. 디오니시우스 할리카르나센시스Dionysius Halicarnassensis(그는 B.C. 1세기 중반 경에 태어났다. 그는 자신의 역사에서 그리스 동포들이 로마인에 대한 복종에서 느꼈던 굴욕감을 덜어주기 위해 노력했으며, 로마가 그리스에서 유래했으므로 그들의 "정치적 어머니"라는 오래된 전설을 수정했다.)가 매우 정당하게 역사가에게 권고하는 내 조국에 대한 편애처럼 나는 항상 내 조국을 칭찬할 만한 편애를 갖고 있기 때문이다. 나는 정치적인 조국의 나약함과 기형을 숨기고, 조국의 미덕과 아름다움을 가장 유리한 빛에 두려고 했다. 이것은 내가 그 군주와 가졌던 많은 대화에서 나의 진지한 노력이었지만, 불행하게도 성공하지는 못했다.

그러나 왕에게는 큰 관용이 주어져야 하는데, 왕은 세상으로부터 완전히 고립되어 살고 있으며, 따라서 다른 나라들에서 가장 널리 퍼져 있는 예절과 관습에 대해 전혀 알지 못하기 때문이다. 그 지식의 결핍은 항상 많은 편견을 낳고, 어떤 편협한 사고력을 낳을 것이며, 우리들과 유럽의 정치 국가들은 그로부터 벗어날 것이다. 전적으로 면제된다. 그리고 그토록 먼 곳에 있는 군주의 미덕과 악덕에 대한 개념이 모든 인류를 위한 표준으로 제시된다면, 그것은 정말로 어려운 일일 것이다.

내가 지금 말한 것을 확증하기 위해, 더 나아가 제한된 교육의 비참한 결과를 보여주기 위해, 나는 여기에 도저히 믿음을 얻지 못할 한 구절을 삽입하고자 한다. 폐하의 환심을 사기 위해 나는 폐하께 "삼사백 년 전에 발견된 발명품(화약과 대포)으로, 어떤 가루를 만들어 그 가루 더미를 만들고, 그 가루 더미에 가장 작은 불꽃이 떨어지면 산처럼 크지만 순식간에 천둥보다 더 큰 소음과 동요로 전체를 불태워 모두 함께 공중으로 날아오르게 할 것입니다. 이 가루를 적당한 양으로 놋쇠나 철로 된 속이 빈 관(대포)에 쑤셔 넣으면, 그 크기에 따라 철이나 납으로 된 대포알을 격렬하고 빠른 속도로 몰아낼 수 있습니다. 그 무엇도 그 힘을 지탱할 수 없을 정도입니다. 이렇게 발사된 가장 큰 대포알은 한 군대의 모든 대열을 한꺼번에 파괴할 뿐만 아니라, 가장 견고한 성벽을 무너뜨리고, 각각 천 명의 병사를 태운 배를 바다 밑바닥으로 가라앉히고, 사슬로 함께 연결하면 돛대와 장비를 절단하고, 수백 구의 시체를 보게 될 것이며, 그들 앞에 있는 것은 모두 쓰레기가 될 것입니다. 우리는 종종 이 화약 가루를 속이 빈 커다란 쇠 덩어리에 넣고, 엔진을 통해 우리가 포위하고 있는 어떤 도시로 발사했는데, 그것은 포장도로를 찢어버리고, 집들을 산산조각 내고, 터지게 하고, 사방에서 파편을 던져, 가까이 오는 모든 사람의 머리를 박살냅니다. 나는 이 화약의 싸고 흔한 재료를 아주 잘 알고 있습니다. 나는 그것들을 합성하는 방법을 알고, 폐하의 일꾼들에게 그 대포를 만드는 방법을 지시할 수 있습니다. 그 대포는 폐하의 왕국에 있는 다른 모든 것들에 비례하는 크기였고, 가장 큰 것은 길이가 100피트를 넘을 필요가 없습니다. 그 중 20개 내지 30개의 대포가 적절한 양의 화약과 대포알로 충전되면, 몇 시간 안에 그의 영토에서 가장 강력한 도시의 성벽을 무너뜨리거나, 그의 절대적인 명령에 이의를 제기하는 척이라도 한다면 대도시 전체를 파괴할 수 있을 것입니다."라고 했다. 이것은 내가 폐하께 겸손하게 바치는 것으로, 그분의 은혜와 보호에 대한 작은 감사의 표시이다.

왕은 내가 그 끔찍한 엔진에 대해 설명한 것과 내가 한 제안에 대해서 공포에 질렸다. 그는 나처럼 그토록 무력하고 으르렁거리는 곤충(이것은 그의 표현이다.)이 어떻게 그토록 비인간적인 생각을 품을 수 있는지, 그리고 그 파괴적인 기계들의 공통적인 효과로 나타나는 피와 황폐의 모든 장면들에서 그토록 익숙하다는 듯이, 전혀 동요하지 않는 것처럼 보이는 것에 놀랐다. 그것은 인류의 적인 어떤 악한 천재가 첫 번째로 고안해 낸 것임에 틀림없을 것이라고 말했다. 비록 예술이나 자연에서의 새로운 발견만큼 그를 기쁘게 하는 것은 거의 없지만, 그런 파괴적인 무기의 비밀에 관여하느니 차라리 왕국의 절반을 잃는 편이 낫다고 항변했다. 그는 나에게 어떤 생명이라도 소중히 여긴다면, 더 이상 언급하지 말라고 명령했다.

편협한 원칙과 견해의 이상한 효과! 존경과 사랑과 흠모를 받을 만한 모든 자질을 소유한 군주! 탄탄한 역할, 위대한 지혜, 그리고 심오한 학식을 지녔으며, 감탄할 만한 재능을 타고났고, 그의 신하들에게 거의 추앙 받을 정도인, 그런 그가 국민의 생명과 자유와 행운의 절대적인 주인으로 될 수 있는 기회를 그의 손에서 놓아버리다니! 유럽에서는 상상할 수 없는 멋지고 불필요한 양심의 가책을 느껴서 말이다. 나는 그 훌륭한 왕의 많은 덕목을 깎아내리려는 최소한의 의도로도 이 말을 하지는 않는데, 나는 그의 성격이 양심의 가책이라는 분별력이 있으며, 이 때문에 영국 독자의 의견으로는 매우 중요도가 덜 할 것이다. 그러나 나는 그들 사이의 이러한 결함을 그들의 무지에서 비롯된 것으로 간주한다. 유럽의 더 날카로운 지성들이 정치학을 과학으로 정립한 것처럼 말이다. 왜냐하면, 어느 날 왕과의 대화에서, 내가 우연히 '우리 가운데는 정부의 기술에 관한 수천 권의 책이 쓰여 있다.'고 말했을 때, 그것은 (내 의도와는 정반대로) 왕에게 우리의 이해에 대한 매우 나쁜 인상을 주었기 때문이다. 그는 군주나 장관에 있는 모든 신비와 세련미와 음모를 싫어하고 경멸한다고 공언했다. 그는 내가 말한 국가의 기밀, 즉 적국이나 경쟁국이 아닌 나라의 기밀이 무엇을 의미하는지 알 수 없었다. 그는 통치에 관한 지식을 매우 좁은 범위 내에서, 상식과 이성, 공의와 관용, 민사와 형사 원인의 신속한 결정, 고려할 가치가 없는 다른 명백한 주제도 또한 제한했다. 그리고 그는 자신의 견해를 제시했다. "누구든지 한 땅에서 한 개의 옥수수 이삭이나 풀잎이 자라는 곳에 두 개를 자라게 할 수 있다면, 그 사람은 인류에게 더 나은 대우를 받을 자격이 있고, 정치인 전체보다 나라에 더 중요한 서비스를 할 것이다."

이 사람들의 학습은 도덕, 역사, 시, 수학만으로 이루어져 있어서, 그들이 뛰어날 수 있다는 것을 용납해야 한다. 그러나 이것들 중 마지막으로 나열한 수학은 일생에 유용할 수 있는 것으로, 농업의 개선, 그리고 모든 기계 기술에 전적으로 적용된다. 그래서 우리 사이에서는 별로 존중받지 못할 것이다. 그리고 관념, 실체, 추상, 그리고 초월적인 것들에 관해서는, 나는 그들의 머릿속에 최소한의 개념조차도 결코 주입할 수 없었다.

그 나라의 어떤 법도 단어에서 알파벳의 문자 수인 22자를 초과해서는 안 된다. 그러나 실제로 그 중 그 길이까지 사용하는 사람도 거의 없다. 그것들은 가장 간단하고 평범한 용어로 표현되며, 그 사람들은 하나의 해석을 발견할 만큼 변덕스럽지 않다. 그리고 어떤 법에 대해 논평을 쓰는 것은 중범죄이다. 민사 소송의 판결이나 범죄자에 대한 소송 절차에 있어서는 그들의 판례가 너무나 적기 때문에 그들은 어느 쪽에서도 어떤 특별한 기술을 자랑할 이유가 거의 없다.

그들은 중국인들과 마찬가지로 인쇄술을 가지고 있었지만, 그들의 도서관은 그리 크지 않다. 왜냐하면 가장 큰 것으로 간주되는 왕의 책은 1,200피트 길이의 회랑에 놓여 있는 천 권 이상에 이르지 않기 때문이며, 거기서 나는 내가 원하는 책을 마음껏 빌릴 수 있는 자유가 있었다. 여왕의 목수가 글럼달클리치의 방 중 하나에 높이 25피트의 서 있는 사다리 모양의 나무 기계를 고안했다. 계단의 길이는 각각 50피트였다. 그것은 실제로 이동 가능한 계단 쌍이었으며, 가장 낮은 끝은 방의 벽에서 10피트 거리에 위치해 있었다. 내가 읽기로 마음먹은 책은 벽에 기대어 세워져 있었다. 나는 먼저 사다리의 위쪽 계단에 올라서, 내 얼굴을 책 쪽으로 돌리고, 페이지의 맨 위에서부터 시작하여, 선의 길이에 따라 대략 여덟 걸음 또는 열 걸음 정도를 좌우로 걸었다. 그러고 나서 내가 바닥에 도착할 때까지 점차적으로 내려갔다. 그 후에 나는 다시 사다리를 올라타서, 같은 방법으로 다른 페이지를 읽기 시작했다. 그리고 페이지를 넘기는 것은 내 두 손으로 쉽게 할 수 있었다. 왜냐하면 그것은 판지처럼 두껍고 뻣뻣했고, 가장 큰 2절판으로 된 책에서도 길이가 18피트 또는 20피트를 넘지 않았기 때문이다.

그들의 스타일은 명확하고 남성적이며 부드럽지만 화려하지 않다. 그들은 불필요한 단어를 늘리거나 다양한 표현을 사용하는 것을 가장 피한다. 나는 그들의 많은 책들, 특히 역사와 도덕에 관한 책들을 정독했다. 나는 나머지 중에서 항상 글럼달클리치의 침실에 놓여 있었고 그녀의 가정교사인 진지한 노부인에게 속한 작은 고전서에 많은 재미를 느꼈다. 그 노부인은 도덕과 헌신에 관한 글을 다루었다. 그 책은 인류의 약점에 대해 다루고 있으며, 여성과 저속한 사람들 사이를 제외하고는 거의 존경받지 못했다. 그러나 나는 그 나라의 작가가 그러한 주제에 대해 무엇을 말할 수 있을지 궁금했다. 이 작가는 유럽 도덕가들의 모든 일반적인 주제를 다루며, "인간이 본래의 본성에서 얼마나 아주 작고 경멸할 만하며 무력한 동물인지, 공기의 악천후나 야생 동물의 분노로부터 스스로를 방어할 수 없는지, 한 생물에게는 힘에서, 다른 생물에게는 속도에서, 또 다른 생물에게는 예지력에서, 네 번째 생물에게는 근면성에서 얼마나 뒤처지는지를 보여주었다." 그는 "이 세계가 후퇴하는 시대에 들어서면서 자연도 퇴화하였고, 이제는 고대의 그것들과 비교할 때 작은 실패한 출생만을 만들어낼 수 있다."고 덧붙였다. 그는 "인간의 종이 원래 훨씬 더 컸을 뿐만 아니라, 예전 시대에 거인이 존재했어야 한다고 생각하는 것은 매우 합리적이다. 이는 역사와 전통에 의해 주장되며, 왕국의 여러 지역에서 우연히 발굴된 거대한 뼈와 두개골에 의해 확인되었다. 이는 오늘날의 일반적으로 줄어든 인간 종족을 훨씬 초월한다."라고 말했다. 그는 주장했다, "자연의 법칙이 우리를 처음에 더 크고 강하게 만들어야 한다고 절대적으로 요구한다. 집에서 떨어지는 기와나 소년의 손에서 던져진 돌, 또는 작은 시내에서 익사하는 것과 같은 작은 사고로부터 파괴될 가능성이 적어야 한다." 이러한 추론 방식에서 저자는 삶의 수행에 유용한 여러 도덕적 적용을 도출했지만, 여기서 반복할 필요는 없다. 개인적으로 나는 우리가 자연과의 갈등에서 도덕에 대한 강의를 이끌어내는 이 재능이 얼마나 보편적으로 퍼져 있는지를 반성하지 않을 수 없었다. 그리고 나는 철저한 조사에 따라, 그들 사이에서와 마찬가지로 우리 사이에서도 그 다툼이 근거 없는 것으로 드러날 수 있다고 믿는다.

그들의 군사 문제에 관해서, 그들은 왕의 군대가 176,000명의 보병과 32,000명의 기병으로 구성되어 있다고 자랑한다. 만약 그것이 여러 도시의 상인들과 농촌의 농부들로 구성된 군대라고 할 수 있다면, 그 지휘관들은 단지 귀족과 양반일 뿐이며, 보수나 보상은 없다. 그들은 실제로 그들의 연습에서 충분히 완벽하며, 매우 좋은 규율 아래에 있다. 그곳에서 나는 큰 장점을 보지 못했다. 왜냐하면 모든 농부가 자신의 지주에 의해 지배받고, 모든 시민이 자신의 도시에서 주요 인물들에 의해 지배받기 때문이다. 이들은 베네치아 방식으로 투표에 의해 선택된다.

나는 종종 로르브룰그루드의 민병대가 사방 20마일 도시 근처의 넓은 들판에서 훈련하는 모습을 보았다. 그들은 모두 합쳐서 25,000명의 보병과 6,000명의 기병이 넘지 않았지만, 그들이 차지한 땅의 면적을 고려할 때 그들의 수를 계산하는 것은 불가능했다. 거대한 말에 탄 기사가 약 90피트 높이일 수 있다. 나는 명령 한 마디에 이 모든 기병대가 동시에 칼을 뽑고 공중에서 휘두르는 것을 보았다. 상상력은 이처럼 웅장하고 놀랍고 경이로운 것을 그릴 수 없다! 마치 만 개의 번개가 하늘의 모든 방향에서 동시에 내리치는 것처럼 보였다.

나는 이 군주가 다른 나라에서 접근할 수 없는 그의 영토에서 어떻게 군대에 대해 생각하게 되었는지, 또는 그의 백성에게 군사 훈련의 실천을 가르치게 되었는지 궁금했다. 그러나 나는 곧 대화와 그들의 역사 읽기를 통해 알 수가 있었다. 왜냐하면 수많은 세월 동안 그들은 인류 전체가 겪는 동일한 질병으로 고통 받아 왔기 때문이다. 귀족들은 종종 권력을 위해 다투고, 국민들은 자유를 위해 싸우며, 왕은 절대적인 지배를 위해 노력한다. 모든 것들은, 그 왕국의 법률에 의해 행복하게 조정되었음에도 불구하고, 세 당사자 각각에 의해 때때로 위반되었으며, 여러 차례 내전을 초래했다. 마지막 내전은 이 군주의 조부에 의해 일반적인 화해로 행복하게 종결되었고, 그때 합의된 민병대는 이후로 가장 엄격한 의무를 유지해 왔다.

CHAPTER 08

왕과 여왕은 국경으로 나아간다. 저자는 그들을 따른다. 저자가 거인 나라를 떠나는 방식은 매우 특별한 것이 있다. 저자는 영국으로 돌아간다.

나는 항상 언젠가 내 자유를 회복해야 한다는 강한 충동을 느꼈지만, 어떤 방법으로 회복할 수 있을지 추측할 수 없었고, 성공할 가능성이 가장 적은 계획이라도 세울 수가 없었다. 내가 항해했던 배는 그 해안이 보이는 곳에서 운전된 최초의 배였으며, 왕은 만약 다른 배가 나타난다면 그것을 육지로 끌어올리고 모든 승무원과 승객을 로르브룰그루드로 데려오라는 엄격한 명령을 내렸다. 그는 호기심으로 나와 같은 체구의 암컷을 얻어 그 품종을 번식시킬 수 있기를 굳게 바랐지만, 나는 길들여진 카나리아 새처럼 후손을 우리에 가두고, 어쩌면 시간이 지나 왕국 주변에서 훌륭한 사람들에게 팔리는 불명예를 겪느니 차라리 죽는 것이 더 낫다고 생각한다. 나는 정말 많은 친절을 받았다. 나는 위대한 왕과 여왕의 총애를 받았고, 온 궁정의 기쁨이었다. 그러나 그것은 인류의 존엄성에 어울리지 않는 발걸음이었다. 나는 나의 뒤에 남겨진 영국의 가족의 약속을 결코 잊을 수 없었다. 나는 나와 동등한 조건으로 대화할 수 있는 사람들 사이에 있고, 개구리나 강아지처럼 밟혀 죽을까 두려워하지 않고 거리와 들판을 돌아다니고 싶었다. 그러나 나의 구출은 내가 예상했던 것보다 빨리 왔고, 그 방식은 그리 흔하지 않았다. 이 모든 이야기와 상황을 나는 충실히 전할 것이다.

나는 이제 이 나라에 온지 두 해를 지냈다. 그리고 세 번째 해의 시작 무렵, 글럼달클리치와 나는 왕과 여왕을 모시고 왕국의 남쪽 해안으로 가는 여행에 참석했다. 나는 평소처럼 내 여행 상자에 실려 갔다. 내가 이미 설명한 대로, 그것은 12피트 너비의 매우 편리한 작은 방이다. 나는 때때로 하인이 나를 말 위에 태우고 갈 때, 충격을 완화하기 위해 천장의 네 모서리에 비단 밧줄로 고정된 해먹을 달아달라고 주문했다. 그리고 우리는 길을 가는 동안 종종 해먹에서 잠을 잤다. 해먹 중앙 바로 위가 아닌 내 작은 방 지붕 위에서, 나는 목공에게 더운 날씨에 내가 잠자는 동안 공기를 쐬게 하기 위해 1피트 정사각형의 구멍을 잘라내 달라고 요청했다. 나는 이 구멍을 통해 앞뒤로 당겨지는 판자로 그 구멍을 마음대로 여닫았다.

우리가 여행의 막바지에 이르렀을 때, 왕은 바닷가에서 18마일 이내에 있는 도시인 플란플라스닉 근처에 있는 그의 궁전에서 며칠을 지내는 것이 적절하다고 생각했다. 글럼달클리치와 나는 몹시 피곤했다. 나는 작은 감기에 걸렸지만, 그 불쌍한 소녀는 너무 아파서 방에 갇혀 있어야 했다. 나는 바다를 보고 싶었고, 바다는 내가 탈출할 수 있는 유일한 장면임에 틀림없었다. 나는 실제보다 더 나쁜 척하면서, 내가 매우 좋아하고 때때로 나에게 신뢰받던 한 하인과 함께 바다의 신선한 공기를 마실 수 있는 휴가를 주기를 원했다. 나는 글럼달클리치가 얼마나 마지못해 동의했는지, 그리고 그녀가 나를 조심하라고 하인에게 준 엄격한 지시를 결코 잊지 않을 것이며, 마치 그녀가 일어날 일을 예감한 듯 동시에 눈물의 홍수에 빠졌던 것을 잊지 않을 것이다. 그 하인 소년이 나를 상자에 넣은 채로 궁전에서 약 반 시간 거리에 있는 바닷가의 바위 쪽으로 데려갔다. 나는 그에게 나를 내려놓으라고 명령하고, 내 창문 중 한 짝을 들어 올리며 바다를 향해 많은 애틋하고 우울한 시선을 던졌다. 나는 몸이 좋지 않아서 하인에게 해먹에서 낮잠을 자고 싶다고 말했으며, 그것이 나에게 도움이 되기를 바랐다. 나는 해먹에 들어갔고, 소년은 추위를 막기 위해 창문을 꼭 닫았다. 나는 곧 잠이 들었고, 내가 추측할 수 있는 것은, 내가 잠든 동안, 그 하인 소년은 위험이 없다고 생각하며 새의 알을 찾으러 바위 사이로 갔다는 것이다. 이전에 나는 그가 내 창문에서 주위를 살피며 틈새에서 하나 또는 두 개를 주워 모으는 것을 관찰했었다. 그렇긴 하지만, 나는 갑자기 고리에 강한 힘이 가해져서 깨어났다. 고리는 내 상자의 상단에 부착되어 있어 운반의 편리함을 위해 사용되었다. 나는 내 상자가 매우 높은 공중으로 들어 올려진 것을 느꼈고, 그 다음에는 엄청난 속도로 앞으로 나아갔다. 첫 번째 충격은 나를 해먹에서 떨어뜨릴 뻔했지만, 그 후에는 움직임이 충분히 부드러워졌다. 나는 여러 번 소리쳤지만, 목소리를 높일 수 있는 만큼 크게 외쳤지만, 모두 헛수고였다. 나는 내 창문 쪽을 바라보았고, 구름과 하늘 외에는 아무것도 보이지 않았다. 나는 머리 위에서 날개가 서로 부딪히는 것 같은 소리를 들었고, 그때 내가 처한 비참한 상황을 인식하기 시작했다. 어떤 독수리가 내 상자의 고리를 부리로 물고, 그것을 바위에 떨어뜨리려는 의도로, 껍질 속의 거북이처럼, 내 몸을 꺼내어 먹으려 하고 있었다. 이 새의 지혜와 후각은 그가 자신의 먹이를 멀리서도 발견할 수 있게 해주지만, 내가 2인치 두께의 판자 안에 숨는 것보다 더 잘 숨겨져 있었다.

조금 지나자, 나는 소음과 날개 짓의 소리가 매우 빠르게 증가하는 것을 느꼈고, 내 상자는 바람이 부는 날의 표지처럼 위아래로 흔들렸다. 나는 여러 번의 쾅 소리나 충격을 들었고, 그것은 내 상자의 고리를 부리로 잡고 있었던 독수리에게 주어진 것이라고 생각했다. 그리고 갑자기, 나는 수직으로 떨어지는 것을 느꼈고, 1분 이상 그렇게 떨어졌지만, 믿을 수 없을 만큼 빠른 속도로, 나는 거의 숨이 막힐 뻔했다. 나의 떨어짐은 끔찍한 짓눌림으로 멈추었고, 그것은 나의 귀에 나이아가라 폭포보다 더 크게 들렸다. 그 후, 나는 또 다른 1분 동안 완전히 어두웠다가, 그 다음에는 내 상자가 너무 높이 올려져서 창문의 꼭대기에서 빛이 보였다. 그제야 나는 바다에 빠졌다는 것을 깨달았다. 내 상자는 내 몸의 무게와 그 안에 있던 물건들, 그리고 상단과 하단의 네 모서리에 고정된 강한 철판들로 인해 물속에서 약 5피트 깊이는 가라앉아 있고 나머지 부분이 떠 있었다. 그때도 지금도 나는 내 상자를 가지고 날아간 독수리가 두세 마리의 다른 독수리에게 쫓기고 있었고, 나머지 독수리들이 먹이를 나누기를 희망하면서 자신을 방어하는 동안 나를 떨어뜨릴 수밖에 없었다고 생각한다. 상자의 바닥에 고정된 철판(그것들이 가장 강했기 때문에)은 떨어지는 동안 균형을 유지하고 물 표면에서 부서지는 것을 방지했다. 모든 이음새는 잘 홈이 파여 있었고, 문은 경첩이 아닌 수직으로 움직였으며, 이는 내 상자가 매우 단단하게 유지되어 물이 거의 들어오지 않게 했다. 나는 먼저 언급된 지붕의 열고 닫을 수 있는 판을 뒤로 당기려는 모험을 한 후, 많은 어려움 끝에 해먹에서 나왔다. 그 열고 닫을 수 있는 판은 공기를 들여보내기 위해 고안된 것이었고, 그 공기가 부족하여 나는 거의 질식할 뻔했다.

그때 나는 나를 사랑하는 글럼달클리치와 함께하고 싶다는 마음이 얼마나 자주 들었는지, 나를 한 시간만큼 멀리한 그녀와 함께하고 싶다는 마음이었다! 그리고 내 불행 속에서도 나는 내 불쌍한 글럼달클리치를 애도하지 않을 수 없었고, 그녀가 내 상실로 인해 겪을 슬픔, 여왕의 불만, 그리고 그녀의 운명의 파탄을 진심으로 걱정했다. 아마 많은 여행자들이 이 시점에서 내가 겪었던 것보다 더 큰 어려움과 고통을 겪어보지는 않았을 것이다. 매 순간 내 상자가 산산조각 나거나, 적어도 첫 번째 강한 바람이나 일어나는 파도에 의해 넘어질 것을 예상하고 있었을 것이다. 유리 한 장의 파손은 즉각적인 죽음을 초래했을 것이며, 여행 중 사고를 방지하기 위해 외부에 설치된 강한 격자 철사가 없었다면 창문을 보호할 수 있는 방법은 없었을 것이다. 나는 여러 틈새에서 물이 스며드는 것을 보았지만, 누수는 그리 심하지 않았고, 나는 가능한 한 그것들을 막으려고 노력했다. 나는 내 작은 방의 지붕을 들어 올릴 수 없었고, 할 수만 있다면 분명히 그렇게 했어야 했다. 그래서 나는 그 위에 앉았다. 작은 방 안에 갇혀 있는 것보다 그곳에서 나는 최소한 몇 시간 더 스스로를 보존할 수 있었을 것이다. 또는 하루나 이틀 동안 이러한 위험에서 벗어난다 해도 추위와 굶주림으로 비참한 죽음을 맞이하지는 않을까? 나는 이런 상황에서 4시간 동안 매 순간이 내 마지막이 되기를 기대했고, 정말로 바랐다.

나는 이미 독자에게 내 상자의 창이 없는 쪽에 두 개의 강한 'ㄷ'자 모양 철사 침이 고정되어 있었고, 그곳에 나를 말에 태우고 다니던 하인이 가죽 벨트를 넣고 그의 허리에 잠금 장치를 채웠다고 얘기한 적이 있다. 이 불행한 상태에 있을 때, 나는 내 상자의 'ㄷ'자 모양 철사 침이 고정된 쪽에서 어떤 종류의 긁는 소리를 들었거나, 적어도 들었다고 생각했다. 그리고 곧 상자가 바다를 따라 끌리거나 견인되고 있다고 상상하기 시작했다. 왜냐하면 나는 가끔 끌리는 듯한 느낌을 받아서 내 창문 위쪽 근처에서 파도가 일어나는 것을 느꼈고, 거의 어둠 속에 있었다. 이것은 나에게 약간의 희망을 주었지만, 그것이 어떻게 이루어질 수 있을지 상상할 수는 없었다. 나는 항상 바닥에 고정되어 있던 의자 중 하나의 나사를 풀어보았다. 그리고 최근에 열었던 열고 닫을 수 있는 판 바로 아래를 다시 조이기 위해 힘겹게 노력한 후, 의자에 올라타서 구멍에 최대한 입을 가까이 대고 큰 목소리로 도움을 요청하며 내가 이해할 수 있는 모든 언어로 외쳤다. 그런 다음 나는 평소에 가지고 다니던 막대기에 손수건을 매달아 구멍 위로 밀어 넣고 공중에 여러 번 흔들어 보면서 어떤 배나 배가 가까이 있으면 뱃사람들이 상자 안에 갇혀 있는 어떤 불행한 인간을 예측할 수 있도록 했다.

나는 내가 할 수 있는 모든 것에서 아무런 효과를 얻지 못했지만, 분명히 내 작은 상자가 움직이고 있음을 인식했다. 그리고 한 시간, 아니 그보다 더 짧은 시간 안에, 'ㄷ'자 모양 철사 침이 있던 상자의 한쪽 면이 창문이 없는 단단한 것에 부딪혔다. 나는 그것이 바위라고 생각했고, 이전보다 더 많이 출렁거리는 것 같았다. 나는 내 작은 방의 덮개 위에서 굵은 밧줄 같은 소리를 분명히 들었고, 그것이 고리를 통과할 때 나는 긁히는 소리도 들었다. 그리고 나서 나는 점차적으로 이전보다 최소한 3피트 더 높이 들어 올려진 것을 느꼈다. 그때 나는 다시 손수건을 매단 내 지팡이를 위로 쳐들며 거의 목이 쉴 정도로 도움을 요청했다. 그에 대한 대가로, 나는 세 번 반복되는 큰 외침을 들었고, 그것은 그것을 느끼는 사람들만이 상상할 수 있는 기쁨의 전율을 나에게 주었다. 나는 이제 머리 위에서 발소리가 나는 것을 들었고, 누군가 구멍을 통해 큰 목소리로 영어로 "아래에 누가 있다면 말하십시오."라고 부르는 것을 들었다. 나는 대답했다, "저는 대재앙에 휘말린 불행한 영국인입니다. 제가 갇혀 있는 지하 감옥에서 구출해 주기를 간절히 부탁드립니다." 그 목소리가 대답했다, "당신은 안전합니다. 당신의 상자가 우리 배에 고정되어 있었기 때문입니다. 그리고 목수가 즉시 와서 덮개에 당신을 끌어낼 수 있을 만큼 큰 구멍을 낼 것입니다." 나는 "그것은 불필요합니다. 너무 많은 시간을 소모할 것입니다. 더 이상 할 일이 없으니, 선원 중 한 사람이 반지에 손가락을 넣고 상자를 바다에서 배로 가져와서 선장의 선실로 옮기게 하십시오." 그들 중 일부는 내가 그렇게 미친 듯이 이야기하는 것을 듣고 내가 미쳤다고 생각했으며, 다른 이들은 웃었다. 사실, 나는 이제 내 키와 힘에 맞는 사람들 사이에 있다는 생각이 전혀 들지 않았다. 목수가 와서 몇 분 만에 약 4피트 정사각형의 통로를 톱질한 다음, 작은 사다리를 내려주었고, 그 위에 올라가서 매우 약한 상태로 배에 실려 갔다.

선원들은 모두 놀라워하며 나에게 수천 가지 질문을 했지만, 나는 대답할 마음이 없었다. 나는 그렇게 많은 왜소한 사람들을 보고 똑같이 당황했다. 왜냐하면 나는 그들을 그렇게 생각했기 때문이다. 내가 떠나온 거대한 물체들에 눈을 길들인 지 오래였으니까. 하지만 선장인 토마스 윌콕스 씨는 정직하고 훌륭한 슈롭셔 사람으로서 내가 기절할 것 같다는 것을 보고 나를 그의 선실로 데려가 나를 위로하기 위해 진정제를 주었고, 나에게 그의 침대에서 쉬라고 권했다. 나는 큰 휴식이 필요했다. 내가 잠자리에 들기 전에, 나는 그에게 내 상자에 소중한 가구가 있다는 것을 이해시켰다. 잃어버리기에는 너무 좋은 것들이다. 멋진 해먹, 잘 만들어진 야전 침대, 두 개의 의자, 하나의 테이블, 그리고 하나의 캐비닛. 내 옷장은 사방이 실크와 면으로 장식되어 있거나 차라리 누비질 되어 있다. 만약 그가 선원 중 한 명이 내 옷장을 그의 선실로 가져오게 해준다면, 나는 그 앞에서 그것을 열고 내 물건을 보여주겠다고 말했다. 선장님은 내가 이러한 터무니없는 말을 하는 것을 듣고 내가 미쳤다고 결론지었다. 그러나 (내가 진정되기를 바라는 것 같아서) 그는 내가 원하는 대로 명령을 내리겠다고 약속하고 갑판으로 나가, 그의 부하들 중 일부를 내 옷장으로 보내어 (나중에 알게 된 바와 같이) 그들이 내 모든 물건을 끌어올리고 누비용 천을 벗겼다. 그러나 의자, 캐비닛, 침대는 바닥에 고정되어 있었기 때문에 선원들의 무지로 인해 많이 손상되었다. 그들은 배를 사용하기 위해 몇 개의 판자를 떼어내었고, 원하는 모든 것을 얻은 후, 바닥과 측면에 많은 구멍이 뚫려 있었기 때문에 선체가 바다에 떨어지게 하여 가라앉혔다. 그리고 사실 그들이 만든 혼란의 목격자가 되지 않은 것이 기뻤다. 왜냐하면 그것이 나에게 감정적으로 영향을 미쳤을 것이라고 확신하기 때문이다. 그것은 내가 잊고 싶었던 과거의 일들을 떠올리게 했을 것이다.

몇 시간 잤지만, 내가 떠난 곳과 내가 피한 위험에 대한 꿈으로 끊임없이 방해받았다. 그러나 깨어나 보니 많이 회복된 상태였다. 이제 밤 8시쯤 되었고, 선장은 내가 이미 너무 오랫동안 금식했을 것이라고 생각하며 즉시 저녁을 주문했다. 그는 나를 매우 친절하게 대접하며 내가 미친 듯이 보이지 않거나 일관성 없이 말하지 않도록 관찰했다. 그리고 우리가 혼자 남게 되었을 때, 그는 내가 여행에 대한 이야기를 해주고 내가 그 거대한 나무 상자에 버려지게 된 경위를 말해주기를 원했다. 그는 '정오 12시경, 유리창을 통해 바라보던 중, 멀리서 내 상자를 발견하고, 그것이 돛이라고 생각했다. 그는 자신의 항로에서 크게 벗어나지 않았기 때문에 부드러운 빵을 사기 위해 내 상자에 다가갔다. 그러나 가까이 다가가 보니 자신의 실수를 발견한 후, 그는 그것이 무엇인지 알아보기 위해 긴 보트를 보냈다. 그의 선원들은 유영하고 있는 집을 보았다고 소리치며 겁에 질려 돌아왔다.'고 말했다. 그가 그들의 어리석음을 비웃고, 스스로 배에 올라가 그의 부하들에게 튼튼한 밧줄을 가져오라고 명령했다. 날씨가 맑았기 때문에 그는 여러 번 나를 둘러보며 내 창문과 그것을 방어하는 철망을 관찰했다. 그가 한쪽에 두 개의 'ㄷ'자 모양 철사 침이 있는 것을 발견했는데, 그것은 모두 판자로 되어 있었고, 빛이 들어올 수 있는 통로는 없었다. 그는 그 후 자신의 부하들에게 그쪽으로 노를 저으라고 명령하고, 'ㄷ'자 모양 철사 침 중 하나에 굵은 밧줄을 고정한 후, 그들이 부르는 대로 내 상자를 배 쪽으로 끌어오라고 지시했다. 내 상자가 그들의 배에 가까이 왔을 때, 그는 덮개에 고정된 고리에 또 다른 밧줄을 매달고, 도르래로 내 상자를 들어 올리라고 지시했는데, 모든 선원들은 2~3피트 이상으로는 들어 올릴 수 없었다. 그는 '그들은 손수건이 매달린 내 지팡이가 구덩이 밖으로 튀어나온 것을 보고는 어떤 불행한 사람이 구멍 속에 갇혀 있음에 틀림없다고 결론을 내렸다.'고 말했다. 나는 그가 나를 처음 발견했을 때, 공중에서 어떤 놀라운 새를 보았는지 그 자신이나 승무원에게 물었다. 그가 대답하기를, "내가 잠든 동안 선원들과 이 문제에 대해 이야기하던 중, 그들 중 한 명이 북쪽으로 날아가는 세 마리의 독수리를 보았다고 했지만, 그들이 평소보다 더 크다는 것은 언급하지 않았다."라고 하였으며, 이는 그들이 매우 높은 곳에 있었기 때문이라고 생각한다. 그리고 그는 내 질문의 이유를 추측할 수 없었다. 나는 그때 선장에게 "우리가 육지에서 얼마나 멀리 있다고 생각하십니까?"라고 물었다. 그는 "내가 할 수 있는 최선의 계산에 따르면, 우리는 적어도 백 리는 떨어져 있습니다."고 말했다. 나는 그에게 "선장이 거의 반은 잘못 알고 계신 것이라고 확신합니다. 왜냐하면 제가 바다에 빠지기 전 두 시간도 채 되지 않아 내가 온 나라를 떠났기 때문입니다."라고 말했다. 그는 다시 내 정신이 오락가락한다고 생각하기 시작했고, 그에 대한 암시를 주었으며, 그가 제공한 선실에서 잠자리에 들 것을 권했다. 나는 그에게 확신을 주었다. "나는 선장의 훌륭한 접대와 동료 여러분들의 덕분에 매우 상쾌해졌고, 내 인생에서 언제나 그랬던 것처럼 제 감각은 온전합니다." 그는 그때 진지해지며 나에게 자유롭게 물어보고 싶어 했다. '내가 어떤 거대한 범죄를 저질러서 의식적으로 마음이 괴롭지 않은지, 어떤 왕의 명령으로 그 상자에 갇히는 처벌을 받았는지? 즉 다른 나라에서는 큰 범죄자들이 누수 되는 배에 식량 없이 바다로 내몰렸던 것처럼. 그가 그렇게 병든 사람을 자신의 배에 태운 것에 대해 유감스러워해야 하지만, 우리가 도착하는 첫 번째 항구에서 나를 안전하게 육지에 내려주겠다고 약속합니다."라고 그는 말했다. 그는 "당신이 처음 나의 선원들에게, 그리고 나중에 나에게 당신의 옷장이나 상자에 관해 한 매우 어리석은 연설들로 인해 나의 의심이 훨씬 더 커졌습니다. 또한 저녁 식사 중에 당신의 이상한 외모와 행동도 그 이유 중 하나였습니다."라고 말했다.

나는 선장이 인내심을 가지고 내 이야기를 들어줄 것을 간청했다. 나는 충실히 그 이야기를 했다. 내가 마지막으로 영국을 떠난 때부터 선장이 나를 처음 발견한 순간까지 말이다. 그리고 진실은 항상 이성적인 마음에 스며들기 마련이므로, 어느 정도 학식과 매우 좋은 감각을 가진 이 정직한 신사는 즉시 나의 솔직함과 진실성을 믿게 되었다. 그러나 내가 말한 모든 것을 확인하기 위해, 나는 선장에게 내 작은 방을 가져오라는 명령을 내리도록 간청했다. 그 열쇠가 내 주머니에 있었기 때문이다. 그는 이미 선원들이 내 옷장을 어떻게 처리했는지 나에게 알려주었다. 나는 그의 눈앞에서 그것을 열고, 내가 그렇게 이상하게 구출된 나라에서 만든 희귀품들을 수집한 것을 그에게 보여주었다. 왕의 수염의 그루터기로 만든 빗과 같은 재료로 만들어졌지만 여왕의 손톱의 깎인 부분에 고정된 또 다른 빗이 있었다. 바늘과 핀의 모음이 있었고, 길이는 발에서 반 야드까지 다양했다. 네 개의 말벌 침이 있었고, 이는 목수의 못과 같았다. 여왕의 머리카락 몇 가닥이 있었고, 그녀가 언젠가 매우 친절한 방식으로 내게 선물한 금반지가 있었다. 그녀는 그것을 자신의 작은 손가락에서 빼내어 내 머리 위로 던져서 나의 목에 목걸이처럼 걸렸다. 나는 선장이 그의 친절에 대한 보답으로 이 반지를 받아주셨으면 좋겠다고 했지만, 그는 이를 완강히 거부했다. 그에게 내가 직접 손으로 잘라낸 시녀의 발가락에서 나온 옥수수를 보여주었는데, 그것은 켄트지역식 사과 크기 정도였고, 너무 단단하게 자라서 내가 영국으로 돌아왔을 때, 그것을 컵으로 파내어 은으로 세팅했다. 마지막으로, 나는 그가 내가 거인 나라에서 입고 있던 쥐 가죽으로 만든 바지를 봐주기를 원했다.

그에게는 하인의 이빨 외에는 아무것도 줄 수 없었고, 그가 그것을 큰 호기심으로 살펴보는 것을 보았으며, 그것에 대한 취향이 있음을 알게 되었다. 그는 그러한 사소한 것에 비해 과분한 감사로 그것을 받았다. 그것은 서투른 외과의사가 실수로 글럼달클리치의 치통에 시달리는 하인 중 한 명에게서 실수로 뽑은 것이지만, 그의 어떤 다른 치아처럼 정상이었다. 나는 그것을 깨끗하게 청소하고 나의 캐비닛에 넣었다. 그것은 길이가 약 1피트이고 지름이 4인치 정도였다.

선장은 나의 이 사소한 이야기를 매우 만족해했고, "영국으로 돌아가면 이 이야기를 문서화하여 세상에 알리기를 바랍니다."라고 말했다. 나는 "우리 영국에는 여행서적이 너무도 많습니다. 이제는 특별하지 않은 것은 아무것도 사람들에게 통할 수 없으며, 일부 저자들이 진실보다 자신의 허영이나 이익, 또는 무지한 독자들의 오락을 더 고려하고 있습니다. 내 이야기는 이상한 식물, 나무, 새 및 기타 동물에 대한 세세한 장식적인 묘사 없이 일반적인 사건 외에는 거의 포함되어 있지 않으며, 대부분의 작가들이 풍부하게 다루는 야만적인 관습과 야만인들의 우상 숭배에 대한 내용도 포함되어 있지 않습니다. 그러나 나는 선장님의 좋은 의견에 감사드리며, 그 문제를 깊이 생각해 보겠습니다."라고 답변했다.

선장은 "내가 매우 궁금해 했던 한 가지는, 내가 그렇게 큰 소리로 말하는 것을 들은 것입니다."라고 말하며 나에게 "그 나라의 왕이나 여왕이 귀가 어두운가요?"라고 물었다. 나는 그에게 "그것은 내가 지난 2년 이상의 기간 동안 크게 말하는 것이 익숙해진 것이며, 선장님과 선원들의 목소리도 내가 듣기에는 속삭이는 것처럼 들리지만, 나는 충분히 잘 알아들을 수 있습니다. 하지만 그 나라에서 말할 때, 마치 거리에서 말하는 남자가 첨탑 위에서 바라보는 다른 사람에게 이야기하는 것 같았습니다. 내가 테이블 위에 놓이거나 누군가의 손에 들려 있지 않는 한 말입니다."라고 말했다. 나는 선장에게 이렇게 말했다. "내가 처음 배에 탔을 때, 선원들이 나를 둘러싸고 있었고, 그들이 내가 지금까지 본 것 중 가장 왜소하고 경멸스러운 존재라고 생각했습니다."라고 말했다. 실제로, 그 군주의 나라에 있을 때, 나는 그런 엄청난 크기의 물체에 익숙해진 후에는 거울을 보는 것을 결코 참을 수 없었다. 왜냐하면 비교는 나 자신에 대한 경멸스러운 생각을 주었기 때문이다. 선장이 얘기했다. '저녁 식사 중에 내게 모든 것을 경이롭게 바라보라고 했으며, 내가 종종 웃음을 참지 못하는 것처럼 보였다고 했다. 선장은 그것을 어떻게 받아들여야 할지 잘 몰라 했지만, 내 뇌의 어떤 장애 때문이라고 생각했다.' 나는 "정말 그랬습니다. 그리고 나는 그가 은화 크기의 접시, 거의 한 입 크기의 돼지고기 다리, 호두 껍데기만한 컵을 보았을 때 어떻게 참을 수 있었는지 궁금했습니다." 그리고 나는 같은 방식으로 그의 가정용품과 식량의 나머지를 묘사하며 계속했다. 나는 여왕이 나에게 맞게 필요한 모든 것을 조금 준비하라고 명령했지만, 그녀의 제공에도 불구하고 내 생각은 주변에서 보이는 커다란 것들로 완전히 사로잡혀 있었고, 사람들이 자기 자신의 결점을 비웃는 것처럼 나의 작음에 대한 결점을 회피했다. 선장은 나의 회피를 매우 잘 이해하였고, 기꺼이 옛날 영어 속담으로 대답했다. "내 눈이 배보다 크다고 의심했는데, 하루 종일 단식했음에도 불구하고 내 배를 그렇게 잘 보지 못했기 때문입니다."라고 대답하고, 그는 웃음을 계속 지으며, '그대가 독수리의 부리에서 그대의 작은 방을 보고, 그 후 그렇게 높은 곳에서 바다로 떨어지는 것을 보았더라면 기꺼이 백 파운드를 주었을 것'이라고 주장했다. '그것은 분명히 매우 놀라운 물체였을 것이며, 그에 대한 설명이 미래 세대에 전해질 가치가 있었다.'라고 말했고, 파에톤(아폴로의 아들, 하루 동안 태양의 말들을 몰아보려는 무모함 때문에 제우스의 벼락을 맞고 마차에서 떨어져 죽어 에리다노스 강에 떨어졌다.)과의 비교가 너무 확실해 보여서 그는 그것을 적용하지 않을 수 없었다고 말했다. 비록 내가 그 발상을 그다지 좋아하지는 않았다.

선장이 톤킨(베트남 북부의 만으로, 베트남전쟁 발발 지역)에 있었다가, 영국으로 돌아오는 길에 북동쪽으로 위도 44°와 경도 143°로 향하게 되었다. 그러나 내가 그와 함께 탑승한 지 이틀 후에 무역풍을 만나, 우리는 오랫동안 남쪽으로 항해하였고, 뉴홀랜드(오스트레일리아)를 따라 항해하며 서남서쪽으로, 그리고 남남서쪽으로 항해하다가 순조롭게 희망봉을 돌아갔다. 우리의 항해는 매우 성공적이었지만, 독자에게 그 일지로 일일이 귀찮게 하지는 않겠다. 선장은 한두 개의 항구에 들렀고, 식량과 신선한 물을 위해 그의 긴 보트를 보냈다. 그러나 나는 1706년 6월 3일, 내가 탈출한지 약 아홉 달이 지난 후에 다운스에 도착할 때까지 배에서 나가지 않았다. 나는 화물비용 지불을 위해 내 물품을 담보로 남기겠다고 제안했지만, 선장은 한 푼도 받지 않겠다고 사양했다. 우리는 서로 정중하게 작별 인사를 나누었고, 나는 그가 레드리프에 있는 내 집에 오겠다고 약속하게 했다. 나는 선장에게서 빌린 5실링으로 말을 빌리고 가이드를 고용했다.

길을 걷다가 집, 나무, 가축, 사람들의 작음을 관찰하면서 나는 릴리퍼트에 있는 것 같은 기분이 들기 시작했다. 만나는 모든 여행자를 밟을까 두려워서, 그들이 길을 비켜서도록 크게 외치곤 했다. 그래서 나의 무례함 때문에 한두 번은 머리를 얻어맞을 뻔하기도 했다.

내가 물어물어 내 집에 도착했을 때, 한 하인이 문을 열어주었고, 나는 머리를 부딪칠까 두려워서 (문 아래의 거위처럼) 들어가려고 몸을 숙였다. 아내가 나를 포옹하기 위해 뛰어나왔지만, 나는 그녀의 무릎보다 더 낮게 숙여서, 그렇지 않으면 그녀가 내 입에 닿을 수 없을 것이라고 생각했다. 내 딸은 나의 축복을 바라고 무릎을 꿇었지만, 내가 그녀를 볼 수 없었다. 왜냐하면 나는 60피트 이상의 머리와 눈을 곧게 세우고 서 있는 데 익숙해져 있었기 때문이다. 그러고 나서 나는 한 손으로 그녀의 허리를 잡고 일으켰다. 나는 집에 있는 하인들과 친구 몇 명을 내려다보았고, 마치 그들이 난쟁이이고 내가 거인인 것처럼 느껴졌다. 나는 아내에게, "당신이 너무 검소했으며, 당신과 딸에게 아무것도 없이 굶주리게 했다."고 말했다. 요컨대, 나는 너무 설명할 수 없는 행동을 해서, 그들이 나를 처음 보았을 때 모두 선장이 나를 처음 보았을 때처럼 내가 제정신이 아니라고 결론지었다. 이것은 습관과 편견의 큰 힘의 사례로 언급한다.

조금 시간이 지나자, 나와 내 가족, 친구들은 서로 올바로 이해했다. 그러나 내 아내는, "당신은 더 이상 바다에 나가서는 안 된다."고 항의했다. 하지만 내 불행한 운명이 그렇게 정해져 있었기에, 그녀는 나를 막을 힘이 없었다. 독자는 이후의 내용에서 내가 무엇을 어떻게 경험했는지 알게 될 것이다. 그동안, 나는 불행한 항해의 두 번째 부분을 여기서 마친다.

PART Ⅲ.

라퓨타(천공의 섬), 발니바비, 글럽덥드립, 럭낵, 일본 여행

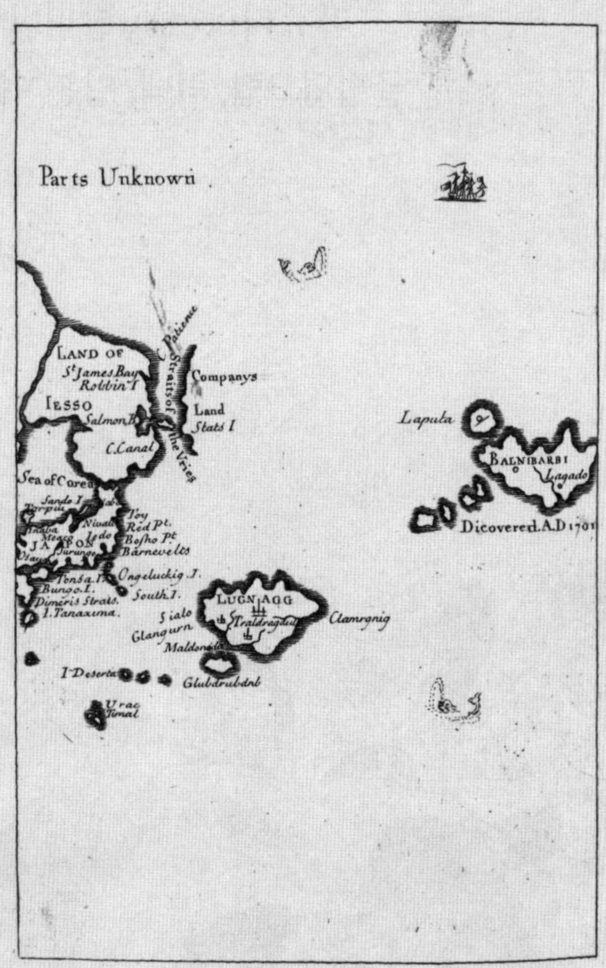
Parts Unknown
LAND OF
St James Bay
Robbin I
IESSO
Salmon B
C. Patience
Straits of the Vries
Companys
Land
Stats I
C. Canal
Sea of Corea
Sando I
Toy
Red Pt.
Bosho Pt.
Barnevelts
Inaba
Niwali
Meaco
Iedo
JAPON
Surunga
Ongeluckig. I.
Tonsa. I.
Bungo. I.
South. I.
Dimeris Straits.
I. Tanaxima.
Sialo
Glangurn
Maldonada
LUGNAGG
Traldragdubb
Clamrgnig
I. Deserta
Glubdrubdrib
Urac
Timal
Laputa
BALNIBARBI
Lagado
Dicovered. A.D 1701

CHAPTER 01

> 저자는 세 번째 항해를 떠난다. 저자는 해적에게 잡혀간다. 저자는 네덜란드인의 악의를 안다. 저자는 섬에 도착했다. 저자는 라퓨타Laputa로 들어간다.

나는 집에 머문 지 열흘도 채 자나지 않아, 코니시 출신으로 300톤의 튼튼한 배인 호프웰호의 윌리엄 로빈슨 선장이 내 집에 왔다. 나는 그가 선장으로 있던 다른 배의 외과의사였고, 동부 지중해로의 항해에서 그는 선장 겸 배의 지분 4분의 1의 소유주였다. 그는 항상 나를 하급 장교라기보다는 형제처럼 대했다. 그리고 내가 도착했다는 소식을 듣고, 나를 방문하게 되었는데, 그것은 오로지 우정에서 비롯된 것이었다. 왜냐하면 오랜만에 여느 때와 다름없이 지나간 일보다 더 많은 일이 일어나지 않았기 때문이었다. 그는 자주 방문하며, 내가 건강하다는 것을 발견한 기쁨을 표현하고, "이제 평생 정착해 계실 것입니까?"라고 묻고, "제가 두 달 후 동인도로 항해할 계획입니다."라고 덧붙이며, 결국 그는 약간의 사과와 함께 나를 배의 외과의사로 초대했다. “내 아래에 또 다른 하급 외과의사가 있을 것이며, 보조하는 두 동료도 함께할 것입니다. 또한 급여를 보통 급여의 두 배가 책정될 것입니다. 해양 업무에 대한 제 지식이 당신의 지식과 최소한 동등하다는 것을 경험했으므로, 당신과 함께 배를 지휘하는 명령에 참여하는 것처럼 당신의 조언을 따르기로 하는 계약에도 서명할 것입니다.”

그는 많은 다른 친절한 말을 했고, 나는 그가 매우 정직한 사람이라는 것을 알았기 때문에 이 제안을 거절할 수 없었다. 과거의 불행에도 불구하고 세상을 보고 싶다는 갈증은 여전히 강렬했다. 남아 있는 유일한 어려움은 아내를 설득하는 것이었다. 그러나 결국 나의 여행에 의해 자녀들에게 제안된 이익의 전망으로 그녀의 동의를 얻어냈다.

우리는 1706년 8월 5일에 출발하여 1707년 4월 11일에 세인트 조지 요새에 도착했다. 우리는 많은 승무원들이 아팠기 때문에 그곳에서 3주 동안 머물렀다. 그곳에서 우리는 ‘톤킨’으로 갔고, 그곳에서 선장은 몇 달 동안 머물기로 결심했다. 그가 구매할 예정인 많은 상품들이 준비되지 않았고, 그는 몇 달 내에 발송될 것으로 기대할 수 없었다. 따라서 그가 부담해야 할 비용의 일부를 줄이기 위해, 그는 돛대가 하나인 범선을 구입하고 여러 종류의 상품을 실어 나르며, 톤킨 사람이 인근 섬들과 거래하는 데 사용하는 물품을 실었다. 그리고 14명의 선원을 배에 태웠으며, 그 중 3명은 현지인이었다. 그는 나를 범선의 선장으로 임명하고, 그가 톤킨에서 자신의 일을 처리하는 동안 거래할 수 있는 권한을 주었다.

우리는 항해한지 삼일이 채 되지도 않아, 큰 폭풍이 일어나 북북동쪽으로 닷새를 떠밀려 갔고, 그 후 동쪽으로 향했다. 그 뒤에는 맑은 날씨가 있었지만 여전히 서쪽에서 꽤 강한 바람이 불었다. 열흘째 되던 날, 우리는 두 척의 해적에게 쫓겼는데, 그들은 곧 우리를 따라잡았다. 내 범선은 너무 많은 짐을 싣고 있었기 때문에 매우 느리게 항해했고, 우리도 또한 스스로를 방어할 수 있는 상황이 아니었다.

두 해적은 우리의 배에 거의 동시에 탑승하였고, 그들은 자신의 부하들을 이끌고 맹렬히 들어왔다. 그러나 우리 모두가 얼굴을 바닥에 대고 엎드려 있는 것을 발견하자(내가 그렇게 명령했기 때문에), 그들은 강한 밧줄로 우리를 묶고, 부하로 하여금 우리를 감시하게 한 후, 범선을 수색하러 갔다.

나는 그들 중에서 어떤 권위가 있는 것처럼 보이는 네덜란드인을 관찰했지만, 그는 지휘관은 아니었다. 그는 우리의 얼굴을 보고 우리가 영국인임을 알았고, 자신의 언어로 우리에게 재잘거리며 우리는 등을 맞대고 묶여 바다에 던져질 것이라고 욕설을 퍼부었다. 나는 네덜란드어를 꽤 잘 아는 편이다. 나는 그에게 우리가 누구인지 말하고, 우리가 기독교인이고 개신교인이며, 엄격한 동맹국의 이웃이라는 점을 참작하여 그가 해적 선장들에게 우리를 조금은 관대하게 대해 줄 것을 간청했다. 이것은 그의 분노를 더욱 부채질했다. 그는 위협을 반복하며, 그의 동료들에게 돌아서서 일본어로 큰 열정을 갖고 이야기했다. 아마도 그는 '크리스티아노스(그리스도인)'라는 단어를 자주 사용했다.

두 해적선 중 가장 큰 선박은 일본인 선장이 지휘하고 있었으며, 그는 조금 네덜란드어를 할 수 있었지만 매우 서투르게 말했다. 그는 나에게 다가와 여러 질문을 했고, 나는 겸손한 태도로 대답했다. 그러자 그는 부하들에게 말했다. "그들을 죽여서는 안 된다." 나는 선장에게 매우 낮은 자세로 인사를 드린 후, 네덜란드인에게 돌아서서 말했다. "이방인에게서 형제 그리스도인보다 더 많은 자비를 발견하게 되어 유감입니다." 그러나 나는 곧 나의 이 어리석은 말들을 뉘우쳐야 할 이유를 갖게 되었다. 그 악랄한 네덜란드인은 나를 바다에 던져 넣어야 한다고 자주 두 해적 선장을 설득하려고 노력했으나 헛수고가 되었지만(그들은 내가 죽지 않을 것이라는 약속을 받은 후에도, 그것에 굴복하지 않았다), 그러나 결국은 두 해적 선장이 설득당하여, 나에게 기혹한 형벌이 가해졌다. 즉 인간으로서 죽음 그 자체보다 더 나쁜 처지에 빠지게 되었다. 나의 부하 선원들은 두 해적선에 동등하게 나누어 보내졌고, 내 범선은 해적들이 새로 승선하였다. 나 자신에 대해서는 작은 카누에 노와 돛, 그리고 4일 분량의 식량을 가지고 떠나도록 결정되었다. 마지막으로, 일본인 해적 선장은 자신의 물품에서 덜어 내 물품을 두 배로 늘려 주는 친절을 베풀었고, 아무도 나를 수색하도록 허락하지 않았다. 나는 카누로 내려갔고, 네덜란드인은 갑판에 서서 그의 언어가 허락할 수 있는 모든 저주와 모욕적인 용어로 나를 공격했다.

해적들을 보기 약 한 시간 전쯤, 나는 하늘을 관측하여, 우리의 위치가 북위 46°, 동경 183°에 있다는 것을 알게 되었다. 해적들과 어느 정도 멀어진 후, 나는 망원경으로 남동쪽에 여러 섬들을 발견하였다. 나는 바람이 잔잔할 때, 가장 가까운 섬에 도달하기 위해 돛을 설치했다. 약 3시간 만에 설치할 수 있었다. 모든 것이 바위투성이였지만, 많은 새의 알을 얻을 수 있었다. 나는 불을 지피고, 약초와 마른 해초를 태워 알을 구웠다. 나는 가능한 한 내 식량을 아끼기로 결심했기 때문에 다른 저녁을 먹지 않았다. 나는 바위의 그늘 아래에서 밤을 보냈고, 내가 누울 바닥에 약간의 거친 잡초를 잘

흩뿌려 깔고 꽤 잘 잤다.

다음 날 나는 다른 섬으로 항해를 시작했고, 그곳에서 세 번째와 네 번째 섬으로 이동해 갔다. 때때로 돛을 사용하고, 때때로 노를 사용했다. 그러나 독자에게 나의 고난에 대한 구체적인 이야기들로 귀찮게 하고 싶지는 않아서, 다섯 번째 날 나는 이전 섬의 남남동쪽에 위치한 마지막 섬에 도착했다는 것으로 마무리하려 한다.

이 섬은 내가 예상했던 것보다 더 먼 거리에 있었고, 나는 다섯 시간도 넘게 걸려서야 도착했다. 나는 배를 댈 수 있는 편리한 장소를 찾기 전에 거의 원형으로 섬을 둘러보았고, 그곳은 내 카누의 너비의 약 세 배 정도 되는 작은 개울이었다. 나는 그 섬이 모두 바위로 이루어져 있고, 약간의 풀과 향기로운 허브가 섞여 있는 것을 발견했다. 나는 식량을 조금 꺼내어 스스로를 재충전한 후, 많은 동굴 중 하나에 나머지를 안전하게 보관했다. 나는 바위 위에서 많은 달걀을 모았고, 마른 해초와 볶은 풀을 얻었다. 다음 날 불을 지피고 최대한 달걀을 구울 계획이었다. 내게는 부싯돌, 강철, 성냥, 그리고 볼록 렌즈인 화경이 있었다. 나는 내가 식량을 저장했던 동굴에서 밤새 누워 있었다. 내 침대는 내가 연료로 사용할 마른 풀과 해조류로 이루어져 있었다. 나는 거의 잠을 자지 못했는데, 내 마음의 불안이 피로를 이기고 나를 깨우고 있었기 때문이다. 나는 그렇게 황량한 곳에서 내 삶을 유지하는 것이 얼마나 불가능한지, 그리고 내 끝이 얼마나 비참할 것인지 고려했다. 그러나 나는 너무 무기력하고 낙담하여 일어날 마음조차 없었다. 동굴에서 기어 나올 만큼의 기운을 얻기 전에 하루는 이미 많이 지나가 버렸다. 나는 바위 사이를 잠시 걸었다. 하늘은 완전히 맑았고, 태양은 너무 뜨거워서 나는 얼굴을 돌릴 수밖에 없었다. 그러던 중 갑자기 내가 생각하기에 구름의 개입과는 매우 다른 방식으로 어두워졌다. 나는 돌아서서 나와 태양 사이에 있는 거대한 불투명한 물체가 섬을 향해 앞으로 나아가는 것을 보았다. 그것은 약 2마일 높이로 보였고 태양을 6~7분 동안 가렸다. 그러나 나는 마치 내가 산의 그늘 아래 서 있는 것처럼 공기가 훨씬 더 차가워지거나 하늘이 더 어두워진 것을 관찰하지 못했다. 그것이 내가 있는 곳에 가까워질수록, 그것은 단단한 물체로 보였고, 바닥은 평평하고 매끄럽고 아래 바다의 반사로 인해 매우 밝게 빛나 보였다. 나는 해안에서 약 200야드 떨어진 높은 곳에 서 있었고, 이 거대한 물체가 나와 거의 평행하게 내려오는 것을 보았으며, 영국 마일로는 1마일도 채 되지 않는 거리였다. 내 주머니 속에서 작은 휴대용 망원경을 꺼내어 살펴보니, 경사진 것처럼 보이는 양쪽으로 오르내리는 많은 사람들을 분명히 발견할 수 있었지만, 그 사람들이 무엇을 하고 있는지는 구별할 수 없었다.

삶에 대한 자연스러운 사랑은 나에게 내면의 기쁨을 주었고, 이 모험이 어떤 식으로든 내가 처한 황량한 장소와 상태에서 벗어나는 데 도움이 될 수 있다는 희망을 품을 수 있게 되었다. 하지만 동시에 공중에 떠 있는 섬을 목격하고, 사람들이 원하는 대로 그것을 올리거나 내리거나 진행하는 움직임을 줄 수 있다는 것을 독자 여러분은 이해하기 어려울 것이다. 그러나 그 당시 이 현상에 대해 철학적으로 생각할 마음이 없었기 때문에, 나는 섬이 어떤 경로를 취할지 관찰하기로 했다. 왜냐하면 잠시 동안 섬이 정지해 있는 것처럼 보였기 때문이다. 그러나 곧 그 섬은 내게로 더 가까이 다가왔고, 나는 그것의 측면이 여러 단계의 갤러리와 계단으로 둘러싸여 있는 것을 볼 수 있었다. 가장 낮은 갤러리에서는 몇몇 사람들이 긴 낚싯대로 낚시를 하고 있는 모습과 다른 사람들이 지켜보고 있는 모습을 보았다. 나는 모자를 흔들었고(내 모자는 오래전에 닳아버렸다), 손수건도 섬 쪽으로 흔들었다. 그리고 섬이 점점 더 가까워지자, 나는 최대한의 목소리로 부르고 외쳤다. 그리고 주의 깊게 살펴보니, 내 시야에서 가장 잘 보이는 쪽에 군중이 모이고 있는 것을 보았다. 그들이 나와 서로를 가리키는 것을 보고, 그들이 나를 분명히 발견했음을 알게 되었지만, 그들은 내 외침에 아무런 반응을 보이지 않았다. 그러나 나는 네 명 또는 다섯 명의 남자가 급히 계단을 올라 섬의 꼭대기로 가는 것을 볼 수 있었고, 그들은 이내 사라졌다. 나는 이번 기회에 이들이 어떤 권위 있는 인물에게 명령을 받고 보내졌다는 것을 정확히 추측하게 되었다.

사람들의 수가 증가하였고, 30분도 채 되지 않아 섬이 이동하고 상승하여, 내가 서 있던 높이에서 100야드도 되지 않는 평행선에 가장 낮은 갤러리가 나타났다. 그 후 나는 가장 간절한 자세를 취하고 가장 겸손한 억양으로 말했지만, 대답을 듣지 못했다. 나에게 가장 가까이 서 있던 사람들은 그들의 복장으로 보아 특별한 인물인 것 같았다. 그들은 서로 진지하게 의논하며 자주 나를 바라보곤 했다. 마침내 그들 중 한 사람이 이탈리아어와 비슷한 소리의 명확하고 공손하며 부드러운 방언으로 외쳤다. 그래서 나는 그 언어로 대답을 했고, 적어도 그 리듬이 그의 귀에 더 기분 좋게 들리기를 바랐다. 비록 우리 둘 다 서로를 이해하지 못했지만, 내 뜻은 쉽게 알려졌다. 사람들은 내가 처한 고통을 보았기 때문이다.

그들은 내가 바위에서 내려와 해안 쪽으로 가도록 신호를 보냈고, 나는 그렇게 했다. 그리고 비행 섬이 편리한 높이로 올라가자, 내 바로 위의 가장자리에 가장 낮은 갤러리에서 쇠사슬이 내려왔고, 그 아래에 고정된 좌석에 내가 앉자 도르래에 의해 끌어올려졌다.

CHAPTER 02

라퓨타인들의 유머와 기질에 대해 설명되었다. 그들의 배움에 관해 이야기한다. 왕과 그의 궁정을 알아본다. 거기서 저자는 환영을 받는다. 주민들은 두려움과 불안에 떨고 있다. 저자가 여성들에 대해 이야기한다.

내가 내리자, 나는 사람들로 둘러싸였지만, 가장 가까이 서 있던 사람들은 지위가 더 높아 보이는 것 같았다. 그들은 경이롭다는 듯한 표정과 상황으로 나를 바라보았다. 사실 나는 그들에게 어떠한 큰 신세를 진적도 없었고, 그때까지 나 또한 그렇게 독특한 형태, 습관, 그리고 얼굴을 가진 인간들을 본 적이 없었다. 그들의 머리는 모두 오른쪽이나 왼쪽으로 기울어져 있었고, 한쪽 눈은 안쪽으로 향하고 다른 쪽 눈은 정점으로 향하고 있었다. 그들의 외투는 태양, 달, 별의 형상으로 장식되어 있었고, 바이올린, 플루트, 하프, 트럼펫, 기타, 하프시코드 및 유럽에서 우리에게 알려지지 않은 많은 다른 악기들과 얽혀 그려져 있었다. 나는 여기저기에서 손에 쥐고 있는 막대 끝에 채찍처럼 묶인 부풀린 주머니를 가진 하인의 습관을 가진 많은 사람들을 관찰했다. 각 부풀린 주머니에는 나중에 알게 된 사실이지만, 말린 완두콩이나 작은 자갈이 소량 들어 있었다. 이 부풀린 주머니로 그들은 가끔 그들 가까이에 서 있는 사람들의 입과 귀를 딱딱 소리 나게 때렸다. 그 행위의 의미는 그때는 내가 이해할 수 없었다. 이 사람들은 마음속 깊은 생각에 사로잡혀 있어서, 그들은 외부의 자극이 없이는 말할 수도, 다른 사람의 담론에 귀 기울일 수도 없었다. 어떤 이유로 인해, 그것을 감당할 수 있는 사람들은 항상 가정에 한 명의 플래퍼(라퓨타에서는 크리미널이라고 한다.)를 두고 다니며, 그 없이 외출하거나 방문하지 않는다. 그리고 이 직무를 맡은 플래퍼의 일은, 두 명, 세 명 또는 그 이상의 사람이 함께 있을 때, 말할 사람의 입을 부드럽게 주머니로 치고, 말하는 사람이 자신을 향해 이야기하는 사람이나 사람들의 오른쪽 귀를 주머니로 치는 것이다. 이 플래퍼는 또한 그의 주인이 산책할 때 열심히 보살피고, 때때로 주인의 눈을 부드럽게 털어주기도 한다. 왜냐하면 주인은 항상 깊은 사색에 잠겨 있어서, 매번 절벽에서 떨어지거나 기둥에 머리를 부딪칠 위험이 많으며, 거리에서는 다른 사람들과 부딪혀서 도랑으로 빠져 밀려들 위험이 있기 때문이다.

독자에게 이 정보를 제공하는 것이 필요했다. 그렇지 않으면 나와 마찬가지로 독자들은 이 사람들의 행동을 이해하는 데 어려움을 겪었을 것이다. 그들은 나를 섬의 꼭대기까지 계단으로 안내한 후, 그곳에서 왕궁으로 데려갔다. 우리가 오르던 중, 그들은 여러 번 자신들이 무엇을 하고 있는지 잊어버렸고, 그들의 기억이 다시 플래퍼에 의해 자극받을 때까지 나를 홀로 남겨 두었다. 그들은 나의 이국적인 복장과 얼굴을 보고도 전혀 움직이지 않는 것처럼 보였고,

더 자유로운 생각과 마음을 가진 일반인들의 외침에도 마찬가지였다.

마침내 우리는 궁전에 들어갔고, 왕이 그의 왕좌에 앉아 있는 대면실로 들어갔다. 왕좌의 양쪽에는 고귀한 신하들이 배치되어 있었다. 왕좌 앞에는 지구본과 구, 그리고 각종 수학 기구로 가득 찬 큰 테이블이 있었다. 폐하는 우리가 들어올 때 궁정에 속한 모든 사람들의 모임으로 인해 상당한 소음이 있었음에도 불구하고 우리를 전혀 주목하지 않았다. 그것은 그가 그때 어떤 문제에 깊이 빠져 있었기 때문이며, 우리는 폐하가 그 문제를 해결할 수 있을 때까지 최소한 한 시간 동안 기다렸다. 그의 양쪽에는 손에 플랩을 들고 있는 어린 시동이 서 있었고, 폐하가 한가한 것을 보았을 때, 시동 중 한 명이 폐하의 입을 부드럽게 쳤고, 다른 한 명은 폐하의 오른쪽 귀를 살짝 쳤다. 그로 인해 폐하는 갑자기 깨어난 사람처럼 놀라며, 나를 포함해서 나와 함께 있는 일행을 바라보았고, 그가 이전에 알았던 우리의 방문 이유를 기억해냈다. 폐하는 몇 마디 말을 했고, 그 직후에 한 어린 시동이 내 곁으로 다가와서 부드럽게 나의 오른쪽 귀를 때렸다. 그러나 나는 최대한으로 그런 도구가 필요하지 않다는 신호를 보냈다. 나중에 알게 된 바에 따르면, 나의 이 신호가 폐하와 전체 궁정의 사람들에게 내 이해력이 매우 낮다는 의식을 갖게 했다. 왕은 내가 추측할 수 있는 한 여러 가지 질문을 했고, 나는 내가 알고 있는 모든 언어로 그에게 대답했다. 내가 이해할 수도 없고, 이해받을 수도 없다는 것을 알게 되었을 때, 나는 왕의 명령에 따라 그의 궁전의 한 내전으로 안내되었고(이 왕은 외국인에 대한 환대에서 모든 선대보다 더욱 두드러진 인물이다.), 두 명의 하인이 나를 돌보도록 배치되었다. 저녁식사가 차려졌고, 내가 왕의 곁에서 매우 가까이 본 네 명의 귀족이 나와 함께 저녁을 먹는 영광을 베풀었다. 우리는 각각 세 가지 요리로 구성된 두 가지 코스 요리를 먹었다. 첫 번째 코스에는 정삼각형으로 잘린 양 어깨살, 마름모꼴로 잘린 소고기, 그리고 둥근 원형 모양의 푸딩이 있었다. 두 번째 요리는 바이올린 모양으로 묶인 두 마리 오리, 플루트와 오보에를 닮은 소시지와 푸딩, 그리고 하프 모양의 송아지 가슴살이었다. 하인들은 우리의 빵을 원뿔, 원기둥, 평행사변형 및 여러 다른 수학적 도형으로 잘랐다.

저녁을 먹는 동안, 나는 그들의 언어로 여러 가지 것들의 이름을 묻는 대담함을 보였고, 그 고귀한 분들은 그들의 보조의 도움으로 기꺼이 나에게 대답해 주었으며, 내가 그들과 대화할 수 있다면 그들의 뛰어난 능력에 대한 나의 감탄을 불러일으키기를 바라는 것 같았다. 나는 곧 빵과 음료수, 또는 내가 원하는 다른 것들을 요청할 수 있게 되었다.

저녁 식사 후에 나와 함께 있던 귀족들이 돌아갔고, 왕의 명령으로 한 사람이 나에게 보내졌으며, 그와 함께 한 플래퍼가 동행하였다. 그는 펜, 잉크, 종이와 세 권 또는 네 권의 책을 가지고 왔으며, 몸짓으로 그가 나에게 언어를 가르치기 위해 왔음을 알렸다. 우리는 네 시간 동안 함께 앉아 있었고, 그 시간 동안 나는 많은 단어를 세로로 적고 그 옆에 번역을 적었다. 나는 또한 여러 짧은 문장을 배우기 위해 노력했다. 내 지도 교사는 내 하인 중 한 명에게 무언가를 가져오라고 하거나, 돌아서라고 하거나, 인사하라고 하거나, 앉으라고 하거나, 서라고 하거나, 걷게 하곤 했다. 그런 다음 나는 문서로 그 문장을 적었다. 그는 또한 그의 책 중 하나에서 태양, 달, 별, 황도12궁도, 회귀선 및 극권, 그리고 많은 평면과 고체의 명칭을 보여주었다. 그는 모든 악기의 이름과 설명, 그리고 각 악기를 연주하는 일반적인 예술 용어를 알려주었다. 그가 나를 떠난 후, 나는 모든 단어와 그 해석을 알파벳 순서로 정리했다. 그리고 며칠 후, 매우 신뢰할 수 있는 기억의 도움으로 그들의 언어에 대해 어느 정도 인식할 수 있었다. 나는 비행하거나 떠 있는 섬으로 해석하는 단어는 원래 라퓨타에 있으며, 그 진정한 어원은 결코 알 수 없었다. 고대의 사라진 언어에서 '랩'은 높음을 의미하고, '운투'는 지배자를 의미한다. 이로부터 그들은 어구의 변형을 통해 '라퓨타'가 '라푼투'에서 유래되었다고 말한다. 하지만 나는 이 어원의 설명에 대해 동의하지 않는다. 이는 다소 억지스러운 것처럼 보이기 때문이다. 나는 그들 중 학식 있는 분들에게 나 자신의 추측을 제안해 보았다. 라퓨타는 말하자면 'lap outed'라는 것이다. 여기서 'lap'은 바다에서 햇살이 춤추는 것을 의미하고, 'outed'는 날개를 의미한다. 그러나 나는 나의 이 해석을 강요하지는 않을 것이다. 단지 신중한 독자에게 판단해 주기를 바랄 것이다.

왕이 나에게 딸려 보낸 사람들은 내가 얼마나 초라하게 입고 있는지를 보고, 다음 날 아침에 재단사가 오도록 명령하여 옷을 만들기 위한 치수를 재게 하였다. 이 재단사는 유럽의 동종업자들과는 다른 방식으로 일을 처리하였다. 그는 먼저 사분면으로 내 키를 측정한 다음, 자와 컴퍼스를 사용하여 내 전체 몸의 치수와 윤곽을 그렸다. 그 모든 것을 종이에 기록하였고, 그들에 의해 6일 만에 만들어진 내 옷은 매우 엉망으로 만들어 졌고, 형태 또한 완전히 틀어져 있었다. 이는 내 몸의 치수를 계산한 숫자를 잘못 인식한 결과였다. 하지만 나의 위안은 그러한 사고가 매우 자주 발생하고, 그래서 별로 신경 쓰지 않는다는 것을 알게 되었다.

의복도 부족하고, 며칠 더 지속된 몸의 불편함으로 인해 나의 거

라퓨타의 신사들

처에 갇혀 지내게 되었고, 이로 인해 나는 그들의 단어들을 더욱 많이 익힐 수 있게 되었다. 그리고 다음에 궁정에 갔을 때, 왕이 말씀하신 많은 것들을 이해할 수 있었고, 그에게 몇 가지 친절한 대답을 할 수도 있었다. 폐하께서는 섬이 북동쪽으로 이동하여 아래 왕국의 수도인 라가도 위의 수직 지점에 도달하도록 명령했다. 그 거리는 약 90리그였으며, 우리의 항해는 4일 반 동안 지속되었다. 나는 섬이 공중에서 진행하는 움직임을 전혀 느끼지 못했다. 두 번째 아침, 열한 시경에, 왕이 직접 귀족, 궁정인, 그리고 관리들과 함께 참석하여 모든 악기를 준비하고, 중단 없이 세 시간 동안 연주하는 바람에 나는 그 소음에 완전히 놀랐다. 내 지도 교사가 알려주기 전까지는 그 의미를 도저히 짐작할 수 없었다. 그는 내게 "섬사람들은 항상 특정한 시기에 연주되는 천체의 음악을 들을 수 있도록 귀가 적응되어 있습니다."라고 말했으며, 궁정 사람들은 이제 그들이 가장 잘 다루는 어떤 악기로든 그들의 역할을 수행할 준비가 되어 있다고 했다.

수도 라가도로 가는 여정에서 폐하께서는 섬이 특정 도시와 마을에 들러 그의 신하들의 청원을 들을 수 있도록 명령했다. 이를 위해 여러 개의 줄이 내려졌고, 그 줄 아래에는 작은 추들이 달려 있었다. 이 끈에 사람들은 그들의 청원을 매달았으며, 이는 마치 연을 잡고 있는 끈 끝에 학교 아이들이 붙인 종잇조각 같았다. 때때로 우리는 섬 아래로부터 와인과 음식을 받기도 했다. 이 물건들은 도르래를 사용하여 끌어올려졌다.

내가 수학에서 가지고 있던 지식은 그들의 용어를 습득하는 데 큰 도움이 되었으며, 이는 그 과학과 음악에 크게 의존했다. 후자의 경우 나는 그리 능숙하지 않았다. 그들의 생각은 끊임없이 선과 도형으로 표현되었다. 예를 들어, 그들이 여성의 아름다움이나 다른 동물의 아름다움을 칭찬하고자 할 때, 그들은 그것을 마름모, 원, 평행사변형, 타원 및 기타 기하학적 용어로 설명하거나 음악에서 유래한 예술의 단어로 설명한다. 여기서 거듭 언급할 필요는 없을 것 같다. 나는 왕의 주방에서 폐하의 식탁에 제공되는 굽거나 삶은 고기의 관절을 자르는 데 사용되는 모든 종류의 수학적 및 음악적 도구를 관찰할 수 있었다.

그들의 집은 매우 형편없이 지어졌다. 벽은 비스듬히 기울어져 있고, 어떤 방에도 직각이 하나도 없다. 그리고 이 결함은 그들이 실용적 기하학을 저속하고 기계적인 것으로 경멸해서 발생한다. 그들이 주는 지시는 그들의 일꾼들의 지성에 비해 너무 세련되어 끊임없는 실수를 낳게 한다. 그들은 종이 위에서는 충분히 능숙하지만, 자, 연필, 그리고 분할기를 다루는 데 있어서는, 일상적인 행동과 삶의 태도에서는, 서투르고 어색하며 그렇게 불편한 사람들을 본 적이 없고, 수학과 음악을 제외한 모든 다른 주제에 대한 개념에서도 그렇게 느리고 혼란스러운 사람들을 본 적이 없다. 그들은 매우 엉성한 추론가들이며, 그들이 옳은 의견을 가지고 있을 때를 제외하고는 격렬하게 반대에 굴복하는데, 그것은 아주 드문 경우이다. 상상력, 공상, 발명 등, 그들은 전혀 낯선 사람들이며, 그들의 언어에는 그러한 생각을 표현할 수 있는 어떤 단어도 없다. 그들의 생각과 마음의 모든 나침반이 앞서 언급한 두 과학(수학과 음악) 안에 갇혀 있다.

그들 대부분, 특히 천문학 분야를 다루는 사람들은 사법 점성술에 대한 큰 믿음을 가지고 있지만, 그것을 공개적으로 소유하는 것은 부끄러워서 인정하지 않는다. 그러나 내가 주로 감탄하고 도저히 설명할 수 없다고 생각한 것은, 뉴스와 정치에 대한 강한 성향을 관찰한 것인데, 그들은 끊임없이 공적인 일에 대해 질문하고, 국가 문제에 대해 판단을 내리고, 당의 의견에 대해서는 구석구석 열정적으로 논쟁을 벌인다. 나는 실제로 내가 유럽에서 알고 지내던 대부분의 수학자들 사이에서도 같은 성향을 관찰해 왔지만, 두 과학 즉 수학과 음악 사이에 최소한의 유사점도 발견하지 못했다. 그 사람들이 가정하지 않는 한, 가장 작은 원이 가장 큰 원만큼 같은 각도를 가지고 있기 때문에 세계의 규제와 관리는 땅을 다루고 돌리는 것보다 더 많은 능력을 필요로 하지는 않는다. 그러나 나는 오히려 이 자질이 인간 본성의 매우 흔한 허약함에서 비롯된 것으로, 우리가 가장 관심을 갖지 않는 문제, 그리고 우리가 연구나 본성에 가장 적응하지 못하는 문제에 대해 가장 호기심 많고 자만심에 빠지는 경향이 있다고 생각한다.

이 사람들은 끊임없는 불안에 시달리며, 단 1분의 마음의 평화도 누리지 못한다. 그리고 그들의 동요는 나머지 사람들에게 거의 영향을 미치지 않는 원인들로부터 발생한다. 그들의 염려는 천체에서 그들이 두려워하는 몇 가지 변화에서 비롯된다. 예를 들면, 태양이 지구를 향해 계속적으로 접근함으로써, 시간이 지남에 따라 지구는 태양에 흡수되거나 삼켜질 수밖에 없다. 태양의 표면은 점차적으로 그 자체의 분출로 흘러넘치는 용암으로 뒤덮일 것이고, 세상에 더 이상 빛을 주지 못하게 되는 것이다. 지구는 마지막 혜성의 꼬리로부터 부딪힘을 아주 가까스로 벗어났으며, 만약, 부딪혔다면, 지구는 틀림없이 잿더미로 덮였을 것이다. 그리고 혜성들이 지금으로부터 31년 동안 계산해 온 다음 해에 아마 우리를 파멸시킬 것이라고 믿는다. 왜냐하면, 만약 혜성이 근일점에서, 태양으로부터 어느 정도 이내로 접근한다면(그들의 계산에 의하면 두려워할 만한 이유가 있는 것처럼), 그것은 빨갛고 뜨겁게 빛나는 철의 그것보다 만 배나 더 강렬한 열을 받을 것이며, 태양이 없을 때에는 10만 14마일 길이의 타오르는 꼬리를 가지고 있을 것이다. 만약 지구가 혜성의 핵 또는 본체로부터 10만 마일의 거리에서 지구를 통과한다면, 지구는 불에 타서 재로 변하게 될 것이다. 태양은 외부에서부터 공급되는 어떠한 영양분도 없이 매일 빛과 열을 발산하여 소비하며, 마침내 완전히 빛과 열을 소비하게 되면 태양은 소멸될 것이다. 이 지구와 더불어 태양으로부터 빛을 받는 모든 행성의 멸망이 수반될 것이다.

그들은 이러한 임박한 위험에 대한 두려움으로 끊임없이 놀라워하여, 침대에서 조용히 잠을 잘 수도 없고, 삶의 일반적인 즐거움과 오락을 누릴 수도 없었다. 아침에 지인을 만났을 때, 첫 번째 질문은 태양의 건강, 태양이 지고 뜨는 모습, 그리고 다가오는 혜성의 충돌을 피할 수 있는 희망에 관한 것이다. 이 대화는 그들이 무서운 유령과 요괴에 대한 이야기를 듣는 것을 즐기는 소년들이 발견하는 것과 같은 기분으로 진행되는 경향이 있다. 그들은 열심히 듣고 두려워서 잠자리에 가기를 주저한다.

섬의 여성들은 활력이 넘친다. 그들은 남편을 경시하고, 항상 아래 대륙에서 오는 상당한 수의 외부인들을 매우 좋아한다. 이 외부인들은 여러 도시와 법인의 일이나 개인적인 사정으로 궁정에 참석하지만, 자질이 부족하기 때문에 매우 경멸받는다. 여성들은 이들 중에서 그들의 연인을 선택한다. 그러나 문제는 그들이 너무 쉽게 그리고 안심하고 행동한다는 것이다. 남편은 항상 사색에 몰두해 있어서, 그의 곁에 종이와 도구만 있으면, 그리고 그의 곁에 하인을 두지 않으면, 부인이 외부인 남성의 연인과 남편의 눈앞에서 가장 친밀한 행동을 해도 알아차리지 못한다.

아내들과 딸들은 섬에 갇혀 있는 것을 한탄하지만, 나는 이 섬이 세상에서 가장 기분 좋은 땅이라고 생각한다. 그들은 여기에서 가장 풍요롭고 화려하게 살고 있으며, 원하는 대로 할 수 있지만, 세상을 보고 대도시의 오락을 즐기고 싶어 한다. 그러나 이는 왕의 특별 허가 없이는 할 수 없으며, 이러한 허가는 얻기 쉽지 않다. 귀족들은 자주 경험을 통해 그들의 아내들이 아래에서 돌아오도록 설득하는 것이 얼마나 어려운지를 알게 되었기 때문이다. 나는 여러 자녀를 둔 훌륭한 궁의 여성이 왕국에서 가장 부유한 신하인 총리와 결혼했으며, 그녀를 매우 사랑하는 총리는 매우 우아한 사람이고, 섬의 가장 아름다운 궁전에서 살고 있다고 들었다. 그녀는 건강을 핑계로 섬을 떠나 라가도로 내려갔고, 그곳에서 몇 달 동안 숨어 지내다가 왕이 그녀를 찾으라는 영장을 보냈다. 그녀는 모든 것이 누더기인 한 외진 식당에서 발견되었고, 매일 그녀를 때리는 노쇠한 하인을 부양하기 위해 옷을 전당포에 맡겼다. 그녀는 원치 않게 하인과 함께 잡혀서 라퓨타 섬으로 끌려갔다. 그녀의 남편이 가능한 모든 친절로 그녀를 맞이했지만, 그리고 조금도 비난하지 않았지만, 그녀는 곧 다시 모든 보석을 가지고 같은 용감한 남자에게 몰래 내려가도록 계획하였고, 그 이후로는 소식이 없다.

이것은 아마도 독자에게 유럽이나 영국의 이야기로 더 받아들여질 수 있을 것이며, 그렇게 먼 나라의 이야기로는 받아들여지지 않을 것이다. 그러나 그는 여성의 변덕이 어떤 기후나 국가에 의해 제한되지 않으며, 상상하기보다 훨씬 더 일관성이 있다는 것을 고려해 주기 바란다.

약 한 달 후, 나는 그들의 언어에 대해 어느 정도 능숙해졌고, 왕과 담화를 할 때 대부분의 질문에 대답할 수 있었다. 폐하는 내가 있었던 나라의 법, 정부, 역사, 종교 또는 풍습에 대해 전혀 호기심을 보이지 않았고, 질문을 수학의 범주로 제한하였으며, 내가 드린 설명을 큰 경멸과 무관심으로 받아들였다. 비록 그의 플래퍼들이 자주 그를 자극해야했지만.

CHAPTER 03

현대 철학과 천문학으로 해결된 현상을 알려준다. 라퓨타인들은 천문학에서 크게 발전했다. 반란을 진압하는 왕의 방법을 듣는다.

나는 왕에게 허락을 받아 이 섬의 진기한 것들을 보러 가고 싶었고, 그는 기꺼이 허락해 주었으며, 나의 지도 교사가 나를 동행하도록 명령했다. 나는 주로 이 섬의 여러 움직임이 예술이나 자연의 어떤 원인에 기인하는지를 알고 싶었다. 이제 독자들에게 철학적인 설명을 드리도록 하겠다.

날아다니거나 떠 있는 섬은 정확히 원형이며, 지름은 7837야드, 즉 약 4.5마일이고, 따라서 1만 에이커를 포함하고 있다. 두께는 300야드이다. 아래에서 보는 사람들에게 보이는 바닥 또는 아래 면은 한 덩어리의 다이아몬드로 되어 있으며, 약 200야드 높이로 솟아 있다. 그 위에는 여러 광물이 일반적인 순서대로 놓여 있으며, 그 위에는 10 또는 12피트 깊이의 풍부한 토양층이 있다. 상면의 경사는 둘레에서 중심까지 자연적으로 섬에 내리는 모든 이슬과 비가 중간으로 작은 개울로 흘러가게 하는 원인이다. 그곳에서 물은 각각 반마일의 둘레를 가진 네 개의 큰 저수지로 배출되며, 중심에서 200야드 떨어져 있다. 이러한 저수지에서 물은 낮 동안 태양에 의해 지속적으로 증발되어 넘치는 것을 효과적으로 방지한다. 또한, 왕이 섬을 구름과 수증기의 지역 위로 올릴 수 있는 권한을 가지고 있기 때문에, 그는 원할 때마다 이슬과 비가 내리는 것을 막을 수 있다. 자연주의자들이 동의하는 바와 같이, 가장 높은 구름은 2마일 이상 올라갈 수 없으며, 적어도 이 나라에서는 구름이 그렇게 높이 올라간 적이 없다고 한다.

섬의 중앙에는 지름이 약 50야드인 깊은 틈이 있으며, 그곳에서 천문학자들이 큰 돔으로 내려간다. 이 돔은 '플란도나 가그놀'이라고 불리며, 상부의 다이아몬드 표면 아래 100야드 깊이에 위치한 천문학자의 동굴이다. 이 동굴에는 20개의 램프가 계속해서 타오르고 있으며, 다이아몬드의 반사로 인해 모든 부분에 강한 빛을 비춘다. 그 장소에는 다양한 각도기, 사분면, 망원경, 천체관측기 및 기타 천문학 기구들이 저장되어 있다. 그러나 섬의 운명이 달려 있는 가장 큰 진기한 것은 직조기의 셔틀과 유사한 형태의 거대한 자철석이다. 길이는 6야드이고, 가장 두꺼운 부분은 최소 3야드이다. 이 자석은 중앙을 통과하는 매우 강한 다이아몬드 축에 의해 지탱되며, 그 위에서 회전하고, 가장 약한 손으로도 쉽게 돌릴 수 있도록 정확하게 균형을 이루고 있다. 그것은 깊이가 4피트이고 두께가 4피트이며 지름이 12야드인 비어 있는 다이아몬드 실린더로 둘러싸여 있으며, 수평으로 배치되어 있고 각각 6야드 높이의 8개의 다이아몬드 발에 의해 지지된다. 오목한 면의 중앙에는 12인치 깊이의 홈이 있어, 그곳에 축의 끝이 놓여 있으며 필요에 따라 회전한다.

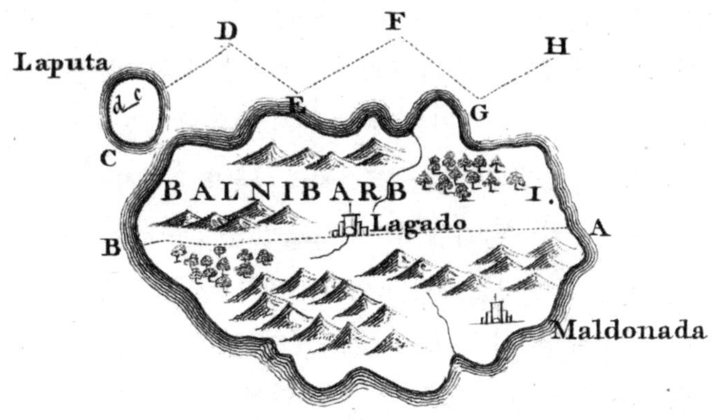

그 돌은 어떤 힘으로도 제자리에서 제거될 수 없으며, 그 이유는 굴렁쇠와 그 발이 섬의 바닥을 구성하는 다이아몬드와 하나의 연속된 조각이기 때문이다.

이 자석을 통해 섬은 상승하고 하강하며 한 곳에서 다른 곳으로 이동할 수 있게 된다. 왜냐하면 왕이 지배하는 땅의 그 부분에 대해, 돌의 한 면은 끌어당기는 힘을 가지고 있고, 다른 면은 밀어내는 힘을 가지고 있기 때문이다. 자석을 세우고 그 끌어당기는 쪽을 땅 쪽으로 향하게 하면 섬이 내려가지만, 반발하는 쪽이 아래를 향하면 섬이 곧바로 위로 올라간다. 돌의 위치가 비스듬할 때, 섬의 움직임도 마찬가지이다. 이 자석에서는 힘이 항상 그 방향에 평행한 선으로 작용한다.

이 비스듬한 움직임에 의해 섬은 왕의 영토의 다른 부분으로 전달된다. 그 진행 방식을 설명하기 위해 AB를 발니바비의 영토를 가로지르는 선으로 나타내고, 선 cd는 자석을 나타내며, d는 반발 끝, c는 끌어당기는 끝으로 하고, 섬은 C 위에 있다고 하자. 자석을 cd 위치에 두고 반발 끝을 아래로 향하게 하면, 섬은 D 쪽으로 비스듬히 위로 밀려 올라갈 것이다. D에 도착하면, 자석이 축을 중심으로 회전하여 끌어당기는 끝이 E를 향하도록 한다. 그러면 섬은 E를 향해 비스듬히 이동할 것이다. 그곳에서 자석이 다시 축을 중심으로 회전하여 EF 위치에 서게 하고, 밀어내는 점이 아래로 향하도록 하면, 섬은 F를 향해 비스듬히 상승할 것이다. 그곳에서 끌어당기는 끝을 G를 향하도록 하면, 섬은 G로 이동할 수 있으며, G에서 H로 이동하기 위해 자석을 회전시켜 밀어내는 끝이 아래로 향하도록 한다. 따라서 돌의 상황을 바꿈으로써, 기회가 있을 때마다 섬은 비스듬한 방향으로 오르내리게 되며, 이러한 교차적인 상승과 하강(비스듬함이 크지 않음)을 통해 영토의 한 부분에서 다른 부분으로 전달된다.

그러나 이 섬은 아래에 있는 영토의 범위를 넘어설 수 없으며, 4마일의 높이를 넘어설 수도 없다는 것을 명심해야 한다. 천문학자들이 (자석에 관한 대규모 시스템을 작성한) 다음과 같은 이유를 제시한다. 자기적 특성이 4마일의 거리 이상으로 확장되지 않으며, 땅의 내부와 해안에서 약 6리그 떨어진 바다에서 자석에 작용하는 광물이 전 세계에 퍼져 있지 않고 왕의 영토의 경계로 끝난다는 것이다. 그러므로 그러한 우월한 위치의 큰 이점으로 인해, 이 섬의 왕은 그 자석의 끌림 안에 있는 어떤 나라든지 자신의 복종 아래 두는 것이 쉬웠다.

돌이 수평면과 평행하게 놓일 때, 섬은 정지해 있다. 그 경우 섬의 양 끝이 땅으로부터 같은 거리에 있기 때문에, 아래로 끌어당기는 힘과 위로 밀어내는 힘이 동일하게 작용하여 결과적으로 어떤 움직임도 발생할 수 없다.

이 자석은 특정 천문학자들의 관리 하에 있으며, 천문학자들은 때때로 왕이 지시하는 대로 위치를 수정해 준다. 그들은 천체를 관찰하는 데 인생의 대부분을 소비하며, 이는 우리보다 훨씬 우수한 망원경의 도움을 받아 이루어진다. 그들의 가장 큰 망원경이 3피트를 초과하지 않지만, 우리 것의 100배보다 훨씬 더 크게 확대하고 별들을 더 선명하게 보여준다. 이러한 이점은 그들이 유럽의 천문학자들보다 훨씬 더 멀리 그들의 발견을 확장할 수 있게 해주는 것이었다. 그들은 만 개의 고정적인 별의 목록을 작성했지만, 우리의 목록은 그 숫자의 3분의 1도 되지 않는다. 그들은 또한 화성을 공전하는 두 개의 작은 별, 즉 위성을 발견했다. 그 중 가장 가까운 것은 주 행성의 중심에서 정확히 세 배의 지름만큼 떨어져 있으며, 가장 먼 것은 다섯 배 정도 떨어져 있다. 첫 번째 위성은 10시간의 주기로 공전하고, 두 번째 위성은 21시간 30분의 주기로 공전한다. 이들의 주기 시간의 제곱은 화성의 중심에서의 거리의 세제곱과 거의 같은 비율에 가까워, 이는 다른 천체에 영향을 미치는 동일한 중력 법칙에 의해 지배되고 있음을 명백히 보여준다.

그들은 93개의 서로 다른 혜성을 관찰하였고, 그 주기를 매우 정확하게 정했다. 만약 이것이 사실이라면(그들은 그것을 매우 자신 있게 주장한다.) 그들의 관찰이 공개되어 현재 매우 불완전하고 결함이 있는 혜성 이론이 다른 천문학의 기술과 같은 완벽함에 도달할 수 있을 것으로 보인다.

왕은 만약 그가 자신의 편에 합류할 수 있는 내각을 설득할 수 있다면, 우주에서 가장 절대적인 왕이 될 것이다. 그러나 내각의 신하들은 대륙에 자신의 영지를 두고 있으며, 총애 받는 직책이 매우 불확실한 임기라는 것을 고려할 때, 결코 자신의 나라를 노예로 만드는 것에 동의하지 않을 것이다.

어떤 도시가 모반이나 폭동을 일으키거나, 폭력적인 파벌에 빠지거나, 일반적인 공물을 바치기를 거부하는 경우, 왕은 그들을 복종시키는 두 가지 방법을 가지고 있다. 첫 번째이자 가장 온화한 방법은, 섬이 그러한 마을과 그 주위의 땅 위를 맴돌게 함으로써, 태양과 비의 혜택을 빼앗아 갈 수 있고, 결과적으로 주민들을 결핍과 질병으로 괴롭힐 수 있는 것이다. 그리고 죄가 그에 합당하다면, 그들은 동시에 위에서 큰 돌을 떨어뜨려 그들의 지붕에 돌이 떨어지며, 이에 대한 방어는 지하실이나 동굴로 기어 들어가는 것뿐이다. 그러나 그들의 집 지붕이 부서진다지만 그들이 여전히 완고하게 계속하거나 반란을 일으키려 한다면, 그는 마지막 수단으로 섬을 그들의 머리 위로 떨어뜨려 집과 사람 모두를 파괴한다. 그러나 이것은 왕이 좀처럼 내몰렸을 때 처해지는 극단적인 상황에만 실행하며, 실제로 왕은 이를 실행에 옮기고자 하지 않으며, 그의 내각 신하들도 그들에게 민중의 미움을 사게 할 행동을 조언할 용기가 없다. 이는 그들의 재산에도 큰 피해를 줄 것이 뻔하기 때문이다. 내각의 신하들의 모든 재산은 섬 아래에 위치해 있으며, 그 섬은 왕의 소유이다.

하지만 이 나라의 왕들이 그렇게 끔찍한 행동을 실행하는 것을 항상 꺼려했던 더 중대한 이유가 분명히 있다. 그것은 오직 극도의 필요성에 의해서만 실행한다. '만약 파괴될 의도가 있는 마을에 일반적으로 더 큰 도시에서 발생하는 것처럼 높은 바위가 있다면, 이는 아마도 그러한 재앙을 방지하기 위해 처음에 선택된 상황일 것이다. 또는 높은 첨탑이나 돌기둥이 많다면, 갑작스러운 낙하가 섬의 바닥이나 아랫면을 위험에 빠뜨릴 수 있다. 내가 말했듯이, 섬은 전체적으로 200야드 두께의 단단한 물질로 구성되어 있지만, 너무 큰 충격으로 인해 균열이 생기거나 아래 집들에서 나오는 불에 너무 가까이 접근하여 터질 수 있다. 이는 종종 우리 유럽의 굴뚝에서 철과 돌의 뒷면이 하는 일과 같다.' 이 모든 것들에 대해 백상들은 잘 알고 있으며, 그들의 고집을 얼마나 어디까지 가져갈 수 있는지, 그들의 자유나 재산에 관한 한 이해하고 있다. 그리고 왕은 가장 격렬하게 자극받고, 도시를 파괴하려는 결심이 가장 강할 때, 그의 백성에 대한 애정의 핑계를 대며 섬이 부드럽게 내려오도록 명령하지만, 사실은 불사의 바닥을 깨뜨릴까 두려워서이다. 이 경우, 모든 철학자들의 의견은 자석이 더 이상 그것을 지탱할 수 없으며, 전체 덩어리가 땅에 떨어질 것이라는 것이다.

약 3년 전, 내가 그들 사이에 도착하기 전에, 왕이 그의 영토를 순회하고 있을 때, 그 왕국의 운명에 종지부를 찍을 뻔한 특별한 사고가 발생했다. 왕국에서 두 번째로 큰 도시인 린달리노는 폐하가 순회 중 처음으로 방문한 곳이었다. 그의 출발 후 3일이 지나자, 종종 큰 압박에 대해 불평하던 주민들은 도시의 문을 닫고, 총독을 붙잡았으며, 믿을 수 없는 속도와 노력으로 도시의 네 모퉁이에 각각 하나씩, 도시의 중앙에 위치한 강한 뾰족한 바위와 같은 높이의 네 개의 큰 탑을 세웠다. 각 탑의 꼭대기와 바위 위에 그들은 큰 자석을 고정하였고, 만약 그들의 계획이 실패할 경우를 대비하여, 그들은 가장 가연성이 높은 연료를 대량으로 준비하였으며, 자석 프로젝트가 실패할 경우 섬의 단단한 바닥을 터뜨릴 생각이었다.

왕이 린달리노 백성들이 반란을 일으켰다는 사실을 완벽하게 알기까지는 8개월의 기나긴 시간이 걸렸다. 그 후 그는 섬이 도시 위를 맴돌도록 명령했다. 린달리노 백성들은 만장일치로 동의하여 식량을 비축하였으며, 큰 강이 도시 중앙을 가로지르고 있었다. 왕은 그들로부터 태양과 비를 빼앗기 위해 여러 날 동안 그 도시 위에 머물렀다. 왕은 많은 줄을 내려 보내도록 명령했지만, 아무도 청원을 보내겠다고 나서지 않았으며, 그 대신에 매우 대담한 요구들, 린달리노 백성들의 모든 불만의 시정, 많은 책무의 면제, 백성이 자신들의 주지사를 선택할 권리 등 이와 유사한 과도한 요구가 올라왔다. 이에 폐하는 섬의 모든 주민에게 아래 갤러리에서 큰 돌을 마을로 던지라고 명령했으며, 도시의 백성들은 자신의 인원과 재산을 네 개의 탑과 다른 강한 건물 및 지하의 금고로 옮겨 이 재앙에 대비했다.

왕은 이제 이 자존심 강한 백성을 정복하기로 결심하고, 섬이 탑과 바위의 꼭대기에서 40야드 이내로 부드럽게 내려오도록 명령했다. 따라서 그렇게 진행되었지만, 그 작업에 투입된 장교들은 하강이 평소보다 훨씬 빠르다는 것을 발견했다. 자석을 돌림으로써 섬을 안정된 위치에 유지하는 데 큰 어려움을 겪었으며, 섬이 떨어질 것 같은 경향을 보였다. 그들은 이 놀라운 사건에 대한 즉각적인 정보를 왕에게 보냈고, 섬을 더 높이 올릴 수 있는 폐하의 허가를 요청했다. 왕은 동의하였고, 총회가 소집되었으며, 자석의 장교들이 참석하도록 명령받았다. 그들 중 가장 오래되고 경험이 풍부한 사람 중 한 명이 실험을 시도할 허가를 받았다. 그는 100야드의 강한 줄을 가져갔고, 섬이 마을 위로 올라가면서 그들이 느꼈던 끌어당기는 힘을 감안하여, 그는 줄 끝에 다이아몬드 조각을 고정시켰다. 이 조각은 섬의 바닥 또는 하부 표면에 구성된 것과 같은 성질의 철광물 혼합물이 포함되어 있었고, 그는 하부 갤러리에서 그것을 탑의 꼭대기로 천천히 내려 보냈다. 단단한 물체가 4야드 내려가지도 않았을 때, 장교는 그것이 너무 강하게 아래로 끌려서 거의 되돌릴 수 없다는 것을 느꼈다. 그는 여러 개의 작은 단단한 조각을 던졌고, 그것들이 모두 탑의 꼭대기에 의해 격렬하게 끌리는 것을 관찰했다. 같은 실험이 다른 세 개의 탑과 바위에서도 같은 효과로 진행되었다.

이 사건은 왕의 조치를 완전히 무너뜨렸고, (다른 상황에 대해서는 더 이상 언급하지 않는다.) 왕은 마을 백성들의 조건을 들어줄 수밖에 없었다.

만일 이 라퓨타 섬이 린달리노 도시에 너무 가까이 내려와 스스로 일어설 수 없게 된다면, 시민들은 그 섬을 영원히 고치고, 왕과 그의 모든 신하들을 죽이고, 정부를 완전히 바꾸기로 결심할 것이라고 나는 한 위대한 장관의 확언을 들었다.

이 왕국의 기본 법칙에 따라, 왕이나 그의 두 장남 중 어느 누구도 섬을 떠날 수 없으며, 여왕도 출산이 끝날 때까지 떠날 수 없다.

CHAPTER 04

저자는 라퓨타 섬을 떠난다. 발니바비로 이동하여, 대도시에 도착한다. 대도시와 인접한 나라에 대해 설명한다. 저자는 위대한 영주에게 환대를 받았다. 저자는 그 영주와 대화를 나눈다.

이 라퓨타 섬에서 내가 학대받았다고 말할 수는 없지만, 나는 나 자신이 너무 무시당했다고 고백하지 않을 수 없다. 왕이나 국민 모두가 수학과 음악을 제외하고는 어떤 지식에도 관심이 없는 것처럼 보였기 때문에, 나는 그들보다 훨씬 열등했고, 그로 인해 거의 주목받지 못했다.

섬의 모든 신기한 것을 본 후, 나는 그곳을 떠나고 싶은 마음이 매우 간절했다. 그 사람들에 대해 진심으로 지쳤기 때문이다. 그들은 내가 매우 존경하는 두 가지 학문에서 정말 뛰어났지만, 동시에 너무 추상적이고 사색에 빠져 있어서 나는 그렇게 불쾌한 동료를 만난 적이 없다. 나는 그곳에 두 달 동안 머무는 동안 오직 여성, 상인, 플래퍼, 그리고 궁정 하인들과만 대화를 했다. 그로 인해 나는 결국 매우 경멸스러운 존재가 되었다. 그러나 이들이 내가 합리적인 대답을 받을 수 있는 유일한 사람들이었다.

나는 열심히 공부하여 그들의 언어에 대한 좋은 지식을 얻었고, 내가 너무 적은 지지를 받는 섬에 갇혀 있는 것이 지쳤으며, 첫 기회가 생기면 이곳을 떠나기로 결심했다.

궁정에는 위대한 영주가 있었고, 그는 왕과 가까운 친척이었으며, 그 이유만으로도 존경을 받았다. 그는 보편적으로 그들 중에서 가장 무지하고 어리석은 사람으로 여겨졌다. 그는 왕관을 위해 많은 눈에 띄는 봉사를 수행했으며, 훌륭한 선천적 재능은 물론, 후천적 습득한 재능도 가지고 있었으며, 정직하고 명예로운 사람이었다. 그러나 그는 음악에 대한 감각이 매우 무뎌서 그를 비방하는 사람들은 "그가 종종 잘못된 곳에서 박자를 맞추는 것으로 알려져 있었다."고 보고했다. 수학을 가르치는 그의 교사들은 또한 그에게 극심한 어려움 없이는 그에게 수학에서 가장 쉬운 명제를 증명하도록 가르칠 수 없었다. 그는 나에게 많은 호의의 표시를 보여주게 되어 기뻐했으며, 종종 나를 방문하는 영광을 베풀었고, 유럽의 일들, 법과 관습, 내가 여행했던 여러 나라의 풍습과 학문에 대해 알고 싶어 했다. 그는 나의 말을 매우 주의 깊게 듣고, 내가 말한 모든 것에 대해 매우 현명한 관찰을 했다. 그는 국가를 위해 두 명의 플래퍼를 두었지만, 궁정과 의식 방문을 제외하고는 결코 그들을 사용하지 않았으며, 우리가 함께 있을 때는 항상 그들에게 물러나라고 명령했다.

나는 이 저명한 분께 나의 출발 허가를 위해 그의 폐하께 중재해 주기를 간청하였고, 그는 기꺼이 그렇게 해주겠다고 하면서도, 내가 섬을 떠나는 것에 대해 유감스러워 했다. 사실 그는 나에게 매우 유리한 여러 제안을 하였으나, 나는 가장 높은 감사의 표현과 함께 이를 거절하였다.

2월 16일에 나는 폐하와 궁중에서 물러났다. 왕은 나에게 약 200파운드 영국의 가치를 가진 선물을 주었고, 나의 보호자이신 그의 친척도 같은 만큼의 선물을 주었으며, 라가도에 있는 그의 친구에게 추천서를 함께 써주었다. 그 섬은 당시 라가도에서 약 2마일 떨어진 산 위에 떠 있었고, 나는 가장 낮은 갤러리에 내려졌다.

대륙은 비행 섬의 군주에게 속하는 한, 일반적으로 발니바비라는 이름으로 불리며, 내가 이전에 언급한 대로 수도는 라가도라고 불린다. 나는 단단한 땅에 서 있다는 사실에 약간의 만족감을 느꼈다. 나는 원주민 중 한 사람처럼 옷을 입고 그들과 대화할 수 있을 만큼 충분히 교육을 받아 아무런 걱정 없이 도시로 걸어갔다. 나는 곧 추천받은 사람의 집을 찾았고, 섬의 귀족인 그의 친구로부터 받은 편지를 보여주었으며, 많은 친절로 나를 맞이하였다. 이 위대한 귀족의 이름은 무노디였으며, 그는 나에게 자신의 집에 있는 방을 배정해 주었고, 나는 이곳에 머무르는 동안에 매우 환대받았다.

다음 날 아침, 내가 도착한 후 그는 나를 그의 마차에 태워 도시를 보여주러 갔다. 그 도시는 런던의 절반 크기 정도이며, 집들은 매우 이상하게 지어졌고 대부분 수리가 되어 있지 않았다. 거리의 사람들은 빠르게 걸으며, 눈빛이 날카롭고, 대체로 누더기를 입고 있었다. 우리는 마을의 한 문을 지나서 약 3마일 시골로 들어갔고, 그곳에서 여러 종류의 도구로 땅에서 일하는 많은 노동자들을 보았지만 그들이 무엇을 하고 있는지 추측할 수 없었다. 또한 토양이 훌륭해 보였음에도 불구하고 곡물이나 풀에 대한 기대를 관찰하지 못했다. 도시와 시골 모두에서 보여지는 이러한 이상한 모습들에 대해 감탄하지 않을 수 없었다. 그래서 나는 내 안내자에게 거리와 들판에서 이렇게 많은 바쁜 머리, 손, 얼굴들이 무엇을 의미하는지 설명해 주시기를 정중히 요청했다. 그들이 만들어내는 좋은 효과를 발견하지 못했기 때문이다. 반대로, 나는 이렇게 불행하게 경작된 토양, 이렇게 잘못 설계되고 파괴된 집들, 그리고 이렇게 많은 고통과 결핍을 표현하는 사람들을 본 적이 없다.

이 군주 무노디는 일류 인물이었으며, 몇 년 동안 라가도의 총독으로 재직했으나, 장관들의 음모로 인해 무능력하다는 이유로 해임되었다. 그러나 왕은 그를 잘 의도한 사람이지만 이해력이 낮고 경멸스러운 사람으로 대우했다.

내가 그 나라와 그 주민들에 대해 자유롭게 비판을 했을 때, 그는 "당신이 우리나라에 충분히 오래 있지 않아 제대로 판단을 내릴 수 없었을 것이며, 세계의 다양한 국가들은 서로 다른 관습을 가지고 있음을 알아야 합니다."는 말 외에는 더 이상 대답하지 않았다. 같은 목적을 위한 다른 일반적인 주제들도 있었다. 그러나 우리가 그의 궁전으로 돌아갔을 때, 그는 나에게 "건물이 마음에 들었는지, 당신이 관찰한 어리석은 점은 무엇인지, 나의 하인들의 복장이나 외모에 대해 어떤 불만이 있었는지요?"라고 물었다. 그는 이런 질문을 확신을 갖고 할 수 있었다. 왜냐하면 그에 관한 주변의 모든 것이 웅장하고, 규칙적이며, 공손했기 때문이다. "당신의 탁월한 신중함, 품질, 그리고 운이 당신을 다른 이들이 겪은 어리석음과 가난에서 비롯된 결점들로부터 벗어나 있습니다."라고 대답했다. 그가 말했다. "당신이 약 20마일 떨어진 곳에 나의 재산이 있는 나의 별장으로 간다면, 이런 종류의 대화를 나누기에 더 많은 여유가 있을 것입니다." 나는 탁월한 분께, "나는 전적으로 당신의 처분에 맡기겠습니다."라고 말했다. 따라서 우리는 다음 날 아침에 출발했다.

여행 중 그는 내가 농부들이 그들의 땅을 관리하는 여러 방법을 관찰하게 했다. 이는 나에게는 전혀 이해할 수 없는 것이었다. 왜냐하면, 아주 몇 군데를 제외하고는 옥수수 한 개나 풀 한 포기도 발견할 수 없었기 때문이다. 그러나 세 시간의 여행 후, 경치는 완전히 달라졌다. 우리는 매우 아름다운 지역에 들어섰고, 농부들의 집들이 적당한 간격으로 깔끔하게 지어져 있었다. 밭은 울타리로 둘러싸여 있었고, 포도밭, 옥수수밭, 초원이 있었다. 나는 더 즐거운 전망을 본 기억이 없다. 군주 무노디는 내 얼굴이 밝아지는 것을 보고, 한숨을 쉬며, "여기서부터 나의 영지가 시작되고, 우리가 나의 집에 도착할 때까지 계속될 것입니다. 나의 동포들은 내가 자신의 일을 더 잘 관리하지 못하고, 왕국에 나쁜 본보기를 보였다고 조롱하고 경멸했습니다. 그러나 그런 본보기를 따르는 사람은 매우 적었고, 그들 중에는 나이 많고 고집 세고 자신처럼 약한 사람들만 있었습니다."라고 말했다.

우리는 마침내 무노디의 집에 도착했으며, 그 집은 고대 건축의 최고의 규칙에 따라 지어진 정말로 고귀한 구조물이었다. 분수, 정원, 산책로, 도로, 그리고 숲은 모두 정확한 판단과 취향으로 배치되어 있었다. 나는 내가 본 모든 것에 적절한 찬사를 보냈고, 그의 탁월함은 저녁 식사 후까지는 그 사실을 전혀 알아차리지 못했다. 그때, 제3의 동반자가 없었을 때, 그는 매우 우울한 표정으로 나에게 "나는 도시와 시골의 집을 허물고 현재의 방식으로 재건해야 할 것 같다고 말했습니다. 모든 농장을 파괴하고 현대의 사용에 맞게 다른 형태로 만들어야 하며, 모든 세입자에게도 같은 지시를 해야 한다고 말했습니다. 그렇지 않으면 나는 자존심, 독특함, 과시, 무지, 변덕의 비난을 감수해야 하며, 아마도 나의 위엄에 대한 불만을 더욱 키울 것입니다. 당신이 보인 감탄은 내가 아마도 당신이 궁정에서 듣지 못한 몇 가지 세부 사항을 알려준 후에는 사라지거나 줄어들 것입니다. 그곳의 사람들은 자신들의 사색에 너무 몰두해 있어 여기 아래에서 일어나는 일에 신경을 쓰지 않습니다."라고 말했다.

그의 담화의 요지는 다음과 같다. '약 사십 년 전, 어떤 사람들이 사업이나 오락을 위해 라퓨타에 올라갔고, 다섯 달 후에 수학에 대한 아주 작은 지식만을 가지고 돌아왔지만, 그 공중 지역에서 얻은 변덕스러운 기운으로 가득 차 있었다. 이 사람들이 돌아온 후, 모든 것의 관리에 대한 불만을 품게 되었고, 모든 예술, 과학, 언어 및 기계들을 새로운 방식으로 정립하려는 계획에 빠지게 되었다. 이를 위해 그들은 라가도에 프로젝터 아카데미를 세우기 위한 왕실 특허를 취득하였고, 이러한 분위기는 사람들 사이에서 매우 강하게 퍼져서 왕국 내에 그러한 아카데미가 없는 마을이 없었다. 이들 아카데미에서 교수들은 농업과 건축, 그리고 모든 산업과 제조를 위한 새로운 규칙과 방법, 새로운 기구와 도구를 고안한다. 그리하여 그들이 주장하는 바에 따르면, 한 사람이 열 사람의 일을 할 수 있으며, 궁전은 일주일 만에 건설될 수 있고, 사용되는 재료는 수리 없이 영원히 지속될 수 있다. 땅의 모든 열매는 우리가 선택하는 계절에 따라 성숙할 것이며, 현재보다 백 배 더 증가할 것이다. 수많은 다른 행복한 제안들도 있다. 유일한 불편함은 이러한 프로젝트 중 어느 것도 아직 완벽하게 이루어지지 않았다는 것이다. 그동안 온 나라가 비참하게 황폐해져 있으며, 집들은 폐허가 되고 사람들은 음식이나 옷이 없다. 모든 것에 의해, 낙담하는 대신, 그들은 자신의 계획을 추진하는 데 있어 오히려 50배 더 강하게 몰두하고 있으며, 희망과 절망에 의해 똑같이 몰아붙여지고 있다. 그 자신은 진취적인 정신이 없기 때문에, 조상들이 지은 집에서 살고, 모든 삶의 부분에서 그들이 했던 대로 혁신 없이 행동하는 것에 만족하고 있었다. 몇몇 다른 품위 있는 사람들과 귀족들도 같은 일을 했지만, 그들은 예술의 적으로 간주되어 경멸과 악의의 눈초리를 받았으며, 자신의 편안함과 게으름을 국가의 일반적인 발전보다 우선시하는 무지한 사람들로 여겨졌다.'

존귀하신 분은 '그가 더 이상의 세부사항으로 내가 반드시 그가 가야 한다고 결심한 웅장한 아카데미를 보는 즐거움을 방해하지 않을 것'이라고 덧붙였다. 그는 내가 약 3마일 떨어진 산의 측면에 있는 폐허가 된 건물을 관찰하기를 원했다. 그에 대한 설명은 다음과 같다. '그의 집에서 반마일 떨어진 곳에 큰 강의 흐름으로 돌아가는 매우 편리한 방앗간이 있었고, 이는 그의 가족뿐만 아니라 많은 세입자들에게도 충분했다. 약 7년 전, 프로젝트를 추진하는 클럽이 그에게 와서 이 방앗간을 파괴하고 그 산의 측면에 다른 공장을 세우자는 제안을 했다. 그 긴 능선에는 물을 저장하기 위한 긴 운하가 파여야 하며, 이 물은 파이프와 기계로 방앗간에 공급되어야 했다. 왜냐하면 높은 곳의 바람과 공기가 물을 흔들어 더 움직이기 적합하게 만들었고, 경사면을 따라 내려오는 물이 강의 흐름의 절반으로 방앗간을 돌릴 수 있었기 때문이다.' 그는 '그 당시 궁정과의 관계가 좋지 않았고, 많은 친구들의 압박을 받아 제안에 따랐다. 그리고 2년 동안 100명의 인력을 고용했지만, 작업이 실패하였고, 제안자들은 떠나면서 모든 책임을 그에게 돌렸으며, 그 이후로 그를 비난하고, 다른 사람들도 같은 실험에 참여하게 하여 성공에 대한 동일한 확신과 동일한 실망을 안겼다.'라고 말했다.

며칠 후 우리는 마을로 돌아왔다. 그리고 군주 무노디는 아카데미에서의 나쁜 평판을 고려하여 나와 함께 가지 않았고, 대신 나를 그분의 친구에게 추천해서 그곳에 동행하게 했다. 나의 주인께서는 나를 프로젝트에 대한 큰 감탄자이자 호기심이 많고 쉽게 믿는 사람으로 묘사했다. 이는 그렇게 틀린 말은 아니다. 왜냐하면 나도 젊은 시절에 일종의 프로젝트를 구상한 적이 있었기 때문이다.

CHAPTER 05

저자는 라가도의 커다란 아카데미를 볼 수 있도록 허락을 받았다. 그 아카데미를 주로 설명했다. 교수들이 몰두하는 예술들에 대해 이야기한다.

이 아카데미는 하나의 단일 건물이 아니라, 거리를 따라 양쪽에 있는 여러 집의 연속으로, 폐건물을 구입하여 아카데미 용도로 사용되었다.

나는 아카데미 원장에게 매우 친절하게 대접받았고, 여러 날 동안 아카데미에 다녔다. 모든 방에는 하나 이상의 프로젝터가 있으며, 나는 500개 정도의 방이 있을 것으로 생각한다.

내가 처음 본 남자는 초라한 모습이었고, 손과 얼굴은 그을려 있었으며, 머리카락과 수염은 길고 너덜너덜하며 여러 곳이 그을려 있었다. 그의 옷, 셔츠, 피부는 모두 같은 색이었다. 그는 오랜 여름의 혹독한 날씨에 공기를 따뜻하게 데우기 위해 오이에서 햇살을 추출하는 프로젝트에 8년을 보냈다. 그는 나에게 말했다, '8년 후에 그는 합리적인 가격으로 주지사의 정원에 햇빛을 공급할 수 있을 것을 의심하지 않는다.' 그러나 그는 자신의 재고가 부족하다고 불평하며 나에게 '특히 이번 오이 시즌이 매우 비쌌기 때문에 창의성을 격려할 무언가를 주기를 부탁했다.' 그를 위해 작은 선물로 돈을 주었다. 내 주인님께서 일부러 나에게 돈을 주었기 때문이다. 그분은 그들을 방문하는 모든 사람에게 구걸하는 습관을 알고 있었다.

나는 다른 방으로 들어갔지만, 끔찍한 악취에 거의 압도당할 뻔하여 다시 돌아갈 준비가 되어 있었다. 나를 안내하는 사람은 나를 앞으로 밀어붙이며, '불쾌감을 주지 말아요, 이는 매우 불쾌하게 여겨질 것입니다.'라고 속삭였다. 그래서 나는 코를 막는 것조차 감히 하지 못했다. 이 방의 프로젝터는 아카데미에서 가장 오래된 학생이었다. 그의 얼굴과 수염은 창백한 노란색이었고, 그의 손과 옷은 더러움으로 얼룩져 있었다. 내가 그에게 소개되었을 때, 그는 나를 꼭 껴안아 주었다. 나는 그 포옹은 충분히 그냥 넘어갈 수도 있었을 것이다. 그가 학교에 처음 들어왔을 때부터 그가 한 일은 인간의 배설물을 여러 부분으로 분리하고, 담즙에서 받은 색을 제거하고, 냄새를 내뿜게 하고, 침을 뭉쳐 거품을 제거함으로써, 인간의 배설물을 원래의 음식으로 되돌리는 작업이었다. 그는 아카데미로부터 브리스틀 통만한 크기의 인간 배설물로 가득 찬 그릇을 매주 받았다.

나는 또 다른 사람을 보았는데, 그는 얼음을 화약으로 소성하는 작업을 하고 있었고, 그가 쓴 불의 가소성에 관한 논문을 나에게 보여주었으며, 그는 그것을 출판할 계획이었다.

가장 독창적인 건축가가 있었는데, 그는 지붕에서 시작하여 기초로 내려가는 새로운 집 짓는 방법을 고안했다. 그는 이 방법을 꿀벌과 거미라는 두 가지 신중한 곤충의 유사한 행동을 통해 나에게 정당화했다.

눈이 먼 남자가 있었고, 그와 같은 상태의 여러 제자들이 있었다. 그들의 일은 화가들을 위해 색을 혼합하는 것이었고, 그들의 스승은 그들이 촉감과 냄새로 구별하는 법을 가르쳤다. 그 당시 그들이 수업에서 그리 완벽하지 않다는 것을 발견한 것은 정말 불행한 일이었다. 교수님 자신도 일반적으로 잘못된 판단을 하곤 했다. 이 예술가는 전체 아카데미에 의해 많은 격려와 존경을 받고 있다.

다른 방에서 나는 쟁기, 가축 및 노동의 비용을 절감하기 위해 돼지를 이용해 땅을 갈 수 있는 장치를 발견한 프로젝터를 만나 매우 기뻤다. 방법은 이렇다. 1에이커의 땅에 6인치 간격으로 8인치 깊이로 도토리, 대추, 밤, 그리고 이 동물들이 가장 좋아하는 다른 견과류나 채소의 양을 묻는다. 그런 다음 600마리 이상의 동물을 들판으로 몰아넣으면, 며칠 내에 그들은 먹이를 찾기 위해 온 땅을 파헤치고, 동시에 그들의 배설물로 땅을 비옥하게 만들어 파종하기에 적합하게 만든다. 실험 결과, 그들은 비용과 수고가 매우 크고, 수확이 거의 없거나 전혀 없다는 것을 발견했다. 그러나 이 발명이 큰 개선 가능성이 있다는 것은 의심의 여지가 없다.

나는 또 다른 다른 방으로 들어갔다. 그곳의 벽과 천장은 모두 거미줄로 둘러싸여 있었고, 예술가가 출입할 수 있도록 좁은 통로만 있었다. 내가 들어가자 그는 큰 소리로 나에게 "나의 거미줄을 방해하지 말라!"고 외쳤다. 그는 세상이 그렇게 오랫동안 누에를 사용한 치명적인 실수를 한 것에 대해 한탄하며, "우리가 훨씬 더 뛰어난 가정용 곤충이 많았는데, 그들은 실을 뽑는 것뿐만 아니라 짜는 방법도 알고 있었다."고 말했다. 그는 또한 "거미를 이용함으로써 비단 염색 비용을 완전히 절약할 수 있다."고 제안했다. 그가 거미에게 먹이로 주는 매우 아름답게 색칠된 많은 파리를 보여주었을 때, 나는 그 말에 완전히 확신하게 되었다. 그는 그 거미줄이 그들로부터 색을 흡수할 것이라고 보장하며, 모든 색깔의 거미를 가지고 있었기 때문에 적절한 먹이를 찾는 대로 모든 사람의 취향에 맞출 수 있기를 바랐다. 그 먹이는 특정한 수지, 기름 및 기타 점착성 물질로, 실에 강도와 일관성을 부여하기 위한 것이었다.

한 천문학자가 있었는데, 그는 지구와 태양의 연간 및 일간 운동을 조정하여 마을 집의 큰 수탉 모양의 풍향계 위에 해시계를 설치하기로 하였다. 이는 바람의 모든 우연한 방향 전환에 맞추고 일치하도록 하기 위함이었다.

나는 소화불량의 작은 증상을 호소하였고, 그에 따라 나의 안내자는 나를 그 질병을 치료하는 것으로 유명한 대의사가 거주하는 방으로 안내하였다. 그는 긴 슬림한 상아 주둥이를 가진 큰 공기주입기를 가지고 있었다. 그는 그것을 항문에 8인치 깊이 삽입한 후 바람을 빨아들이며 장기를 말린 방광처럼 가늘게 만들 수 있다고 주장하였다. 그러나 병이 더 완고하고 격렬해지면, 그는 풀무에 바람이 가득 차 있을 때 주둥이를 환자의 몸속으로 들여보내어 바람을 넣은 다음, 풀무를 거두고, 엄지손가락으로 항문에 힘껏 찔러 넣는다. 그리고 이런 일을 서너 번 반복하면, 불어 넣은 바람에 의해 유독한 것이 바람과 함께 몸에서 빠져나오게 되고(펌프에 집어넣은 물처럼), 그래서 환자는 회복된다는 것이다. 나는 그가 개에게 두 가지 실험을 시도하는 것을 보았지만, 첫 번째 실험에서 어떤 효과가 있는지 알 수 없었다. 두 번째 실험 후 그 동물은 터질 듯 했고, 매우 불쾌한 방출을 하여 나와 동료들에게 큰 불쾌감을 주었다. 개는 그 자리에서 죽었고, 우리는 의사가 같은 방법으로 그를 회복시키려고 애쓰는 것을 두고 떠났다.

나는 다른 많은 방들을 방문했지만, 간결함을 중시하기 때문에 내가 관찰한 모든 신기한 것으로 인해 독자들을 괴롭히지는 않겠다.

나는 지금까지 아카데미의 한 면만 보았고, 다른 면은 사변적 학문의 진보자들에게 할당되어 있었다. 그들 중 한 사람에 대해 언급할 때, 나는 그보다 먼저 또 한 명의 저명한 인물에 대해 이야기할 것이다. 그는 그들 사이에서 '보편적인 예술가'라고 불린다. 그는 우리에게 "인간 삶의 개선을 위해 30년 동안 자신의 생각을 사용해 왔다."고 말했다. 그는 훌륭한 신기한 것으로 가득 찬 두 개의 큰 방과 일하는 50명의 남자를 두고 있었다. 어떤 이들은 공기를 건조한 유형의 물질로 응축시키기 위해 질산염을 추출하고 수분 또는 유체 입자가 침투하도록 하였고, 다른 이들은 베개와 핀 쿠션을 만들기 위해 대리석을 부드럽게 하였으며, 또 다른 이들은 살아있는 말의 발굽을 석화시켜서 발굽이 부서지는 것을 방지하고 있었다. 그 예술가는 그 당시 두 가지 큰 계획에 몰두하고 있었다. 첫 번째는 쭉정이로 땅을 뿌리는 것이었으며, 그는 여러 실험을 통해 진정한 씨앗의 미덕이 그 안에 포함되어 있다고 주장했다. 나는 전문가가 아니기 때문에 그것을 이해할 수가 없었다. 다른 하나는 특정한 고무, 광물 및 채소의 조합으로 외부에 적용되어 두 마리의 어린 양의 털 성장을 방지하기 위한 것이었으며, 그는 합리적인 시간 내에 왕국 전역에 걸쳐 벌거벗은 양의 품종을 번식시킬 수 있기를 바랐다.

우리는 아카데미의 다른 부분으로 가는 길을 건넜다. 내가 이미 말씀드린 대로, 그곳에는 탐구학습 프로젝터가 있었다.

내가 처음 본 교수님은 40명의 학생들이 있는 매우 큰 방에 계셨다. 서로 인사 후, 나를 바라보며 방의 길이와 너비의 대부분을 차지하는 틀을 진지하게 바라보는 모습을 관찰한 그는 말했다, "아마도 당신은 내가 실용적이고 기계적인 작업을 통해 사변적 지식을 향상시키는 프로젝트에 참여하는 것을 보고 놀랄지도 모릅니다. 그러나 세상은 곧 그 유용성을 인식할 것입니다. 그리고 나는 더 고귀하고 고양된 생각을 갖고 있어서 다른 어떤 사람의 머리에서 태어난 적이 없다고 자부합니다. 모든 사람은 예술과 과학에 도달하는 일반적인 방법이 얼마나 힘든지를 알고 있었습니다. 반면에 나의 고안에 의해, 가장 무지한 사람도 합리적인 비용과 약간의 육체적 노동으로 철학, 시, 정치, 법, 수학 및 신학에 관한 책을 쓸 수 있었으며, 재능이나 학습의 도움 없이도 가능합니다." 그는 그 다음에 나를 프레임이 있는 곳으로 안내했는데, 그 주위에는 그의 모든 학생들이 줄을 서 있었다. 그것은 방 중앙에 놓인 20피트 정사각형이었다. 표면은 주사위 크기 정도의 여러 조각의 나무로 구성되어 있었지만, 일부는 다른 것보다 더 컸다. 그것들은 모두 가느다란 철사로 연결되어 있었다. 이 나무 조각들은 모든 면에 붙여진 종이로 덮여 있었고, 이 종이에는 그들의 언어의 모든 단어가 여러 가지 기분, 시제 및 격으로 쓰여 있었지만, 아무런 순서 없이 쓰여 있었다. 교수님은 그때 나에게 "관찰하라!"고 요청하셨다. 왜냐하면 그가 그의 기계를 작동시키려고 했기 때문이다. 학생들은 그의 명령에 따라 프레임 가장자리에 고정된 40개의 철 손잡이를 각각 잡았고, 갑자기 돌리자 단어의 전체 배열이 완전히 바뀌었다. 그는 그 후 36명의 소년들에게 프레임에 나타나는 여러 줄을 부드럽게 읽도록 명령했으며, 문장의 일부가 될 수 있는 세 개 또는 네 개의 단어가 함께 있는 경우, 네 명의 남은 소년들에게 그 단어를 받아쓰게 했다. 이 작

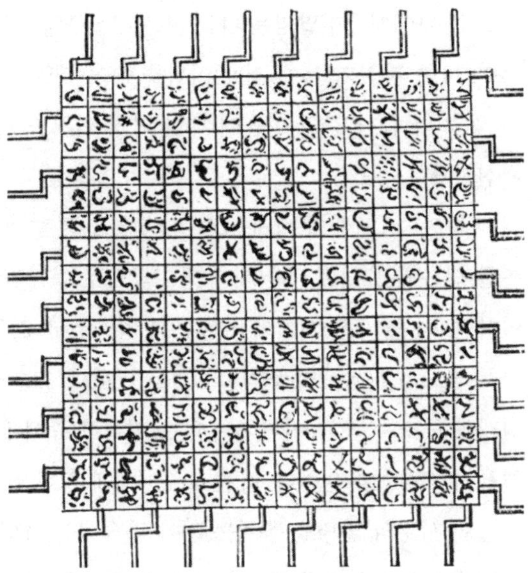

탐구학습 프로젝터-책을 집필할 수 있는 실용적인 기계

업은 세 번 또는 네 번 반복되었으며, 매번 엔진은 매우 정교하게 설계되어 단어들이 새로운 위치로 이동하였고, 나무의 정사각형 조각들이 뒤집혔다.

하루에 여섯 시간 동안 젊은 학생들이 이 노동에 종사하였고, 교수님은 내가 조각난 문장으로 이미 수집된 여러 권의 대형 2절판으로 된 책을 보여주셨다. 그는 이 자료들을 조합하여 모든 예술과 과학의 완전한 체계를 세상에 제공할 계획이었다. 그러나 대중이 라가도에서 이러한 프레임 500개를 제작하고 활용하기 위한 기금을 조성한다면, 이 작업은 여전히 개선될 수 있으며 훨씬 더 신속하게 진행될 수 있다. 또한 관리자들이 각자의 수집품을 공동으로 기부하도록 의무화할 수도 있다.

그는 나에게 "이 발명은 나의 젊은 시절부터 모든 생각을 담아냈으며, 나는 자신의 틀에 전체 어휘를 쏟아 부었고, 책에서 명사, 동사 및 기타 품사 간의 비율에 대한 가장 엄격한 계산을 하였다."고 확신시켰다.

나는 이 저명한 분에게 그의 뛰어난 소통 능력에 대해 가장 겸손한 인사를 드렸고, "만약 제가 고국으로 돌아갈 수 있는 행운이 있다면, 이 놀라운 기계의 유일한 발명가로서 교수님이 정당한 평가를 받도록 약속드리겠습니다."라고 말했다. 교수님에게 이 기계의 형태와 구조를 내가 여기 첨부한 도면처럼 종이에 그릴 수 있도록 허락해 주시기를 원했다. 나는 교수님에게 말했다, "비록 유럽의 학자들이 서로의 발명을 훔치는 것이 관습이라 하더라도, 그로 인해 최소한 이점이 있었던 것은 누가 진정한 소유자인지를 두고 논란이 되었던 것이었습니다. 그러나 나는 교수님이 경쟁자가 없이 온전한 명예를 가질 수 있도록 그러한 주의를 기울일 것입니다."

우리는 다음으로 언어 학교에 갔고, 그곳에서 세 명의 교수들이 자국의 언어 개선에 대해 상담하고 있었다.

첫 번째 프로젝트는 다중 음절을 하나로 줄이고 동사와 분사를 생략하는 것이다. 실제로 상상할 수 있는 모든 것은 명사에 불과하다.

다른 프로젝트는 모든 단어를 완전히 없애는 계획이었으며, 이는 건강과 간결성 측면에서 큰 장점으로 주장되었다. 우리가 말하는 모든 단어는 어느 정도 폐를 부식시켜 줄어들게 하며, 결과적으로 우리의 수명을 단축시키는 데 기여한다는 것은 분명하다. 따라서 '단어는 사물의 이름에 불과하므로, 모든 사람이 특정한 일에 대해 이야기할 때 필요한 사물을 지니고 다니는 것이 더 편리할 것'이라는 방안이 제안되었다. 그리고 이 발명은 주제의 큰 편안함과 건강을 위해 확실히 이루어졌을 것이지만, 여성들이 일반 대중과 무식한 사람들과 함께 그들의 조상들처럼 말할 자유를 허용하지 않으면 반란을 일으키겠다고 위협하지 않았다면 그랬을 것이다. 일반 대중은 과학에 대한 끊임없는 화해할 수 없는 적이다. 그러나 가장 학식이 깊고 지혜로운 사람들 중 많은 이들이 사물로 자신을 표현하는 새로운 방식에 따른다. 이 방식의 단점은 만약 한 사람의 일이 매우 크고 다양한 종류라면, 그는 비례적으로 더 많은 짐을 지고 다녀야 한다는 것이다. 그렇지 않으면 그를 도와줄 강한 하인을 한두 명 고용할 수 있어야 한다. 나는 종종 두 명의 그런 현자들이 짐의 무게에 거의 눌려서 가는 것을 보았다. 그들은 우리 사이의 행상인처럼, 길에서 만났을 때 짐을 내려놓고, 자루를 열고, 한 시간 동안 대화를 나누었다. 그런 다음 그들은 도구를 다시 챙기고 서로의 짐을 도와주며 작별 인사를 했다.

그러나 짧은 대화의 경우, 남자는 주머니와 팔 아래에 필요한 도구를 충분히 가지고 다닐 수 있으며, 집에서는 부족함이 없을 수 있다. 따라서 이 기술을 연습하는 사람들이 모이는 방은 이러한 종류의 인공 대화를 위한 자료를 제공하는 모든 것이 준비되어 있다.

이 발명에 의해 제안된 또 다른 큰 장점은, 모든 문명국가에서 이해될 수 있는 보편적인 언어로 기능할 것이라는 점이었다. 이러한 국가들은 일반적으로 같은 종류의 상품과 도구를 가지고 있거나 거의 유사하기 때문에 그 사용법을 쉽게 이해할 수 있다. 따라서 대사들은 그들의 언어에 전혀 익숙하지 않은 외국의 왕이나 국가의 장관들과 교섭할 자격을 갖추게 될 것이다.

나는 수학 학교에도 갔었고, 그곳에서 스승은 유럽에서는 상상

짐을 내려놓고 대화를 하는 현자들

하기 힘든 방법으로 제자들을 가르쳤다. 명제와 증명은 얇은 조각에 잘 쓰여 있었고, 잉크는 두족 색소로 구성되어 있었다. 학생은 공복 상태에서 이것을 삼켜야 하며, 그 후 3일 동안 빵과 물만 먹어야 했다. 조각이 소화되면서 두족 색소가 그의 뇌로 올라가며 명제를 함께 가져갔다. 그러나 성공은 지금까지 만족스럽지 않았다. 부분적으로는 양이나 조성의 오류 때문이고, 부분적으로는 이 알약이 너무 구역질나서 일반적으로 학생들이 옆으로 도망쳐서 알약이 작용하기도 전에 위로 배출되기 때문이다. 그들은 처방전이 요구하는 만큼 오랜 금식을 하도록 설득되지도 않았다.

CHAPTER 06

아카데미에 대한 추가적인 설명을 한다. 저자는 몇 가지 개선 사항을 제안하며, 이 제안들은 존중받고 있다.

정치적 기획자들의 학교에서 나는 그다지 잘 대접받지 못했다. 교수들은 내 판단으로는 완전히 제정신이 아닌 것처럼 보였고, 이는 나를 항상 우울하게 만들었다. 이 불행한 사람들은 군주들이 지혜, 능력, 미덕을 기준으로 총애하는 신하를 선택하도록 설득하는 계획을 제안하고 있었고, 장관들이 공공의 이익을 고려하도록 가르치고, 공로, 뛰어난 능력, 탁월한 봉사를 하는 자를 보상하고, 왕자들이 자신의 진정한 이익을 알도록 가르치기 위해 국민의 이익과 동일한 기초에 두도록 하며, 직무를 수행할 자격이 있는 사람들을 선택하고, 인간의 마음속에 결코 들어본 적이 없는 많은 다른 엉뚱하고 불가능한 환상들을 제시하고 있었다. 그래서 이는 나에게 '어떤 철학자들이 진리로 주장하지 않은 것이 없다.'는 오랜 옛말이 그르지 않음을 확증시켰다.

하지만, 나는 아카데미의 이 부분에 대해 모든 사람들이 그렇게 비현실적이지 않았다는 것을 인정함으로써 공정하게 대할 것이다. 매우 독창적인 의사가 있었는데, 그는 정부의 전체 성격과 시스템에 대해 완벽하게 숙지한 것처럼 보였다. 이 저명한 인물은 여러 종류의 공공 행정이 지배하는 사람들의 악덕이나 약점, 그리고 복종해야 하는 사람들의 방종으로 인해 발생하는 모든 질병과 부패에 대한 효과적인 치료법을 찾는 데 그의 연구를 매우 유용하게 활용했다. 예를 들어, 모든 작가와 사상가들이 자연적인 사람의 몸과 정치적인 몸 사이에 엄격한 보편적 유사성이 있다고 동의한 반면, 두 가지 모두의 건강이 동일한 처방으로 유지되고 질병이 치료되어야 한다는 것보다 더 명백한 것이 있을 수 있을까? 허용되는 것은 상원과 대의회가 종종 잉여적이고 과도하며 기타 잘못된 기분으로 괴롭힘을 받는다는 것이다. 많은 두통과 더 많은 심장 질환, 강한 경련, 양손의 신경과 힘줄의 심각한 수축, 특히 오른손에서 발생한다. 비장, 가스, 어지러움, 그리고 망상으로 고통 받으며, 악취 나는 고름으로 가득 찬 결핵성 종양, 신맛 나는 거품 같은 트림, 개와 같은 식욕, 소화의 미숙함 등 언급할 필요도 없는 많은 다른 질병들이 있다. 따라서 이 의사는 다음과 같이 제안했다. "상원 회의가 열릴 때, 특정 의사들이 그들의 회의 첫 3일 동안 참석하고, 각 날의 토론이 끝난 후 모든 상원의원의 맥박을 측정해야 합니다. 그 후, 여러 질병의 본질과 치료 방법에 대해 충분히 고려하고 상담한 후, 네 번째 날에 약사들과 함께 적절한 약품을 준비하여 상원 회의에 돌아가야 합니다. 그리고 의원들이 앉기 전에 각 의원에게 그들의 경우에 따라 진정제, 소화제, 세척제, 부식제, 수렴제收斂劑, 완화제, 완하제緩下劑(설사약), 두통약, 황달약, 거담제, 청각약을 투여해야 하며, 이러한 약물이 작용하는 대로 다음 회의에서 반복하거나 변경하거나 생략해야 합니다."

"이 프로젝트는 대중에게 큰 비용이 들지 않을 것이며, 제 부족한 의견으로는 상원들이 입법 권력을 일부 가지고 있는 국가에서 비즈니스의 신속한 처리를 위해 많은 도움이 될 수 있습니다. 일치된 의견을 형성하고, 토론을 단축시키며, 현재 닫혀 있는 몇몇 입을 열고, 현재 열려 있는 많은 입을 닫게 할 수 있습니다. 젊은이들의 경솔함을 억제하고, 노인들의 고집을 바로잡으며, 어리석은 사람들을 깨우고, 건방진 사람들을 억제할 수 있습니다."

다시 말하자면, 일반적인 불만이기 때문에 왕자들의 총애를 받는 사람들이 짧고 약한 기억으로 괴로워한다는 것이다. 이 의사는 "첫 번째 장관을 만나는 사람은 자신의 일을 최대한 간결하고 명확한 말로 전달한 후, 떠날 때 해당 장관의 코를 꼬집거나 배를 차거나 발가락을 밟거나 양쪽 귀를 세 번 잡아당기거나 바지에 핀을 찔러 넣거나 팔을 검게 파랗게 쥐어짜서 잊어버리지 않도록 해야 하며, 매 접견 때마다 같은 작업을 반복하여 일이 끝날 때까지 또는 완전히 거부될 때까지 해야 합니다."고 제안했다.

그는 또한 "국가의 대의회에서 모든 상원이 자신의 의견을 제시하고 그것을 방어하기 위해 논쟁한 후, 반드시 정반대의 투표를 해야 합니다. 왜냐하면 그렇게 된다면 결과는 반드시 공공의 이익으로 귀결될 것이기 때문입니다."라고 지시했다.

한 국가의 정당들이 서로 폭력적일 때, 그는 그들을 화해시키기 위한 놀라운 고안을 제시했다. 방법은 이렇다. '각 정당의 지도자 100명을 취한다. 그들을 머리가 가장 가까운 두 쌍으로 나눈다. 그런 다음 두 명의 훌륭한 작업자가 각 커플의 후두부를 동시에 절단하여 뇌가 균등하게 나눌 수 있도록 한다. 이렇게 잘라낸 후두부들을 서로 바꾸어 각각 상대방의 머리에 바르게 붙인다.' 정확성을 요구하는 작업인 것 같지만, 교수님은 "능숙하게 수행된다면 치료는 확실할 것"이라고 우리에게 확신시켰다. 그는 이렇게 주장했다. '두 개의 반쪽 뇌가 한 두개골 안에서 서로 논의하게 되면, 곧 좋은 이해에 도달하고, 그러한 절제와 사고의 규칙성을 만들어낼 것이라고, 이는 세상에 들어와서 그 움직임을 지켜보고 통치하기만 한다고 생각하는 사람들의 머리에서 매우 바라는 것이다. 그리고 파벌의 지도자들 사이에서 뇌의 양이나 질의 차이에 관해서는, 의사 선생님은 자신의 지식에 근거하여, 그것은 완벽한 사소한 일'이라고 우리에게 확신시켰다.

두 교수 사이에서 매우 따뜻한 토론을 들었다. 그들은 주제를 괴롭히지 않으면서 자금을 모으는 가장 편리하고 효과적인 방법에 대해 이야기했다. 첫 번째 교수는 "가장 정당한 방법은 악과 어리석음에 특정 세금을 부과하는 것이며, 각 개인에게 부과될 금액은 이웃의 배심원에 의해 가장 공정한 방식으로 평가되어야 합니다."라고 주장했다. 두 번째 교수는 정반대의 의견을 가지고 있었다. "사람들이 주로 자신을 가치 있게 여기는 신체적 및 정신적 특성에 세금을 부과해야 하며, 세금의 비율은 뛰어남의 정도에 따라 더 많거나 적어야 하고, 그 결정은 전적으로 그들 자신의 마음에 맡겨져야 합니다."라고 말했다. 가장 높은 세금은 다른 성의 가장 큰 사랑을 받는 남자들에게 부과되었으며, 세금은 그들이 받은 호의의 수와 성격에 따라 평가되었다. 그들은 자신의 증명서로 인정받을 수 있다. 재치, 용기, 그리고 예의 또한 크게 세금을 부과하고, 모든 사람이 자신이 가진 것의 양에 대해 자신의 말을 제공함으로써 같은 방식으로 징수될 것을 제안했다. 그러나 명예, 정의, 지혜, 그리고 학문에 대해서는 전혀 세금을 부과해서는 안 된다. 왜냐하면 그것들은 매우 독특한 자격이기 때문에, 어떤 남자도 이웃에게 그것들의 가치를 인정하거나 자신에게 가치를 두지 않을 것이기 때문이다.

여성들은 그들의 아름다움과 옷을 입는 기술에 따라 세금을 부과 받는 것으로 제안되었으며, 그들은 남성과 동일한 특권을 가지고 있었고, 이는 그들 자신의 판단에 의해 결정되었다. 그러나 지속성, 순결, 좋은 감각, 그리고 좋은 성격은 평가되지 않았다. 왜냐하면 그것들은 징수의 부담을 감당할 수 없기 때문이다.

상원의원은 왕관의 이익을 유지하기 위해, 구성원들이 직업을 추첨하도록 제안되었다. 모든 남자는 먼저 맹세를 하고 보증을 제공하여, 당첨 여부에 관계없이 궁정을 위해 투표할 것이라고 약속해야 했다. 그 후, 패자들은 다음 공석에 대해 추첨할 자유를 가졌다. 이렇게 해서 희망과 기대가 유지될 수 있었고, 누구도 약속이 깨졌다고 불평하지 않았으며, 실망을 전적으로 운에 돌리게 되었다. 운명의 어깨가 내각보다 더 넓고 강한 어깨를 가지고 있다.

다른 교수님께서 정부에 대한 음모와 음모를 발견하기 위한 지침이 담긴 큰 종이를 보여주셨다. 그는 위대한 정치인들에게 모든 의심스러운 사람들의 식단을 조사할 것을 조언했다. 그들의 식사 시간, 침대에서 누운 쪽, 엉덩이를 닦는 손, 배설물의 엄격한 관찰, 그리고 색깔, 냄새, 맛, 일관성, 소화의 미숙함이나 성숙함을 통해 그들의 생각과 계획을 판단하라고 했다. 왜냐하면 사람들은 배변할 때만큼 진지하고 사려 깊고 집중하지 않는 때가 없기 때문이다. 그는 자주 실험을 통해 이를 발견했다. 그러므로 그런 상황에서 그는 단순히 시험으로 왕을 죽이는 가장 좋은 방법을 생각했을 때 그의 배설물은 초록색을 띠었지만, 단지 반란을 일으키거나 수도를 불태우는 것만 생각했을 때는 전혀 달랐다.

전체 담론은 매우 날카롭게 작성되었으며, 정치인들에게 호기심을 자극하고 유용한 많은 관찰을 포함하고 있지만, 내가 생각하기에 완전하지는 않았다. 나는 이를 저자에게 말할 용기를 내었고, 그가 원한다면 몇 가지 추가 사항을 제공하겠다고 제안했다. 그는 "더 많은 정보를 기꺼이 받겠다."고 내게 말하며 작가들, 특히 기획하는 유형의 작가들 사이에서 흔히 있는 것보다 더 순응적으로 내 제안을 받아들였다.

그 교수는 이러한 관찰을 전달해 준 것에 대해 나에게 큰 감사를 표했고, 그의 논문에서 나를 명예롭게 언급하겠다고 약속했다.

나는 이 나라에서 더 오래 머무를 수 있는 어떤 것도 더 이상 발견하지 못했다. 그래서 영국으로 돌아가는 것을 생각하기 시작했다.

CHAPTER 07

저자는 라가도를 떠나 말도나다에 도착한다. 배가 준비되어 있지 않았다. 저자는 글럽덥드립으로 짧은 항해를 한다. 저자는 주지사에 의한 환영을 받는다.

이 왕국이 속한 대륙은 내가 믿을 이유가 있는 대로 동쪽으로는 캘리포니아 서쪽의 미지의 지역까지, 북쪽으로는 라가도에서 150마일이 채 되지 않는 태평양까지 뻗어 있다. 그곳에는 좋은 항구가 있으며, 북서쪽 약 북위 29°와 경도 140°에 위치한 럭낵이라는 큰 섬과 많은 상업이 이루어진다. 럭낵은 일본의 남동쪽에 위치하며, 약 100리그 정도 떨어져 있다. 일본 황제와 럭낵 왕 사이에는 엄격한 동맹이 있으며, 이는 한 섬에서 다른 섬으로 항해할 수 있는 빈번한 기회를 제공한다. 따라서 나는 유럽으로 돌아가기 위해 이 방향으로 항로를 정하기로 결심했다. 나는 길을 안내할 가이드와 함께 두 마리의 노새를 빌려서 내 작은 짐을 실어 나르게 했다. 나에게 많은 호의를 베풀어 주신 귀족 보호자에게 작별 인사를 하고, 떠날 때

관대한 선물을 받았다.

나의 여행은 이야기할 만한 사고나 모험 없이 진행되었다. 말도나다 항구(그렇게 불리는 곳)에 도착했을 때 럭낵으로 향하는 배는 항구에 없었고, 당분간 있을 가능성도 없었다. 그 도시는 포츠머스만큼 컸다. 나는 곧 몇몇 사람들과 친분을 쌓았고, 매우 환대를 받았다. 한 명망 있는 신사가 나에게 말을 걸었다. "럭낵으로 향하는 배들이 한 달 이내에 준비될 수 없으니, 남서쪽으로 약 5리그 떨어진 작은 섬 글럽덥드립으로 여행하는 것이 당신에게 유쾌한 즐거움을 줄 수 있을 것입니다." 그는 나와 함께할 친구를 제안하며, 여행을 위해 작은 편리한 배를 제공하겠다고 했다.

글럽덥드립은 내가 이 단어를 해석할 수 있는 한 '마법사 또는 마술사의 섬'을 의미한다. 그것은 영국의 와이트 섬의 약 3분의 1 크기이며, 매우 비옥하다. 이 섬은 모두 마법사인 특정 부족의 족장에 의해 통치된다. 이 부족은 서로 간에만 결혼하며, 계승의 맏이가 왕자 또는 총독이 된다. 그는 고귀한 궁전과 약 3,000에이커의 공원을 가지고 있으며, 20피트 높이의 잘 다듬어진 돌로 된 벽으로 둘러싸여 있다. 이 공원에는 가축, 곡물 및 정원을 위한 여러 개의 작은 울타리가 있다.

족장과 그의 가족은 다소 특이한 종류의 하인들에 의해 대접받고 있다. 그는 강령술에 대한 그의 능력으로 죽은 자들 중 원하는 사람을 부르고 24시간 동안 그들의 봉사를 명령할 수 있는 권한을 가지고 있지만, 그 이상은 아니다. 또한 그는 매우 특별한 경우를 제외하고는 같은 사람을 3개월 이내에 다시 부를 수 없다.

우리가 오전 11시경에 섬에 도착했을 때, 나와 동행한 신사 중 한 명이 족장에게 가서 그의 고귀한 분을 모시기 위해 특별히 온 낯선 사람의 입장을 요청했다. 이는 즉시 허가되었고, 우리는 세 명 모두 무장하고 매우 고풍스러운 복장을 한 두 줄의 경비대 사이로 궁전의 문을 통과했다. 그들의 표정에는 내가 표현할 수 없는 공포로 내 살이 오싹해지는 무언가가 있었다. 우리는 여러 궁전의 방들을 지나갔고, 양쪽에 같은 종류의 하인들이 서 있었으며, 이전과 같이 대기하고 있었다. 그러다가 우리는 족장의 대면실에 도착했다. 그곳에서 족장에게 세 번 깊은 절을 하고 몇 가지 일반적인 질문을 받은 후, 우리는 그의 고귀한 왕좌의 가장 낮은 계단 근처에 있는 세 개의 의자에 앉을 수 있었다. 족장은 발니바비의 언어를 이해했지만, 이 섬의 언어와는 달랐다. 그는 내게 여행에 대한 이야기를 해주기를 원했으며, 내가 예의를 따지지 않고 대우받는 다는 것을 보여주기 위해 손가락을 한 번 튕기며 모든 하인을 해산시켰다. 그 순간, 나는 큰 놀라움에 빠졌고, 그들은 갑자기 깨어날 때 꿈에서의 환상처럼 순식간에 사라졌다. 나는 족장이 "해를 입지 않을 것"이라고 확신시켜 주기 전까지는 한동안 스스로 진정할 수 없었다. 그리고 나와 같은 방식으로 자주 대접받았던 두 동료가 아무 걱정도 하지 않는 것을 보면서 용기를 내기 시작했고, 그의 고귀한 분께 나의 여러 모험에 대한 짧은 이야기를 전했다. 그러나 약간의 주저함이 있었고, 내가 그 집안의 유령들을 보았던 곳을 자주 뒤돌아보았다. 나는 족장과 함께 저녁을 먹는 영광을 누렸다. 그곳에서는 새로운 유령들이 고기를 제공하고 테이블에서 대기했다. 나는 이제 아침보다 덜 두려워하는 나 자신을 관찰했다. 나는 해질 무렵까지 머물렀지만, 그의 고귀하신 분께 궁전에서의 숙소 초대를 수락하지 못한 점을 양해해 주시기를 겸손히 요청했다. 나와 두 친구는 이 작은 섬의 수도에 인접한 사유 주택에 머물렀고, 다음 날 우리는 족장께 우리의 의무를 다하기 위해 돌아갔다.

이러한 방식으로 우리는 섬에서 열흘을 계속 보냈고, 매일 대부분의 시간은 족장과 함께하며 밤에는 우리의 숙소에서 지냈다. 나는 곧 영혼의 모습을 보는 것에 익숙해져서 세 번째나 네 번째 때에는 전혀 감정이 없었다. 만약 남아 있는 두려움이 있었다면, 호기심이 그것을 압도했다. 고귀하신 족장께서 나에게 주문을 했다. "세상 시작부터 현재까지 모든 죽은 자들 중에서 당신이 선택할 수 있는 어떤 인물도, 어떤 수라도 불러내고, 당신이 적합하다고 생각하는 질문에 대답하도록 주문하시오. 단, 당신의 질문은 그들이 살았던 시대의 범위 내에 한정되어야 합니다. 그리고 당신이 의지할 수 있는 한 가지는, 그들이 반드시 진실을 말할 것이라는 점입니다. 왜냐하면 거짓말은 저세상에서 쓸모없는 재능이기 때문입니다."

나는 고귀한 분에게 이렇게 큰 은혜에 대해 겸손한 감사를 표했다. 우리는 공원이 잘 보이는 방에 있었다. 그리고 처음에는 화려함과 웅장함의 장면을 즐기고 싶었기 때문에, 나는 알렉산더 대왕이 그의 군대의 수장으로서 아르벨라 전투 직후의 모습을 보고 싶다고 요청했다. 그러자 족장의 손가락 움직임에 따라 즉시 우리가 서 있던 창문 아래의 넓은 들판에 나타났다. 알렉산더 대왕은 방으로 불려왔다. 나는 그의 그리스어를 이해하는 데 큰 어려움을 겪었다. 내 그리스어 실력이 형편없었기 때문이다. 그는 나에게 그의 명예를 걸고 "나는 독살당하지 않았고, 과음으로 인한 심한 열병으로 죽었다."고 나를 확신시켰다.

다음으로, 나는 한니발이 알프스를 지나가는 것을 보았고, 그는 "그의 진영에는 식초 한 방울도 없다."고 말했다.

나는 카이사르와 폼페이가 그들의 군대 앞에 있는 것을 보았고,

그들은 전투를 시작할 준비가 되어 있었다. 나는 전자의 마지막 위대한 승리를 보았다. 나는 로마의 원로원이 나에게 한 큰 방에서 나타나기를 원했고, 반대편에는 다소 후대의 집회가 있기를 원했다. 첫 번째 집회는 영웅과 반신의 모임처럼 보였고, 다른 하나는 행상, 소매치기, 강도, 그리고 불량배들의 무리처럼 보였다.

족장은 내 요청에 따라 카이사르와 브루투스가 우리 쪽으로 나아가도록 신호를 주었다. 브루투스를 보았을 때 깊은 존경심이 들었고, 그의 얼굴의 모든 선명한 특징에서 가장 완벽한 미덕, 가장 큰 용기와 마음의 확고함, 조국에 대한 진정한 사랑, 그리고 인류에 대한 일반적인 자애를 쉽게 발견할 수 있었다. 나는 이 두 사람이 서로 좋은 관계에 있다는 것을 매우 기쁘게 지켜보았다. 그리고 카이사르는 나에게 자유롭게 고백했다, "나의 인생에서 가장 위대한 행동들이 카이사르의 목숨을 빼앗는 영광에 비하면 여러 면에서 미치지 못한다." 나는 브루투스와 많은 대화를 나눌 영광을 가졌고, 그는 조상인 "유니우스, 소크라테스, 에파미논다스, 젊은 카토, 토마스 모어 경, 그리고 그 자신이 영원히 항상 함께 있었다."고 말했다. 모든 시대가 일곱 번째를 추가할 수 없는 육인조였다.

독자에게 고대의 모든 시대를 제시하며 세상을 보고자 하는 저의 끝없는 욕망을 충족시키기 위해 얼마나 많은 저명한 인물들이 소환되었는지를 이야기하는 것은 지루할 것이다. 나는 주로 폭군과 강탈자의 파괴자들, 그리고 억압받고 상처받은 국가들에게 자유를 회복시킨 이들을 바라보며 눈을 즐겁게 했다. 그러나 그러한 방식으로 독자에게 적합한 즐거움으로 만들 수 있을 만큼 내 마음속에서 받은 만족을 표현하는 것은 불가능하다.

CHAPTER 08

글럽덥드립에 대해서 추가적으로 설명한다. 고대와 현대의 역사가 수정되었다.

고대의 지혜와 학문으로 가장 유명한 이들을 보고자 하는 열망이 있어, 나는 일부러 하루를 따로 정했다. 나는 호메로스와 아리스토텔레스가 모든 주석가들 중에서 가장 앞에 나타나기를 제안했지만, 그들은 너무 많아서 수백 명이 궁전의 궁정과 외부 방에 참석해야 했다. 나는 두 영웅을 처음 보자마자 군중 속에서도, 서로서도 구별할 수 있었다. 호메로스는 두 사람 중에서 더 키가 크고 잘생긴 사람이었으며, 그의 나이에 비해 매우 곧게 걸었고, 그의 눈은 내가 본 것 중에서 가장 날카롭고 예리했다. 아리스토텔레스는 많이 구부정하게 서 있었고 지팡이를 사용했다. 그의 얼굴은 여위었고, 머리는 축 처지고 가늘었으며, 목소리는 허공에 공허하게 떠 있는 것 같았다. 나는 곧 그들 둘이 나머지 사람들과는 전혀 모르는 사이였고, 이전에 그들을 본 적도 들은 적도 없다는 것을 알게 되었다.

그리고 나는 이름을 밝힐 수 없는 유령으로부터 속삭임을 들었다. "이 해설자들은 항상 그들의 주인과 가장 먼 곳에 머물렀습니다. 이는 그들이 후세에 그 두 사람의 의미를 끔찍하게 왜곡했기 때문에 부끄러움과 죄책감을 느끼는 것입니다." 나는 디디무스와 에우스타티오스를 호메로스에게 소개했고, 그들을 아마도 그들이 받을 자격이 있는 것보다 더 잘 대하도록 설득했다. 왜냐하면 호메로스는 곧 그들이 시인의 정신에 들어갈 재능이 필요하다는 것을 알게 되었기 때문이다. 그러나 아리스토텔레스는 내가 스코투스와 라무스를 그에게 소개했을 때 그에 대한 설명에 대해 모든 인내심을 잃었다. 그리고 그는 그들에게 "나머지 부족도 당신들만큼 큰 바보인가?"라고 물었다.

나는 그 후 족장에게 데카르트와 가상디를 불러 아리스토텔레스에게 그들의 체계를 설명하도록 요청했다. 이 위대한 철학자는 자연 철학에서 자신의 실수를 자유롭게 인정했는데, 이는 그가 많은 것에 대해 추측에 의존했기 때문이다. 그리고 그는 에피쿠로스의 교리를 가능한 한 그럴듯하게 만든 가상디의 가설과, 데카르트의 소용돌이 가설도 마찬가지로 폭로되어야 한다는 것을 발견했다. 그는 현재의 학자들이 그렇게 열정적으로 주장하는 만유인력설도 동일한 운명을 예측했다. 그는 "자연의 새로운 시스템은 단지 새로운 유행일 뿐이며, 매 시대마다 변할 것이다. 심지어 그것을 수학적 원리에서 입증하려고 하는 사람들도 짧은 기간 동안만 번창할 것이며, 그것이 결정되었을 때 유행에서 사라질 것이다."라고 말했다.

나는 고대의 많은 학자들과 대화하는 데 5일을 보냈다. 나는 대부분의 초기 로마 황제들을 보았다. 나는 족장에게 헬리오가발루스의 요리사들을 불러 저녁을 준비하게 하도록 설득했지만, 재료가 부족하여 그들의 기술을 많이 보여줄 수 없었다. 아게실라오스의 한 노예가 우리에게 스파르타 국물 요리를 만들어 주었지만, 나는 두 숟가락도 먹을 수 없었다.

두 신사께서 나를 섬으로 안내해 주셨는데, 그들은 개인적인 일로 인해 삼일 후에 돌아가야 했다. 나는 그 시간을 이용하여 지난 200~300년 동안 우리나라와 유럽의 다른 나라에서 가장 두드러진 현대의 고인들을 만나보았다. 또한, 나는 항상 오래된 저명한 가문을 매우 존경해 왔기 때문에, 족장에게 8~9세대에 걸친 12~24명 정도의 왕들과 그들의 조상들을 불러주실 것을 요청했다. 하지만 나의 실망은 심각하고 예상치 못한 것이었다. 왜냐하면, 왕관을 쓴 긴 기차 대신 한 가족에서 두 명의 바이올리니스트, 세 명의 스프루스 귀족, 그리고 한 명의 이탈리아 주교를 보았기 때문이다. 다른 가족에서는 이발사, 수도원장, 그리고 두 명의 추기경이 있었다. 나는 왕관을 쓴 머리에 대해 너무 큰 존경심을 가지고 있어서 이렇게 세심한 주제에 더 이상 머무르고 싶지 않다. 그러나 백작, 후작, 공작, 자작과 같은 사람들에 대해서는 그렇게 까다롭지 않았다. 그리고 나는 고백한다. 특정 가족들이 구별되는 특징을 그들의 원본까지 추적할 수 있게 된 것이 약간의 기쁨이 없지 않았다. 나는 한 가족이 긴 턱을 어떻게 유래했는지, 두 번째 가족이 두 세대 동안 악당으로 가득 찼고, 또 두 세대 동안 바보로 가득 찼는지, 세 번째 가족이 왜 미친 사람으로, 네 번째 가족이 왜 사기꾼으로 되었는지를 명확히 발견할 수 있었다. 폴리도어 버질이 어떤 대가족에 대해 말한 것처럼, "강한 남자도, 정숙한 여자도 없다." 잔인함, 거짓말, 비겁함이 특정 가족의 문장만큼이나 구별되는 특징이 되었다. 어떤 귀족 가문이 처음으로 매독을 가져왔는지, 그 가문이

후손에게 선천적으로 결핵성 종양을 물려주었는지를 알 수 있었다. 나는 시동, 하인, 시종, 마부, 도박꾼, 바이올리니스트, 연주자, 대장, 소매치기들에 의해 혈통의 중단을 보았을 때, 이 모든 것에 대해 전혀 놀라지 않을 수 없었다.

나는 주로 현대 역사에 대해 혐오감을 느꼈다. '모든 왕실에서 가장 유명한 인물들을 엄격히 조사한 결과, 나는 지난 백 년 동안 세상이 매춘부 작가들에 의해 어떻게 잘못 인도되었는지를 발견했다. 전쟁에서의 가장 위대한 업적이 겁쟁이들에게, 가장 지혜로운 조언이 바보들에게, 진실성이 아첨꾼들에게, 로마의 미덕이 조국을 배신하는 자들에게, 경건함이 무신론자들에게, 순결이 소돔인들에게, 진리가 고자질꾼들에게 귀속되었다. 얼마나 많은 무고하고 뛰어난 인물들이 대신들의 행위와 판사들의 부패, 그리고 파벌의 악의에 의해 사형이나 추방을 당했는가! 얼마나 많은 악당들이 신뢰, 권력, 존엄, 이익의 가장 높은 자리에 올랐는가! 매춘부, 창녀, 포주, 아첨꾼, 광대들이 법원, 의회, 상원에서의 움직임과 사건에 얼마나 큰 몫을 주장할 수 있었는가! 인간의 지혜와 성실성에 대한 나의 낮은 의견은, 내가 세계의 위대한 기업과 혁명들의 원천과 동기를 진정으로 알게 되었을 때, 그리고 그들이 성공을 거둔 경멸할 만한 우연들에 대해 알게 되었을 때 더욱 심해졌다.'

여기에서 나는 일화나 비밀 역사를 쓰는 척하는 사람들의 사기와 무지를 발견했다. 그들은 독약 한 잔으로 많은 왕들을 무덤으로 보내고, 증인이 없는 곳에서 왕자와 수상 간의 대화를 반복하며, 대사와 국무장관의 생각과 비밀을 열어보며, 항상 오해를 받는 불행을 겪는다. 여기에서 나는 세상을 놀라게 한 많은 위대한 사건의 진정한 원인을 발견했다. 어떻게 한 창녀가 뒷문을 지배하고, 뒷문이

회의를, 회의가 상원을 지배할 수 있는지를 말이다. 한 장군은 내 앞에서 "그가 순전히 비겁함과 나쁜 행동의 힘으로 승리를 얻었다."고 고백했고, 한 제독은 "적에게 배신할 의도로 아군의 함선을 넘겨주려 하였지만, 적에 대한 적절한 정보가 부족해서 적을 이겼다."고 말했다. 세 왕은 나에게 "통치 기간 동안 실수이거나 신뢰했던 어떤 장관의 배신이 없다면 결코 유능한 사람을 선호하지 않았다."고 주장했다. 그들은 "부패 없이는 왕좌를 지탱할 수 없으며, 미덕이 사람에게 주입한 긍정적이고 고집 센 성격이 공공 업무에 지속적인 장애물이었다."고 강력한 이유로 주장했다.

특정한 방식으로 많은 사람들이 어떻게 높은 명예의 칭호와 막대한 재산을 얻었는지에 대해 질문하고자 하는 호기심이 있었다. 나는 내 질문을 매우 현대적인 시기로 한정하였으나, 현재의 시대에 불쾌감을 주지 않기 위해 노력했다. (독자가 내가 이 경우에 제 자신의 나라를 전혀 염두에 두지 않고 있다는 것을 알 필요는 없다고 생각한다.) 많은 관련자들이 소환되었고, 아주 간단한 조사 후에 그러한 불명예의 장면이 드러났다. 나는 그것을 생각할 때마다 심각함을 느끼지 않을 수 없다. 위증, 압박, 매수, 사기, 매춘 및 이와 유사한 결점들은 그들이 언급해야 할 가장 용서할 수 있는 기술 중 일부였다. 그리고 이에 대해 나는 합리적으로 큰 관용을 베풀었다. 그러나 어떤 이들이 자신의 위대함과 부를 소돔이나 근친상간에 두고 있다고 고백했을 때, 다른 이들은 자신의 아내와 딸을 매춘시키는 데, 또 다른 이들은 자신의 나라나 왕을 배신하는 데, 어떤 이들은 독살에, 더 많은 이들은 무고한 사람을 파괴하기 위해 정의를 왜곡하는 데 기여했다고 할 때, 나는 고백할 수 있기를 바란다. 이러한 발견들이 내가 본래 고위 인물에게 자연스럽게 가지는 깊은 존경심을 조금 줄이게 했다면 용서받을 수 있기를 희망한다.

나는 종종 군주와 국가를 위해 행해진 위대한 봉사에 대해 읽었고, 그 봉사를 수행한 사람들을 보고 싶었다. 문의한 결과, "그들의 이름은 기록에서 찾을 수 없으며, 역사에서 가장 악랄한 악당과 배신자로 묘사된 몇몇을 제외하고는."이라고 들었다. 나머지에 대해서는 한 번도 들어본 적이 없었다. 그들은 모두 우울한 표정으로 나타났고, 가장 초라한 옷차림을 하고 있었으며, 대부분이 나에게 "그들은 가난과 불명예 속에서 죽었고, 나머지는 교수대나 교수형에서 죽었다."고 말했다.

그 중 한 사람은 다소 특이한 경우로 보였다. 그는 그의 곁에 18살 정도의 청년이 서 있었다. 그는 나에게 "그는 수년 동안 배의 지휘관이었고, 악티움의 해전에서 적의 대형 전투선을 뚫고 세 척의 주요 함선을 침몰시키고, 네 번째 함선을 잡아 안토니우스의 도주와 그에 따른 승리의 유일한 원인이 되었다. 그의 곁에 서 있는 청년은 그의 외아들이며, 전투에서 사망했다."라고 말했다. 그는 덧붙였다. "어떤 공적에 대한 신뢰를 바탕으로 전쟁이 끝난 후, 로마로 가서 아우구스투스의 궁정에서 자신의 주장을 고려하여 사망한 지휘관의 자리를 더 큰 배로 옮겨달라고 요청했으나, 그의 주장을 전혀 고려하지 않고 바다를 한 번도 본 적이 없는 리베르티나의 아들인 소년에게 배가 주어졌다. 자신의 배로 돌아가자 그는 직무 태만으로 비난받았고, 그 배는 부사령관인 퍼블리콜라의 총애를 받는 시종에게 주어졌다. 그리하여 그는 로마에서 멀리 떨어진 가난한 농장으로 은퇴하였고, 그곳에서 생을 마감하였다." 이 이야기에 대한 진실을 알고 싶어서, 그 싸움에서 제독이었던 아그리파를 불러주기를 원했다. 그는 나타나서 전체 이야기를 확인해 주었지만, 그의 겸손이 그의 많은 공적을 축소하거나 숨겼기 때문에 선장에게는 훨씬 더 유리한 방식으로 확인해 주었다.

나는 그 제국에서 최근에 도입된 사치의 힘으로 부패가 이렇게 빠르고 높게 성장한 것을 발견하고 놀랐다. 이는 다른 나라에서 모든 종류의 악행이 훨씬 더 오랫동안 지배해 온 많은 유사한 사례에 대해 내가 덜 놀라게 만들었다. 그곳에서는 모든 찬사와 약탈이 아마도 가장 적은 자격을 가진 최고 지휘관에 의해 독점되었다.

모든 호출된 사람이 세상에서 했던 것과 정확히 같은 모습을 하고 있었기 때문에, 지난 100년 동안 인류의 종족이 우리 사이에서 얼마나 퇴화했는지를 관찰하는 것은 나에게 우울한 반성을 주었다. 모든 결과와 명칭 아래에서 매독이 영국인의 얼굴의 모든 특징을 어떻게 변화시켰는지, 신체의 크기를 줄이고, 신경을 풀고, 힘줄과 근육을 이완시키고, 얼굴은 창백한 안색을 하고, 살을 느슨하고 악취 나게 만들었다.

나는 아주 낮은 곳으로 내려갔고, 예전의 영국 농민이 소환되어 나타나기를 바랐다. 그들은 한때 그들의 소박한 태도, 식사, 복장으로 유명했으며, 거래에서의 정의, 진정한 자유의 정신, 용기와 조국에 대한 사랑으로 알려져 있었다. 또한, 살아있는 자와 죽은 자를 비교한 후, 그들의 손자들이 돈 한 푼을 위해 이러한 순수한 토착 미덕을 어떻게 매도했는지를 생각할 때, 나는 전혀 감정이 없을 수 없었다. 그들은 투표를 팔고 선거를 관리하면서 궁정에서 배울 수 있는 모든 악과 부패를 습득했다.

CHAPTER 09

저자는 말도나다로 돌아간다. 럭낵 왕국으로 항해한다. 저자는 감금된다. 저자는 궁정으로 소환된다. 왕의 특이한 입회 방식을 본다. 왕은 그의 신하들에게 매우 관대하다.

출발일이 다가오자, 나는 글럽덥드립의 통치자인 족장님께 작별 인사를 드리고, 두 동료와 함께 말도나다로 돌아갔다. 그곳에서 2주를 기다린 후, 럭낵으로 출항할 배가 준비되었다. 두 신사와 몇몇 다른 분들은 나에게 식량을 제공해 주시고, 배에 오르는 것을 도와주셨다. 이 항해는 한 달이 걸렸다. 우리는 한 차례의 격렬한 폭풍을 겪었고, 무역풍을 타기 위해 서쪽으로 항해해야 했다. 이는 60리그 이상 지속되었다. 1708년 4월 21일, 우리는 럭낵의 남동쪽에 위치한 항구 도시 클루맥닉 강으로 항해했다. 우리는 도시에서 1리그 이내에 정박하고 조타수를 요청하는 신호를 보냈다. 30분도 채 되지 않아 두 명이 배에 올라왔고, 그들에 의해 우리는 위험한 여울과 바위 사이를 안전하게 안내받아 도시 성벽에서 케이블 길이 이내에 안전하게 정박할 수 있는 큰 유역으로 들어갔다.

우리의 선원 중 몇몇은 배신이거나 아니면 부주의로 그랬는지 도선사에게 "내가 이방인이며 대여행가라고" 알렸다. 이로 인해 조세청 직원에게 통보되었고, 그 직원은 내가 도착하자마자 매우 엄격하게 조사했다. 이 직원은 발니바비어로 나에게 이야기했으며, 이 언어는 많은 상업의 힘으로 인해 그 도시에서 일반적으로 통용된다. 특히 선원들과 세관에 종사하는 사람들은 이 언어에 더욱 능숙하다. 나는 그에게 몇 가지 세부 사항에 대한 간단한 설명을 했고, 내 이야기를 가능한 한 그럴듯하고 일관되게 만들었다. 그러나 나는 내 나라를 숨기고 나 자신을 네덜란드인이라고 부르는 것이 필요하다고 생각했다. 왜냐하면 내 의도는 일본을 향하고 있었고, 네덜란드인만이 그 왕국에 들어갈 수 있는 유일한 유럽인이었기 때문이다. 나는 따라서 그 세관원에게 "나는 발니바비 해안에서 난파되어 바위에 머물러 있다가 라퓨타 섬, 즉 비행 섬에 올라갔었으며(그가 자주 들었던 곳), 현재 일본으로 가려고 노력하고 있습니다. 그곳에서 나는 내 고국으로 돌아갈 편리함을 찾을 수 있을 것입니다."라고 말했다. 그 세관원은 "당신이 궁정으로부터 명령을 받을 때까지는 구금되어야 하며, 즉시 편지를 쓸 것이고, 2주 안에 답변을 받을 수 있을 것입니다."라고 말했다. 나는 문에 경비원이 배치된 편리한 숙소로 옮겨졌다. 그러나 나는 넓은 정원을 자유롭게 이용할 수 있었고, 왕의 비용으로 항상 보살핌을 받으며 인도적으로 대우받았다. 나는 여러 사람들에 의해 초대받았는데, 주로 호기심 때문이었다. 내가 그들이 들어본 적이 없는 매우 먼 나라에서 왔다고 전해졌기 때문이다.

나는 같은 배로 온 젊은이를 통역사로 고용했다. 그는 럭낵 출신이었지만 말도나다에서 몇 년을 살았고 두 언어 모두에 능통했다.

그의 도움으로 나는 나를 방문한 사람들과 대화를 나눌 수 있었다. 대화는 주로 그들의 질문과 내 대답으로만 이루어졌다.

궁정에서 발송된 소식은 우리가 예상한 시점에 도착했다. 그것은 나와 내 수행원들을 트랄드락덥 또는 트릴드록드립으로 데려가기 위한 영장을 포함하고 있었다(내가 기억하기로는 두 가지 방식으로 발음된다.). 내 수행원은 내가 내 서비스에 설득한 그 불쌍한 통역사 소년 한 명뿐이었고, 내 겸손한 요청에 따라 우리 각자는 탈 것으로 노새를 하나씩 받았다. 한 사자가 우리보다 반나절 앞서 파견되어 왕에게 나의 접근을 알리고, "폐하께서 저에게 발아래 먼지를 핥을 영광을 주실 수 있는 날과 시간을 정해 주시기를 바랍니다."라고 요청하였다. 이것은 궁정 스타일이며, 나는 이것이 단순한 형식 이상의 것임을 발견했다. 도착한 지 이틀 후에 내가 입회하자, 나는 배로 바닥을 기어가며 나아가면서 바닥을 핥으라는 명령을 받았다. 그러나 내가 외국인이라는 이유로, 먼지가 불쾌하지 않도록 매우 깨끗하게 유지되는 배려가 있었다. 그러나 이것은 입회를 원하는 최고 계급의 사람들에게만 허용된 특별한 은혜였다. 아니, 때때로 바닥은 고의로 먼지로 덮여 있으며, 입회할 사람이 궁정에서 강력한 적을 가지고 있을 때 그렇게 한다. 그리고 나는 한 대 귀족이 입이 너무 가득 차서 왕좌에서 적당한 거리로 기어갔을 때, 한 마디도 말할 수 없었던 것을 보았다. 그의 위엄 앞에서 청중을 받는 사람들은 침을 뱉거나 입을 닦는 것이 중범죄이기 때문에 어떤 해결책도 없다. 실제로 내가 전적으로 찬성할 수 없는 또 다른 관습이 있다. 왕이 자신의 귀족 중 한 명을 부드럽고 관대한 방식으로 처형하고자 할 때, 그는 바닥에 치명적인 조성을 가진 특정한 갈색 가루를 뿌리도록 명령한다. 이 가루를 핥으면, 24시간 이내에 확실히 죽게 된다.

하지만 이 군주의 큰 관용과 그의 신민들의 생명에 대한 배려를 고려할 때(유럽의 군주들이 그를 본받기를 바라는 점에서), 그의 명예를 위해 언급해야 할 것은, 매번 그러한 처형 후에 감염된 바닥 부분을 잘 씻도록 엄격한 명령이 내려진다는 것이다. 만약 그의 하인들이 이를 소홀히 한다면, 그들은 그의 왕의 불쾌감을 초래할 위험에 처하게 된다. 나는 그가 지시하는 것을 직접 들었다. 그의 하인이 바닥 청소에 대한 통지를 하지 않은 것을 악의적으로 생략했기 때문에 매를 맞아야 한다고 말했다. 이로 인해 큰 희망을 가진 젊은 귀족이 청중에게 오다가 불행히도 독에 중도되고 말았다. 그 당시 왕은 그의 생명을 해칠 의도가 없었다. 그러나 이 선량한 왕자는 그 하인이 특별한 지시 없이 다시는 그러지 않겠다는 약속을 한 것에 대해 그를 용서해 주었다.

이 여담에서 본론으로 들어가자. 내가 왕좌에서 4야드 이내로 기어갔을 때, 나는 무릎을 꿇고 조심스럽게 몸을 일으켰고, 그 다음에 이마를 땅에 일곱 번 부딪히며, 전날 밤에 내가 배운 대로 다음과 같은 말을 발음했다. "익플링 글로프스롭 스쿠트세럼 블리옵 믈라쉬날트 즈윈 토드발크구프 슬히오파드 구르들럽 아쉬트." 이것은 왕의 면전에 허용된 모든 사람을 위한 법에 의해 정해진 경의의 표현이다. 그것은 영어로 다음과 같이 번역될 수 있다. "폐하의 천상의 위엄이 태양과 열한 개의 달 그리고 반개의 달보다 더 오래 지속되기를 바랍니다!" 이에 대해 왕은 어떤 대답을 하였고, 비록 내가 이해할 수는 없었지만, 나는 지시받은 대로 대답하였다. "플루프트 드린 얄러릭 드월돔 프래스트래드 미어푸쉬", 이는 "내 혀가 내 친구의 입에 있다."는 의미이다. 이 표현은 내가 통역사를 데려오고 싶다는 뜻이었다. 그리하여 이미 언급된 젊은이가 소개되었고, 그의 중재를 통해 나는 그의 위엄이 한 시간 이상 질문할 수 있는 만큼 많은 질문에 대답하였다. 나는 발니바비 언어로 말했고, 통역사는 럭낵어로 내 뜻을 전달했다.

왕은 나와의 동행에 매우 기뻐하고, 나와 내 통역사를 위해 궁전 내에 숙소를 마련하도록 그의 고위 고문에게 명령했다. 또한, 나의 식사를 위한 일일 수당과 일반 경비를 위한 큰 금주머니도 주었다.

나는 폐하에 대한 완전한 복종으로 이 나라에서 3개월을 머물렀다. 그는 나에게 큰 호의를 베풀어 주었고 매우 존경스러운 제안을 했다. 그러나 나는 나의 아내와 가족과 함께 남은 생을 보내는 것이 신중함과 정의에 더 부합한다고 생각했다.

CHAPTER 10

> 저자는 럭낵인들을 칭찬한다. 스트럴드브럭에 대한 특별한 설명과 그 주제에 대해 저자와 몇몇 저명한 인물 간의 많은 대화가 포함되어 있다.

럭낵인은 예의 바르고 관대한 민족이다. 그들은 모든 동양 국가에 특유한 자부심을 어느 정도 가지고 있지만, 특히 궁정의 후원을 받는 외국인에게는 예의를 갖추어 대한다. 나는 많은 지인들이 있었고, 가장 품위 있는 사람들 사이에서도 그랬다. 항상 통역사와 함께 있었기 때문에, 우리가 나눈 대화는 불쾌하지 않았다.

어느 날, 훌륭한 사람들과 함께 있을 때, 한 품위 있는 사람이 나에게 "스트럴드브럭, 즉 불사의 존재를 본 적이 있습니까?"라고 물었다. 나는 "보지 못했습니다."라고 대답하고, "당신이 그런 이름을 죽은 생물에게 적용하는 것이 무슨 뜻인지 설명해 주시지 않겠습니까?"라고 요청했다. 그는 "때때로, 매우 드물게, 한 가족에서 이마에 왼쪽 눈썹 바로 위에 빨간 원형 반점이 있는 아이가 태어나는 경우가 있는데, 이는 결코 죽지 않을 것이라는 확실한 표시입니다."라고 말했다. 그가 설명한 그 지점은 "은화 세 개의 크기 정도였으나, 시간이 지남에 따라 커지고 색이 변합니다. 열두 살 때는 초록색이 되었고, 스물다섯 살까지 그렇게 계속되었으며, 그 후에는 짙은 파란색으로 변합니다. 마흔다섯 살에는 석탄처럼 검은색이 되었고, 영국의 실링만큼 커집니다. 그러나 더 이상의 변화는 없습니다." 그는 "이러한 출생은 매우 드물어서, 왕국 전체에 남녀를 통틀어 천백 명 이상의 스트럴드브럭이 있을 수 없습니다. 나는 대도시에서 약 오십 명을 계산했으며, 그 중에는 약 삼 년 전에 태어난 한 소녀가 있었습니다. 이러한 출생은 어떤 가족에 특유한 것이 아니라 단순한 우연의 결과였습니다. 그리고 스트럴드브럭의 자녀들 역시 나머지 사람들과 마찬가지로 죽을 수 있었습니다."라고 말했다.

나는 이 이야기를 듣고 형언할 수 없는 기쁨에 사로잡혔음을 자유롭게 인정한다. 그리고 그것을 나에게 전해준 사람이 내가 매우 잘하는 발니바비어를 이해하게 되어, 나는 아마도 조금 지나치게 표현을 터뜨리지 않을 수 없었다. 나는 황홀함 속에서 외쳤다. "행복한 나라여, 모든 아이가 적어도 불사의 기회를 가질 수 있는 곳이여! 고대 미덕의 많은 생생한 예를 즐기는 행복한 사람들이여, 그리고 모든 과거 시대의 지혜를 가르쳐 줄 준비가 된 스승들이 있는 곳이여! 그러나 비교할 수 없이 가장 행복한 것은, 인간 본성의 그 보편적인 재난에서 면제되어 태어난 훌륭한 스트럴드브럭들이니, 그들은 죽음에 대한 지속적인 두려움으로 인한 마음의 무게와 우울함 없이 자유롭고 해방된 정신을 가지고 있다!" 나는 나의 존경심을 발견했다. '나는 궁정에서 이러한 저명한 인물들을 관찰하지 못했다. 이마의 검은 점이 너무 두드러진 구별이어서 쉽게 간과할 수

불사의 존재-스트럴드브럭

없었다. 그리고 가장 신중한 군주인 폐하가 이러한 지혜롭고 유능한 조언자들을 충분히 두지 않을 리가 없다. 그러나 아마도 그 경건한 현자들의 미덕은 부패하고 방탕한 궁정의 풍습에는 너무 엄격했을 것이다. 우리는 종종 경험을 통해 젊은이들이 그들의 선배들의 신중한 지시에 의해 인도되기에는 너무 고집이 세고 변덕스럽다는 것을 발견한다. 그러나 왕이 나에게 그의 왕실에 접근할 수 있도록 기꺼이 허락하셨기 때문에, 나는 첫 번째 기회에 이 문제에 대해 내 의견을 자유롭게 그리고 자세히 전달하기로 결심했다. 물론, 통역사의 도움을 받아야한다. 그가 내 조언을 받아들일지는 모르겠지만, 한 가지는 확실했다. 폐하가 이 나라에서 나에게 자리를 자주 제안하셨기 때문에, 나는 큰 감사함으로 그 호의를 받아들이고, 만약 그들이 나를 받아들인다면, 스트럴드브럭이라는 우수한 존재들과 함께 이곳에서 내 삶을 보내고 싶었다.'

나에게 말씀을 주신 신사께서는 (제가 이미 언급한 바와 같이) 발니바비 언어를 구사하셨기 때문에, 나를 향해 무지한 사람에 대한 연민에서 비롯된 듯한 미소를 지으며 "당신을 스트럴드브럭 사이에 두게 된 것을 기쁘게 생각하며, 내가 한 말을 동료들에게 설명할 수 있도록 허락해 주기를 바랍니다."라고 말씀하셨다. 그는 그렇게 하였고, 그들은 자신들의 언어로 한동안 함께 이야기하였으며, 나는 그들의 말 한 마디도 이해하지 못했고, 그들의 표정으로부터 내가 한 말이 그들에게 어떤 인상을 남겼는지 알 수 없었다. 짧은 침묵 후, 같은 사람이 나에게 "그의 친구들과 내 친구들(그가 스스로 표현하기에)이 세속적인 삶의 위대한 행복과 장점에 대해 내가 한 신중한 발언에 매우 기뻐했으며, 그들은 내가 만약 스트럴드브럭으로 태어났다면 어떤 삶의 계획을 세웠을 지를 특별히 알고 싶다."고 말했다.

나는 대답했다. "그것은 매우 풍부하고 즐거운 주제에 대해 유창하게 말하는 것이 쉬웠습니다. 특히 제가 왕, 장군 또는 위대한 영주가 된다면 무엇을 할지에 대한 상상으로 자주 즐거움을 느꼈던 사람으로서 더욱 그랬습니다. 그리고 이 경우에 대해서도, 제가 영원히 살 수 있다면 어떻게 시간을 보내고 스스로를 활용할지를 자주 생각해 보았습니다."

"그것은, 만약 내가 스트럴드브럭으로 세상에 태어나는 행운이 있었다면, 내가 삶과 죽음의 차이를 이해함으로써 내 행복을 발견할 수 있는 즉시, 나는 모든 기술과 방법을 동원하여 부를 얻기로 결심할 것입니다. 이를 추구하는 과정에서, 절약과 관리로 약 200년 후에는 왕국에서 가장 부유한 사람이 될 것으로 합리적으로 기대할 수 있습니다. 두 번째로, 나는 어릴 때부터 예술과 과학을 공부하는 데 전념하여, 시간이 지나면 모든 사람들보다 학문에서 뛰어날 수 있도록 할 것입니다. 마지막으로, 저는 공공에서 발생한 모든 행동과 사건을 신중하게 기록하고, 여러 왕자와 대신들의 연속적인 성격을 공정하게 그리며, 모든 점에 대한 제 자신의 관찰을 포함할 것입니다. 저는 관습, 언어, 복장, 식단 및 오락의 여러 변화를 정확히 기록할 것입니다. 이러한 모든 지식을 통해, 저는 지식과 지혜의 살아있는 보물이 되고, 확실히 국가의 예언자가 될 것입니다."

"나는 60세가 넘어서 결혼하지 않을 것이며, 환대하는 방식으로 살겠지만 여전히 절약하는 쪽에 있을 것입니다. 나는 희망찬 젊은이들의 마음을 형성하고 이끌며 스스로의 기억, 경험, 관찰을 통해 수많은 사례로 강화된 미덕의 공적 및 사적 삶에서의 유용성을 그들에게 설득함으로써 나 자신을 즐겁게 할 것입니다. 그러나 나의 선택과 끊임없는 동반자는 나의 불멸의 형제단이 되어야 하며, 그중에서 가장 고대의 인물들부터 나와 동시대의 인물들까지 12명을 선택할 것입니다. 어떤 이들이 이러한 재산을 원한다면, 나는 내 소유의 토지 주변에 편리한 숙소를 제공하고, 그들 중 일부를 항상 내 식탁에 두겠으며, 오직 여러분 중 가장 가치 있는 몇몇과 섞여, 시간이 지나면 잃는 것에 대해 거의 또는 전혀 주저하지 않게 될 것이며,

여러분의 후손도 같은 방식으로 대할 것입니다. 마치 한 남자가 자신의 정원에서 매년 핑크와 튤립의 순환으로 즐거움을 느끼며, 이전 해에 시든 것에 대한 아쉬움을 느끼지 않는 것과 같습니다."

"이러한 스트럴드브럭과 저는 시간의 흐름에 따라 서로의 관찰과 기록한 것으로 소통할 것이며, 부패가 세상에 스며드는 여러 단계를 주목하고, 인류에게 지속적인 경고와 지침을 제공함으로써 매 단계에서 그것에 반대할 것입니다. 이는 우리의 본보기의 강한 영향력과 더불어, 모든 시대에 걸쳐 정당하게 불평이 제기되는 인간 본성의 지속적인 퇴화를 아마도 예방할 것입니다."

"이것에 더하여, 여러 주와 제국의 다양한 혁명을 보는 즐거움, 하늘과 땅의 변화, 폐허가 된 고대 도시와 왕의 자리가 된 외진 마을, 얕은 시내로 줄어드는 유명한 강, 한 해안은 마른 채로 남고 다른 해안은 압도당하는 바다, 아직 알려지지 않은 많은 나라의 발견, 가장 세련된 국가를 휩쓰는 야만성과 가장 야만적인 국가가 문명화되는 것 등 나는 경도 발견, 영구 운동, 보편적 의약, 그리고 많은 다른 위대한 발명이 극도로 완벽해지는 것을 보게 될 것입니다."

"우리가 천문학에서 어떤 놀라운 발견을 해야 할까요? 태양, 달, 별의 운동 변화와 함께 혜성의 진행과 귀환을 관찰함으로써, 우리의 예측을 초월하고 확인할 수 있을까요?"

나는 무한한 삶과 지구상의 행복에 대한 자연스러운 욕망이 나에게 쉽게 제공할 수 있는 많은 다른 주제들에 대해 자세히 설명했다. 내가 이야기를 마치고, 내 담화의 요약이 이전과 같이 나머지 사람들에게 해석되었을 때, 그들 사이에서 그 나라의 언어로 많은 대화가 오갔고, 나를 비웃는 웃음도 있었다. 마침내, 나의 통역을 맡았던 같은 신사가 "당신의 몇 가지 실수를 바로잡아 주기를 나머지 사람들에게 요청받았다. 이는 인간 본성의 일반적인 무능력으로 인해 내가 빠진 실수들이며, 그에 대한 허용 덕분에 당신은 그 실수들에 대해 책임이 별로 없다."고 말했다. 이 스트럴드브럭의 품종이 그들의 나라에만 특유한 것이라는 것은 발니바비나 일본에는 그런 사람들이 없었기 때문이다. 그는 폐하의 대사로서 그곳에 있었고, 두 왕국의 원주민들이 그 사실이 가능하다는 것을 믿기 매우 어려워했다. 그가 처음 이 문제를 나에게 언급했을 때의 나의 놀라움에서 나타났듯이, 나는 그것을 전혀 새로운 것으로 받아들였고, 거의 믿을 수 없는 것으로 여겼다. 위에서 언급한 두 왕국에서, 그의 거주 기간 동안 그가 많이 대화했던 곳에서, 그는 긴 삶이 인류의 보편적인 욕망과 소망임을 관찰했다. 무덤에 한 발을 담그고 있는 사람은 누구나 다른 발을 최대한 강하게 저지하려고 한다는 것을 알았다. 가장 나이가 많은 사람조차도 하루 더 살고자 하는 희망을 가지고 있었고, 죽음을 가장 큰 악으로 여기며 자연이 항상 그에게 물러나도록 촉구한다고 생각했다. 오직 럭내 섬에서는 그들의 눈앞에 있는 스트럴드브럭의 지속적인 예시로 인해 삶에 대한 욕구가 그리 간절하지 않았다.

'제가 고안한 생활 체계는 불합리하고 불공정했습니다. 왜냐하면 그것은 어떤 남자도 바라는 것이 어리석다고 생각할 수 있는 젊음, 건강, 활력의 영속성을 전제로 했기 때문입니다. 따라서 질문은 남자가 항상 젊음의 전성기에 번영과 건강을 동반하는 것을 선택할 것인지가 아니라, 노인이 가져오는 모든 일반적인 불리한 조건 속에서 어떻게 영원한 삶을 보낼 것인지에 대한 것이었습니다. 비록 불사의 욕망을 드러내는 남자는 거의 없지만, 앞서 언급한 발니바비와 일본의 두 왕국에서는 모든 남자가 죽음을 조금 더 미루고 싶어 한다는 것을 관찰했습니다. 죽음이 아무리 늦게 다가오더라도 말입니다. 그리고 그는 슬픔이나 고통의 극한에 의해 자극받지 않는 한, 자발적으로 죽은 사람에 대한 이야기를 거의 듣지 못했다고 말했습니다. 그는 내가 여행했던 나라들, 그리고 나의 나라에서도 같은 일반적인 경향을 관찰하지 않았는지 나에게 물었습니다.'

이 서문 이후, 그는 그들 중 스트럴드브럭에 대한 구체적인 설명을 해주었다. 그는 "그들은 보통 서른 살까지는 인간처럼 행동하다가, 그 이후로 점차 우울하고 낙담하게 되었으며, 여든 살이 될 때까지 두 가지 감정이 모두 증가했습니다. 이것은 그들의 고백에서 배운 것입니다. 그렇지 않으면, 그 종이 한 시대에 태어나는 것이 두세 명에 불과하므로, 일반적인 관찰을 형성하기에는 너무 적었습니다. 그들이 이 나라에서의 삶의 극한으로 여겨지는 80세에 이르렀을 때, 그들은 다른 노인들의 모든 어리석음과 병약함뿐만 아니라 결코 죽지 않을 것이라는 끔찍한 전망에서 비롯된 더 많은 것들을 가지고 있었습니다. 그들은 의견이 강하고, 성미가 급하며, 탐욕스럽고, 우울하고, 허영심이 강하고, 수다스럽기만 한 것이 아니라, 우정에 무능하고, 손녀자녀 이하의 모든 자연적인 애정에 무감각했습니다. 질투와 무력한 욕망이 그들의 지배적인 열정입니다. 그러나 그들의 질투가 주로 향하는 대상은 젊은 세대의 악덕과 노인의 죽음입니다. 전자를 반영함으로써 그들은 모든 즐거움의 가능성에서 차단된 자신을 발견하고, 장례식을 볼 때마다 다른 사람들이 자신이 결코 도달할 수 없는 안식처로 간 것을 슬퍼하고 한탄합니다. 그들은 젊은 시절과 중년 시절에 배운 것과 관찰한 것 외에는 아무것도 기억하지 못하며, 심지어 그것조차 매우 불완전합니다. 그리고 어떤 사실의 진실이나 세부 사항에 대해서는 그들의 가장 좋은 기억보다 일반적인 전통에 의존하는 것이 더 안전합니다. 그들 중 가장 불행하지 않은 사람들은 노망에 빠져 완전히 기억을 잃은 사람들인 것 같습니다. 이들은 다른 사람들에게 풍부한 많은 나쁜 특성이 결여되어 있기 때문에 더 많은 동정과 도움을 받습니다."라고 말했다.

"만약 스트럴드브럭이 자신의 동종과 결혼하게 된다면, 두 사람 중 더 젊은 사람이 80세가 되는 즉시 왕국의 배려에 의해 결혼은 물론 해소됩니다. 법은 자신의 잘못 없이 영원히 세상에 남겨진 사람들에게 아내의 짐으로 고통이 두 배가 되는 것을 합리적인 관용으로 간주합니다."

"그들이 80년의 기간을 마치자마자 법적으로 사망한 것으로 간주되며, 그들의 상속인은 즉시 그들의 재산을 상속받습니다. 오직 그들의 생계를 위한 소액의 지원만이 남겨지고, 가난한 이들은 공공의 부담으로 유지됩니다. 그 기간 이후에는 그들이 신뢰나 이익을 위한 어떤 직무에도 무능력하다고 간주되며, 그들은 토지를 구매하거나 임대할 수 없고, 민사 또는 형사 사건에서 증인으로 출석할 수 없으며, 경계의 결정에 대해서도 마찬가지입니다."

"아흔이 되면 이들은 치아와 머리카락을 잃고, 그 나이에 미각의 구별이 없어져서 먹고 마실 수 있는 것을 아무런 기쁨이나 식욕 없이 먹습니다. 그들이 앓았던 질병은 여전히 계속되며, 증가하거나 감소하지 않습니다. 대화할 때, 그들은 사물의 일반적인 명칭과 사람의 이름, 심지어 가장 가까운 친구와 친척의 이름조차 잊어버립니다. 같은 이유로, 그들은 독서로 스스로를 즐겁게 할 수 없는데, 이는 그들의 기억력이 문장의 시작에서 끝으로 이어지지 않기 때문입니다. 이 결함으로 인해, 그들은 그렇지 않으면 가능했을 유일한 오락을 잃게 됩니다."

"이 나라의 언어는 항상 변화하고 있기 때문에 한 시대의 스트럴드브럭은 다른 시대의 스트럴드브럭을 이해하지 못합니다. 또한 이들은 200년 후에도 이웃인 인간들과 몇 마디의 일반적인 단어를 제외하고는 대화를 나눌 수 없습니다. 따라서 그들은 자신의 나라에서 외국인처럼 살아가는 불리한 상황에 놓여 있습니다."

나에게 주어진 스트럴드브럭에 대한 설명은 내가 기억하는 한 가장 최근의 것이다. 그 후에 나는 여러 나이의 다섯 또는 여섯 명을 보았고, 가장 어린 이는 이백 살이 넘지 않았다. 그들은 여러 번 내 친구들에 의해 나에게 데려와졌다. 그러나 그들은 '제가 위대한 여행가이며 세상을 모두 보았다.'고 들었음에도 불구하고 나에게 질문을 할 최소한의 호기심도 없었다. 그들은 단지 "슬럼스쿠다스크" 또는 기억의 장식품을 주기를 원했다. 이는 법을 피하기 위한 겸손한 구걸 방식으로, 그들은 공공에 의해 제공받고 있지만, 사실 매우 부족한 수당으로 생활하고 있다.

그들은 모든 종류의 사람들로부터 경멸받고 미움을 받는다. 그들 중 한 명이 태어날 때, 그것은 불길한 것으로 여겨지며, 그들의 출생은 매우 특별하게 기록되어 있어 등록부를 참조함으로써 그들의 나이를 알 수 있다. 그러나 등록부는 천 년 이상 유지되지 않았거나, 적어도 시간이나 공공의 혼란에 의해 파괴되었다. 하지만 그들이 몇 살인지 계산하는 일반적인 방법은 그들이 기억할 수 있는 왕이나 위대한 인물에 대해 물어보고, 그 다음 역사와 상담하는 것이다. 왜냐하면 그들의 마음속에 있는 마지막 왕자는 그들이 80세가 되기 전에 통치를 시작하지 않았기 때문이다.

그들은 내가 본 것 중 가장 수치스러운 광경이었고, 여성들은 남성들보다 더 끔찍했다. 극심한 노화에서의 일반적인 기형 외에도,

그들은 설명할 수 없는 추가적인 섬뜩함을 나이의 수에 비례하여 얻었다. 여섯 명 중에서, 나는 곧 가장 나이가 많은 사람을 구별할 수 있었지만, 그들 사이에는 한두 세기 이상 차이가 없었다.

독자는 내가 들은 것과 본 것에서, 생명의 영속성에 대한 나의 강한 욕구가 많이 줄어들었다고 쉽게 믿을 것이다. 나는 내가 형성한 기쁜 환상에 대해 진심으로 부끄러움을 느꼈고, 그러한 삶에서 나는 어떤 폭군도 내가 기꺼이 달려들지 않을 죽음을 발명할 수 없다고 생각했다. 왕은 이 경우에 나와 내 친구들 사이에 있었던 모든 일을 들었고, 매우 유쾌하게 나를 놀렸다. 내가 우리 사람들을 죽음에 대한 두려움으로부터 방어하기 위해 내 고향에 두 명의 스트럴드브럭을 보낼 수 있기를 바란다고 했다. 그러나 이것은 왕국의 기본 법률에 의해 금지된 것 같고, 그렇지 않았다면 나는 그들을 운반하는 수고와 비용에 대해 매우 기꺼웠을 것이다.

나는 이 왕국의 스트럴드브럭에 관한 법률이 가장 강력한 이유에 근거하고 있으며, 유사한 상황에서 다른 어떤 나라에서도 제정할 필요가 있다고 동의하지 않을 수 없었다. 그렇지 않으면, 탐욕이 노인의 필연적인 결과이기 때문에, 그 불사의 존재들은 결국 전체 국가의 소유자가 되어 시민 권력을 독점하게 되고, 이를 관리할 능력이 부족하여 결국 공공의 파멸로 끝날 것이다.

CHAPTER 11

저자는 럭낵을 떠나 일본으로 항해한다. 그곳에서 그는 네덜란드 배를 타고 암스테르담으로 돌아가고, 암스테르담에서 영국으로 돌아온다.

나는 이 스트럴드브럭에 대한 이야기가 독자에게 약간의 오락이 될 수 있을 것이라고 생각한다. 왜냐하면 그것이 일반적인 방식에서 약간 벗어난 것처럼 보이기 때문이다. 적어도 내가 손에 쥔 여행서에서는 그런 것을 만난 기억이 없다. 만약 내가 잘못 알고 있다면, 내 변명은 같은 나라를 묘사하는 여행자들이 종종 같은 세부 사항에 대해 이야기하는 데 동의해야 하며, 이전에 쓴 사람들로부터 빌리거나 복사했다는 비난을 받을 필요가 없다는 것이다.

이 왕국과 일본의 대제국 사이에는 실제로 영구적인 상업이 존재한다. 일본 작가들이 스트럴드브럭에 대한 어떤 설명을 했을 가능성이 매우 높다. 그러나 내가 일본에 머문 시간은 너무 짧았고, 언어에 전혀 익숙하지 않았기 때문에 어떤 질문도 할 자격이 없었다.

하지만 이 통지를 통해 네덜란드 사람들이 호기심을 가지고 내 결점을 보완할 수 있기를 바란다.

폐하께서는 나에게 자주 궁정에서의 직책을 수락할 것을 권유하셨으나, 내가 고국으로 돌아가기로 결심한 것을 알고, 나에게 출국 허가를 내주셨다. 또한 일본 황제에게 보내는 추천서를 직접 작성해 주셨다. 그는 또한 나에게 444개(이 나라는 짝수를 즐겨 사용한다.)의 큰 금화와 1개의 붉은 다이아몬드를 주셨으며, 나는 이 다이아몬드를 영국에서 1,100파운드에 팔았다.

1709년 5월 6일, 나는 폐하와 모든 친구들에게 엄숙한 작별 인사를 드렸다. 이 나라의 왕은 나를 글란겐스탈드로 안내할 안내자를 붙여 주셨다. 글란겐스탈드는 섬의 남서쪽에 위치한 왕실 항구다. 6일 후, 나는 일본으로 나를 실어 나를 배를 찾았고, 항해에 15일을 보냈다. 우리는 일본의 남동쪽에 위치한 자모시라는 작은 항구 마을에 도착했다. 이 마을은 북쪽으로 이어지는 좁은 해협이 있는 서쪽 지점에 위치하고 있으며, 그 북서쪽에는 수도인 에도가 있다. 도착할 때, 나는 럭낵 왕국의 왕으로부터 황제 폐하께 드린 추천하는 편지를 세관 직원들에게 보여주었다. 그들은 인장을 완벽하게 알고 있었다. 그것은 내 손바닥만큼 넓었다. 인장은, 한 왕이 땅에서 절름발이 거지를 일으키는 것이었다. 마을의 관리들은 내 편지를 보고 나를 공적인 사자로 맞이했다. 그들은 나에게 마차와 하인을 제공하였고, 내 경비를 에도까지 부담하였다. 그곳에서 나는 면담을 허락받았고, 내 편지를 전달하였으며, 그것은 큰 의식으로 개봉되었고, 통역사를 통해 황제에게 설명되었다. 그 후, 폐하의 명령에 따라 나에게 통지하였다. "당신의 요청을 표시하라, 그리고 그것이 무엇이든, 럭낵의 왕실 형제를 위해 허락될 것이다." 이 통역사는 네덜란드인과의 업무를 처리하기 위해 고용된 사람이었다. 그는 곧 내 표정으로 내가 유럽인임을 추측하고, 따라서 그의 왕의 명령을 완벽하게 구사하는 유창한 네덜란드어로 반복했다. 나는 이전에 결정한 대로, "저는 네덜란드 상인으로, 매우 외딴 나라에서 난파당하여, 바다와 육로를 통해 럭낵으로 여행한 후, 일본으로 가는 배를 타고 갔습니다. 그곳에서 제 동포들이 자주 거래하는 것을 알고 있었고, 이들 중 일부와 함께 유럽으로 돌아갈 기회를 얻기를 희망했습니다. 그러므로 저는 그의 왕의 은혜를 간절히 요청하며, 안전하게 난가삭으로 안내해 주시기를 부탁드립니다." 여기에 나는 또 다른 청원을 덧붙였다. "럭낵의 왕이신 저의 후원자를 위해, 그의 위엄이 저의 동포들에게 부과된 십자가를 짓밟는 의식을 수행하는 것을 용서해 주시기를 간청합니다. 이는 제가 불행으로 인해 그의 왕국에 던져졌기 때문이며, 거래할 의도는 없었습니다." 이 후자의 청원이 황제에게 해석되었을 때, 그는 약간 놀란 듯 보였고, "나는 당신이 내 나라 사람 중에서 이 점에 대해 어떤 주저함을 가진 첫 번째 사람이라고 믿는다. 그리고 나는 당신이 진정한 네덜란드 사람이 아닐까 의심하기 시작했다. 그러나 오히려 당신이 기독교인일 것이라고 의심했다. 그러나 내가 제시한 이유들, 특히 럭낵 왕을 그의 특별한 호의로 기쁘게 하기 위해, 그는 내 기분의 특이성에 따르기로 했다. 그러나 이 일은 능숙하게 처리되어야 하며, 그의 하인들은 나를 잊은 것처럼 지나가게 하도록 명령받아야 한다. 그는 나에게 보장했다, 만약 이 비밀이 내 나라 사람들인 네덜란드인들에게 발견된다면, 그들은 항해 중에 내 목을 베어버릴 것이라고."했다. 나는 통역사를 통해 그렇게 이례적인 호의에 대해 감사의 뜻을 전했다. 그 당시 난가삭으로 행군 중인 일부 군대가 있었고, 지휘관은 십자가와 관련된 업무에 대한 특별 지시와 함께 나를 안전하게 그곳으로 데려가라는 명령을 받았다.

1709년 6월 9일, 나는 매우 길고 힘든 여행 끝에 난가삭에 도착했다. 나는 곧 암스테르담의 앰보이나에 속한 네덜란드 선원들과 함께하게 되었다. 그 배는 450톤의 튼튼한 배였다. 나는 네덜란드에서 오랫동안 살면서 라이덴에서 학업을 이어갔고, 네덜란드어를 잘했다. 선원들은 내가 마지막으로 어디에서 왔는지 곧 알게 되었고, 내 여행과 삶의 경로에 대해 궁금해 했다. 나는 가능한 한 짧고 그럴듯한 이야기를 만들어냈지만, 대부분의 부분은 숨겼다. 나는 네덜란드에서 많은 사람들을 알고 있었고, 네덜란드 동부의 헬데를란트 지방의 무명인으로 가장한 부모님의 이름을 지어낼 수 있었다. 나는 선장(테오도르스 판그롤트)이 네덜란드로 가는 내 항해에 대해 원하는 요금을 주었을 것이다. 그러나 내가 외과의사라는 것을 이해하자 그는 내가 내 직업에 따라 그를 도와주겠다는 조건으로 일반 요금의 절반만 받기로 기꺼이 수락했다. 우리가 배에 오르기 전에, 승무원 중 몇 명이 나에게 위에서 언급한 의식을 수행했는지 자주 물었다. 나는 "내가 황제와 궁정에 모든 사항을 만족시켰다."고 일반적인 대답으로 질문을 회피했다. 그러나 악의적인 선장의 불량배가 한 장교에게 가서 나를 가리키며 "그 자는 아직 십자가를 짓밟지 않았습니다."라고 말했다. 그러나 나를 통과시키라는 지시를 받은 다른 장교는 그 악당의 어깨를 대나무로 스무 대를 때렸고, 그 후로 나는 더 이상 그런 질문에 시달리지 않았다.

이번 항해에서 언급할 만한 일은 없었다. 우리는 좋은 바람을 타고 희망봉에 도착했으며, 신선한 물을 보충하기 위해서만 머물렀다. 1710년 4월 10일, 우리는 암스테르담에 안전하게 도착했으며, 항해 중 질병으로 세 명을 잃었고, 기니 해안 근처에서 앞 돛대에서 바다로 떨어져 한 명을 잃었다. 암스테르담에서 나는 곧 그 도시의 작은 배를 타고 영국으로 출항했다.

1710년 4월 16일, 우리는 다운스에 도착했다. 다음 날 아침에 내 고국을 다시 보았고, 5년 6개월의 여정 후였다. 나는 레드리프로 곧장 갔고, 같은 날 오후 2시에 도착하여 아내와 가족이 건강하다는 것을 알게 되었다.

PART IV.

후이늠(말의 나라) 여행

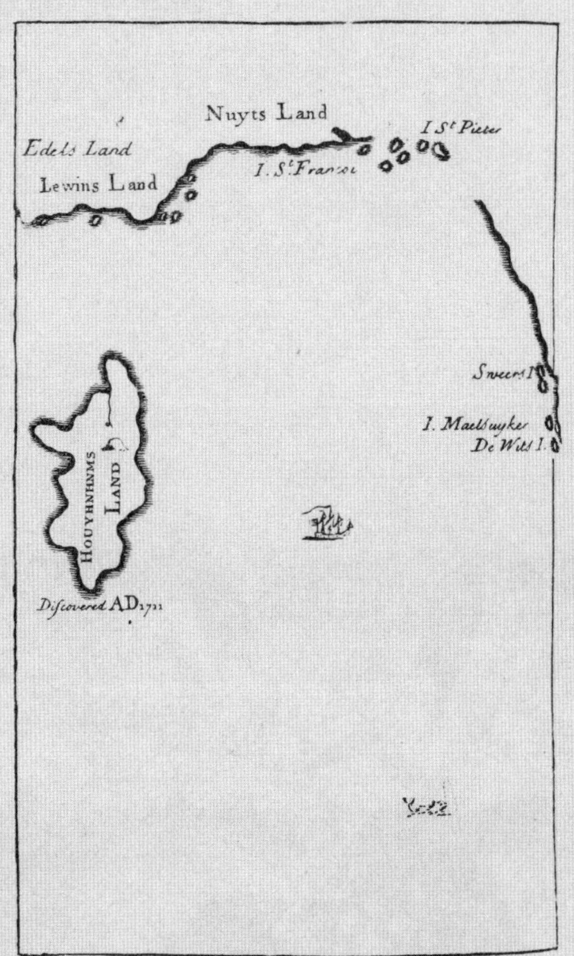
Nuyts Land
I St Pieter
Edels Land
Lewins Land
I. St Francoi
Sweers I
I. Maetsuyker
De Wits I.
Houyhnhnms Land
Discovered AD 1711

CHAPTER 01

저자는 한 배의 선장으로 출발한다. 그의 부하들은 그를 대적하여 음모를 꾸미고, 그를 오랫동안 선실에 가두고, 그를 미지의 땅의 해안에 내려놓는다. 저자는 해안의 안쪽 섬 내부로 여행을 떠난다. 야후, 이상한 동물의 일종으로 묘사되어 있다. 저자는 두 명의 후이늠을 만난다.

나는 아내와 아이들과 함께 약 5개월 동안 매우 행복한 상태에서 집에서 지냈다. 내가 언제 건강한지를 아는 교훈을 배울 수 있었다면 좋았을 것이다. 나는 아이를 임신한 가엾은 아내를 두고, 350톤의 튼튼한 상선인 어드벤처호의 선장으로 제안 받은 유리한 제안을 수락했다. 나는 항해를 잘 이해하고 있었고, 바다에서 외과의사의 직업에 지쳐 있었기 때문에, 그 직업에 능숙한 젊은이인 로버트 퓨어포이를 내 배의 외과의사로 데려왔다. 우리는 1710년 8월 7일 포츠머스에서 출항하였고, 14일에는 테네리페(스페인 까나리아 군도의 섬)에서 브리스톨 출신의 포콕 선장과 만났다. 그는 캄페체만

(멕시코 캄페체주의 주도)으로 로그우드 나무를 자르러 가고 있었다. 16일에는 폭풍으로 인해 그와 헤어졌고, 내가 돌아온 이후에 그의 배가 침몰했다는 소식을 들었다. 그를 제외하고는 한 명의 선원만이 살아남았다. 그는 정직한 사람이었고, 훌륭한 선원이었지만 자신의 의견에 대해 다소 고집이 세었던 것이 그의 파멸의 원인이었다. 여러 다른 사람들과 마찬가지로, 만약 그가 내 조언을 따랐다면 지금쯤 가족과 함께 안전하게 집에 있었을 것이다.

니는 내 배에서 열병으로 사망한 여러 남자들이 있었기 때문에, 나를 고용한 상인들의 지시에 따라 바베이도스와 리워드 제도에서 선원을 모집할 수밖에 없었다. 그러나 나는 곧 그 선택을 후회할 충분한 이유가 있었다. 왜냐하면 나중에 대부분이 해적이었다는 것을 알게 되었기 때문이다. 나의 배에는 50명의 인원이 있었고, 내 명령은 남해에서 인디언들과 거래하고 가능한 한 많은 발견을 하라는 것이었다. 내가 뽑은 이 불량배들은 나의 다른 부하들을 방탕하게 만들었고, 그들은 모두 배를 탈취하고 나를 확보하기 위해 음모를 꾸몄다. 어느 날 아침, 그들은 내 선실로 달려 들어와 내 손과 발을 묶고, 내가 몸을 움직이겠다고 하면 배 밖으로 던져 버리겠다고 위협했다. 나는 그들에게 "나는 당신들의 포로이니 복종하겠다."고 말했다. 그들은 나에게 그렇게 하겠다고 맹세하게 한 다음, 나를 풀어 주었고, 내 침대 근처에서 내 다리 중 하나만 쇠사슬로 묶어 놓고, 내가 도주를 시도하면 나를 쏘아 죽이라는 명령을 받은 장전된 총을 가진 보초를 내 문 앞에 세웠다. 그들은 나에게 음식물과 마실 것을 보내 주었고, 배의 행정을 자기들에게로 가져갔다. 그들의 계획은 해적을 만들고 스페인 사람들을 약탈하는 것이었으나, 그들은 더 많은 병사를 얻을 때까지 그렇게 할 수 없었다. 그러나 그들은 먼저 배에 있는 물품을 팔기로 결심하고, 그 다음에는 선원을 모집하기 위해 마다가스카르로 가기로 결정하였는데, 내가 감금된 이후로 그들 중 몇 사람은 죽었다. 그들은 여러 주에 걸쳐 항해하여 인디언들과 교역을 했다. 그러나 나는 그들이 어떤 행동을 취하는지 알지 못했고, 내 선실에 갇혀 있었고, 그들이 종종 나를 위협했기 때문에 살해되는 것 외에는 아무 것도 기대할 수 없었다.

1711년 5월 9일, 제임스 웰치라는 사람이 내 선실로 내려와서 "선장으로부터 당신을 육지에 내려놓으라는 명령을 받았다."고 말했다. 나는 그와 논쟁했지만 헛수고였다. 그는 그들의 새로운 선장이 누구인지조차 말해주지 않았다. 그들은 나를 긴 보트에 강제로 태우고, 새것과 같은 가장 좋은 옷을 입게 하였으며, 작은 리넨 묶음을 가져가게 했지만, 내 칼을 제외한 무기는 없었다. 그들은 내 주머니를 수색하지 않을 만큼 예의 바르게 행동하여 내가 가지고 있던 돈과 몇 가지 작은 필수품을 그대로 넣을 수 있었다. 그들은 약 1리그를 노를 저어 간 후, 나를 해변에 내려놓았다. 그들이 어떤 나라인지 말해주기를 바랐다. 그들은 모두 "우리들 역시 당신보다 더 알지 못한다."고 맹세했지만, 그들이 부르던 선장이 "화물을 팔고 나면, 땅을 발견할 수 있는 첫 번째 장소에서 당신을 처리하라고 했다."고 말했다. 그들은 즉시 떠났고, 조수에 의해 뒤처질까 두려워 서둘러야 한다고 조언하며 작별 인사를 했다.

이 황량한 상태에서 나는 앞으로 나아갔고, 곧 단단한 땅에 도착하여 쉬기 위해 둑에 앉아 내가 무엇을 해야 할지 생각했다. 조금 기운을 차린 후, 나는 알 수 없는 지역의 안쪽으로 들어가기로 결심하고, 만나는 첫 번째 야만인에게 나 자신을 맡기기로 하였으며, 그들에게 내 생명을 구하기 위해 몇 개의 팔찌, 유리 반지 및 선원들이 그런 항해에서 보통 준비하는 다른 장신구들로 내 생명을 사기로 하였다. 그 땅은 규칙적으로 심어지지 않고 자연적으로 자생하는 긴 나무줄기로 나뉘어 있었고, 풀은 풍부했으며 여러 오트 밭이 있었다. 나는 놀라거나 뒤에서 또는 양쪽에서 갑자기 화살에 맞을까 두려워 매우 조심스럽게 걸었다. 나는 많은 사람의 발자국과 몇 마리의 소, 그러나 대부분의 말이 있는 평탄한 길에 빠졌다. 마침내 나는 들판에서 여러 동물을 보았고, 같은 종류의 한두 마리가 나무에 앉아 있었다. 그들의 형태는 매우 특이하고 기형적이어서 나를 약간 불편하게 만들었고, 그래서 나는 그들을 더 잘 관찰하기 위해 덤불 뒤에 누웠다. 그들 중 일부가 내가 누워 있는 곳 근처로 다가와서 그들의 형태를 뚜렷하게 알아볼 기회를 주었다. 그들의 머리와 가슴은 두꺼운 털로 덮여 있었고, 어떤 것은 곱실거리고 다른 것은 곧았다. 그들은 염소처럼 수염이 있었고, 등과 앞다리 및 발의 앞부분에 긴 털이 있었다. 그러나 나머지 몸은 맨살이어서 그들의 피부를 볼 수 있었고, 그 피부는 갈색이었다. 그들은 꼬리가 없었고, 엉덩이에는 털이 전혀 없었으며, 오직 항문 주위에만 털이 있었는데, 이는 아마도 자연이 그들이 땅에 앉을 때 방어하기 위해 그곳에 두었을 것이라고 생각한다. 그들은 이 자세를 사용했으며, 눕기도 했고, 종종 뒷다리로 서 있었다. 그들은 다람쥐처럼 민첩하게 높은 나무를 오르며, 앞과 뒤에 강하게 뻗은 발톱이 날카로운 끝과 갈고리 모양으로 되어 있었다. 그들은 종종 튕기고, 뛰고, 점프하며 엄청난 민첩성을 보였다. 암컷은 수컷만큼 크지 않았고, 머리에는 긴 머리카락이 있었지만 얼굴에는 없었으며, 몸의 나머지 부분에는 솜털 같은 것만 있었다. 항문과 생식기 주변을 제외하고는 말이다. 유선은 앞발 사이에 걸쳐 있었고, 걸을 때 거의 땅에 닿을 정도였다.

야후들

두 성별의 털은 갈색, 빨간색, 검은색, 노란색 등 여러 가지 색상이었다. 전반적으로, 내가 모든 여행에서 본 것 중에서 이렇게 불쾌한 동물은 없었고, 자연스럽게 이렇게 강한 반감을 느낀 적도 없었다. 그래서 충분히 보았다고 생각하며, 경멸과 혐오로 가득 차서 일어나, 잘 닦인 길을 따라갔다. 그 길이 어떤 인디언의 오두막으로 나를 안내해 주기를 바랐다. 멀리 가지도 않았을 때, 내 길을 가로막고 바로 나에게 다가오는 이러한 생물 중 하나를 만났다. 추한 괴물은 나를 보았을 때, 그의 얼굴의 모든 특징을 여러 가지로 일그러뜨리며, 마치 한 번도 본 적이 없는 물체를 바라보듯이 응시했다. 그러고는 가까이 다가와 호기심인지 장난인지 알 수 없지만 앞발을 들어올렸다. 그러나 나는 내 칼을 꺼내어 평평한 면으로 그에게 강하게 가격했다. 가장자리를 사용하여 치기를 두려워했기 때문에, 만약 그들이 내가 그들의 가축을 죽이거나 다치게 했다는 것을 알게 된다면 주민들이 나에게 화를 낼까 두려웠다. 짐승이 통증을 느끼자, 그는 물러나고 매우 큰 소리로 포효하여, 최소한 40마리의 무리가 옆 밭에서 나를 향해 몰려들어 울부짖고 역겨운 표정을 지었다. 그러나 나는 나무의 몸체로 달려가 등을 기대고, 칼을 흔들어 그들을 막았다. 이 저주받은 자식들 중 몇몇이 뒤에서 가지를 잡고 나무 위로 뛰어올라, 그곳에서 내 머리 위로 배설물을 쏟기 시작했다. 그러나 나는 나무의 줄기에 가까이 붙어 있어서 꽤 잘 피했지만, 사방에서 떨어지는 더러움에 거의 질식할 뻔했다.

이 고통 속에서, 나는 그들이 갑자기 가능한 한 빨리 도망치는 것을 관찰했다. 그래서 나는 나무를 떠나 길을 따라가기로 결심했고, 그들이 왜 이렇게 두려워하는지 궁금해 했다. 그때 왼쪽을 바라보니, 들판에서 부드럽게 걷고 있는 말이 보였다. 나의 추한 괴물들이 그 말을 더 빨리 발견했기 때문에 그들의 도망의 원인이었다. 말은 나에게 가까이 올 때 약간 놀랐지만, 곧 자신을 회복하고 내 얼굴을 뚫어지게 바라보며 명백한 놀라움의 표시를 보였다. 그는 내 손과 발을 살펴보며 여러 번 나를 둘러보았다. 나는 내 여정을 계속했을 것이지만, 그는 매우 온화한 표정으로 직접 내 길을 막았고, 결코 최소한의 폭력도 제공하지 않았다. 우리는 한동안 서로를 마주 바라보았다. 마침내 나는 그의 목을 쓰다듬으려는 의도로 손을 내밀 용기를 냈고, 낯선 말을 다룰 때 기수들이 사용하는 일반적인 스타일과 휘파람을 사용했다. 그러나 이 동물은 내 예의를 경멸하는 듯 보였고, 고개를 흔들며 눈썹을 찌푸리고, 내 손을 치우기 위해 부드럽게 오른쪽 앞발을 들어올렸다. 그러고 나서 그는 세 번 또는 네 번 울었지만, 그 음조가 너무 달라서 나는 그가 자신의 언어로 자신에게 말하고 있다고 거의 생각하기 시작했다.

그와 내가 그렇게 행동하고 있는 동안, 다른 말이 다가왔다. 그 말은 매우 정중한 방식으로 첫 번째 말에게 다가가서, 그들은 서로의 오른쪽 발굽을 부드럽게 쳤고, 번갈아가며 여러 번 울부짖으며 소리를 바꾸었는데, 그것은 거의 명확하게 들리는 것 같았다. 그들은 몇 걸음 떨어져 나가서 마치 함께 의논하는 것처럼 나란히 걷고, 앞뒤로 움직였으며, 마치 중요한 문제에 대해 심사숙고하는 사람들처럼 보였지만, 종종 나를 주시하는 듯이 눈을 돌렸다. 나는 그런 행동과 태도를 가진 야수들을 보고 놀랐고, 이 나라의 주민들이 비례적으로 합리적인 정도를 지니고 있다면, 그들은 지구상에서 가장 지혜로운 사람들일 것이라고 스스로 결론지었다. 이 생각은 나에게 큰 위안을 주었고, 나는 어떤 집이나 마을을 발견하거나 원주민 중 한 명을 만날 때까지 계속 나아가기로 결심했다. 두 마리의 말은 서로 이야기하도록 두었다. 하지만 처음에, 점박이 회색 말이 내가 몰래 빠져나가는 것을 보고, 매우 표현력 있는 목소리로 나를 향해 울부짖었고, 나는 그게 무슨 뜻인지 이해할 수 있을 것 같았다. 그래서 나는 돌아서 그에게 다가가 그의 추가 명령을 기대했다. 그러나 나는 이 모험이 어떻게 끝날지에 대한 두려움을 최대한 숨기려고 했고, 독자들은 내가 현재 상황을 그다지 좋아하지 않았다는 것을 쉽게 믿을 것이다.

두 마리 말이 나에게 가까이 다가와 내 얼굴과 손을 매우 진지하게 바라보았다. 회색 말은 오른쪽 앞발로 내 모자를 이리저리 문질러서 너무 어지럽혀서, 나는 그것을 벗고 다시 조정해야 했다. 그때, 그와 그의 동료(갈색 말)는 매우 놀란 듯 보였다. 후자는 내 코트의 가장자리를 만져보았고, 그것이 나에게 느슨하게 걸쳐져 있는 것을 발견하자, 그들은 모두 새로운 놀라움의 표정을 지었다. 그는 내 오른손을 쓰다듬으며 부드러움과 색깔을 감탄하는 듯했지만, 그의 발굽과 발목 사이에서 너무 세게 쥐어서 나는 울부짖을 수밖에 없었다. 그 후 그들은 가능한 모든 다정함으로 나를 만졌다. 그들은 내 신발과 스타킹에 대해 큰 혼란을 겪고 있었고, 그것을 자주 만지며 서로에게 울부짖고, 새로운 어려운 현상을 해결하려고 시도하는 철학자의 제스처와 다르지 않은 다양한 제스처를 사용했다.

전반적으로 이 동물들의 행동은 매우 질서 있고 합리적이며, 날카롭고 신중하여, 결국 그들이 어떤 의도로 스스로 변신한 마법사일 것이라고 결론지었다. 그리고 길에서 낯선 사람을 보았을 때, 그와 함께 즐거움을 나누기로 결심했거나, 아마도 그렇게 먼 기후에서 살 가능성이 있는 사람들과는 매우 다른 습관, 외모, 피부색을 가진 사람을 보고 정말로 놀랐을 것이다. 이러한 이유로 나는 다음과 같이 그들에게 말을 걸기로 결심했다. "신사 여러분, 여러분이 마술사라면, 제가 믿을 만한 이유가 있으니, 여러분은 제 말을 이해할 수 있을 것입니다. 그러므로 저는 여러분께 제가 불행한 영국인으로서 여러분의 해안에 이끌려 왔음을 알려드리고자 합니다. 그리고 저는 여러분 중 한 분이 저를 진짜 말처럼 그의 등에 태워 주시기를 간청합니다. 제가 도움을 받을 수 있는 집이나 마을로 가기 위해서입니다. 그 호의에 대한 보답으로, 저는 이 칼과 팔찌를 선물로 드리겠습니다."라고 말하며 주머니에서 그것들을 꺼냈다. 두 생물은 내가 말하는 동안 조용히 서 있었고, 매우 주의 깊게 듣는 것처럼 보였으며, 내가 말을 끝내자 그들은 서로에게 자주 울부짖으며 마치 진지한 대화에 참여하는 것처럼 보였다. 나는 그들의 언어가 감정을 매우 잘 표현한다는 것을 분명히 관찰했으며, 그 단어들은 약간의 노력으로 중국어보다 더 쉽게 알파벳으로 풀 수 있을 것 같았다.

나는 그들 각각이 여러 번 반복한 '야후'라는 단어를 자주 구별할 수 있었다. 그 의미를 추측하는 것은 불가능했지만, 두 마리 말이 대화에 바쁠 때 나는 이 단어를 내 혀로 연습하려고 노력했다. 그들이 조용해지자마자 나는 큰 목소리로 "야후"를 대담하게 발음했고, 동시에 가능한 한 말의 울음소리를 흉내 내었다. 그에 대해 두 마리 모두 눈에 띄게 놀란 듯했고, 회색 말은 마치 나에게 올바른 억양을 가르치려는 듯 같은 단어를 두 번 반복했다. 나는 그를 최대한 따라 말했고, 매번 눈에 띄게 나아지는 것을 느꼈지만, 완벽함에는 매우 멀었다. 그 후 그 말은 나에게 두 번째 단어를 시도했는데, 발음하기 훨씬 더 어려웠다. 그러나 그것을 영어 철자법으로 줄이면 이렇게 쓸 수 있다, '후이늠Houyhnhnm'. 나는 이전만큼 잘 성공하지 못했지만, 두세 번 더 시도한 후에는 더 나은 발음을 할 수 있었다. 그리고 그들은 모두 내 능력에 놀란 듯 보였다.

어떤 추가적인 대화 후, 내가 관련이 있을 것이라고 추측한 그 대화에서, 두 친구는 서로의 발굽을 치며 작별 인사를 했다. 그리고 회색 말은 내가 그 앞에서 걸어야 한다는 신호를 보냈다. 나는 더 나은 안내자를 찾을 때까지 그렇게 하는 것이 현명하다고 생각했다. 내가 속도를 늦추려고 하자, 그는 "훈훈"하고 외쳤다. 나는 그의 뜻을 짐작하고, 가능한 한 그에게 "피곤해서 더 빨리 걸을 수 없다."고 이해시켰다. 그러자 그는 내가 쉴 수 있도록 잠시 멈추었다.

CHAPTER 02

> 저자는 후이늠에 의해 그의 집으로 안내받았다. 후이늠의 집을 설명한다. 저자의 반응을 설명한다. 후이늠의 음식을 소개한다. 고기가 없어 괴로워하던 저자는 마침내 안도감을 느낀다. 이 나라에서 저자의 먹는 방식을 설명한다.

약 3마일을 걸은 후, 우리는 땅에 박힌 나무로 만들어진 긴 형태의 건물에 도착했다. 그 건물은 엮여 있었고, 지붕은 낮고 짚으로 덮여 있었다. 이제 나는 조금 위로를 받기 시작했고, 여행자들이 보통 미국의 야만인들과 다른 지역에 선물로 가져가는 장난감을 꺼냈다. 집 사람들에게 친절하게 대해주기를 바라는 마음으로 말이다. 말이 먼저 들어가라고 내게 신호를 보냈다. 그곳은 매끄러운 점토 바닥이 있는 넓은 방이었고, 한쪽에는 전체 길이에 걸쳐 선반과 여물통이 있었다. 세 마리의 수말과 두 마리의 암말이 있었고, 그들은 먹지 않고 있었지만, 그 중 일부는 엉덩이에 앉아 있었고, 나는 그것이 매우 신기했다. 그러나 나머지가 가사 일에 종사하는 것을 보니 더 놀라웠다. 이들은 그저 평범한 가축처럼 보였다. 그러나 이것은 내가 처음에 가진 의견을 확인시켜 주었는데, 즉 이처럼 야생 동물을 문명화할 수 있는 민족은 반드시 세계의 모든 민족보다 지혜에서 뛰어나야 한다는 것이다. 회색 말이 바로 그 후에 들어와서 다른 이들이 나에게 가할 수 있었던 어떤 나쁜 대우도 막아주었다. 그는 그들에게 여러 번 권위 있는 태도로 울부짖었고, 대답을 받았다.

이 방 너머에는 집의 길이에 이르는 세 개의 다른 방이 있었고, 서로 마주 보며 있는 세 개의 문을 통해 통과했다. 우리는 세 번째 방으로 가기 위해 두 번째 방을 지나갔다. 여기서 회색 말이 먼저 들어가며 나에게 따라오라고 손짓했다. 나는 두 번째 방에서 기다리며 집의 주인과 주인 부인을 위한 선물을 준비했다. 그것은 두 개의 칼, 세 개의 가짜 진주 팔찌, 작은 거울, 그리고 구슬 목걸이였다. 말이 세 번 또는 네 번 울었고, 나는 인간의 목소리로 어떤 대답을 듣기를 기다렸지만, 그의 것보다 약간 더 날카로운 소리 한두 개를 제외하고는 같은 방언으로만 대답이 돌아왔다. 이 집은 그들 중에서 매우 중요한 인물에게 속하는 것 같다는 생각이 들기 시작했다. 내가 입장하기 전에 그렇게 많은 예의가 필요했기 때문이다. 그러나 품위 있는 사람이 모든 것을 말에게 맡기는 것은 내 이해를 넘어섰다. 나는 내 고통과 불행으로 인해 내 정신이 혼란스러워졌다고 두려워했다. 나는 스스로를 일으켜 세우고 혼자 남겨진 방을 둘러보았다. 이 방은 첫 번째 방처럼 꾸며져 있었지만, 더 우아한 방식으로 꾸며져 있었다. 나는 자주 눈을 비볐지만, 같은 물체들이 여전히 나타났다. 나는 꿈을 꾸고 있을지도 모른다는 희망을 갖고 팔과 옆구리를 꼬집어보았다. 그러고 나서 나는 이 모든 모습이 다른 것이 아니라는 결론을 내렸다. 그러나 나는 이러한 생각을 계속할 시간이 없었다. 회색 말이 문으로 와서 나에게 세 번째 방으로 따라오라는 신호를 보냈고, 그곳에서 나는 매우 아름다운 암말과 함께 맷돌 위에 엉덩이를 대고 앉아 있는 망아지와 새끼를 보았다. 그들은 깔끔하고 정돈된 짚으로 만들어진 매트 위에 앉아 있었다.

입장한 직후, 암말이 매트에서 일어나 가까이 다가와 내 손과 얼굴을 잘 살펴본 후, 나에게 매우 경멸적인 시선을 보냈다. 그리고 말에게 돌아서니, 그들 사이에서 '야후'라는 단어가 자주 반복되는 것을 들었다. 그 단어의 의미는 그때는 이해할 수 없었지만, 내가 발음하는 법을 처음 배운 단어였다. 하지만 나는 곧 더 잘 알게 되었고, 그것은 나에게 영원한 수치심을 안겼다. 말이 머리로 나를 부르며 도로에서 했던 것처럼 "훈훈"을 반복했는데, 이는 그를 따라가라는 뜻으로 이해했다. 그는 나를 집에서 약간 떨어진 곳에 있는 또 다른 건물이 있는 일종의 마당으로 이끌었다. 여기에 들어왔고, 나는 처음 착륙한 후 만난 그 끔찍한 생물 세 마리가 뿌리와 나중에 당나귀와 개의 살, 그리고 가끔 사고나 질병으로 죽은 소의 살을 먹고 있는 것을 보았다. 그들은 모두 강한 밧줄로 목이 묶여 있었고, 빔에 고정되어 있었다. 그들은 앞발의 발톱 사이에 음식을 잡고 이를 사용하여 찢어 먹었다.

주인 말은 그의 하인 중 한 명인 적갈색 암말에게 이 동물들 중 가장 큰 것을 풀어주고 마당으로 데려가라고 명령했다. 그 짐승과 나는 가까이 가져다 놓였고, 주인과 하인이 우리의 얼굴을 열심히 비교한 후 여러 번 "야후"라는 단어를 반복했다. 내가 이 혐오스러운 동물에게서 완벽한 인간의 형체를 관찰했을 때, 나의 공포와 놀라움은 말로 표현할 수 없었다. 그 동물의 얼굴은 정말로 평평하고 넓었으며, 코는 움푹 들어가 있었고, 입술은 크고, 입은 넓었다. 그러나 이러한 차이는 모든 야만적인 나라들에서 공통적으로 나타나는데, 그곳에서는 원주민들이 그들의 갓난아기를 땅 위에서 눕히게 하거나, 어미의 어깨에 얼굴을 대고 코를 찔러 대고 아기를 등에 업고 다짐으로써 얼굴의 윤곽이 왜곡된다. 야후의 앞발은 내 손과 손톱의 길이, 손바닥의 거칠고 갈색인 점, 그리고 뒷면의 털을 제외하고는 아무것도 다르지 않았다. 우리의 발 사이에도 같은 유사성이 있었고, 같은 차이점이 있었다. 나는 내 신발과 스타킹 때문에 말들이 알지 못하는 것을 잘 알고 있었다. 털과 색깔을 제외한 우리 몸의 모든 부분에서 동일했다는 점은 이미 설명한 바 있다.

두 마리 말과 함께하는 큰 어려움은 내 몸의 나머지 부분이 야후와 매우 다르다는 것을 보는 것이었고, 그로 인해 나는 내 옷에 의존하게 되었다. 그들은 그것에 대한 개념이 없었다. 그 갈색 말은 그가 발굽과 발목 사이에 (우리가 적절한 때 설명할 것이다.) 들고 있던 뿌리를 나에게 제공했다. 나는 그것을 손에 쥐고 냄새를 맡은 후, 최대한 공손하게 다시 그에게 돌려주었다. 그는 야후의 개집에서 당나귀 고기 한 조각을 꺼냈다. 그러나 그것은 너무 불쾌한 냄새가 나서 나는 혐오감을 느끼며 그것을 외면했다. 그는 그 후 그것을 야후에게 던졌고, 야후는 그것을 탐욕스럽게 먹어치웠다. 이후 그는 나에게 건초 한 줌과 귀찮은 양의 귀리를 보여주었지만, 나는 그것들이 나에게 음식이 아니라는 것을 나타내기 위해 고개를 저었다. 나는 이제 내가 반드시 굶주려야 한다는 것을 깨달았다. 내 종족의 일부에게 도달하지 않으면 말이다. 더러운 야후들에 관해서는, 그 당시 인류를 사랑하는 사람들 중 나보다 더 큰 사랑을 가진 사람은 거의 없었지만, 나는 모든 면에서 그렇게 혐오스러운 민감한 존재를 본 적이 없다고 고백한다. 그들과 가까워질수록 그들은 더욱 증오스러워졌고, 내가 그 나라에 머무는 동안 더욱 그랬다. 주인 말은 내 행동을 보고 이를 관찰하였고, 그래서 야후를 그의 개집으로 돌려보냈다. 그는 그러고 나서 앞발을 입에 대었고, 나는 매우 놀랐지만, 그는 그것을 쉽게 했고, 완전히 자연스러운 동작으로 보였다. 그는 내가 무엇을 먹고 싶은지 알기 위해 다른 신호를 보냈지만, 나는 그가 이해할 수 있는 대답을 할 수 없었다. 만약 그가 나를 이해했다면, 내가 영양을 찾는 방법을 고안할 수 있는지 모르겠다. 우리가 이렇게 몰입되어 있을 때, 나는 소가 지나가는 것을 보았고, 소를 가리키며 소의 우유를 짜고 싶다는 욕구를 표현했다. 이것은 효과가 있었고, 그는 나를 집으로 데려가서, 좋은 양의 우유가 있는 방을 열도록 암말 하인을 명령했다. 그녀는 나에게 큰 그릇에 담긴 우유를 주었고, 나는 매우 맛있게 마셨고, 기분이 상쾌해졌다.

정오 무렵, 나는 집으로 네 마리의 야후가 끄는 썰매처럼 끌려오는 일종의 탈것을 보았다. 그 안에는 품위 있어 보이는 노마가 있었고, 그는 우연히 왼쪽 앞발에 부상을 입은 채로 뒷발을 앞으로 하여 내렸다. 그는 주인 말과 함께 저녁을 먹으러 왔고, 주인 말은 그를 매우 공손하게 맞이했다. 그들은 가장 좋은 방에서 저녁을 먹었고, 두 번째 코스로 우유에 끓인 귀리를 먹었는데, 노마는 따뜻하게 먹었고 나머지는 차갑게 먹었다. 그들의 마구간은 방 중앙에 원형으로 배치되어 여러 개의 칸막이로 나뉘어 있었고, 그 주위에 말들이 엉덩이를 대고 앉아 있었으며, 짚 더미 위에 있었다. 중앙에는 각 마구간의 칸막이에 맞는 각도를 가진 큰 선반이 있었고, 그래서 각 말과 암말은 자신의 건초와 귀리와 우유로 만든 혼합물을 매우 단정하고 규칙적으로 먹었다. 어린 망아지와 망아지의 행동은 매우 겸손해 보였고, 주인과 주인의 아내는 손님에게 매우 쾌활하고 친절했다. 회색 말은 나에게 그의 곁에 서라고 지시했다. 그리고 그와 그의 친구 사이에 나에 대한 많은 대화가 오갔으며, 낯선 사람이 자주 나를 바라보고 "야후"라는 단어를 자주 반복하는 것을 보았다.

나는 우연히 장갑을 착용했는데, 주인이 그것을 관찰하며 내가 앞발에 무엇을 했는지에 대한 경이적인 흔적을 발견하고 당황한 것 같았다. 그는 그것에 세 번 또는 네 번 발굽을 대었고, 마치 내가 그것들을 원래 형태로 되돌려야 한다고 의미하는 것 같았다. 나는 즉시 두 장갑을 벗어 주머니에 넣었다. 이로 인해 더 많은 대화가 이어졌고, 나는 동료가 내 행동에 만족하는 것을 보았고, 그로 인해 좋은 결과를 곧 발견했다. 나는 내가 이해하는 몇 마디를 말하라는 명령을 받았고, 그들이 저녁을 먹는 동안 주인은 귀리, 우유, 불, 물 및 몇 가지 다른 것들의 이름을 가르쳐 주었고, 나는 어릴 때부터 언어를 배우는 데 큰 능력을 가지고 있었기 때문에 그를 따라 쉽게 발음할 수 있었다.

저녁이 끝났을 때, 주인 말이 나를 따로 불러서, 신호와 말로 내가 먹을 것이 없다는 걱정을 하고 있다는 것을 이해하게 해주었다. 그들의 언어에서 귀리는 "흘룬"이라고 불린다. 나는 이 단어를 두세 번 발음했다. 처음에는 거절했지만, 다시 생각해보니 그것으로 일종의 빵을 만들 수 있을 것 같아서, 우유와 함께 나를 살릴 수 있을 만큼 충분할 것이라고 생각했다. 내가 다른 나라로 탈출할 수 있을 때까지, 그리고 나와 같은 종족의 생물들과 함께할 수 있을 때까지. 말은 즉시 그의 가족의 흰색 암말 하인을 시켜 나에게 나무 쟁반에 좋은 양의 귀리를 가져오게 했다. 나는 그것들을 최대한 불 앞에서 데우고 껍질이 벗겨질 때까지 문질렀으며, 그 껍질을 곡물에서 분리하려고 했다. 나는 두 개의 돌 사이에서 그것들을 갈고 쳤다. 그런 다음 물을 넣고 반죽이나 케이크로 만들었으며, 그것을 불에 구워 따뜻하게 우유와 함께 먹었다. 처음에는 유럽의 많은 지역에서 흔히 볼 수 있는 매우 무미건조한 식단이었지만, 시간이 지나면서 참을 수 있게 되었다. 내 인생에서 종종 힘든 음식을 먹어야 했기 때문에, 자연이 얼마나 쉽게 만족하는지를 실험한 것은 이번이 처음이 아니었다. 이 섬에 머무는 동안 한 시간의 질병도 없었던 것을 주목하지 않을 수 없다. 사실, 때때로 야후의 털로 만든 스프링으로 토끼나 새를 잡기도 했고, 종종 건강한 허브를 모아 끓여서 빵과 함께 샐러드로 먹었다. 가끔은 드물게 조금의 버터를 만들고 유청을 마셨다. 처음에는 소금이 부족하여 큰 혼란을 겪었지만, 곧 관습이 나를 소금의 결핍에 익숙하게 만들었다. 그리고 나는 우리 사이에서 소금의 빈번한 사용이 사치의 결과라고 확신하며, 이는 단지 음료를 유도하기 위해 처음 도입되었고, 육류를 장기간 저장하거나 큰 시장에서 멀리 떨어진 곳에서 보존하는 데 필요할 때를 제외하고는 그렇다. 우리는 인간 외에는 어떤 동물도 소금을 좋아하는 것을 관찰하지 못하며, 내가 이 나라를 떠났을 때, 내가 먹는 어떤 것에서도 소금의 맛을 견딜 수 있기까지 오랜 시간이 걸렸다.

이것은 내 식단에 대한 주제를 언급하기에 충분하다. 다른 여행자들은 독자들이 우리가 잘 지내는지 아니면 힘든지를 개인적으로 걱정하는 것처럼 책을 채운다. 그러나 이 문제를 언급할 필요가 있었다. 세상이 내가 그런 나라와 그런 주민들 사이에서 3년 동안 생계를 유지할 수 없다고 생각할까 두렵기 때문이다.

저녁이 다가오자 주인 말이 나를 위한 숙소를 마련하라고 명령했다. 그것은 집에서 겨우 6야드 떨어져 있었고 야후의 마구간과는 분리되어 있었다. 여기서 나는 약간의 짚을 얻었고, 내 옷으로 몸을 덮고 깊이 잠들었다. 그러나 나는 곧 더 나은 환경에서 지내게 되었고, 독자는 이후에 내가 생활하는 방식에 대해 더 자세히 설명할 때 알게 될 것이다.

CHAPTER 03

저자는 언어를 배우기 위해 공부한다. 그의 주인인 후이늠님이 그를 가르치는 데 도움을 준다. 언어가 설명된다. 여러 품위 있는 후이늠님들이 저자를 보기 위해 호기심을 갖고 나온다. 저자는 자신의 항해에 대한 간단한 이야기를 주인님에게 들려준다.

내 주요 노력은 언어를 배우는 것이었으며, 나의 주인(앞으로 이렇게 부르겠다.)과 그의 자녀들, 그리고 그의 집의 모든 하인들이 나에게 가르치고 싶어 했다. 그들은 짐승이 이성적인 존재의 그런 표식을 발견하는 것을 경이롭게 여겼다. 나는 모든 것을 가리키며 그 이름을 물었고, 혼자 있을 때 그것을 일기장에 적었으며, 가족들에게 자주 발음해 달라고 요청하여 나쁜 억양을 교정했다. 이 작업에서, 하인 중 한 명인 갈색 말이 나를 도와주기를 매우 기꺼이 했다.

말할 때 그들은 코와 목을 통해 발음하였으며, 그들의 언어는 내가 유럽에서 아는 언어 중에서 고지 네덜란드어 또는 독일어에 가장 가깝지만, 훨씬 더 우아하고 의미가 있다. 황제 카를 5세는, "내가 자신의 말과 이야기해야 한다면, 고지 네덜란드어로 해야 한다." 고 말했을 때 거의 비슷한 관찰을 하였다.

나의 주인의 호기심과 초조함은 매우 커서, 그는 여가 시간의 많은 시간을 나를 가르치는 데 보냈다. 그는 나를 야후라고 확신했지만(그가 나중에 나에게 말한 대로), 나의 가르침을 받으려는 태도, 예의, 청결함은 그를 놀라게 했다. 이는 모두 그 동물들과 정반대의 특성이었다. 그는 나의 옷에 대해 매우 혼란스러워하며, 때때로 그것들이 내 몸의 일부인지 스스로 생각하곤 했다. 왜냐하면 나는 가족이 잠든 후에야 옷을 벗었고, 아침에 그들이 깨어나기 전에 다시 입었기 때문이다. 나의 주인은 '내가 어디서 왔는지, 내가 어떻게 모든 행동에서 발견한 이성의 외관을 얻었는지, 그리고 내 이야기를 내 입으로 듣고 싶어 했으며, 그는 내가 그들의 단어와 문장을 배우고 발음하는 데 큰 능숙함을 보일 것이라고 희망했다.'는 것을 배우고자 열망했다. 기억을 돕기 위해, 나는 배운 모든 것을 영어 알파벳으로 정리하고 단어를 적어 번역을 함께 기록했다. 이 마지막 작업은 시간이 지난 후, 나는 주인의 앞에서 감히 시도했다. 내가 하고 있는 일을 설명하는 데 많은 노력이 필요했다. 왜냐하면 그곳 주민들은 책이나 문학에 대한 개념이 전혀 없기 때문이다.

약 10주 후, 나는 주인의 질문 대부분을 이해할 수 있게 되었고, 3개월 후에는 그에게 어느 정도 괜찮은 대답을 할 수 있었다. 그는 내가 어느 지역 출신인지, 그리고 어떻게 이성적인 존재를 모방하도록 교육받았는지 매우 궁금해 했다. 왜냐하면 야후(그는 내가 머리, 손, 얼굴에서 정확히 닮았다고 봤다.)들은 약간의 교활함과 가장 강한 장난기 있는 성향을 가지고 있어 모든 짐승 중에서 가장 가르치기 힘든 존재로 관찰되었기 때문이다. 나는 "나는 먼 곳에서 많은 동족들과 함께 나무의 몸으로 만들어진 큰 빈 배를 타고 바다를 건너 왔습니다. 나의 동료들이 나를 이 해안에 내려놓도록 강요했고, 그 후 나를 혼자 두었습니다."라고 대답했다. 나는 여러 신호의 도움으로 그가 나를 이해하도록 하는 데 약간의 어려움이 있었다. 그는 "니가 틀렸거나, 니가 사실이 아닌 것을 말했다."고 대답했다. 그들의 언어에는 거짓말이나 허위라는 표현이 없다. 그는 "바다 너머에 나라가 있을 수 없고, 짐승들이 나무배를 원하는 대로 물 위에서 움직일 수 없다는 것을 알고 있었다. 살아있는 어떤 후이늠도 그런 배를 만들 수 없고, 야후들이 그것을 다룰 수 있도록 신뢰하지 않을 것이라고 확신했다."고 대답했다.

그들의 언어로 '후이늠'이라는 단어는 '말'을 의미하며, 어원적으로는 자연의 완벽함을 나타낸다. 나는 내 주인에게, "제가 표현하는 데 어려움을 겪고 있지만, 가능한 한 빨리 개선할 것이며, 곧 주인에게 경이로운 이야기를 전할 수 있기를 바랍니다."라고 말했다. 그는 자신의 암말, 망아지, 그리고 새끼 말과 가족의 하인들을 지휘하여 나에게 가르칠 기회를 최대한 활용해서 기뻐했다. 그리고 매일 두세 시간 동안 그는 스스로도 같은 노력을 기울였다. 이웃에는 "말처럼 말할 수 있는 놀라운 야후"에 대한 소문이 퍼지면서 여러 품위 있는 말과 암말들이 자주 우리 집에 찾아왔고, 그들은 나와 대화하는 것을 즐겼다. 그들은 많은 질문을 했고, 내가 할 수 있는 대답을 받았다. 이러한 모든 이점 덕분에 나는 도착한 지 5개월 만에 내가 이해할 수 있는 모든 것을 이해하고, 꽤 잘 표현할 수 있게 되었다.

후이늠은 나를 만나서 이야기하기 위해 내 주인을 방문했지만, 내 몸이 다른 동료들과는 다른 외피를 가지고 있었기 때문에 나를 진정한 야후로 믿기 어려워했다. 그들은 나에게 일반적인 털이나 피부가 없다는 것을 보고 놀랐지만, 나는 약 2주 전 발생한 사고를 통해 그 비밀을 내 주인에게 밝혔다.

나는 이미 독자에게 매일 밤 가족이 잠자리에 들었을 때, 옷을 벗고 내 옷으로 몸을 가리는 것이 나의 습관이라고 말했다. 어느 이른 아침, 주인이 그의 하인을 통해 나를 불렀다. 그가 왔을 때 나는 깊이 잠들어 있었고, 내 옷은 한쪽으로 떨어져 있었으며, 내 셔츠는 허리 위에 있었다. 나는 그가 만든 소음에 깨어났고, 그가 메시지를 전달하는 것을 약간 어수선하게 관찰했다. 그 후 그는 주인에게 가서 매우 놀라서 그가 본 것에 대해 매우 혼란스러운 설명을 했다. 나는 즉시 이것을 발견했다. 내가 옷을 입고 그의 존경을 받으러 가자, 그는 나에게, '그의 하인이 보고한 내용의 의미가 무엇인지' 물었다. 즉, 내가 잠을 잘 때는 다른 때와 같지 않다고 했다. 그의 하인은 나의 일부가 하얗고, 일부는 노랗고, 적어도 그렇게 하얗지 않으며, 일부는 갈색이라고 확신했다.

나는 그 저주받은 야후족과 최대한 구별되기 위해 내 옷의 비밀을 지금까지 숨겨왔으나, 이제 더 이상 그렇게 하는 것이 헛된 일임을 깨달았다. 게다가 내 옷과 신발이 곧 닳아 없어질 것이며, 이미 상태가 좋지 않아서 야후의 가죽이나 다른 짐승의 가죽으로 보충해야 할 것이라고 생각했다. 그렇게 되면 모든 비밀이 드러날 것이다. 그래서 나는 나의 주인에게 말했다. "내가 온 나라에서는, 나와 같은 부류의 사람들은 항상 덥거나 차가운 공기의 성향을 피하기 위해, 품위를 지키기 위해, 예술에 의해 준비된 특정 동물의 털로 그들의 몸을 덮습니다. 만약 주인께서 내게 명령한다면 기쁘게 나는 즉각적인 확신을 줄 것입니다. 만약 내가 자연이 우리에게 감추도록 가르친 그 부분들을 드러내지 않는다면 말입니다." 그는, "너의 이야기는 모두 매우 이상했지만, 특히 마지막 부분이 더 그랬다. 왜 자연이 우리가 자연이 주어진 것을 숨기도록 가르쳐야 하는지 이해할 수 없다. 나와 나의 가족은 자신의 몸의 어떤 부분에 대해서도 부끄러워하지 않는다. 그러나 너는 원하는 대로 할 수 있다."라고 말했다. 그리하여 나는 먼저 내 코트를 풀고 벗었다. 조끼도 같은 방식으로 벗었다. 신발, 스타킹, 바지를 벗었다. 나는 셔츠를 허리까지 내리고, 아래쪽을 올려서 허리둘레에 띠처럼 묶어 나체를 가렸다.

내 주인은 큰 호기심과 감탄의 표정으로 나의 전체 몸을 관찰했다. 그는 내 옷을 하나씩 그의 발목에 집어 들고 열심히 살펴보았다. 그런 다음 그는 내 몸을 매우 부드럽게 쓰다듬고 여러 번 나를 둘러보았다. 그 후 그는 내가 완벽한 야후임이 분명하다고 말했지만, 내 피부의 부드러움, 하얗고 매끄러움에서 야후 종족의 나머지와 매우 다르다고 했다. 내 몸의 여러 부분에 털이 없는 것, 앞뒤 발톱의 모양과 짧음, 그리고 두 뒷발로 계속 걷는 것을 좋아하는 점이었다. 그는 더 이상 보고 싶지 않다고 하였고, 내가 추위에 떨고 있었기 때문에 다시 옷을 입도록 허락해 주었다.

그가 나에게 그렇게 자주 야후라는 불쾌한 동물의 이름을 붙이는 것에 대해 불안함을 느꼈다. 나는 그가 나에게 그 단어를 사용하지 말아달라고 부탁했고, 그가 나를 볼 수 있도록 허락한 가족과 친구들에게도 같은 명령을 내리기를 요청했다. 또한, "내 몸에 가짜 덮개가 있다는 비밀은 주인님 자신 외에는 아무에게도 알려지지 않기를 바랍니다. 적어도 현재의 옷이 지속되는 동안은 말입니다. 그의 하인인 소렐 나그가 관찰한 것에 대해서는, 그의 명예가 그것을 숨기도록 명령할 수 있을 것입니다."

나의 주인은 이 모든 것에 매우 정중하게 동의했다. 그리하여 그 비밀은 내 옷이 닳기 시작할 때까지 지켜졌고, 나는 앞으로 언급될 몇 가지 계략에 의해 그것을 공급받지 않을 수 없었다. 그러는 동안, 그는 "내 몸이 덮여 있든 없든 간에, 나의 말과 이성의 능력에 더 놀랐기 때문에, 나는 그들의 언어를 배우기 위해 최선을 다해 계속 노력할 것"을 바랐다.

그때부터 그는 나를 가르치기 위해 그가 수고했던 수고를 두 배로 늘렸다. 그는 나를 모든 무리 속으로 데리고 들어갔고, 그들이 나를 정중하게 대하게 했다. 그는 그들에게 개인적으로 "왜냐하면, 이것은 나를 유머러스하게 만들고, 나를 더 기분 전환하게 만들 것이기 때문"이라고 말했다.

매일 그를 기다릴 때, 그가 가르치는 데 어려움을 겪는 것 외에도, 그는 나에 관한 여러 질문을 했고, 나는 가능한 한 잘 대답했다. 이러한 방법으로 그는 이미 다소 일반적인 아이디어를 얻었지만, 매우 불완전했다. 더 규칙적인 대화로 나아간 여러 단계를 이야기하는 것은 지루할 것이다. 그러나 내가 어떤 순서와 길이로 나 자신에 대해 처음으로 이야기한 것은 다음과 같은 목적을 위한 것이었다.

'나는 그에게 이미 말하려고 시도했던 것처럼, 약 50명의 내 동종과 함께 매우 먼 나라에서 왔다는 것을 말했다. 우리는 나무로 만들어진 크고 비어 있는 배를 타고 바다를 여행했으며, 그의 집보다 더 컸다. 나는 가능한 최선의 표현으로 그에게 배를 설명했고, 펼쳐진 내 손수건의 도움으로 바람에 의해 어떻게 앞으로 나아가는지를 설명했다. 우리 사이의 다툼으로 인해 나는 이 해안에 상륙하게 되었고, 나는 어디로 가는지도 모르고 앞으로 걸어갔으며, 그가 나를 그 끔찍한 야후들의 박해에서 구해주기 전까지지였다.' 그는 나에게 "누가 배를 만들었고, 내 나라의 후이늠들이 그것을 짐승들의 관리에 맡기게 된 것이 어떻게 가능한가?"라고 물었다. 나는 "그가 나에게 화를 내지 않겠다고 약속하고 명예를 걸어주지 않는 한, 나는 내 이야기를 더 이상 진행할 수 없으며, 그때 나는 내가 그렇게 자주 약속했던 경이로움에 대해 이야기할 것이었습니다."라고 대답했다. 그는 동의했다. 나는 그에게 배가 나와 같은 존재들에 의해 만들어졌다고 확신시키며 계속 말했다. 내가 여행한 모든 나라와 내 나라에서 유일한 지배하는 합리적 동물들이었다. 내가 여기 도착했을 때, 나는 후이늠이 합리적인 존재처럼 행동하는 것을 보고 그가 또는 그의 친구들이 야후라고 부르는 존재에서 이성의 흔적을 발견하는 것만큼 놀라웠다. 나는 모든 면에서 그들과 닮았지만, 그들의 퇴화하고 잔인한 본성을 설명할 수는 없었다. 나는 더 나아가 말하기를, "만일 행운이 나를 고국으로 되돌려 놓는다면, 내가 결심한 대로 여기까지 여행한 이야기를 하게 된다면, 모든 사람들은 내가 그렇지 않은 것을 말했고, 내가 내 머릿속에서 그 이야기를 지어냈다고 믿을 것이다. 그리고 (그 자신과 그의 가족, 그리고 친구들에 대한 가능한 모든 존경심과 함께, 그리고 기분 나빠하지 않겠다는 그의 약속 아래서) 우리 동포들은 후이늠이 한 나라를 지배하는 피조물이 되어야 하고, 야후가 짐승이 되어야 한다고 생각하지 않을 것이다."

CHAPTER 04

후이늠의 진리와 거짓에 대한 개념을 설명한다. 저자의 담론은 그의 주인에 의해 반대를 받았다. 저자는 자신과 그의 항해의 사고에 대해 더 구체적인 설명을 한다.

나의 주인은 그의 얼굴에 큰 불안의 기색을 띠고 나의 이야기를 들었다. 왜냐하면 의심하거나 믿지 않는 것이 이 나라에서는 거의 알려져 있지 않아서, 주민들은 그러한 상황에서 어떻게 행동해야 할지 모른다. 그리고 나는 세계 다른 지역에서의 남성성의 본질에 대해 주인과 자주 대화하면서 거짓말과 허위 표현에 대해 이야기할 기회가 있었는데, 그가 내가 의미하는 바를 이해하는 데 많은 어려움이 있었던 것을 기억한다. 비록 그가 다른 면에서는 매우 예리한 판단력을 가지고 있었지만. 그는 이렇게 주장했다. "언어의 사용은 서로를 이해하고 사실에 대한 정보를 받기 위한 것이다. 이제, 만약 누군가가 사실이 아닌 것을 말한다면, 이러한 목적은 달성되지 않는다. 왜냐하면 나는 그를 제대로 이해했다고 할 수 없기 때문이다.

그리고 나는 정보를 받는 것과는 거리가 멀어, 그가 나를 무지보다 더 나쁜 상태로 남겨두기 때문이다. 나는 흰 것을 검다고 믿게 되고, 긴 것을 짧다고 믿게 된다." 그리고 이것이 바로 그가 거짓말이라는 능력에 대해 가지고 있던 모든 개념이었다. 이는 인간들 사이에서 완벽하게 이해되고 보편적으로 행해진 것이다.

이 여담에서 돌아오자. 내가 야후가 내 나라에서 유일한 지배 동물이라고 주장했을 때, 내 주인은 그것이 그의 이해를 완전히 초월한다고 말하며, "우리 중에 후이늠이 있는지, 그들의 직업은 무엇인지" 알고 싶어 했다. 나는 그에게 "우리는 많은 수의 후이늠이 있으며, 여름에는 들판에서 풀을 뜯고, 겨울에는 건초와 귀리와 함께 집에서 기릅니다. 야후 하인들이 그들의 피부를 매끄럽게 문지르고, 갈기를 빗고, 발을 정리하고, 음식을 제공하며, 침대를 만들어 줍니다."라고 말했다. "나는 너를 잘 이해한다." 나의 주인이 말했다. "니가 말한 모든 것에 의하면, 야후들이 어떤 이성을 가장하든지 간에, 후이늠이 너의 주인이라는 것이 이제 매우 명백하다. 나는 우리의 야후들이 그렇게 다루기 쉬웠으면 좋겠다."고 말했다. 나는 "더 이상 진행하지 말아 주시는 것을 용서해 주시기를 간청하였는데, 왜냐하면 그분이 내게 기대하는 설명이 매우 불쾌할 것이라고 확신하고 있었기 때문입니다." 그는 나에게 최선과 최악을 알려달라고 고집했다. 나는 그에게 "후이늠은 따지지말고 복종 받아야 합니다."라고 말했다. 나는 "우리 중에서 우리가 말이라고 부르는 후이늠들이 가장 관대하고 아름다운 동물이었습니다. 그들은 힘과 민첩성에서 뛰어났으며, 품위 있는 사람들에게 속할 때 여행, 경주 또는 마차를 끌기 위해 사용되었습니다. 그들은 많은 친절과 보살핌을 받았고, 질병에 걸리거나 발이 부풀어 오를 때까지 그렇게 되었습니다. 그러나 그때 그들은 팔려서 죽을 때까지 모든 종류의 힘든 일에 사용되었습니다. 그 후 그들의 가죽은 벗겨져서 가치에 따라 팔리고, 그들의 시체는 개와 맹금류에게 먹히도록 남겨졌습니다. 하지만 일반적인 말들은 농부와 운반업자, 그리고 다른 천한 사람들에 의해 길러져서 그렇게 좋은 운을 누리지 못했습니다. 그들은 말들에게 더 큰 노동을 시켰고, 더 나쁜 음식을 주었습니다." 나는 가능한 한 우리의 승마 방식, 고삐, 안장, 박차, 채찍의 형태와 용도, 그리고 마구와 바퀴에 대해 설명했다. 나는 "우리가 그들의 발바닥에 철이라는 특정한 단단한 물질로 만든 판을 고정하여, 우리가 자주 다니는 돌길에 의해 발굽이 부서지지 않도록 했다고 덧붙였습니다."라고 했다.

나의 주인은 큰 분노의 표현 후에, "야후가 어떻게 후이늠의 등에 올라탈 용기를 냈는지? 그는 자신의 집에서 가장 약한 하인이 가장 강한 야후를 떨쳐낼 수 있을 것이라고 확신했으며, 또는 누워서 등을 굴리면 그 짐승을 죽일 수 있을 것이다."라고 했다. 나는 대답했다. "우리의 말들이 3, 4세부터 우리가 의도한 여러 용도로 훈련되었습니다. 만약 그들 중 어떤 말이 참을 수 없을 정도로 사납다면, 그들은 마차에 사용되었습니다. 그들은 어릴 때 장난을 치면 심하게 맞았습니다. 일반적으로 타기나 짐을 나르기 위해 사용될 수컷은 태어난 지 약 2년 후에 거세되어 기분을 가라앉히고 더 온순하게 만들었습니다. 그들은 보상과 처벌을 인식할 수 있었습니다. 그러나 그의 존귀하신 분께서는 그들이 이 나라의 야후들처럼 전혀 이성의 기미가 없다는 점을 고려해 주시기 바랍니다."

그것은 내가 말한 것에 대한 올바른 생각을 나의 주인에게 주기 위해 많은 곡절의 고통을 겪게 했다. 왜냐하면 그들의 언어에는 다양한 단어가 풍부하지 않은데, 이는 그들이 필요로 하는 것과 열정이 우리보다 적기 때문이다. 그러나 우리가 후이늠 종족을 야만적으로 대하는 것에 대한 그의 고귀한 분노를 표현하는 것은 불가능하다. 특히 내가 우리들 사이에서 말을 거세하는 방법과 사용법을 설명한 후에는, 그들이 그들의 종족을 번식시키는 것을 방해하고, 그들을 더 노예적으로 만들기 위해서였다. 그는 "만약 야후가 단독으로 이성을 부여받는 어떤 나라가 가능하다면, 그들은 분명히 지배하는 동물이어야 한다. 왜냐하면 이성은 결국 잔인한 힘에 항상 이길 것이기 때문이다. 그러나 우리의 몸의 구조, 특히 내 몸을 고려할 때, 그는 동등한 크기의 어떤 생명체도 일상생활의 일반적인 업무에 이성을 사용하는 데 그렇게 잘 설계되지 않았다."라고 했다. 그래서 그는 "내가 살고 있는 사람들은 나와 닮았는지, 아니면 그의 나라의 야후와 닮았는지"를 물었다. 나는 그에게 확신을 주었다. "저는 제 나이의 대부분과 마찬가지로 잘 다듬어져 있지만, 더 젊은 여성들은 훨씬 더 부드럽고 연하며, 후자의 피부는 일반적으로 우유처럼 하얗습니다." 그는 말하기를, "너는 다른 야후들과는 확실히 달랐고, 훨씬 더 깨끗했으며, 그렇게 기형적이지도 않았다. 그러나 실제로 유리한 점에 있어서는 내가 오히려 나쁜 쪽으로 다르다고 생각했다. 내 손톱은 앞발이나 뒷발 모두에 쓸모가 없었고, 앞발에 대해서는 그 이름으로 부를 수 없었는데, 니가 그것들로 걷는 것을 본 적이 없었기 때문이다. 그것들은 땅을 견딜 수 없을 만큼 너무 부드러웠고, 너는 일반적으로 그것들을 덮지 않은 채로 다녔으며, 때때로 그것들에 착용했던 덮개는 모양이 같지 않거나 뒷발에 있는 것만큼 강하지도 않았다. 너는 어떤 안전성도 없이 걸을 수 없었고, 만약 뒷발 중 하나가 미끄러지면 너는 반드시 넘어질 수밖에 없지." 그는 그 후 내 몸의 다른 부분에 대해 흠을 잡기 시작했다. "얼굴의 평평함, 코의 돌출, 눈이 정면에 위치해 있어 고개를 돌리지 않고는 옆을 볼 수 없는 점, 입으로 한쪽 앞발을 들어 올리지 않고는 스스로 먹을 수 없는 점, 따라서 자연이 그 필요를 충족시키기 위해 그런 관절을 두었다. 나는 니 발 뒤쪽에 있는 여러 갈라짐과 분할의 용도가 무엇인지 알지 못했다. 그것들이 다른 짐승의 피부로 만든 덮개 없이 돌의 단단함과 날카로움을 견딜 수 없을 만큼 너무 부드럽다는 점, 몸 전체가 열과 추위에 대한 울타리가 필요했으며, 매일 그것을 입고 벗는 데 지치고 번거로움을 겪어야 하지. 마지막으로, 이 나라의 모든 동물이 자연스럽게 야후를 싫어한다는 점을 관찰했으며, 약한 자는 피하고 강한 자는 그들을 쫓아냈다. 그리하여, 우리가 이성의 선물을 가지고 있다고 가정한다면, 모든 생물이 우리에게 보이는 자연적인 반감이 어떻게 치료될 수 있는지를 이해할 수 없었고, 따라서 우리가 그것들을 길들여 유용하게 만들 수 있는 방법도 이해할 수 없었다." 그러나 그는 "더 이상 이 문제에 대해 논의하지 않겠다."고 말하며, "니가 태어난 나라와 니가 이곳에 오기 전의 여러 사건과 삶의 이야기에 대해 더 관심이 있네, 좀 들려주면 좋겠네."라고 했다.

나는 그에게 확신을 주었다. "모든 점에서 만족하기를 얼마나 간절히 바라는지, 그러나 그의 명예가 이해할 수 없는 여러 주제에 대해 제가 스스로를 설명할 수 있을지 의심스럽습니다. 왜냐하면 저는 그 나라에서 그것들과 비슷한 것을 전혀 보지 못했기 때문입니다. 그러나 저는 최선을 다하고 비유를 통해 제 자신을 표현하려고 노력할 것이며, 적절한 단어가 필요할 때 도움을 겸손히 요청하겠습니다." 그가 나에게 기꺼이 약속해 주었다.

나는 "내 출생은 정직한 부모에게서 이루어졌고, 영국이라는 섬에서 태어났습니다. 그곳은 이 나라에서 멀리 떨어져 있었으며, 주인님의 명예의 하인 중 가장 강한 자가 태양의 연간 경로를 따라 여행할 수 있는 만큼의 거리였습니다. 나는 사고나 폭력으로 인해 몸에 생긴 상처를 치료하는 직업을 가진 외과의사로 자랐습니다. 내 나라는 여왕이라고 부르는 여성에 의해 통치되었습니다. 나는 부를 얻기 위해 그곳을 떠났고, 그로 인해 내가 돌아올 때 나와 내 가족을 부양할 수 있었습니다. 마지막 항해에서 나는 배의 선장이었고, 약 50명의 야후가 내 밑에 있었으며, 그 중 많은 이들이 바다에서 죽었고, 나는 여러 나라에서 뽑은 다른 이들로 그들을 보충해야 했습니다. 우리의 배는 두 번 침몰할 위험에 처했으며, 첫 번째는 큰 폭풍에 의해, 두 번째는 바위에 부딪혀서 침몰할 뻔 했습니다." 여기서 제 주인이 개입하여 저에게 "니가 어떻게 다른 나라에서 온 낯선 사람들을 설득하여 나와 함께 모험을 하게 할 수 있었는가, 내가 겪은 손실과 위험을 감안할 때?"라고 물었다. 나는 "그들은 절망적인 재정 상태에 있는 동료들로, 가난이나 범죄로 인해 태어난 곳을 떠날 수밖에 없었습니다. 어떤 이들은 소송으로 망했고, 다른 이들은 술, 매춘, 도박에 모든 것을 쏟았습니다. 또 다른 이들은 반역으로 도망쳤고, 많은 이들은 살인, 절도, 독살, 강도, 위증, 위조, 가짜 화폐 제작, 강간 또는 남색을 저질렀습니다. 그들은 군기를 이탈하거나 적에게 투항하기 위해 도망쳤고, 대부분은 감옥에서 탈출했습니다. 이들 중 누구도 교수형에 처해지거나 감옥에서 굶어 죽을까 두려워 고향으로 돌아갈 용기가 없었습니다. 그래서 그들은 다른 곳에서 생계를 찾아야 했습니다."

이 담화 중에, 내 주인은 나의 이야기를 여러 번 방해하셨다. 나는 우리 선원 대부분이 고국을 떠날 수밖에 없었던 여러 범죄의 본질을 설명하기 위해 많은 우회적인 표현을 사용했기 때문이다. 이 작업은 그가 나를 이해할 수 있을 때까지 며칠간의 대화를 필요로 했다. 그는 그러한 악행을 행하는 것의 유용성이나 필요성을 전혀 알지 못했다. 이를 명확히 하기 위해, 나는 권력과 부에 대한 갈망, 그리고 욕망, 절제 부족, 악의, 질투의 끔찍한 결과에 대한 몇 가지 아이디어를 제시하려고 노력했다. 이 모든 것을 나는 사례를 제시하고 가정을 만들어 정의하고 설명할 수밖에 없었다. 그 후, 마치 전에 본 적도 들은 적도 없는 것에 감명을 받은 사람처럼 그는 놀라움과 분노로 눈을 들어 올렸다. 권력, 정부, 전쟁, 법, 처벌, 그리고 수천 가지 다른 것들은 그 언어로 표현할 수 있는 용어가 없었고, 이는 내 주인에게 내가 의미하는 바를 전달하는 데 거의 극복할 수 없는 어려움을 만들었다. 그러나 깊은 사색과 대화로 많이 향상된 뛰어난 이해력을 가진 그는 결국 우리 세계에서 인간 본성이 수행할 수 있는 것에 대한 충분한 지식에 도달했고, 그가 유럽이라고 부르는 땅, 특히 내 고국에 대한 구체적인 설명을 해달라고 요청했다.

CHAPTER 05

저자는 그의 주인의 명령에 따라 영국의 상태를 알린다. 유럽의 왕자들 사이의 전쟁의 원인을 설명한다. 저자는 영국 헌법에 대해 설명하기 시작한다.

독자는 내가 주인과 나눈 여러 대화의 다음 발췌가 2년 이상 여러 차례 논의된 가장 중요한 요점들의 요약을 포함하고 있음을 주목해 주기 바란다. 주인은 내가 후이늠어를 더 잘 구사하게 됨에 따라 더 많은 만족을 원하셨다. 나는 유럽의 전체 상황을 가능한 한 잘 설명 드렸다. 나는 무역과 제조업, 예술과 과학에 대해 이야기했으며, 그가 여러 주제에 대해 제기한 모든 질문에 대한 내 대답은 고갈되지 않는 대화의 자원이었다. 그러나 나는 여기서 우리 사이에서 내 고국에 관해 오간 내용의 본질만을 기록할 것이며, 시간이나 다른 상황에 관계없이 가능한 한 정리하여 진실에 엄격히 따르겠다. 내가 가장 걱정하는 것은, 내 능력 부족과 우리의 야만적인 영어로 번역함으로써 내 주인의 주장을 제대로 전달하기 어려울 것이라는 점이다.

주인의 명령에 따라, 나는 그에게 오렌지 공작 이래의 혁명과 그 공작이 시작한 프랑스와의 긴 전쟁, 그리고 현재의 여왕에 의해 재개된 전쟁에 대해 이야기했다. 이 전쟁에는 기독교의 가장 큰 강국들이 참여하였고, 여전히 계속되고 있다. 주인의 요청에 따라, '전체 과정에서 약 백만의 야후가 죽었을 것이며, 아마도 백 개 이상의 도시가 점령되었고, 다섯 배 이상의 배가 불타거나 침몰되었을 것'이라고 계산했다.

그는 나에게 "한 나라가 다른 나라와 전쟁을 하게 만드는 일반적인 원인이나 동기는 무엇인가?"라고 물었다. 나는 "그것들은 무수히 많습니다. 그러나 몇 가지 주요한 것만 언급해야 한다면 다음과 같습니다. 때때로 통치자들의 야망은 그들이 다스릴 땅이나 사람들이 충분하다고 생각하지 않습니다. 때때로 장관들의 부패는 그들의 악행에 대한 국민의 불만을 억누르거나 전환하기 위해 그들의 주인을 전쟁에 끌어들입니다. 의견의 차이는 수백만 명의 생명을 앗아갑니다. 예를 들어, 고기가 빵인지, 빵이 고기인지, 특정 열매의 주스가 피인지, 포도주인지, 휘파람이 악인지 미덕인지, 기둥에 입 맞추는 것이 더 나은지, 불에 던지는 것이 더 나은지, 코트의 가장 좋은 색깔이 검정, 흰색, 빨강, 회색 중 무엇인지, 그리고 그것이 길거나 짧거나, 좁거나 넓거나, 더럽거나 깨끗해야 하는지, 그 외에도 많은 것들이 있습니다. 의견의 차이로 인해 발생하는 전쟁만큼 격렬하고 피비린내 나는 전쟁은 없으며, 특히 그것이 무관한 것들에 관한 경우에는 더욱 그렇습니다."

"때때로 두 왕자 간의 다툼은 그들 중 누가 제3자의 영토를 빼앗을지를 결정하기 위한 것이며, 그들 모두는 어떤 권리도 주장하지 않습니다. 때때로 한 왕자는 다른 왕자와 다투는 이유는 다른 왕자가 자신과 다툴까 두려워서입니다. 때때로 적이 너무 강하기 때문에 전쟁이 시작되기도 하고, 때때로 적이 너무 약하기 때문에 전쟁이 시작되기도 합니다. 때때로 우리의 이웃은 우리가 가진 것을 원하거나 우리가 원하는 것을 가지고 있으며, 우리는 서로 싸우다가 그들이 우리의 것을 빼앗거나 우리가 그들의 것을 받게 됩니다. 기근으로 인해 사람들이 황폐해지거나 전염병으로 파괴되거나 내부에서 분열된 후에 한 나라를 침략하는 것은 전쟁의 매우 정당한 원인입니다. 우리의 가장 가까운 동맹국 중 하나가 우리에게 편리할 때, 또는 우리의 영토를 둥글고 완전하게 만들 수 있는 땅의 영토일 때, 우리의 가장 가까운 동맹국을 상대로 전쟁을 시작하는 것은 정당화될 수 있습니다. 만약 군주가 백성들이 가난하고 무지한 나라에 군대를 보낸다면, 그는 합법적으로 그들 중 절반을 죽이고 나머지를 노예로 삼아 그들을 문명화하고 그들의 야만적인 생활 방식에서 벗어나게 할 수 있습니다. 다른 군주가 다른 군주의 도움을 원할 때, 침략으로부터 그를 보호하기 위해, 보조자가 침략자를 몰아낸 후 스스로 영토를 차지하고, 구출하기 위해 온 군주를 죽이거나 감금하거나 추방하는 것은 매우 왕족적이고 명예로운, 그리고 빈번한 관행입니다. 혈연이나 결혼에 의한 동맹은 군주들 간의 전쟁의 빈번한 원인입니다. 친척이 가까울수록 다툴 가능성이 더 커집니다. 가난한 나라들은 배고프고, 부유한 나라들은 자존심이 강합니다. 자존심과 배고픔은 항상 대립할 것입니다. 이러한 이유로, 군인의 직업은 다른 모든 직업 중에서 가장 명예로운 것으로 여겨집니다. 왜냐하면 군인은 자신의 종족 중에서 결코 그를 해치지 않은 사람들을 가능한 한 많이, 냉혈하게 죽이기 위해 고용된 야후이기 때문입니다."

"유럽에는 스스로 전쟁을 할 수 없는 가난한 군주들이 있으며, 그들은 더 부유한 국가에 병력을 하루에 각 병사에게 일정 금액으로 임대합니다. 그들은 그 중 3/4를 자신들이 차지하며, 이는 그들의 생계의 가장 좋은 부분입니다. 이러한 군주들은 유럽의 많은 북부 지역에 존재합니다."

나의 스승이 말했다. "니가 전쟁에 관해 나에게 말한 것은, 니가 주장하는 이유의 효과를 정말로 훌륭하게 드러낸다. 그러나 수치가 위험보다 더 크다는 것이 다행이며, 자연이 너를 전혀 해를 끼칠 수 없도록 만들었다. 너의 입이 얼굴과 평평하게 놓여 있기 때문에, 동의 없이 서로를 물기란 거의 불가능하다. 그리고 발 앞뒤에 있는 발톱은 너무 짧고 부드러워서, 우리의 야후 한 마리가 너의 열 마리를 끌고 갈 수 있다. 그러므로 전투에서 죽은 사람들의 수를 이야기할 때, 니가 말한 것이 사실이 아니라고 생각하지 않을 수 없다."

나는 고개를 젓는 것을 참을 수 없었고, 주인의 무지에 약간 미소를 지었다. 그리고 전쟁의 기술에 문외한이 아니었기 때문에, 나는 그에게 대포, 컬버린, 머스킷총, 카라빈, 권총, 총알, 화약, 검, 총검, 전투, 포위, 후퇴, 공격, 약화, 반격, 포격, 해전, 천 명의 병사를 태우고 침몰한 배, 양측에서 2만 명이 죽었고, 죽어가는 신음소리, 공중을 날아다니는 팔다리, 연기, 소음, 혼란, 말의 발치에 짓밟혀 죽는 것, 비행, 추격, 승리. 시체가 흩어져 있는 들판은 개와 늑대와 맹금류의 먹이로 남겨졌다. 약탈하고, 약탈하고, 약탈하고, 불태우고, 파괴한다. 그리고 나의 사랑하는 동포들의 용맹을 설명하기 위해, 나는 주인에게 "나는 그들이 포위 공격에서 100명의 적들을 한꺼번에 날려버리는 것을 보았고, 배에서 많은 적들을 폭파시키는 것을 보았으며, 시체들이 구름 속에서 산산조각이 나서 떨어져 내려와 구경꾼들을 크게 혼란에 빠뜨리는 것을 보았습니다."라고 장담했다.

나는 더 많은 세부 사항으로 나아가고 있었는데, 내 주인이 나에게 침묵하라고 명령했다. 그는 "야후의 본성을 이해한 사람은 그렇게 비열한 동물이 내가 언급한 모든 행동을 할 수 있다고 쉽게 믿을 수 있을 것이다. 그들의 힘과 교활함이 악의와 같다면 말이다. 그러나 너의 담론이 내게 전체 종에 대한 혐오감을 증가시켰기 때문에, 나는 이전에는 전혀 경험하지 못했던 마음의 불안을 느꼈다. 나의 귀가 그러한 혐오스러운 말에 익숙해져서 점차적으로 덜 혐오감을 가지고 받아들일 수 있을 것이라고 생각했다. 비록 내가 이 나라의 야후를 싫어했지만, 나는 그들의 혐오스러운 특성에 대해 비난하지 않았고, 마치 잔인함 때문에 그나이(맹금류)를 비난하지 않거나, 발굽을 베는 날카로운 돌을 비난하지 않는 것과 같다. 그러나 이성을 가장하는 존재가 그러한 엄청난 악행을 저지를 수 있다면, 나는 그 능력의 부패가 잔인함 자체보다 더 나쁠까 두려워했다. 따라서 나는 이성 대신 우리가 단지 우리의 자연적 악덕을 증가시키기 위해 적합한 어떤 특성을 지니고 있다고 확신하는 것처럼 보였다. 마치 흐트러진 개울에서 비친 이미지가 불완전한 몸을 더 크게 그리고 더 왜곡된 모습으로 되돌려주는 것과 같았다."

주인은 덧붙였다. "전쟁에 관한 주제를 너무 많이 들었다고 덧붙였다. 현재 나를 약간 혼란스럽게 하는 또 다른 점이 있었다. 니가니 선원 중 일부가 법에 의해 파산하여 고국을 떠났다고 나에게 알렸다. 너는 이미 그 단어의 의미를 설명했지만, 나는 모든 사람의 보존을 위해 의도된 법이 어떻게 어떤 사람의 파산이 될 수 있는지 이해하지 못했다. 따라서 나는 니가 법과 그 법을 시행하는 자들에 대해 현재 니 나라의 관행에 따라 무엇을 의미하는지 더 알고 싶어 했다. 왜냐하면 나는 자연과 이성이 우리가 해야 할 일과 피해야 할 일을 보여주는 합리적인 동물로서 충분한 안내자라고 생각했기 때문이다."

나는 주인의 명예에게 확신을 주었다. "그 법은 제가 많은 대화를 나누지 않은 과학이며, 저에게 가해진 몇 가지 불공정에 대해 변호사를 고용하는 것 외에는 더 이상 대화한 적이 없습니다. 그러나 저는 그에게 제가 할 수 있는 모든 만족을 드리겠습니다."

저는 "우리 중에는 젊은 시절부터 말을 늘려서 흰색이 검은색이고 검은색이 흰색임을 증명하는 기술을 배운 남자들의 사회가 있었습니다. 이 사회의 나머지 사람들은 모두 노예입니다. 예를 들어, 만약 내 이웃이 내 소를 원한다면, 그는 내 소를 가져야 한다고 증명할 변호사를 두고 있습니다. 그러면 나는 내 권리를 방어하기 위해 다른 변호사를 고용해야 하며, 어떤 남자도 스스로를 위해 말할 수 있도록 허용되는 것은 법의 모든 규칙에 반합니다. 이 경우, 정당한 소유자인 제가 두 가지 큰 불리한 점에 놓여 있습니다. 첫째, 제 변호사는 거짓을 변호하는 데 거의 태어날 때부터 훈련받아 왔기 때문에 정의를 옹호하려 할 때 전혀 자신의 영역이 아닙니다. 이는 그가 항상 매우 어색하게 시도하는 비자연스러운 직무입니다. 둘째 불리한 점은, 제 변호사가 매우 조심스럽게 진행해야 한다는 것입니다. 그렇지 않으면 그는 판사들로부터 질책을 받게 되고, 법의 실천을 줄이려는 자로서 동료들에게 혐오감을 받게 될 것입니다. 그리고 따라서 나는 내 소를 지키기 위한 두 가지 방법만 있습니다. 첫 번째는, 내 적의 변호사를 두 배의 수수료로 매수하는 것이며, 그러면 그는 자신의 의뢰인을 배신하고 그가 정의를 지니고 있다고 암시할 것입니다. 두 번째 방법은 내 변호사가 내 사건을 가능한 한 불공정하게 보이게 하여 소가 내 적에게 속한다고 주장하는 것입니다. 이것이 능숙하게 이루어진다면, 분명히 법원의 호의를 얻을 것입니다. 이제 귀하께서는 이 판사들이 재산에 관한 모든 논쟁을 결정하고 범죄자를 재판하기 위해 임명된 사람들임을 알아야 하며, 가장 능숙한 변호사들 중에서 선정된 사람들로, 나이가 많거나 게으른 사람들입니다. 그들은 평생 동안 진실과 공정성에 대해 편향되어 왔으며, 사기, 위증, 압박을 조장하는 치명적인 필요성에 놓여 있어, 정의가 있는 쪽에서 큰 뇌물을 거부하는 경우도 있었습니다. 이는 그들의 본성이나 직무에 어울리지 않는 어떤 행동을 함으로써 그 직업을 해치지 않기 위함입니다."

"이 변호사들 사이에서는 이전에 행해진 모든 것이 법적으로 다시 행해질 수 있다는 격언이 있습니다. 따라서 그들은 일반 정의와 인류의 일반적인 이유에 반하여 이전에 내려진 모든 결정을 기록하는 데 특별한 주의를 기울입니다. 이들은 선례라는 이름으로 가장 부당한 의견을 정당화하기 위한 권위로 제시되며, 판사들은 항상 그에 따라 지시하는 것을 잊지 않습니다."

"청원에서 그들은 사건의 본질에 들어가는 것을 신중히 피하지만, 목적에 맞지 않는 모든 상황에 대해 시끄럽고 격렬하며 지루하게 이야기합니다. 예를 들어, 이미 언급된 사건에서 그들은 상대방이 내 소에 대해 어떤 청구권이나 권리가 있는지 알고 싶어 하지 않지만, 그 소가 빨간색인지 검은색인지, 뿔이 길거나 짧은지, 내가 그 소를 방목하는 밭이 둥글거나 네모난지, 집에서 짜였는지 외부에서 짜였는지, 어떤 질병에 걸리기 쉬운지 등을 묻습니다. 그 후 그들은 선례를 참고하고 사건을 때때로 연기하며, 10년, 20년, 또는 30년 후에 결론에 도달합니다."

"이 사회는 다른 어떤 인간도 이해할 수 없는 독특한 은어와 전문 용어를 가지고 있으며, 그들의 모든 법이 여기에 기록되어 있고, 그들은 이를 특별히 늘리기 위해 주의 깊게 관리합니다. 그로 인해 진리와 거짓, 옳음과 그름의 본질이 완전히 혼란스러워졌습니다. 그래서 조상들로부터 6세대에 걸쳐 물려받은 땅이 나에게 속하는지, 아니면 300마일 떨어진 타인에게 속하는지를 결정하는 데 30년이 걸릴 것입니다."

"국가에 대한 범죄로 기소된 사람들의 재판에서, 방법은 훨씬 더 간결하고 칭찬할 만합니다. 판사는 먼저 권력을 가진 사람들의 의견을 듣기 위해 보냅니다. 그 후 그는 모든 법적 절차를 엄격히 준수하면서 범죄자를 쉽게 교수형에 처하거나 구할 수 있습니다."

여기서 나의 주인이 개입하여 말씀하셨다. "이 변호사들이 니가 설명한 대로라면, 그렇게 뛰어난 정신 능력을 가진 존재들이 지혜와 지식의 교사로서 격려 받지 못하는 것은 안타까운 일이다." 이에 대해 나는 그의 명예에게 확신을 드렸다. "그들의 직업과 관련 없는 모든 점에서 그들은 보통 우리 중에서 가장 무지하고 어리석은 세대이며, 일반 대화에서 가장 경멸받는 존재들로, 모든 지식과 학문에 대한 공공의 적이며, 그들의 직업과 관련된 주제뿐만 아니라 다른 모든 담론 주제에서도 인류의 일반적인 이성을 왜곡할 준비가 되어 있습니다."

CHAPTER 06

앤 여왕 아래 영국의 상태를 계속 설명한다. 유럽 궁정에서의 총리의 성격과 업무를 설명한다.

내 주인은 이 변호사들이 단지 동료 동물들에게 해를 끼치기 위해 불법적인 연합에 참여하고 스스로를 혼란스럽게 하고 불안하게 하며 지치게 하는 동기가 무엇인지 전혀 이해하지 못했다. 또한 내가 그들이 보수를 위해 그렇게 한다고 말했을 때 무슨 뜻인지 이해하지 못했다. 나는 그에게 돈의 사용, 그것이 만들어진 재료, 그리고 금속의 가치를 설명하는 데 많은 노력을 기울였다. "야후가 이 귀중한 물질을 많이 소유하게 되면, 그는 원하는 것을 구매할 수 있습니다. 가장 좋은 의복, 가장 고귀한 집, 넓은 땅, 가장 비싼 고기와 음료를 구입하고, 가장 아름다운 여성들 중에서 선택할 수 있습니다. 따라서 돈만이 이러한 모든 일을 수행할 수 있었기 때문에, 우리의 야후들은 소비하거나 저축하려는 자연스러운 경향에 따라 결코 충분하지 않다고 생각했습니다. 부자는 가난한 사람의 노동의 열매를 누리고, 후자는 전자에 비해 천 대 일의 비율로 존재했습니다. 우리의 대다수 사람들은 매일 적은 임금을 받고 일하며 비참하게 살아야 했고, 몇몇은 풍요롭게 살기 위해서였습니다."

나는 이러한 것들과 같은 목적을 위해 더욱 다양한 사항을 언급하였지만, 주인은 여전히 모르는 것 같았다. 그는 모든 동물이 땅의 생산물에 대한 권리를 가지고 있으며, 특히 나머지를 지배하는 동물들도 그러하다는 생각이었다. 그래서 주인은 내가 "이 값비싼 고기들이 무엇인지, 그리고 우리 중 누가 그것을 필요로 했는지"를 알려주기를 원했다. 이에 나는 생각나는 여러 종류와 그것들을 요리하는 다양한 방법을 나열하였고, 이는 음료와 소스 및 수많은 다른 편의 시설을 위해 세계의 모든 지역으로 배를 보내지 않고는 할 수 없는 일이었다. 그는 "우리의 더 나은 여성 야후 중 한 명이 아침 식사를 하거나 음료을 담을 컵을 얻기 위해서는 이 지구 전체를 최소한 세 번은 돌아야 한다."고 나에게 확신시켰다. 주인은 "자신의 주민들에게 음식을 제공할 수 없는 나라는 반드시 비참한 나라일 것이다." 그러나 그가 주로 궁금해 한 것은 내가 설명한 것처럼 "그렇게 넓은 땅이 신선한 물 없이 완전히 존재할 수 있는지, 그리고 사람들이 음료를 위해 바다를 넘어야 하는 필요성에 처해 있는지."라고 말했다. "(내가 태어난 소중한 장소인) 영국은 그 주민들이 소비할 수 있는 것보다 세 배나 더 많은 식량을 생산할 수 있는 것으로 계산되었으며, 곡식에서 추출한 술이나 어떤 나무의 열매에서 짜낸 술도 훌륭한 음료가 되었으며, 다른 모든 편의 생활에서도 같은 비율로 생산되었습니다. 그러나 남자들의 사치와 부절제, 그리고 여자들의 허영심을 먹이기 위해, 우리는 필요한 것들의 대부분을 다른 나라로 보냈고, 그 대가로 우리는 질병과 어리석음과 악덕의 재료들을 우리끼리 소비하게 했습니다. 그러므로 우리 국민의 대다수는 구걸하고, 도둑질하고, 속이고, 포주가 되고, 아첨하고, 굴복시키고, 맹세를 버리고, 위조하고, 노름하고, 거짓말하고, 아첨하고, 헷갈리고, 투표하고, 낙서하고, 별을 바라보고, 독살하고, 매춘하고, 구걸하고, 중상모략하고, 자유사상하고, 그리고 그와 유사한 직업들을 통해 그들의 생계를 추구하지 않을 수 없습니다." 그가 이해하도록 만들기 위해 많은 노력을 기울였던 모든 조건이다.

"그 포도주는 물이나 다른 음료수를 공급하기 위해 외국에서 수입된 것이 아니라, 우리를 이성에서 벗어나게 하고, 모든 우울한 생각을 다른 데로 돌리고, 뇌에 거칠고 사치스러운 상상을 낳고, 우리의 희망을 불러일으키고, 우리의 두려움을 추방함으로써 우리를 즐겁게 하는 일종의 액체였기 때문입니다. 한동안 모든 이성의 직무를 중단시키시고, 우리가 깊은 잠에 빠질 때까지 우리의 팔다리를 사용하지 못하게 하였습니다. 고백해야 하지만, 우리는 항상 병들고 낙담한 상태로 깨어 있었습니다. 그리고 이 술의 사용은 우리를 질병으로 가득 채워 우리의 삶을 불편하고 짧게 만들었습니다."

"하지만 이 모든 것 외에도, 우리 사람들의 대다수는 부자와 서로에게 삶의 필수품이나 편리함을 제공함으로써 스스로를 부양했습니다. 예를 들어, 제가 집에 있을 때, 그리고 제가 마땅히 입어야 할 옷을 입고 있을 때, 제 몸에는 백 명의 장인들의 솜씨가 담겨 있습니다. 제 집의 건축과 가구는 더 많은 장인들을 고용하고, 제 아내를 꾸미기 위해서는 그 수의 다섯 배가 필요합니다."

나는 그에게 다른 종류의 사람들에 대해 이야기하려고 했다. 그들은 아픈 사람들을 돌보며 생계를 유지하고, 어떤 경우에는 내 선원 중 많은 사람들이 질병으로 죽었다고 그의 존귀한 분께 알렸다.

그러나 여기서는 그가 내가 의미하는 바를 이해하도록 하는 데 극도의 어려움이 있었다. 그는 "후이늠이 죽기 며칠 전에 약해지고 무거워지거나 어떤 사고로 사지를 다칠 수 있다는 것을 쉽게 이해할 수 있었지만, 모든 것을 완벽하게 만드는 자연이 우리의 몸에서 고통이 생기는 것을 허용하는 것은 불가능하다고 생각하고, 그렇게 설명할 수 없는 악의 이유를 알고 싶네."라고 했다.

나는 그에게 말했다. "우리는 서로 반대되는 수천 가지의 것들을 먹고 살았고, 배고프지 않을 때도 먹었으며, 목마름이 없을 때도 마셨습니다. 우리는 밤새도록 음식을 먹지 않고 독한 술을 마셨고, 이는 우리를 게으르게 하고, 몸을 자극하며, 소화를 촉진하거나 방해했습니다. 매춘부인 야후들은 특정한 질병을 얻어, 그들의 품에 안긴 사람들의 뼈에 부패를 일으켰습니다. 이러한 질병과 많은 다른 질병들이 아버지에서 아들로 전파되었고, 그래서 많은 사람들이 복잡한 질병을 안고 세상에 태어났습니다. 인간의 몸에 발생하는 모든 질병의 목록을 그에게 주는 것은 끝이 없을 것이며, 그 수는 오백에서 육백 가지에 달할 것이고, 이는 모든 사지와 관절에 퍼져 있으며, 요컨대, 외부와 내부의 모든 부위에 적합한 질병을 가지고 있습니다. 이를 해결하기 위해, 우리 사이에서 병을 치료하는 직업 또는 치료한다고 주장하는 일종의 사람들이 양성되었습니다. 그리고 제가 그 분야에 어느 정도 능력이 있었기 때문에, 주인님의 명예에 대한 감사의 표시로 그들이 진행하는 전체 비밀과 방법을 알려드리고자 했습니다."

"그들의 근본적인 것은 모든 질병은 충만함에서 발생한다는 것입니다. 거기서 그들은 자연적인 통로인 항문을 통하거나 입에서 밖으로 배출시키는 것이 필요하다고 결론을 내립니다. 그들의 다음 일은 약초, 광물, 고무, 기름, 조개, 소금, 주스, 해초, 배설물, 나무껍질, 뱀, 두꺼비, 개구리, 거미, 죽은 사람의 살과 뼈, 새, 짐승, 물고기 등으로 만들어 냄새와 맛이 형편 없고 가장 메스꺼우며 혐오스러운 것을 만들어 내는 것입니다. 위장은 그것을 혐오감으로 즉시 거부하며, 이것을 그들은 구토물이라고 부릅니다. 그렇지 않으면, 같은 재료에서 다른 독성 물질이 첨가되어서, 그들은 우리에게 위나 아래의 구멍에서 (의사가 처분되는 것처럼) 똑같이 성가시고 창자에 역겨운 약을 먹으라고 명령합니다. 그것은 배를 편안하게 하고, 그 안에 있는 모든 것을 몰아냅니다. 그들은 이것을 하제 또는 관장제라고 부릅니다. 자연이 (의사들이 주장하는 바와 같이) 우월한 앞 구멍을 고체와 액체의 삽입을 위해서만 의도하고, 하부 뒤쪽 구멍을 배출을 위해 의도했기 때문에, 이러한 예술가들은 모든 질병에서 자연이 그 자리에서 강제로 밀려난다고 간주하여, 따라서 자연을 그 자리로 되돌리기 위해서는 몸을 정반대의 방식으로 치료해야 하며, 각 구멍의 사용을 교환하여 항문으로 고체와 액체를 밀어 넣고 입으로 배출해야 한다고 생각합니다."

"하지만 실제 질병 외에도 우리는 의사들이 상상 속의 치료법을 발명한 많은 상상 질병에 시달리고 있습니다. 이러한 질병은 각각의 이름을 가지고 있으며, 그에 적합한 약물도 마찬가지입니다. 그리고 이러한 것들로 인해 우리의 여성 야후들은 항상 괴롭힘을 당하고 있습니다."

"이 부족의 한 가지 큰 장점은 예측 능력으로, 그들은 거의 실패하지 않습니다. 실제 질병에서 그들이 악화되는 정도에 따라 예측하는 것은 일반적으로 죽음을 예고하며, 회복이 불가능할 때 항상 그들의 힘에 달려 있습니다. 따라서 그들이 선고한 후 예상치 못한 개선의 징후가 나타나면, 거짓 예언자로 비난받는 것보다는 적절한 약물을 통해 그들의 통찰력을 세상에 입증하는 방법을 알고 있습니다."

"그들은 또한 지친 배우자들에게, 장남들에게, 고위 관료들에게, 그리고 종종 왕자들에게 특별히 유용합니다."

"나는 이전에, 때때로, 나의 주인과 정부의 본질에 대해, 특히 우리 자신의 훌륭한 헌법에 대해 이야기한 적이 있습니다. 그것은 전 세계의 경이와 부러움을 받을 만한 것입니다." 그러나 여기서 우연히 한 국가의 장관을 언급하자, 그는 얼마 후에 나에게 "그 명칭으로 특히 무엇을 의미하는지" 알려달라고 명령했습니다.

나는 그에게 "내가 설명하려고 했던 사람인 총리는 기쁨과 슬픔, 사랑과 증오, 연민과 분노에서 완전히 면제된 존재이며, 적어도 부와 권력, 직함에 대한 강렬한 욕망 외에는 다른 감정을 사용하지 않습니다. 그는 자신의 마음을 나타내는 것 외에는 모든 용도로 자신의 말을 사용하며, 그는 진실을 말할 때마다 당신이 그것을 거짓으로 받아들이기를 의도하고, 거짓을 말할 때마다 당신이 그것을 진실로 받아들이기를 의도합니다. 그가 뒤에서 가장 나쁘게 말하는 사람들은 승진의 가장 확실한 길에 있으며, 그리고 그가 다른 사람이나 당신 자신에게 당신을 칭찬하기 시작할 때마다, 당신은 그날부터 버림받게 됩니다. 당신이 받을 수 있는 최악의 표시는 약속이며, 특히 그것이 맹세로 확인될 때, 그 이후에는 모든 현명한 사람이 물러나고 모든 희망을 포기합니다."라고 말했다.

"한 사람이 총리로 올라갈 수 있는 방법은 세 가지 방법이 있습니다. 첫 번째는 아내, 딸 또는 자매를 신중하게 처리하는 방법을 아는 것입니다. 두 번째는 그의 전임자를 배신하거나 약화시키는 것입니다. 세 번째는 공공 집회에서 궁정의 부패에 대해 격렬한 열정을 보이는 것입니다. 그러나 현명한 군주는 이러한 방법 중 마지막 방법을 실천하는 사람들을 고용하는 것을 선호할 것입니다. 왜냐하면 그러한 열광자들은 항상 그들의 주인의 의지와 열정에 가장 복종하고 순종하기 때문입니다. 이러한 장관들은 모든 직책을 마음대로 사용하여 상원이나 대의회의 다수를 뇌물로 매수하여 권력을 유지합니다. 그리고 마지막으로, 면책법이라는 수단을 통해 그들은 사후 정산으로부터 자신을 보호하고, 국가의 전리품을 안고 공직에서 물러납니다."

"총리의 궁전은 자신의 직업에서 다른 사람들을 양성하는 대학교입니다. 하인, 시종, 그리고 짐꾼들은 그들의 주인을 모방함으로써 각자의 지역에서 국가의 장관이 되고, 오만, 거짓말, 그리고 뇌물이라는 세 가지 주요 요소에서 뛰어남을 배우게 됩니다. 따라서 그들은 최고의 신분을 가진 사람들에 의해 지급되는 하급 궁정을 가지고 있으며, 때때로 재치와 뻔뻔함의 힘으로 여러 단계에 걸쳐 그들의 주인의 후계자가 되기도 합니다."

"그는 보통 썩어빠진 계집애 또는 총애 받는 하인에 의해 지배받는데, 그들은 모든 은총이 전달되는 터널이며, 최후의 수단으로 왕국의 총독이라고 부르는 것이 적절할 수 있습니다."

어느 날, 담화 중에, 제 스승께서 내가 내 나라의 귀족에 대해 언급하는 것을 들으시고, 내가 받을 자격이 없다고 생각할 수 없는 칭찬을 해주셨습니다. "너는 분명 귀족 가문에서 태어났을 것이라고 확신하네. 왜냐하면 너는 나의 나라의 모든 야후들보다 형태, 색깔, 청결함에서 훨씬 뛰어나기 때문이야. 비록 힘과 민첩성에서는 부족한 것처럼 보이지만, 이는 다른 짐승들과 다른 생활 방식 때문이지.

게다가 너는 단순히 말하는 능력만 가진 것이 아니라, 어느 정도의 이성의 기초도 가지고 있어서, 나의 모든 지인들 사이에서 너는 경이로운 존재로 여겨진다."

그는 "후이늠 중에서 흰색, 밤색, 철회색은 갈색, 짙은 회색, 검은색 후이늠과 차이가 있다. 동등한 정신의 재능을 가지고 태어나지도 않았고, 그것을 향상시킬 수 있는 능력을 가지고 태어나지도 않았다. 그러므로 항상 하인의 상태로 계속되었으며, 그 나라에서는 괴물 같고 부자연스러운 것으로 간주될 그들 자신의 종족과 결코 일치하지 않으려고 열망하지 않았다."고 했다.

나는 그의 존경에 대해 가장 겸손한 감사의 말씀을 드렸고, 동시에 그에게 "제 출신은 평범한 정직한 부모에게서 태어난 하층 계급으로, 그들이 저에게 괜찮은 교육을 받을 수 있을 정도로만 능력이 있었음을 말씀드렸습니다. 우리 사회에서 귀족은 주인님이 생각하는 것과는 전혀 다른 개념입니다. 우리 젊은 귀족들은 어릴 때부터 게으름과 사치 속에서 자라며, 세월이 지나면 그들의 정력을 소모하고 음란한 여성들 사이에서 혐오스러운 질병에 걸립니다. 그리고 그들의 재산이 거의 파산에 이르면, 그들은 보통 출신의 불쾌한 인물과 건강이 좋지 않은 여성과 결혼하게 되며(단지 돈을 위해서), 그들을 싫어하고 경멸합니다."라고 확신시켰다. "그러한 결혼의 산물은 일반적으로 음낭이 많거나 구루병이 있거나 기형적인 아이들입니다. 이 방법으로 가족은 아내가 품종을 개선하고 유지하기 위해 이웃이나 가정부들 사이에서 건강한 아버지를 제공하기 위해 신경쓰지 않는 한 3세대 이상 지속되는 경우가 거의 없습니다. 허약하고 병든 몸, 빈약한 얼굴, 창백한 안색이 고귀한 혈통의 진정한 표시입니다. 그리고 건강하고 건장한 외모는 품격 있는 사람에게는 너무나 수치스러운 일이기 때문에, 세상은 그의 진짜 아버지가 신랑이나 마부였다고 결론을 내립니다. 그의 정신의 불완전함은 그의 육체의 불완전함과 평행을 이루며, 비장, 둔감, 무지, 변덕, 관능, 그리고 자만심의 구성입니다. 이 저명한 단체의 동의 없이는 어떤 법률도 제정, 폐지 또는 변경될 수 없으며, 이 귀족들도 마찬가지로 우리의 모든 재산에 대한 결정을 항소 없이 가지고 있습니다."

CHAPTER 07

저자의 고국에 대한 깊은 사랑을 표현한다. 저자가 설명한 대로 영국의 헌법과 행정에 대한 그의 스승의 관찰, 유사한 사례와 비교를 포함한다. 인간 본성에 대한 그의 스승의 관찰을 설명한다.

독자는 내가 그들의 야후들과의 완전한 일치로 인해 인류에 대한 가장 비열한 의견을 쉽게 품는 경향이 있는 죽어야 할 인간들 사이에서 내 자신의 종을 이렇게 자유롭게 묘사할 수 있었던 이유에 대해 궁금해 할 수 있다. 하지만 나는 자유롭게 고백해야 한다. 그 뛰어난 네 발 동물들의 많은 미덕이 인간의 부패와 대조되어 나의 눈을 열고 이해를 넓혀 주었기 때문에, 나는 인간의 행동과 감정을 매우 다른 시각으로 보기 시작했고, 내 자신의 종족의 명예를 관리할 가치가 없다고 생각하게 되었다. 게다가, 나는 나의 주인과 같은 날카로운 판단력을 가진 사람 앞에서는 그것을 할 수 없었다. 그는 매일 나에게 내가 전혀 인식하지 못했던 수천 가지 결점을 깨닫게 해주었고, 그것은 우리에게는 인간의 약점 중에서도 결코 수치로 여겨지지 않을 것이다. 나는 또한 그의 본보기로부터 모든 거짓과 위장에 대한 완전한 증오를 배웠고, 진리는 나에게 매우 매력적으로 보였기 때문에 나는 그것을 위해 모든 것을 희생하기로 결심했다.

독자에게 솔직하게 말하자면, 내가 사물에 대한 표현에서 자유롭게 행동한 데에는 훨씬 더 강한 동기가 있었다는 것을 고백한다. 이 나라에 온 지 아직 1년이 되지 않았을 때, 나는 주민들에 대한 사랑과 존경을 느끼게 되었고, 인류로 돌아가지 않겠다는 확고한 결심을 하게 되었으며, 이 훌륭한 후이늠들 사이에서 모든 미덕을 관찰하고 실천하며 남은 생을 보내고자 했다. 그곳에서는 악을 유도하거나 본보기가 될 만한 것이 없었다. 운명이라는 나의 영원한 적이 이토록 큰 행복이 나에게 돌아오지 않도록 정해졌다. 그러나 이제는 내가 내 동포에 대해 말한 것에서 그들의 잘못을 내가 감히 그렇게 엄격한 심사관 앞에서 최대한 완화시켰다는 것을 반성하는 것이 어느 정도 위안이 된다. 그리고 모든 항목에 대해 사안이 허락하는 한 가장 유리한 방향으로 해석했다. 사실, 태어난 고향에 대한 편견과 편애에 흔들리지 않을 사람이 과연 누가 있겠는가?

나는 내가 주인과 함께 있는 대부분의 시간 동안 주인과 나눈 여러 대화의 내용을 관련지었다. 그러나 간결함을 위해 여기 적힌 것보다 훨씬 더 많은 내용을 생략했다.

그의 모든 질문에 대답하고 그의 호기심이 완전히 충족된 것처럼 보였을 때, 그는 어느 날 아침 일찍 나를 부르고 나에게 어느 정도 거리를 두고 앉으라고 명령했다(그가 이전에 나에게 부여한 적이 없는 영예였다.). 그는 "너와 너희 나라와 관련된 너의 전체 이야기를 매우 심각하게 고려하고 있었다. 너를 일종의 동물로 여기고 있었는데, 어떤 우연으로 인해 작은 이성의 몫이 너희들에게 주어졌다고 생각한다. 너는 그 이성을 사용하여 너희들의 자연적인 부패를 악화시키고, 자연이 주지 않은 새로운 부패를 얻으려 했다. 너희들은 자연이 부여한 몇 가지 능력을 스스로 무장 해제했으며, 너희들의 원래 욕구를 증가시키는 데 매우 성공적이었고, 너희들의 발명으로 그것을 충족시키기 위한 헛된 노력에 너희들의 전 생애를 소비하는 것처럼 보였다. 그것은 너 자신에게서 명백하게 드러났다. 너는 일반적인 야후의 힘이나 민첩성이 없었고, 뒷발로 불안정하게 걸었으며, 네 발톱이 쓸모없고 방어할 수 없도록 하는 장치를 발견했고, 태양과 날씨로부터 보호하기 위해 의도된 턱수염의 털을 제거했다. 마지막으로, 너는 속도를 내어 달릴 수도 없었고, 네가 부른 형제들인 너희 나라의 야후들처럼 나무를 오를 수도 없었다."

"너의 정부와 법의 제도가 명백히 너희들의 심각한 이성 결함과 그에 따른 미덕 결함 때문이었다. 왜냐하면 이성만으로도 이성적인 존재를 다스릴 수 있기 때문이지. 따라서 이는 너희들이 너희들의 민족에 대해 제시한 설명에서도 도전할 수 없는 특성이었다. 비록 네가 분명히 인식했듯이, 그들을 돕기 위해 너는 많은 세부 사항을 숨겼고 종종 사실이 아닌 말을 했었다."

그는 이 의견에 더욱 확신을 가지게 되었는데, 왜냐하면 그가 관찰하기에, 내가 다른 야후들과 신체의 모든 특징에서 일치했기 때문이며, 단지 힘, 속도, 활동성의 측면에서 나에게 실제로 불리한 경우를 제외하고, 내 발톱의 짧음과 자연이 개입하지 않은 몇 가지 다른 사항들에서 그랬기 때문이다. 그래서 내가 그에게 우리의 삶, 우리의 태도, 그리고 우리의 행동에 대해 제공한 묘사에서, 그는 우리의 마음의 성향에서 매우 유사한 점을 발견했다. 그는 "야후들은 서로를 미워하는 것으로 알려져 있었고, 이는 그들이 다른 동물 종보다 더 심했다. 그 이유는, 그들 자신의 형태의 혐오스러움이었으며, 이는 모두가 나머지는 볼 수 있었지만 자기 자신은 볼 수 없었기 때문이다. 따라서 그는 우리의 몸을 가리는 것이 현명하다고 생각하기 시작했으며, 그 발명으로 서로의 많은 기형을 숨길 수 있다고 생각했다. 그렇지 않으면 거의 견딜 수 없었을 것이다. 그러나 그는 이제 자신이 잘못 생각했음을 알게 되었고, 그의 나라에서 그 짐승들의 불화가 우리가 묘사한 것과 같은 원인 때문이라는 것을 알게 되었기 때문이다." 그는 "다섯 야후에게 50명이 먹기에 충분할 만큼의 음식을 던지면, 그들은 평화롭게 먹기보다는 서로 다투게 될 것이며, 각자 자신만의 것을 가지려는 조급함을 보일 것이다. 그래서 보통 한 하인이 그들이 외부에서 먹는 동안 곁에 서 있도록 고용되었다. 집에 있는 야후들은 서로 멀리 묶여 있었고, 만약 소가 나이 또는 사고로 죽게 되면, 한 후이늠이 자신의 야후를 위해 그것을 확보하기 전에 이웃의 야후들이 떼를 지어 그것을 빼앗으러 올 것이며, 그러면 내가 묘사한 것과 같은 전투가 일어나게 될 것이다. 양쪽 모두의 발톱에 의해 끔찍한 상처가 생기지만, 그들은 우리가 발명한 그런 편리한 죽음의 도구가 없어서 서로를 죽이는 경우는 드물었다." 다른 때에는, 여러 이웃의 야후들 사이에서 눈에 띄는 원인 없이 유사한 전투가 벌어졌다. 한 지역의 사람들이 다음 지역을 기습할 기회를 엿보며 준비가 되기 전에 공격한다. 그러나 그들의 계획이 실패한 것을 발견하면, 집으로 돌아가고 적이 없어서 스스로 내전이라고 부르는 전투에 참여한다.

"그의 나라의 일부 분야에는 여러 색상의 특정한 빛나는 돌들이 있으며, 야후들은 그것을 매우 좋아한다. 그리고 이러한 돌의 일부가 땅에 고정되어 있을 때, 가끔 그런 일이 발생하면, 그들은 그것을 얻기 위해 온종일 발톱으로 파고들 것이다. 그런 다음 그것을 가져가서 자신의 굴에 쌓아 숨기지만, 여전히 동료들이 그들의 보물을 발견할까 두려워하며 매우 조심스럽게 주위를 살핀다." 내 주인께서 말씀하시길, "그는 이 비정상적인 식욕의 이유를 결코 발견할 수 없었고, 이러한 돌들이 야후에게 어떤 유용성이 있을 수 있는지 이해할 수 없었지만, 이제 그는 이것이 내가 인류에게 귀속시킨 탐욕의 동일한 원리에서 비롯된 것일 수 있다고 믿게 되었다. 그가 한때 실험의 일환으로 자신의 야후 중 하나가 묻어둔 곳에서 이 돌무더기를 몰래 제거했는데, 그로 인해 그 비열한 동물은 자신의 보물을 잃어버리고 큰 소리로 슬퍼하며 온 무리를 그곳으로 불러 모았다. 그곳에서 그는 비참하게 울부짖다가 나머지를 물어뜯고 찢기 시작했으며, 점점 쇠약해져 먹지도 자지도 일하지도 않았다. 그러다가 그는 하인을 시켜 몰래 돌을 같은 구멍에 다시 옮기고 이전처럼 숨기도록 명령했다. 그의 야후가 그것을 발견했을 때, 그는 즉시 기운과 좋은 기분을 되찾았지만, 더 나은 숨겨진 장소로 옮기는 데 주의했다. 그 이후로 그는 매우 유용한 짐승이 되었다."

나의 주인은 또한 제가 직접 관찰한 바와 같이, "빛나는 돌이 풍부한 지역에서는 이웃 야후들의 끊임없는 침입으로 인해 가장 치열하고 빈번한 전투가 벌어진다."고 확신시켜 주셨다.

그는 "두 야후가 들판에서 그런 돌을 발견하고 누가 소유자가 되어야 할지를 다투고 있을 때, 세 번째 사람이 그 기회를 이용해 두 사람 모두에게서 그것을 가져가는 것이 일반적이었다."고 말했다. 이는 내 주인이 우리의 법적 소송과 어떤 유사성이 있다고 주장하고 싶어 했던 것이다. 나는 그를 속이지 않는 것이 우리의 신용을 위해 좋다고 생각했다. 그가 언급한 결정은 우리 사이의 많은 판결보다 훨씬 공정했기 때문이다. 왜냐하면 원고와 피고는 그들이 다투고 있는 돌 외에는 아무것도 잃지 않았기 때문이다. 반면 우리의 형평법 법원은 그들 중 어느 한쪽이든 남아 있는 것이 있을 때 사건을 결코 기각하지 않았을 것이다.

나의 주인께서 담화를 계속하시며 말씀하셨다. "야후들이 더욱 혐오스러운 이유는 그들이 길에 있는 모든 것을 가리지 않고 먹어 치우려는 식욕 때문이다. 풀, 뿌리, 열매, 부패한 동물의 살, 또는 이 모든 것이 섞여 있는 것들이다. 그들의 성격에서 특이한 점은, 집에서 제공되는 훨씬 더 나은 음식보다 약탈이나 은밀한 방법으로 더 멀리서 얻을 수 있는 것을 더 좋아한다는 것이다. 그들의 먹이가 지속된다면, 그들은 배가 터질 때까지 먹을 것이다. 그 후, 자연은 그들에게 일반적인 배변을 돕는 특정한 뿌리를 가리켜 주었다."

"또 다른 종류의 뿌리도 있었는데, 매우 즙이 많지만 다소 희귀하고 찾기 어려운 것이었으며, 야후들은 그것을 매우 열망하며 찾았고, 큰 기쁨으로 빨아먹었다. 그것은 그들에게 와인이 우리에게 미치는 것과 같은 효과를 주었다. 때때로 그들은 서로를 껴안기도 하고, 때때로 서로를 찢기도 하였으며, 울부짖고, 웃고, 수다를 떨고, 비틀거리며, 넘어지다가 결국 진흙 속에서 잠이 들었다."

나는 실제로 야후가 이 나라에서 질병에 잘 걸리는 유일한 동물이라는 것을 관찰했다. 그러나 그것은 우리 말이 겪는 것보다 훨씬 적은 수의 질병이며, 그들은 만나는 어떤 학대 때문이 아니라 그 더러운 짐승의 더러움과 탐욕 때문에 감염된다. 그들의 언어에도 그러한 질병에 대한 일반적인 명칭이 있을 뿐이며, 이는 그 짐승의 이름에서 차용된 것으로 '흐니 야후' 또는 '야후의 악'이라고 불린다.

그리고 처방된 치료법은 그들의 똥과 오줌을 혼합하여 야후의 목구멍에 강제로 넣는 것이다. 나는 이후에 이것이 성공적으로 사용된 것을 여러 번 알고 있으며, 공공의 이익을 위해 내 동포들에게 모든 과식으로 인한 질병에 대한 훌륭한 특효약으로 자유롭게 추천한다.

"학습, 정부, 예술, 제조업 등과 관련하여," 내 스승이 고백했다, "그는 그 나라의 야후들과 우리나라의 야후들 사이에 거의 유사성을 찾을 수 없었다." 그는 단지 우리 본성의 유사성을 관찰하고자 했다. 그는 "실제로 대부분의 무리에서 어떤 종류의 지배적인 야후가 있다는 것을 몇몇 후이늠들이 관찰한 것을 들었다(우리 중에는 일반적으로 공원에 어떤 주요 수사슴이 있는 것처럼), 그 지배자는 항상 몸이 더 기형적이고 성격이 더 장난기 많았다. 이 리더는 보통 자신과 비슷한 애완동물을 두었고, 그 애완동물의 임무는 그의 주인의 발과 엉덩이를 핥고, 암컷 야후들을 그의 개집으로 몰아가는 것이었다. 그로 인해 그는 가끔 당나귀 고기 조각으로 보상을 받았다. 이 좋아하는 존재는 전체 무리에게 미움을 받으며, 따라서 자신을 보호하기 위해 항상 그의 지도자의 곁에 머무른다. 그는 보통 더 나쁜 존재가 발견될 때까지 직위를 유지하지만, 그가 버려지는 순간, 그 지역의 모든 야후들, 젊고 늙은 남녀가 한꺼번에 모여 그에게 머리부터 발끝까지 배설물을 쏟아낸다. 그러나 이것이 우리 법원과 좋아하는 존재들, 그리고 국가의 장관들에게 얼마나 적용될 수 있는지는, 니가 가장 잘 판단할 수 있다."고 말씀하셨다.

나는 이 악의적인 암시에 대해 아무런 반응을 할 수 없었다. 이는 인간의 이해를 일반 개의 지혜 아래로 떨어뜨리는 것이며, 일반 개는 무리에서 가장 능력 있는 개의 울음소리를 구별하고 따를 수 있는 판단력이 있는 것이다.

내 주인께서 말씀하시기를, "야후들 중에는 내가 인류에 대한 설명에서 언급하지 않았거나 최소한 매우 약하게 언급한 몇 가지 주목할 만한 특성이 있었다."고 하셨다. 그는 "그 동물들은 다른 짐승들과 마찬가지로 암컷을 공동으로 가졌지만, 그 점에서 차이가 있었는데, 암 야후는 임신 중에도 수컷을 받아들였고, 수컷들은 서로와 마찬가지로 암컷과도 치열하게 다투고 싸웠다. 이 두 가지 행위는 다른 어떤 민감한 생명체도 도달하지 못한 악명 높은 잔인함의 정도였다."고 하셨다.

그가 야후에서 궁금해했던 또 다른 점은 그들의 이상한 더러움과 더러움에 대한 성향이었다. 반면에 다른 모든 동물들에는 자연스러운 청결에 대한 사랑이 있는 것처럼 보인다. 앞의 두 가지 비난에 대해서는, 내 종을 방어할 말이 없었기 때문에 아무런 답변 없이 지나가게 되어 기뻤다. 그렇지 않았다면, 내 성향에 따라 분명히 그렇게 했을 것이다. 그러나 만약 그 나라에 어떤 돼지가 있었다면, 인류가 마지막 항목에 대한 특이성의 비난에서 쉽게 변호할 수 있었을 것이다(불행히도 나에게는 없었다). 야후보다 더 달콤한 네 발 달린 동물일 수 있지만, 나는 겸손하게도 정의상 더 많은 청결을 주장할 수 없다고 생각한다. 그의 명예도 그들이 더럽게 먹는 방식과 진흙 속에서 뒹굴고 자는 관습을 보았다면 인정했을 것이다.

내 주인 또한 그의 하인들이 여러 야후에서 발견한 또 다른 특성을 언급하였고, 그에게는 전혀 이해할 수 없는 일이었다. 그는 "가끔 야후는 구석으로 물러나 누워서 울고 신음하며, 가까이 오는 모든 것을 차버리는 기분이 들곤 한다. 비록 그가 젊고 뚱뚱하며 음식이나 물이 필요하지 않더라도, 하인은 그가 무엇 때문에 아픈지 상상조차 하지 못했다. 그들이 찾은 유일한 치료법은 그를 힘든 일에 종사시키는 것이었고, 그러면 그는 반드시 제정신을 되찾았다."고 말했다. 이에 대해 나는 내 자신의 종류에 대한 편애로 침묵하였으나, 여기서 나는 게으르고 사치스러우며 부유한 자들만이 잡아먹는 진정한 우울의 씨앗을 분명히 발견할 수 있었다. 만약 그들이 같은 방식으로 강요받는다면, 나는 치료를 맡겠다고 장담할 수 있다.

그의 존경하는 분은 다음과 같이 추가로 언급하셨다. "여성 야후는 종종 강둑이나 덤불 뒤에 서서 지나가는 젊은 수컷을 바라보며, 그 후 나타나고 숨으며 많은 우스꽝스러운 제스처와 표정을 지었다. 이때 그녀는 매우 불쾌한 냄새를 풍기는 것으로 관찰되었다. 그리고 수컷이 다가오면 천천히 물러나며 자주 뒤를 돌아보고, 두려움을 가장한 모습으로 편리한 장소로 달아났다. 그곳에서 그녀는 수컷이 자신을 따라올 것임을 알고 있었다."

"다른 때에는, 만약 여성 낯선 사람이 그들 사이에 들어오면, 그녀와 같은 성별의 세 명 또는 네 명이 그녀 주위에 모여서, 응시하고, 수다를 떨고, 웃고, 그녀를 온통 냄새 맡고, 그리고 경멸과 경시를 표현하는 듯한 몸짓으로 떠나곤 했다."

아마도 내 주인께서 그가 스스로 관찰한 것에서 얻은 추측을 조금 다듬을 수 있을지도 모르지만, 다른 사람에게 들은 것에 대해서도 마찬가지이다. 그러나 나는 여성에게 본능적으로 음란함, 교태, 비난, 그리고 스캔들이 자리 잡고 있다는 사실에 대해 놀라움과 큰 슬픔 없이 반성할 수 없었다.

나는 내 주인이 우리 사이에서 흔히 볼 수 있는 두 성별 모두의 그러한 비정상적인 욕망에 대해 야후들을 비난할 것이라고 매 순간 기대했다. 그러나 자연은 그렇게 능숙한 교사인 것 같지 않으며, 이러한 세련된 즐거움은 전적으로 우리 지구의 예술과 이성의 산물이다.

CHAPTER 08

저자는 야후에 대한 여러 세부 사항을 언급한다. 후이늠의 위대한 미덕, 그들의 젊은이의 교육과 훈련, 그들의 총회에 대해 설명한다.

나는 인간 본성을 내가 생각했던 것보다 훨씬 더 잘 이해해야 했기 때문에, 그가 나와 내 동포들에게 부여한 야후의 성격을 나 자신에게 적용하는 것이 쉬웠고, 나는 내 관찰을 통해 더 많은 발견을 할 수 있을 것이라고 믿었다. 그러므로 나는 종종 그의 존경하는 분께 이웃의 야후 떼들 사이로 가게 해달라고 부탁드렸다. 그는 항상 매우 친절하게 동의하셨고, 내가 이 짐승들에 대한 증오로 인해 결코 그들에 의해 타락하지 않을 것이라고 확신하셨다. 그리고 그의 존경하는 분은 나의 경호를 위해 강하고 정직하며 성격이 좋은 한 마리의 갈색 말을 나에게 배정하셨다. 그 보호 없이는 나는 그런 모험을 감행할 수 없었다. 나는 독자가 내가 처음 도착했을 때 이 끔찍한 동물들에 의해 얼마나 괴롭힘을 당했는지 이미 말했으며, 그 후에도 나는 내 칼 없이 멀리 돌아다닐 때 그들의 손아귀에 빠질 뻔한 적이 서너 번 있었다. 그리고 나는 그들이 내가 그들 자신의 종족이라고 상상했을 것이라고 믿을 이유가 있다. 나는 종종 내 팔을 걷어 올리고 나의 맨팔과 가슴을 그들의 시야에 드러내어 스스로를 도왔고, 그때 내 보호자가 함께 있었다. 그때 그들은 감히 가까이 다가와 원숭이처럼 내 행동을 흉내 내었지만, 항상 큰 증오의 표시를 보였다. 마치 모자와 스타킹을 입은 길들여진 까마귀가 그들 사이에 있게 되면 항상 야생 까마귀들에게 괴롭힘을 당하는 것과 같다.

그들은 유아기부터 놀라울 정도로 민첩하다. 그러나 나는 한 번 세 살 된 수컷을 잡았고, 모든 애정의 표시로 그것을 조용하게 만들려고 노력했지만, 그 작은 악동은 그렇게 심하게 울고 긁고 물어서 나는 그것을 놓아줄 수밖에 없었다. 그리고 그것을 놓아줄 때가 되었는데, 소음 때문에 많은 늙은 동물들이 우리 주위에 모여들었지만, 새끼가 안전하다는 것을 알게 되자(그것은 도망쳤다.), 내 갈색 말이 곁에 있었기 때문에 그들은 우리에게 가까이 오지 못했다. 나는 어린 동물의 고기가 매우 고약한 냄새가 나는 것을 관찰했으며, 그 악취는 족제비와 여우 사이의 냄새와 비슷했지만 훨씬 더 불쾌했다. 다른 상황을 잊어버렸다(전적으로 생략된다면 독자의 용서를 받을 수 있을지도 모르지만), 내가 그 끔찍한 해충을 손에 쥐고 있을 때, 그것이 내 옷 위에 노란 액체 물질의 더러운 배설물을 쏟아냈다. 그러나 다행히도 근처에 작은 시내가 있어 최대한 깨끗이 씻었다, 비록 내가 충분히 말릴 때까지 주인의 면전에 들어갈 수 없었지만.

내가 발견한 바에 따르면, 야후는 모든 동물 중에서 가장 가르치기 힘든 존재로 보이며, 그들의 능력은 짐을 끌거나 나르는 것 이상으로 발전하지 않는다. 그러나 나는 이 결함이 주로 비뚤어진, 고집

센 성향에서 비롯된다고 생각한다. 그들은 교활하고, 악의적이며, 배신적이고, 복수심이 강하다. 그들은 강하고 튼튼하지만, 겁이 많은 정신을 가지고 있으며, 그 결과로 오만하고 비천하며 잔인하다. 관찰된 바에 따르면, 두 성별의 빨간 머리 사람들은 나머지 사람들보다 더 음탕하고 장난기가 많으며, 그들은 힘과 활동성에서 그들을 훨씬 초월한다.

흐이늠들은 야후를 집에서 멀지 않은 오두막에서 현재 사용할 수 있도록 보관하고 있지만, 나머지는 특정 밭으로 보내져서 뿌리를 파고 여러 종류의 허브를 먹으며, 시체를 찾거나 때때로 족제비와 루하무(들쥐)를 잡아 탐욕스럽게 먹는다. 자연은 그들에게 언덕의 측면에 깊은 구멍을 파는 법을 가르쳤으며, 그곳에서 혼자 누워 있다. 암컷의 우리만 더 크고 두세 마리의 새끼를 수용할 수 있다.

그들은 어릴 때부터 개구리처럼 헤엄쳐 다니며 물속에서 오랫동안 살 수 있으며, 종종 암컷이 새끼에게 가져다주는 물고기를 잡아먹는다. 그리고 이 기회에 나는 독자들이 내가 이상한 모험을 이야기하는 것을 용서해 주기를 바란다.

어느 날 나의 보호자 밤색 말의 잔소리와 함께 외국에 나갔을 때, 날씨가 몹시 더웠기 때문에, 나는 그에게 가까운 강에서 목욕을 하게 해 달라고 간청했다. 그는 승낙했고, 나는 즉시 옷을 벗고 살며시 개울로 내려갔다. 마침 둑 뒤에 서 있던 젊은 여성 야후가 이 모든 과정을 보고, 잔소리꾼과 내가 추측한 대로 욕망에 불이 붙어서, 전속력으로 달려와서, 내가 목욕을 한 곳에서 5야드 이내의 물속으로 뛰어들었다. 나는 내 인생에서 그렇게 끔찍하게 무서워한 적이 없었다. 똥개는 어느 정도 떨어진 곳에서 풀을 뜯고 있었고, 해를 끼칠 기미는 전혀 보이지 않았다. 그녀는 매우 충실한 태도로 나를 껴안았다. 나는 할 수 있는 한 큰 소리로 울부짖었고, 그 잔소리는 나를 향해 질주해 왔다. 그러자 그녀는 마지못해 손아귀를 놓고는 맞은편 강둑으로 뛰어올라 내가 옷을 입는 동안 내내 바라보며 울부짖고 있었다.

이것은 나의 주인과 그의 가족에 대한 기분 전환의 문제였을 뿐만 아니라, 나 자신에 대한 굴욕의 문제였다. 지금 나는 더 이상 내가 모든 팔다리와 생김새에서 진정한 야후라는 것을 부인할 수 없었다. 왜냐하면 암컷들은 그들 자신의 종족 중 하나로서 나에게 타고난 성향을 가지고 있었기 때문이다. 이 짐승의 머리카락은 붉은색이 아니었고(식욕이 약간 불규칙하다는 핑계였을 수도 있다.), 진흙탕처럼 검었고, 그녀의 용모는 다른 동족들처럼 흉측하게 보이지도 않았다. 왜냐하면 나는 그 아이가 열한 살을 넘을 수 없다고 생각하기 때문이다.

이 나라에서 3년을 살았기 때문에, 독자는 다른 여행자들처럼 나도 그에게 그곳 주민들의 풍습과 관습에 대해 어느 정도 설명해 주어야 한다고 기대할 것이다.

이 고귀한 후이늠은 모든 미덕에 대한 일반적인 성향을 천성적으로 타고난 것이며, 이성적인 피조물에게 무엇이 악한가에 대한 개념이나 관념을 가지고 있지 않듯이, 그들의 위대한 격언은 이성을 배양하고 이성에 의해 전적으로 지배되는 것이다. 그들 가운데서도 이성은 우리처럼 문제가 되는 지점이 아니며, 사람들은 문제의 양쪽에서 그럴듯하게 논쟁할 수 있지만, 즉각적인 확신으로 당신을 공격할 수 있다. 그것이 필요한 것처럼, 열정과 관심에 의해 섞이거나, 가려지거나, 변색되지 않는 곳에서. 나는 스승님을 설득하여 의견이라는 단어의 의미나 어떤 점이 어떻게 논쟁의 여지가 있는지를 이해시키는 것이 극도로 어려웠던 것을 기억한다. 왜냐하면 이성은 우리가 확신하는 곳에서만 긍정하거나 부정하도록 가르쳤기 때문이다. 그리고 우리가 아는 것 이상으로 우리는 어느 것도 할 수 없다. 그런 논란, 다툼, 분쟁 및 잘못되거나 의심스러운 주장에 대한 긍정성이 후이늠들 사이에서 알려지지 않은 악이라는 점에서, 내가 자연 철학의 여러 체계를 그에게 설명하던 때에 그는 웃으며 "이성이 있는 척하는 존재가 다른 사람의 추측에 대한 지식을 자랑하는 것이나, 그 지식이 확실하다 하더라도 쓸모가 없는 것에 대해 스스로 가치를 두는 것이 어찌 가능한가?"라고 말했다. 그는 플라톤이 전하는 소크라테스의 의견에 전적으로 동의했다. 이는 내가 그 철학자의 최고 영예로 언급하는 것이다. 이후 나는 이러한 교리가 유럽의 도서관에 어떤 파괴를 가져올지, 그리고 학문 세계에서 얼마나 많은 명성의 길이 막힐지를 자주 반성해왔다.

우정과 자비는 후이늠의 두 가지 주요 미덕이다. 이 미덕은 특정 대상에 국한되지 않고 전체 인종에 보편적이다. 가장 먼 곳에서 온 낯선 사람도 가장 가까운 이웃과 동등하게 대우받으며, 그가 가는 곳마다 자신을 집에 있는 것처럼 여긴다. 그들은 가장 높은 수준의 품위와 예의를 유지하지만, 의식에 대해서는 전혀 따지지 않는다. 그들은 망아지나 새끼 말에 대한 애정이 없지만, 그들을 교육하는 데 드는 노력은 전적으로 이성의 지시에 따라 이루어진다. 나는 내 주인이 이웃의 자녀에게도 자신의 자녀에게 보였던 것과 같은 애정을 보이는 것을 관찰했다. 그들은 자연이 그들에게 모든 종을 사랑하도록 가르친다고 주장하며, 오직 이성이 도덕적 우월성이 있는 곳에서 사람을 구별한다고 말한다.

부인 후이늠이 각 암수 한 명씩을 낳았을 때, 그들은 매우 드물게 발생하는 어떤 사상자로 인해 그들의 자식 중 하나를 잃는 것을 제외하고는 더 이상 그들의 배우자와 관계하지 않는다. 그러나 그러한 경우에 그들은 다시 만난다. 또는 자식을 낳지 못하는 사람에게 이와 같은 사고가 닥쳤을 때, 어떤 다른 부부가 그에게 자기 자식을 주며, 어머니가 임신할 때까지 다시 함께 간다. 이러한 주의는 국가가 인구 과잉의 부담을 지는 것을 방지하기 위해 필요하다. 그러나 하인으로 길러진 열등한 후이늠의 종족은 이 조항에 그렇게 엄격하게 제한되지 않는다. 이들은 귀족 가문의 하인이 되기 위해 각 성별을 세 명씩 생산할 수 있다.

그들의 결혼에서, 그들은 품종에 불쾌한 혼합을 일으키지 않을 색상을 선택하는 데 매우 주의한다. 수컷에서는 주로 힘이 중요시되고, 암컷에서는 외모가 중요시된다. 사랑 때문이 아니라 품종이 퇴화하는 것을 방지하기 위해서이다. 암컷이 힘에서 뛰어난 경우, 외모를 고려하여 배우자가 선택된다.

연애, 사랑, 선물, 결혼 계약, 정착은 그들의 생각 속에 자리를 차지하지 않으며, 이를 표현할 수 있는 용어도 없다. 젊은 커플은 단지 그들의 부모와 친구들의 결정 때문 만에 만나고 결합하며, 이는 그들이 매일 목격하는 일이며, 합리적인 존재의 필수적인 행동 중 하나로 여긴다. 그러나 결혼의 위반이나 다른 어떤 불륜도 결코 나타나지 않았으며, 결혼한 쌍은 질투, 애정, 다툼, 불만 없이 같은 종의 다른 모든 이들에게 보여주는 우정과 상호 자비로 평생을 보낸다.

청소년 교육에 있어 그들의 방법은 칭찬할 만하며, 우리가 모방할 충분한 가치가 있다. 그들은 열여덟 살이 될 때까지 특정한 날을 제외하고는 귀리 한 알도 맛보지 못하며, 우유도 매우 드물게만 섭취한다. 여름에는 아침에 두 시간, 저녁에도 두 시간 동안 풀을 뜯게 되며, 그들의 부모도 마찬가지로 이를 준수한다. 그러나 하인들은 그 시간의 절반 이상을 허용 받지 못하며, 그들이 먹는 풀의 대부분은 집으로 가져와서 일에서 가장 여유가 있는 시간에 섭취한다.

절제, 근면, 운동, 그리고 청결은 두 성별의 젊은이들에게 동등하게 권장되는 교훈이다. 그리고 나의 스승은 여성을 남성과 다른 종류의 교육을 받게 하는 것이 괴상하다고 생각했다. 단지 가정 관리의 몇 가지 항목을 제외하고는 말이다. 그에 따르면, 우리 원주민의 절반은 세상에 아이를 낳는 것 외에는 쓸모가 없었고, 그러한 쓸모없는 존재에게 우리의 아이들을 맡기는 것은 더욱 큰 잔인함의 예라고 말했다.

하지만 후이늠들은 젊은이들을 힘, 속도, 그리고 강인함을 기르기 위해 가파른 언덕과 단단한 돌밭에서 달리기 경주를 시킨다. 그들이 땀에 젖으면, 머리와 귀를 물속으로 뛰어들도록 명령받는다. 매년 네 번, 특정 지역의 젊은이들이 달리기와 점프, 그리고 다른 힘과 민첩성의 기량을 보여주기 위해 모이며, 승자는 찬양의 노래로 보상을 받는다. 이 축제에서는 하인들이 야후 무리를 들판으로 몰아가며, 건초와 귀리, 우유를 후이늠들을 위한 식사로 제공한다. 그 후, 이 짐승들은 모임에 방해가 될까 두려워 즉시 다시 몰려간다.

매 4년마다 춘분에 전 국민의 대표 회의가 열리며, 이는 우리 집에서 약 20마일 떨어진 평원에서 개최되고 약 5일 또는 6일 동안 지속된다. 여기서 그들은 여러 지역의 상태와 조건을 조사한다. 건초나 귀리, 소, 또는 야후가 풍부한지 부족한지를 확인하며, 부족한 것이 있을 경우(이는 드물지만) 즉시 만장일치로 동의하고 기여하여 보충된다. 또한 여기서 아이들의 규정도 정해진다. 예를 들어, 만약 후이늠 수컷 두 마리를 가지고 있다면, 그는 수컷 하나를 암컷

두 마리를 가진 다른 후이늠과 교환한다. 그리고 만약 어떤 사고로 아이를 잃어버려 어미가 더 이상 번식할 수 없는 경우, 해당 지역에서 어떤 가정이 다른 아이를 번식하여 그 손실을 보충할지를 결정한다.

CHAPTER 09

후이늠의 총회에서의 대규모 토론과 그것이 어떻게 결정되었는지를 알려준다. 후이늠들의 학습, 건축물, 장례 방식, 언어의 결함 등을 설명한다.

내가 이 나라를 출발하기 약 석 달 전 이러한 대규모 회의 중 하나인 총회가 열렸다. 제 출발 약 석 달 전이었다. 그곳에서 나의 주인께서 우리 지역의 대표로 참석하셨다. 이 회의에서는 그들의 오래된 논의가 재개되었고, 사실 그들의 나라에서 일어난 유일한 논의였다. 나의 주인께서는 돌아오신 후, 이에 대해 매우 자세한 설명을 해주셨다.

논쟁의 여지가 있는 질문은 "야후들이 지구상에서 근절되어야 하는가?"였다. 찬성 측의 한 위원은 "야후가 자연이 만들어낸 것 중 가장 더럽고, 시끄럽고, 기형적인 동물인 것처럼, 그들은 가장 반항적이고 역겹고, 짓궂고, 악의적입니다. 그들은 은밀하게 후이늠의 암소의 젖꼭지를 빨고, 고양이를 죽이고 잡아먹고, 귀리와 풀을 짓

밟고, 계속 감시하지 않으면 수천 가지 다른 사치를 저지르곤 했습니다.” 그는 일반적인 전통을 주목했다. “야후는 항상 그들의 나라에 있지 않았지만, 여러 세기 전, 이 두 짐승이 함께 산 위에 나타났습니다. 그것이 부패한 진흙과 진흙의 열로 인해 생겨났는지, 아니면 바다의 진흙과 거품에서 생겨났는지는 결코 알려지지 않았습니다. 이 야후들이 번식하였고, 그들의 자손은 짧은 시간 안에 너무나 많아져서 온 나라를 넘치고 감염시켰습니다. 이 악을 없애기 위해 후이늠들은 일반적인 사냥을 하였고, 결국 전체 무리를 가두었습니다. 그리고 나이가 많은 것을 죽인 후, 모든 후이늠은 두 마리의 어린 것을 개집에 두고, 본래 그렇게 잔인한 동물이 습득할 수 있는 정도까지 길들였습니다. 그들은 짐을 나르거나 운반하는 데 사용되었습니다. 이 전통에는 많은 진실이 있는 것처럼 보였고, 그 생물들은 다른 모든 동물들과 마찬가지로 후이늠과 같은 폭력적인 증오 때문에 그들을 낳았기 때문에 그 생물들이 ‘일른니암시’ 또는 ‘그 땅의 원주민’이 될 수 없다는 것, 그들의 사악한 기질이 충분히 받아 마땅했음에도 불구하고, 그들이 원주민이었다면 결코 그렇게 높은 수준에 도달하지 못했을 것입니다. 그렇지 않았다면 그들은 오래 전에 뿌리 뽑혔을 것입니다. 주민들은 야후의 서비스를 이용하는 것을 좋아하면서, 매우 경솔하게도, 당나귀 품종을 기르는 것을 소홀히 하였는데, 그 품종은 보기 쉽고, 더 길들여지고, 더 온순하고 질서 정연하며, 어떤 불쾌한 냄새도 없고, 노동을 하기에 충분히 강하며, 비록 그들이 몸의 민첩성에 있어서 야후보다는 못하고, 그들의 울부짖는 소리가 기분 좋은 소리가 나지 않지만, 야후의 끔찍한 울부짖음보다 훨씬 낫습니다.”

여러 다른 사람들이 같은 목적에 대한 감정을 표명했을 때, 제

주인이 회의에 제안한 방안은 사실 나에게서 힌트를 빌린 것이었다. 그는 이전에 발언한 존경하는 의원이 언급한 전통을 승인하였고, "그들 중 처음으로 보였다고 전해지는 두 야후가 바다를 넘어 이곳에 도착했으며, 육지에 도착한 후 동료들에게 버림받고 산으로 후퇴했고, 점차 퇴화하여 이 두 원조가 온 나라의 동종보다 훨씬 더 야만적으로 변모하였습니다. 이 주장의 이유는 그가 현재 대부분이 들어보았고 많은 이들이 본 어떤 놀라운 야후(즉, 저자 자신)를 소유하고 있었기 때문입니다." 그는 그들에게 내가 처음 그를 만났던 방법을 이야기했다. 내 몸은 다른 동물들의 피부와 털로 인공적으로 덮여 있었고, 나는 나만의 언어로 말했으며, 그들의 언어를 완전히 배웠다고 했다. 내가 그에게 이곳에 오게 된 사고를 이야기했으며, 그가 내가 덮개 없이 있는 모습을 보았을 때, 나는 모든 면에서 정확한 야후였고, 단지 더 하얀 색깔을 가지고 있었으며, 털이 덜 나고 발톱이 더 짧았다고 했다. 그는 내가 어떻게 내 나라와 다른 나라에서 야후들이 지배적이고 합리적인 동물로 행동하며, 후이늠들을 종속시키고 있다고 설득하려고 했는지 덧붙였다. 그는 나에게서 야후의 모든 특성을 관찰했지만, 약간의 이성의 색조로 인해 조금 더 문명화되었다고 했다. 그러나 그것은 후이늠 종족에 비해 내가 가진 것과 마찬가지로, 그들의 나라의 야후들이 나에게 비해 열등하다는 정도였다. 무엇보다도, 나는 후이늠이 어렸을 때 그들을 길들이기 위해 거세하는 관습을 언급했다. 수술이 쉽고 안전하다는 것, 산업은 개미가 가르치고, 건축은 제비가 가르치는 것처럼, 짐승에게서 지혜를 배우는 것은 부끄러운 일이 아니다(그래서 나는 '리한'이라는 단어를 번역한다. 훨씬 더 큰 새이지만). 이 거세라는 발명품이 이곳의 젊은 야후들에게 적용될 수 있도록, 그것들을 다루기 쉽고 사용하기에 더 적합하게 만드는 것 외에도, 한 시대에 생명을 파괴하지 않고 모든 종을 멸종시킬 것이다. 그 동안에 후이늠은 나귀 품종을 기르도록 권고 받아야 하며, 그들은 모든 면에서 더 가치 있는 짐승이기 때문에 야후들은 12살이 될 때까지 봉사하기에 적합하지 않으며, 나귀는 5살에 봉사하기에 적합한 이점을 가지고 있다.

이것은 그 당시 총회에서 일어난 일에 대해 내 주인이 나에게 말하기에 적합하다고 생각한 전부였다. 그러나 그는 나와 개인적으로 관련된 한 가지를 숨겼다. 그로 인해 내가 곧 불행한 영향을 느끼게 되었고, 독자는 적절한 장소에서 알게 될 것이다. 그리고 나는 내 인생의 모든 후속 불행이 여기에서 시작되었다고 생각한다.

후이늠들은 글자가 없으며, 그 결과 그들의 지식은 모두 전통적으로 구전된다. 그러나 그렇게 잘 결속된 사람들 사이에서 중요한 사건이 거의 발생하지 않기 때문에, 모든 미덕에 자연스럽게 기울어지고, 전적으로 이성에 의해 지배받으며, 다른 나라와의 모든 상업에서 차단된 그들은 역사적 부분을 쉽게 보존할 수 있다. 나는 그들이 어떤 질병에도 시달리지 않으며, 따라서 의사가 필요하지 않다는 것을 이미 관찰했다. 그러나 그들은 우연한 타박상과 발목이나 발바닥의 상처를 치료하기 위해 허브로 구성된 훌륭한 약을 가지고 있으며, 날카로운 돌에 의해 발생한 다른 상처와 부상도 치료할 수 있다.

그들은 태양과 달의 혁명으로 연도를 계산하지만 주 단위로 나누지는 않는다. 그들은 이 두 천체의 움직임에 대해 충분히 잘 알고 있으며, 일식의 본질을 이해하고 있다. 이것이 그들의 천문학의 최대 발전이다.

시에서 그들은 다른 모든 인간보다 뛰어날 수 있으며, 그들의 비유의 정당성과 묘사의 세밀함과 정확성은 정말로 모방할 수 없다. 그들의 시는 이 두 가지 모두에 매우 풍부하며, 보통 우정과 자비에 대한 고귀한 개념이나 경주 및 기타 신체 운동에서 승리한 이들에 대한 찬사를 포함하고 있다. 그들의 건물은 매우 조잡하고 단순하지만 불편하지 않으며, 추위와 더위의 모든 해로움으로부터 그들을 방어하기 위해 잘 설계되어 있다. 그들은 40세가 되면 뿌리가 느슨해지고 첫 번째 폭풍에 쓰러지는 일종의 나무를 가지고 있다. 그 나무는 매우 곧게 자라며, 날카로운 돌로 뾰족하게 만들어져(후이늠들은 철의 사용을 알지 못한다.) 약 10인치 간격으로 땅에 세워지고, 그 사이에 귀리 짚이나 때때로 엮은 가지를 엮는다. 지붕은 같은 방식으로 만들어지고, 문도 마찬가지이다.

그들은 앞발의 발목과 발굽 사이의 빈 부분을 손처럼 사용하며, 내가 처음 상상했던 것보다 더 큰 솜씨로 그렇게 한다. 나는 우리 가족의 흰색 암말이 그 관절로 바늘을 꿰는 것을 보았다(내가 일부러 빌려준 것이다.). 그들은 소의 젖을 짜고, 귀리를 수확하며, 손이 필요한 모든 일을 같은 방식으로 수행한다. 그들은 단단한 석영을 가지고 있으며, 다른 돌과 갈면서 도구를 만들어 쐐기, 도끼, 망치 대신 사용한다. 이 석영으로 만든 도구로 그들은 건초를 자르고, 여러 밭에서 자연적으로 자라는 귀리를 수확한다. 야후들은 수레로 단을 집으로 가져가고, 하인들은 특정한 덮인 오두막에서 곡물을 얻기 위해 그것을 밟는다. 그들은 거친 형태의 도기와 나무 그릇을 만들고, 도기는 태양에 말린다.

그들이 인명 피해를 피할 수 있다면, 그들은 단지 노령으로 죽고, 발견할 수 있는 가장 구석진 장소에 묻히며, 그들의 친구와 친척들은 그들의 떠남에 대해 기쁨이나 슬픔을 표현하지 않는다. 죽어가는 사람도 이 세상을 떠나는 것에 대해 가장 적은 후회도 느끼지 않으며, 이웃을 방문한 후 집으로 돌아오는 것과 다르지 않다. 나는 한 번 내 스승이 친구와 그의 가족과 중요한 일로 그의 집에 오기로 약속한 것을 기억한다. 정해진 날에, 주인과 그녀의 두 자녀가 매우 늦게 왔다. 그녀는 남편에 대해 두 가지 변명을 했는데, 그녀가 말하기를 그 남편은 그날 아침에 우연히 '르누운' 했다. 그 단어는 그들의 언어에서 강하게 표현되지만 영어로 쉽게 번역되지 않는다. 그것은 "그의 첫 어머니에게 퇴직하다."를 의미한다. 그녀가 더 일찍 오지 않은 이유는 남편이 아침 늦게 죽었기 때문에 그의 시신을 어디에 두어야 할지에 대해 하인들과 상담하는 데 시간이 걸렸기 때문이다. 그리고 나는 그녀가 우리 집에서 나머지 사람들처럼 쾌활하게 행동하는 것을 관찰했다. 그녀는 약 석 달 후에 죽었다.

그들은 일반적으로 70세 또는 75세까지 살며, 80세까지 사는 경우는 매우 드물다. 그들이 죽기 몇 주 전, 그들은 점진적인 쇠퇴를 느끼지만, 고통은 없다. 이 기간 동안 그들은 친구들의 방문을 많이 받는다. 왜냐하면 그들은 평소처럼 외출할 수 없기 때문이다. 그러나 죽기 약 10일 전, 그들은 이웃 중 가장 가까운 사람들의 방문에 답방을 하며, 야후가 끄는 편리한 썰매에 실려 간다. 이 썰매는 이번 경우뿐만 아니라 나이가 들거나 긴 여행을 하거나 사고로 다쳤을 때도 사용된다. 따라서 죽어가는 후이늠이 그 방문에 답방할 때, 그들은 친구들과의 작별 인사를 근엄하게 하며, 마치 그들이 삶의 나머지를 보내기 위해 외딴 지역으로 가는 것처럼 보인다.

그들이 악을 표현할 수 있는 단어가 없다는 것을 관찰할 가치가 있는지 모르겠다. 후이늠들은 야후의 기형이나 나쁜 특성에서 빌린 것 외에는 악을 표현할 수 있는 단어가 없다. 따라서 그들은 하인을 비웃는 어리석음, 아이의 생략, 발을 베는 돌, 불쾌하거나 계절에 맞지 않는 날씨의 지속 등을 각각 야후라는 수식어를 추가하여 나타낸다. 예를 들어, '흐늠 야후', '으흐나홀름 야후', '이늘흠나윌흘마 야후', 그리고 잘못 설계된 집 '인홀름흠로흘느우 야후'.

나는 이 훌륭한 민족의 예절과 미덕에 대해 더 자세히 설명할 수 있지만, 그 주제에 대해 별도로 출판할 책을 곧 발행할 예정이므로 독자 여러분을 그곳으로 안내한다. 그동안 나는 내 자신의 슬픈 비극을 이야기하겠다.

CHAPTER 10

저자는 후이늠 사이에서의 경제와 행복한 삶을 이야기한다. 그들과의 대화를 통해 저자의 미덕이 크게 향상되었다. 후이늠들과 대화한다. 저자는 그의 주인으로부터 그가 나라를 떠나야 한다는 통지를 받는다. 그는 슬픔에 빠져 기절하지만, 순응한다. 그는 동료 하인의 도움으로 카누를 구상하고 실제로 완성하여 무작정 바다로 나간다.

나는 검소하지만 안정적인 경제생활을 내 마음껏 즐겼다. 주인께서는 그들의 방식대로 집에서 약 6야드 떨어진 곳에 나를 위해 방을 만들라고 명령하셨다. 나는 그 방의 벽과 바닥을 진흙으로 미장하고, 내가 직접 만든 갈대 매트로 덮었다. 나는 그곳에서 자생하는 대마를 쳐서 일종의 천을 만들었고, 이것을 야후의 털로 만든 스프링으로 잡은 여러 새의 깃털로 채웠으며, 이 새들은 훌륭한 음식이었다. 나는 칼로 두 개의 의자를 만들었고, 소렐 말이 더 거칠고 힘든 부분에서 나를 도와주었다. 내 옷이 너덜너덜해졌을 때, 나는 토끼의 가죽과 '누노'라고 불리는 특정한 아름다운 동물의 가죽으로 다른 옷을 만들었다. 이 동물의 가죽은 부드러운 솜털로 덮여 있다. 이 가죽으로 나는 꽤 괜찮은 양말도 만들었다. 나는 나무에서 잘라낸 나무로 신발의 밑창을 만들고, 그것을 윗 가죽에 맞췄다. 그리고 이것이 닳아 없어지면, 나는 햇볕에 말린 야후의 가죽으로 대체했다. 나는 종종 속이 빈 나무에서 꿀을 얻어 물과 섞거나 빵과 함께 먹었다. 어떤 사람도 "인간의 자연적 욕구는 매우 쉽게 만족된다."와 "필요는 발명의 어머니"라는 두 격언의 진실을 더 잘 증명할 수 없었다. 나는 완벽한 신체 건강과 마음의 평온을 누렸고, 친구의 배신이나 변덕, 비밀의 적이나 공개된 적의 상처를 느끼지 않았다. 나는 어떤 위대한 인물이나 그의 하수인의 호의를 받기 위해 뇌물을 주거나 아첨하거나 매춘을 할 필요가 없었고, 사기나 압박에 대한 방어가 필요하지 않았다. 여기에는 내 몸을 해치는 의사도, 내 재산을 망치는 변호사도 없었고, 내 말과 행동을 감시하거나 나를 위해 고소장을 위조하는 고자질꾼도 없었다. 여기에는 조롱꾼, 비난자, 중상모략자, 소매치기, 강도, 주거침입자, 변호사, 매춘부, 광대, 도박꾼, 정치인, 재치 있는 사람, 우울한 사람, 지루한 이야기꾼, 논쟁가, 강간범, 살인자, 도둑, 예술가, 당파와 파벌의 지도자나 추종자도 없었고, 유혹이나 본보기로 악을 조장하는 사람도 없었으며, 감옥, 도끼, 교수형대, 채찍대, 또는 형틀도 없었다. 사기 치는 상인이나 기술자도 없었고, 자존심, 허영, 또는 과시도 없었다. 멍청이, 깡패, 술주정뱅이, 산책하는 창녀 또는 수두도 없다. 고함치고, 음란하고, 사치하는 아내도 없다. 어리석고 자존심 강한 현학자도 없다. 무례하고, 위압적이고, 다투기 쉽고, 시끄럽고, 으르렁대고, 공허하고, 자만하고, 욕설을 퍼붓는 동료도 없다. 그들의 악덕의 공로 때

주인과 주인의 존귀한 손님들과 대화하는 걸리버

문에 티끌에서 일어난 악당이나 그들의 미덕 때문에 그 속에 던져진 귀족도 없다. 영주, 바이올린 연주자, 심사 위원 또는 춤 마스터도 없다.

나는 여러 후이늠에게 초대받는 영광을 누렸다. 그들은 나의 주인을 방문하거나 저녁을 함께 하러 왔다. 그곳에서 그의 존귀하신 분은 내가 방에서 대기하며 그들의 담화를 들을 수 있도록 관대하게 허락해 주셨다. 그와 그의 일행은 종종 내려와 나에게 질문을 하고 내 대답을 받곤 했다. 나는 또한 가끔 내 주인을 다른 사람들을 방문할 때 모시는 영광을 누리기도 했다. 나는 질문에 대한 대답이 아니면 말할 생각조차 하지 않았다. 그리고 답을 할 때도 나는 내적으로 무척 후회하면서 그렇게 했다. 그것은 나 자신을 개선하는 데 너무 많은 시간을 잃는 것이었기 때문이다. 그러나 나는 그러한 대화에서 겸손한 청중의 위치에 무한히 기뻤다. 그곳에서는 유용한 것만이 오갔고, 가장 적은 수의 의미 있는 단어로 표현되었으며, 내가 이미 말했듯이, 상당히 품위를 지켰고, 최소한의 격식도 전혀 없었다. 아무도 스스로 기쁘지 않거나 동료들을 기쁘게 하지 않고는 말하지 않았으며, 중단, 지루함, 열기, 또는 의견의 차이가 없었다. 그들은 사람들이 함께 모였을 때 짧은 침묵이 대화를 크게 개선한다는 개념을 가지고 있다. 나는 이것이 사실임을 발견했다. 왜냐하면 그 짧은 대화의 중단 동안 새로운 아이디어가 그들의 마음에 떠오르며 대화를 매우 활기차게 만들었기 때문이다.

그들의 주제는 일반적으로 우정과 자선, 질서와 경제에 관한 것이며, 때때로 자연의 가시적인 작용이나 고대 전통에 대해, 미덕의 경계와 한계에 대해, 이성의 확고한 규칙에 대해, 또는 다음 대규모 집회에서 취할 결정을 두고 이야기한다. 그리고 종종 시의 다양한 우수성에 대해서도 이야기한다. 나는 자만하지 않고 덧붙일 수 있는데, 나의 존재는 종종 그들에게 충분한 담론의 주제를 제공했으며, 이는 나의 주인에게 친구들에게 나와 내 나라의 역사에 대해 이야기할 기회를 주었기 때문이다. 그들은 모두 인류에게 그리 유익하지 않은 방식으로 이에 대해 이야기하는 것을 기뻐했다. 그래서 나는 그들이 한 말을 반복하지 않겠지만, 그의 존엄이 나의 큰 감탄을 자아내며, 야후의 본질을 나보다 훨씬 더 잘 이해하는 것처럼 보였다는 점을 언급할 수 있다. 그는 우리의 모든 악행과 어리석음을 살펴보았고, 내가 그에게 언급하지 않은 많은 것들을 발견했다. 단지 그들의 나라의 야후가 소량의 이성을 가지고 어떤 특성을 발휘할 수 있을지를 가정함으로써, "그런 존재가 얼마나 비참하고 불행할 것인가?"라는 결론에 너무나도 그럴듯하게 도달했다.

나는 자유롭게 고백한다. 내가 가진 가치 있는 모든 작은 지식은 내 스승에게서 받은 강의와 그와 그의 친구들의 담화를 들으면서 얻은 것이다. 나는 유럽에서 가장 위대하고 지혜로운 집회에 참석하여 연설하는 것보다 그들의 담화를 듣는 것이 더 자랑스럽다. 나는 주민들의 힘, 아름다움, 그리고 속도에 감탄했다. 그러한 사랑스러운 인물들 속에서 이러한 미덕의 별자리는 나에게 가장 높은 존경심을 불러일으켰다. 처음에는 사실, 야후와 다른 모든 동물들이 그들에게 가지는 자연스러운 경외감을 느끼지 못했지만, 그것은 내가 상상한 것보다 훨씬 더 빨리 점차적으로 나에게 생겨났고, 나를 내 종족의 나머지와 구별해 주신 그들에 대한 존경하는 사랑과 감사가 혼재되었다.

가족, 친구, 동포 또는 인류 전체를 생각할 때, 나는 그들이 실제로 어떤 존재인지, 형태와 성향에서 야후와 같다고 여겼다. 아마도 조금 더 문명화되어 있고, 언어의 재능을 가진 존재들이지만, 이 나라의 형제들이 자연이 할당한 것만큼의 악덕을 개선하고 증식하는 것 외에는 이성을 다른 용도로 사용하지 않았다. 내가 호수나 분수에서 내 자신의 모습을 바라보게 되었을 때, 나는 나 자신에 대한 공포와 혐오로 얼굴을 돌렸고, 내 자신의 모습보다 일반 야후의 모습을 보는 것이 더 견딜 수 있었다. 후이늠들과 대화하고 그들을 기쁘게 바라보면서, 나는 그들의 걸음걸이와 몸짓을 모방하게 되었고, 이는 이제 습관이 되었다. 내 친구들은 종종 직설적으로 '내가 말처럼 뛰는 것 같다.'고 말하는데, 나는 그것을 큰 칭찬으로 받아들인다. 나는 말할 때 후이늠의 목소리와 태도로 빠지기 쉬운 것을 부인하지 않으며, 그로 인해 조롱당하는 것을 듣더라도 전혀 수치스럽지 않다.

모든 행복 속에서, 그리고 내가 인생을 완전히 정착한 것처럼 느낄 때, 내 주인께서 평소보다 조금 이른 아침에 나를 호출하셨다. 그의 표정을 보니 그는 약간의 혼란스러움이 있었고, 자신이 해야 할 말을 어떻게 시작해야 할지 몰라 보였다. 짧은 침묵 후에 그는 나에게 이렇게 말했다. "니가 어떻게 받아들일지 모르겠다. 마지막 총회에서 야후의 문제에 대해 논의할 때, 대표들이 내가 가족 안에 야후(즉, 나)를 두고 있는 것에 불쾌감을 느꼈다고 했다. 그들은 내가 너와 대화하는 것이 어떤 이점이나 즐거움을 줄 수 있는 것처럼 보였고, 그러한 행동은 이성이나 자연에 맞지 않으며 그들 사이에서 이전에 들어본 적이 없는 일이라고 했다. 따라서 총회는 나에게 너를 다른 종족처럼 대하거나 니가 온 곳으로 다시 수영해 돌아가라고 명령하라고 권고했다. 이러한 방법 중 첫 번째는 내 집이나 그들의 집에서 너를 본 모든 후이늠들이 전적으로 거부했다. 그들은 네가 약간의 이성을 가지고 있었고, 그 동물들의 본래의 악덕이 더해져서, 니가 그들을 유인하여 나라의 숲과 산악 지역으로 데려가고, 밤에 무리 지어 후이늠의 가축을 파괴할 수 있을까 두려워했다. 이는 그들이 본래 탐욕스러운 종류이며 노동을 싫어하기 때문이다."

내 주인은 “내가 매일 이웃의 후이늠들에게 회의의 권고를 실행하라는 압박을 받고 있었고, 더 이상 미룰 수 없다. 나는 니가 다른 나라로 수영하는 것이 불가능할 것이라고 의심했으며, 따라서 니가 나에게 설명한 것과 유사한 어떤 형태의 수단을 고안해 주기를 바란다. 그 수단은 바다에서 너를 실어 나를 수 있도록 하는 것이었다. 이 작업에는 나의 하인들과 이웃의 하인들이 도움을 줄 것이다.”라고 결론지었다. 그는, “나의 입장에서는 니가 살아 있는 한 나와 함께 머무는 것에 만족할 수 있었을 것이다. 왜냐하면 나는 니가 후이늠들을 모방하려고 노력함으로써 나쁜 습관과 성향을 스스로 치료했음을 발견했기 때문이다.”

나는 여기서 독자에게 이 나라의 총회 결의가 ‘흔로아인’이라는 단어로 표현된다는 점을 언급해야 한다. 이는 내가 가능한 한 정확하게 해석하자면 ‘권고’를 의미한다. 그들은 합리적인 존재가 어떻게 강요될 수 있는지 전혀 이해하지 못하며, 오직 조언이나 권고만 할 수 있다고 생각한다. 왜냐하면 어떤 사람도 자신의 합리적인 존재임을 주장하지 않고는 이성을 거스를 수 없기 때문이다.

나는 주인의 담화로 극심한 슬픔과 절망에 사로잡혔다. 그리고 내가 겪고 있는 고통을 견딜 수 없어서 그의 발 앞에 기절했다. 내가 정신을 차렸을 때, 그는 나에게 “니가 죽었다고 결론지었다.”고 말했다. 왜냐하면 이 사람들은 그런 자연의 어리석음에 시달리지 않기 때문이다. 나는 희미한 목소리로 대답했다. “그 죽음은 너무 큰 행복이었을 것입니다. 비록 나는 집회의 권고나 주인님의 친구들의 긴급함을 비난할 수는 없지만, 내 약하고 부패한 판단으로는 덜 엄격했어야 한다고 생각했습니다. 나는 1리그를 수영할 수 없었고, 아마도 그들의 가장 가까운 육지는 100리그 이상 떨어져 있을 것입니다. 나를 태우고 갈 작은 배를 만들기 위해 필요한 많은 재료가 이 나라에는 전혀 없었습니다. 그러나 나는 주인님의 명예에 대한 복종과 감사의 마음으로 그것을 시도할 것이지만, 나는 그 일이 불가능하다고 결론지었고, 따라서 이미 파멸에 헌신한 존재로 여겼습니다. 비정상적인 죽음의 확실한 전망이 내 악행 중 가장 적은 것이었습니다. 만약 내가 어떤 이상한 모험으로 생명을 구하게 된다면, 어떻게 나는 야후들 사이에서 내 나날을 보내고, 미덕의 길을 인도하고 지켜줄 예가 없어서 다시 내 옛 부패로 되돌아가는 것을 차분하게 생각할 수 있겠습니까? 나는 현명한 후이늠의 모든 결심이 어떤 확고한 이유에 기초를 두고 있는지 너무나 잘 알고 있었기 때문에, 비참한 야후인 나의 주장에 흔들리지 않았습니다. 그러므로 그릇을 만드는 데 주인님의 종들이 도움을 준 것에 대해 겸손한 감사를 드리고, 그토록 어려운 일을 위한 합리적인 시간을 바라며, 나는 주인님에게 비참한 존재를 보존하기 위해 노력하겠다고 말하겠습니다. 그리고 언젠가 내가 영국으로 돌아간다면, 유명한 후이늠의 칭송을 축하하고, 그들의 미덕을 인류의 모방에 제안함으로써 내 종족에게 도움이 되리라는 희망이 없지 않을 수 없습니다."

나의 주인께서는 몇 마디로 나에게 매우 친절한 답변을 주셨고, 나에게 배를 완성할 두 달의 시간을 허락하셨으며, 나의 동료 하인(그래서, 이 거리에서, 그를 부를 수 있다고 생각한다.)인 적갈색 말에게 나의 지시를 따르도록 명령하셨다. 왜냐하면 나는 주인께 "그의 도움이 충분할 것이고, 그가 나에게 애정이 있다는 것을 알고 있다."고 말씀드렸기 때문이다.

그 소렐 말과 나의 첫 번째 사업은 반항적인 선원들이 나를 육지에 내리라고 명령한 해안의 그 부분으로 가는 것이었다. 나는 높은 곳에 올라 바다의 사방을 바라보았고, 북동쪽에 작은 섬이 보이는 듯했다. 나는 주머니에서 휴대용 망원경을 꺼내어 그것이 5리그 이상 떨어진 곳에 있는 것을 분명히 구별할 수 있었다. 그러나 그 소렐 말에게는 그것이 단지 파란 구름으로 보였다. 그가 자신의 나라 외에 다른 나라에 대한 개념이 없었기 때문에, 바다에서 먼 물체를 구별하는 데 있어 우리가 그렇게 많이 대화하는 것만큼 능숙할 수 없었다.

이 섬을 발견한 후, 나는 더 이상 고려하지 않았고, 가능하다면 이곳이 나의 유배지 첫 번째 장소가 되어야 한다고 결심하였으며, 결과는 운명에 맡기기로 하였다.

집으로 돌아와서, 나는 소렐 말과 상담한 후, 어느 정도 거리에 있는 숲으로 들어갔다. 그곳에서 나는 칼을 사용하고 그는 날카로운 부싯돌을 사용하여 나무 손잡이에 매우 정교하게 고정된 여러 개의 오크 가지를 잘라냈다. 두께는 지팡이 정도였고, 더 큰 조각들도 있었다. 하지만 내 기계 작업에 대한 너무 구체적인 설명으로 독자를 귀찮게 하지는 않겠다. 소렐 말의 도움으로, 가장 많은 노동이 필요한 부분을 수행한 덕분에, 나는 인디언 카누의 일종을 완성했다. 하지만 훨씬 더 크고, 내 손으로 만든 헝겊 실로 잘 꿰매어 야후의 가죽으로 덮었다. 내 돛도 같은 동물의 가죽으로 만들어졌다. 그러나 나는 가능한 한 가장 어린 가죽을 사용했다. 나이가 많은 가죽은 너무 질기고 두꺼웠기 때문이다. 그리고 나는 또한 네 개의 노를 준비했다. 나는 삶은 고기, 토끼와 닭을 비축했고, 우유가 담긴 용기 하나와 물이 담긴 용기 하나를 가져갔다.

나는 주인의 집 근처의 큰 연못에서 내 카누를 시험해 보았고, 그 안에서 잘못된 부분을 수정하였다. 나는 모든 틈을 야후의 기름으로 막아, 그것이 튼튼하고 나와 내 화물을 견딜 수 있을 때까지 기다렸다. 그리고 내가 가능한 한 완벽하게 만들었을 때, 나는 그것을 야후들이 조심스럽게 바닷가로 끌고 가도록 하였고, 그 과정에서 소렐 말과 또 다른 하인을 동반하였다.

모든 준비가 완료되고 출발하는 날이 다가왔을 때, 나는 내 주인과 부인, 그리고 온 가족에게 작별 인사를 하였고, 눈에는 눈물이 흐르고 마음은 슬픔으로 가득 차 있었다. 그러나 그의 존귀하신 분은 호기심으로, 그리고 아마도 (내가 자만 없이 말씀드리자면) 부분적으로는 친절함으로, 나를 내 카누에서 보기를 원하셨고, 이웃 친구 몇 명을 동반하게 하셨다. 나는 조수를 기다리기 위해 한 시간 이상 기다려야 했고, 그 후 내가 가고자 하는 섬을 향해 바람이 매우 운 좋게 불어오는 것을 보았을 때, 나는 내 주인에게 두 번째 작별 인사를 하였다. 그러나 내가 그의 발굽에 입맞춤하기 위해 무릎을 꿇으려 할 때, 그는 나에게 그것을 부드럽게 내 입으로 올려주시는 영광을 베풀어 주셨다. 나는 이 마지막 사항을 언급한 것에 대해 얼마나 많은 비난을 받았는지 모르는 것이 아니다. 비방자들은 그렇게 저열한 존재인 내가 그렇게 뛰어난 인물에게서 큰 차별을 받을 가능성이 낮다고 생각하기를 좋아한다. 또한 일부 여행자들이 받은 특별한 호의에 대해 자랑하는 경향이 있다는 것도 잊지 않았다. 그러나 만약 이 비난자들이 후이늠의 고귀하고 예의 바른 성향을 더 잘 알고 있었다면, 그들은 곧 자신의 의견을 바꿀 것이다.

나는 그의 명예를 기리기 위해 나머지 후이늠들에게 경의를 표했다. 그런 다음 내 카누에 올라타서 해안에서 바다로 나아갔다.

CHAPTER 11

저자의 위험한 항해가 시작된다. 저자는 뉴홀랜드에 도착하여 그곳에 정착하기를 희망한다. 저자는 원주민 중 한 명에게 화살에 맞아 부상을 당한다. 저자는 강제로 포르투갈 선박으로 끌려간다. 저자는 선장의 큰 예의를 받는다. 저자는 영국에 도착한다.

나는 1714년 2월 15일 오전 9시에 이 절박한 항해를 시작했다. 바람은 매우 유리했지만, 처음에는 오로지 내 노를 사용했다. 그러나 곧 피곤해질 것 같고 바람이 변할 수 있다는 것을 고려하여, 나는 작은 돛을 세우기로 결심했다. 그렇게 조수의 도움으로, 나는 시간당 약 1.5리그의 속도로 나아갔다. 나의 주인과 그의 친구들은 내가 거의 시야에서 사라질 때까지 해변에 남아 있었다. 그리고 나는 항상 나를 사랑했던 그 소렐 말이 "흐누이 일라 니하 마이야 야후" "조심해, 부드러운 야후"라고 외치는 소리를 자주 들었다.

내 계획은 가능하다면, 나의 노동으로 생계를 유지할 수 있는 작은 무인도 하나를 발견하는 것이었으며, 이는 유럽에서 가장 공손한 궁정의 총독보다 더 큰 행복이라고 생각했을 것이다. 내가 상상한 것은 야후의 사회와 정부 아래에서 다시 살게 되는 것이 얼마나 끔찍한 지였다. 내가 원하는 그런 고독 속에서, 나는 적어도 내 생각을 즐길 수 있었고, 내 종족의 악과 부패로 타락할 기회 없이 그 비할 데 없는 후이늠의 미덕을 기쁘게 반영할 수 있었다.

독자는 내가 이야기한 내용을 기억할 수 있을 것이다. 내 선원들이 나에게 음모를 꾸미고 나를 내 선실에 가두었을 때, 내가 어떤 항로를 가고 있는지 모른 채 몇 주 동안 그곳에 머물렀던 일을 말이다. 그리고 내가 긴 보트에 내려졌을 때, 선원들이 진실이든 거짓이든 상관없이 "우리가 세계의 어느 부분에 있는지 모른다."고 맹세하며 나에게 말했던 일. 그러나 그때 나는 우리가 희망봉에서 남쪽으로 약 10°, 또는 남위 45° 정도에 있다고 믿었다. 이는 내가 그들 사이에서 엿들은 몇 가지 일반적인 말에서 알게 된 것이며, 그들이 마다가스카르로 가는 항해에서 동남쪽으로 가고 있다고 생각했기 때문이다. 그리고 비록 이것이 추측에 불과할지라도, 나는 동쪽으로 항해하기로 결심하였고, 뉴홀랜드의 남서쪽 해안에 도달하고, 아마도 그 서쪽에 내가 원하는 그런 섬에 도착하기를 희망했다. 바람은 완전히 서쪽에서 불었고, 저녁 6시쯤 나는 최소한 128리그 동쪽으로 갔다고 계산하였다. 그때 나는 약 반리그 떨어진 매우 작은 섬을 발견하였고, 곧 그곳에 도착하였다. 그것은 폭풍의 힘에 의해 자연스럽게 아치형으로 형성된 하나의 개천이 있는 바위에 불과하였다. 여기서 나는 내 카누를 띄우고, 바위의 일부를 오르면서 동쪽에 땅이 남쪽에서 북쪽으로 뻗어 있는 것을 분명히 발견할 수 있었다. 나는 밤새 내 카누에 누워 있었고, 이른 아침에 내 항해를 반복하여 7시간 만에 뉴홀랜드의 남동쪽 지점에 도착했다. 이것은 내가 오랫동안 가지고 있던 의견을 확증해 주었다. 즉, 지도와 차트는 이 나라를 실제보다 최소한 3° 더 동쪽에 위치시키고 있다는 것이다. 이 생각은 여러 해 전에 내 훌륭한 친구인 허먼 몰 씨에게 전달했으며, 그에게 그 이유를 설명했지만, 그는 다른 저자들을 따르기로 선택했다.

나는 내가 착륙한 곳에서 주민을 보지 못했고, 무장하지 않은 상태에서 나라 깊숙이 들어가는 것이 두려웠다. 나는 해안에서 조개류를 발견하고, 원주민을 두려워하여 불을 피우지 않고 생으로 먹었다. 나는 내 식량을 아끼기 위해 3일 동안 굴과 삿갓조개를 먹으며 지냈고, 다행히도 훌륭한 물이 흐르는 시내를 발견하여 큰 위안을 얻었다.

넷째 날, 너무 멀리 나가서 이른 아침에, 나는 나로부터 500야드도 안 되는 높이에 있는 원주민이 이십 또는 삼십 명의 원주민을 보았다. 그들은 남자, 여자, 아이들이 모두 벌거벗고 있었고, 연기 덕분에 나는 그들이 불 주위에 모여 있는 것을 알 수 있었다. 그들 중 한 명이 나를 발견하고 나머지에게 알렸다. 5명이 불 옆에 있는 여자와 아이들을 두고 나를 향해 나아왔다. 나는 가능한 한 빨리 해안으로 갔고, 내 카누에 올라타서 출발했다. 원주민들은 내가 후퇴하는 것을 보고 나를 쫓아왔다. 내가 바다로 충분히 멀리 나가기 전에, 그들은 화살을 쏘았고, 그 화살은 내 왼쪽 무릎 안쪽을 깊이 다치게 했다. 나는 그 흔적을 무덤까지 지니고 갈 것이다. 나는 화살이 독이 있을지도 모른다고 생각했고, 그들의 화살이 닿지 않는 곳으로 노를 저어 전진하면서 (날씨가 맑은 날이었기 때문에), 나는 상처를 빨아내고 가능한 한 잘 치료하기 위해 노력했다.

나는 무엇을 해야 할지 몰라서 당황했으며, 같은 착륙지로 돌아갈 용기가 없었고, 북쪽에 서서 노를 저어야 했다. 바람은 매우 부드러웠지만 나를 향해 불어 북서쪽으로 불고 있었다. 안전한 착륙지를 찾고 있을 때, 북북동쪽에서 돛을 보았고, 그것이 매 순간 더 잘 보이게 되었다. 나는 그들을 기다려야 할지 말아야 할지 약간의 의문이 들었지만, 결국 야후 종족에 대한 혐오감이 우세했다. 그래서 내 카누를 돌려 남쪽으로 항해하고 노를 저어 아침에 출발했던 같은 개울로 들어갔다. 나는 유럽 야후들과 함께 사는 것보다 이 야만인들 사이에 있는 것이 더 낫다고 생각했다. 나는 가능한 한 해안에 가까이 내 카누를 끌어올리고, 작은 시냇가 옆의 돌 뒤에 숨었다. 이미 말했듯이, 그 물은 훌륭했다.

배가 이 개울에서 반리그 이내에 도착하여 신선한 물을 담기 위해 긴 보트를 보냈다(그 장소는 매우 잘 알려진 것 같다). 그러나 보트가 거의 해안에 도착할 때까지 나는 그것을 보지 못했다. 그리고 다른 숨을 곳을 찾기에는 너무 늦었다. 선원들이 착륙하면서 내 카누를 발견하고, 그것을 샅샅이 뒤지며 주인이 멀지 않을 것이라고 쉽게 추측했다. 그들 중 네 명은 무장하고 모든 틈새와 숨어 있는 곳을 수색하다가 마침내 내가 돌 뒤에 엎드려 있는 것을 발견했다. 그들은 잠시 동안 내 이상하고 어색한 옷차림을 감탄하며 바라보았다. 내 가죽으로 만든 코트, 나무 밑창 신발, 그리고 털이 있는 스타킹. 그러나 그들은 내가 이곳의 원주민이 아니라는 결론을 내렸다. 모든 원주민은 벌거벗고 다니기 때문이다. 한 선원이 포르투갈어로 나에게 일어나라고 말하며 내가 누구인지 물었다. 나는 그 언어를 매우 잘 이해했고, 일어나서 "나는 후이늠에서 추방된 가난한 야후입니다, 떠나게 해주기를 부탁드립니다."라고 말했다. 그들은 내가 그들의 언어로 대답하는 것을 듣고 감탄했으며, 내 피부색으로 보아 내가 유럽인임을 알았다. 그러나 그들은 내가 야후와 후이늠이라고 말한 것이 무슨 뜻인지 알지 못했고, 동시에 내가 말하는 이상한 억양이 말의 울음소리와 비슷하다는 이유로 웃음을 터뜨렸다. 나는 두려움과 증오 사이에서 계속 떨고 있었다. 나는 다시 떠날 수 있기를 원했고, 조심스럽게 내 카누로 이동하고 있었지만, 그들은 나를 붙잡고 "어느 나라 사람이요? 어디서 왔어요?"와 같은 많은 질문을 하였다. 나는 그들에게 "나는 영국에서 태어났고, 약 5년 전에 왔습니다. 그때 그들의 나라와 우리의 나라는 평화로웠습니다. 그래서 나는 그들이 나를 적으로 대하지 않기를 바랐습니다. 나는 그들에게 해를 끼칠 생각이 없었고, 불행한 삶의 나머지를 보낼 외로운 장소를 찾고 있는 가난한 야후입니다."라고 말했다.

그들이 대화를 시작했을 때, 나는 내가 본 것 중 가장 비정상적인 것이라고 생각했다. 마치 개나 소가 영국에서 말하는 것처럼, 또는 영국에서 야후가 말하는 것처럼 괴물 같았다. 정직한 포르투갈 사람들은 나의 이상한 복장과 내 말을 전달하는 기이한 방식에 마찬가지로 놀랐지만, 그들은 그것을 매우 잘 이해했다. 그들은 나에게 큰 인도심으로 이야기하며, 그들은 선장이 나를 무료로 리스본으로 데려다 줄 것이라고 확신하며, 그곳에서 나는 내 고향으로 돌아갈 수 있을 것이라고 말했다. 두 명의 선원이 배로 돌아가서 그들이 본 것을 선장에게 알리고 그의 명령을 받을 것이며, 그동안 내가 도망치지 않겠다는 엄숙한 맹세를 하지 않는 한, 그들은 나를 힘으로 붙잡을 것이라고 말했다. 나는 그들의 제안에 따르는 것이 최선이라고 생각했다. 그들은 내 이야기를 듣고 싶어 매우 호기심이 많았지만, 나는 그들에게 매우 적은 만족을 주었고, 그들은 모두 내 불행이 내 이성을 손상시켰다고 추측했다. 두 시간 후, 물을 담은 통을 실은 배가 돌아왔고, 선장의 명령으로 나를 태우러 왔다. 나는 내 자유를 지키기 위해 무릎을 꿇었지만, 모든 것이 헛수고였다. 남자들은 나를 밧줄로 묶고 배에 던져 넣었고, 그곳에서 나는 배로 옮겨졌고, 그 후 선장의 선실로 들어갔다.

그의 이름은 페드로 데 멘데즈였으며, 그는 매우 공손하고 관대한 사람이었다. 그는 나에게 내 자신에 대한 이야기를 해달라고 부탁했고, 내가 무엇을 먹거나 마실지 알고 싶어 했다. 그는 "당신도 나와 마찬가지로 대우받아야 한다."고 말하며, 많은 친절한 말을 했다. 그래서 나는 야후에게서 이런 예의를 발견한 것에 놀랐다. 그러나 나는 침묵하고 우울하게 있었다. 그의 냄새와 그의 남자들 때문에 기절할 것 같았다. 결국 나는 내 카누에서 먹을 것을 원했지만, 그는 나에게 닭고기와 훌륭한 와인을 주문했고, 매우 깨끗한 선실에서 잠자리에 들도록 지시했다. 나는 옷을 벗지 않고 이불 위에 누워 있었고, 30분 후에 선원들이 저녁을 먹고 있다고 생각하여 몰래 나가 배 옆으로 가서 바다로 뛰어들어 내 목숨을 구하기 위해 수영하려고 했다. 그러나 한 선원이 나를 막았고, 선장에게 알린 후 나는 선실로 끌려가 쇠사슬에 묶였다.

저녁 식사 후, 돈 페드로가 나에게 와서 그렇게 절망적인 시도를 한 이유를 알고 싶어 했다. 그는 "내가 할 수 있는 모든 서비스를 제공하려고 했을 뿐이다."라고 확신시켰고, 매우 감동적으로 이야기했다. 결국 나는 그를 약간의 이성을 가진 동물처럼 대하기로 했다. 나는 내 항해에 대한 아주 짧은 이야기를 했고, 나를 배신한 내 동료들에 대한 음모, 나를 상륙시킨 나라, 그리고 그곳에서의 5년 거주에 대해 이야기했다. 그 모든 것을 그는 꿈이나 환상처럼 바라보았고, 나는 큰 불쾌감을 느꼈다. 왜냐하면 나는 모든 나라에서 그들이 지배하는 야후들에게 특유한 거짓말하는 능력을 완전히 잊어버렸기 때문이다. 따라서 그들은 같은 종의 다른 사람들에 대한 진실을 의심하는 경향이 있다. 그에게 물었다. "당신의 나라에서 사실이 아닌 것을 말하는 것이 관습인지?" 나는 그에게 확신시켰다. 나는 거짓말이 무엇을 의미하는지 거의 잊어버렸고, 만약 내가 후이늠 땅에서 천 년을 살았다면, 가장 비천한 하인에게서도 거짓말을 듣지 않았을 것이다. 나는 그가 나를 믿든지 말든지 전혀 개의치 않았다. 그러나 그의 호의에 대한 보답으로, 나는 그의 본성의 부패에 대해 어느 정도 양보할 것이며, 그가 제기할 수 있는 어떤 반대에도 대답할 것이고, 그러면 그는 진실을 쉽게 발견할 수 있을 것이다.

선장은 지혜로운 사람으로, 내 이야기를 어떤 부분에서든지 실수하게 하려는 많은 노력 끝에 마침내 내 진실성에 대한 더 나은 의견을 가지게 되었다. 그러나 그는 '당신이 진실에 대한 불가침의 애착을 고백했으므로, 이 항해에서 내 생명에 반하는 어떤 시도 없이 나와 함께 하겠다는 약속을 해 주어야 한다. 그렇지 않으면 나는 우리가 리스본에 도착할 때까지 당신을 계속해서 감금할 것'이라고 덧붙였다. 나는 그가 요구한 약속을 했지만, 동시에 "야후들 사이에서 살기 위해 돌아가는 것보다는 가장 큰 고난을 겪겠다고" 항의했다.

우리의 항해는 큰 사고 없이 지나갔다. 선장에게 감사의 뜻으로, 나는 가끔 그의 간절한 요청에 따라 그와 함께 앉아 인간에 대한 반감을 숨기려고 노력했지만, 그것은 종종 드러났다. 그는 이를 눈치 채지 못하게 지나가게 했다. 그러나 하루의 대부분은 선원들을 보지 않기 위해 선실에 갇혀 있었다. 선장은 나에게 야만적인 옷을 벗으라고 여러 번 간청했으며, 그가 가진 가장 좋은 옷을 빌려주겠다고 제안했다. 나는 야후의 등에 있었던 어떤 것으로도 내 몸을 가리는 것을 싫어했기 때문에 이를 받아들이지 않았다. 나는 그에게 두 개의 깨끗한 셔츠를 빌려주기를 바랐고, 그가 입었던 이후로 세탁된 셔츠라 믿었기에 나를 그렇게 더럽히지 않을 것이라고 생각했다. 나는 이 셔츠를 이틀마다 갈아입고 스스로 세탁했다.

우리는 1715년 11월 5일 리스본에 도착했다. 착륙할 때, 선장은 군중이 나를 에워싸지 않도록 그의 망토로 나를 덮으라고 강요했다. 나는 그의 집으로 옮겨졌고, 내 간절한 요청에 따라 그는 나를 뒤쪽의 가장 높은 방으로 안내했다. 나는 그에게 "내가 후이늠에 대해 당신에게 말한 것을 모든 사람에게 숨겨 달라."고 간청했다. 왜냐하면 그러한 이야기에 대한 가장 작은 힌트조차도 나를 보러 오는 사람들을 끌어 모을 뿐만 아니라, 아마도 나를 감옥에 가두거나 종교재판에 의해 불에 태워질 위험에 처하게 할 것이기 때문이다. 선장은 나에게 새로 만든 옷 한 벌을 받아들이라고 설득했지만, 나는 재단사가 내 치수를 재는 것을 허락하지 않았다. 그러나 돈 페드로가 거의 내 사이즈와 같아서, 그 옷은 나에게 잘 맞았다. 그는 나에게 다른 필요한 것들을 모두 새것으로 준비해 주었고, 나는 그것들을 사용하기 전에 24시간 동안 공기 중에 두었다.

선장은 아내가 없었고, 세 명 이상의 하인을 두지 않았으며, 그들 중 누구도 식사에 참석할 수 없었다. 그의 전체 행동은 매우 친절했으며, 뛰어난 인간 이해력이 더해져서 나는 정말로 그의 동행을 참을 수 있게 되었다. 그는 나에게 어느 정도 영향을 미쳐서, 나는 뒤쪽 창문을 내다보는 모험을 감행했다. 점차 나는 다른 방으로 들어갔고, 그곳에서 거리를 엿보았지만, 놀라서 머리를 다시 움츠렸다. 일주일이 지나자 그는 나를 문까지 유혹했다. 내 두려움은 점차 줄어들었지만, 나의 증오와 경멸은 증가하는 것 같았다. 결국 나는 그의 동행으로 거리에서 걷기에 충분히 용감해졌지만, 코는 쑥이나 때때로 담배잎으로 잘 막고 있었다.

열흘 후, 내가 가정사에 대해 어느 정도 말씀드렸기 때문에 페드로 선장은 나에게 명예와 양심의 문제로서 "고향으로 돌아가 아내와 자녀들과 함께 살아야 한다."고 말했다. 그는 "항구에 출항할 준비가 된 영국 배가 있으며, 필요한 모든 것을 제공하겠다."고 했다. 그의 주장을 반복하는 것은 지루할 것이고, 내 반박도 마찬가지이다. 그는 "당신이 원하는 그런 외딴 섬을 찾는 것은 전혀 불가능하지만, 당신 집에서 명령을 내리고 원하는 만큼 은둔하며 시간을 보낼 수 있다."고 말했다.

마침내 나는 더 나은 방법이 없다는 것을 깨닫고 따랐다. 나는 11월 24일에 영국 상선으로 리스본을 떠났지만, 선장이 누구인지 나는 결코 묻지 않았다. 돈 페드로는 나를 배까지 동행해 주었고, 20파운드를 빌려주었다. 그는 나에게 친절하게 작별 인사를 하고, 헤어질 때 나를 포옹했다. 나는 가능한 한 잘 견뎌냈다. 이 마지막 항해 동안 나는 선장이나 그의 선원들과 상업적인 거래를 하지 않았고, 아픈 척하며 내 선실에 가만히 있었다. 1715년 12월 5일, 우리는 아침 9시경 다운스에 정박했고, 오후 3시에 나는 로더히스(원판과 호크스워스의 판본에는 로더히스가 여기에 있지만, 작품 초반에는 레드리프가 걸리버의 영국 고향이었다고 한다.)에 있는 내 집에 무사히 도착했다.

내 아내와 가족은 내가 확실히 죽었다고 결론지었기 때문에 큰 놀라움과 기쁨으로 나를 맞이했다. 그러나 나는 그들을 보는 것이 오직 증오, 혐오, 경멸로 가득 차게 했다는 것을 자유롭게 고백해야 한다. 그들과의 가까운 관계를 반영할수록 더욱 그랬다. 불행히도 후이늠 나라에서 추방된 이후로 나는 야후를 보는 것을 참아야 했고, 돈 페드로 데 멘데스와 대화해야 했지만, 내 기억과 상상력은 항상 그 고귀한 후이늠의 미덕과 아이디어로 가득 차 있었다. 그리고 야후 종족 중 하나와 교미함으로써 더 많은 자녀의 부모가 되었다는 것을 고려하기 시작했을 때, 나는 극도의 수치, 혼란, 공포에 사로잡혔다.

내가 집에 들어가자마자 아내는 나를 팔에 안고 입을 맞추었다. 그토록 오랜 세월 동안 그 혐오스러운 동물의 손길에 익숙해져 있지 않았던 나는 거의 한 시간 동안 넋을 잃고 말았다. 내가 이 글을 쓰고 있는 시점은 내가 마지막으로 영국으로 돌아온 지 5년이 되는 시점이다. 첫 해에는 아내와 아이들을 내 앞에서 견딜 수 없었다. 그들의 냄새 자체만으로도 참을 수 없었다. 더군다나 그들이 같은 방에서 밥을 먹는 것을 용납할 수는 없었다. 이 시간까지 그들은 감히 내 빵을 만지거나 같은 잔으로 마시려고 하지 않았으며, 나도 그들 중 하나가 내 손을 잡도록 허락할 수 없었다. 내가 세운 첫 번째는 돈으로 어린 종마 두 마리를 사는 것이었는데, 나는 그것들을 좋은 마구간에 보관하고 있다. 그리고 그들 다음으로는 마부가 내가 가장 좋아하는 사람인데, 마구간에서 나는 마부의 냄새에 내 영혼이 되살아나는 것을 느끼기 때문이다. 내 말들은 나를 참을 수 있을 정도로 잘 이해한다. 나는 매일 적어도 네 시간씩 그들과 대화를 나눈다. 그들은 굴레나 안장을 모르는 낯선 사람들이다. 그들은 나와 큰 우정을 나누고 서로에게도 우정을 가지고 살아간다.

CHAPTER 12

저자의 진실성을 알린다. 이 작품을 출판하는 그의 의도를 알린다. 저자는 진실에서 벗어나는 여행자들을 비난한다. 저자는 글을 쓰는 데 있어 어떤 사악한 목적도 없음을 밝힌다. 그의 반론에 대해 답변한다. 식민지를 세우는 방법을 설명한다. 저자의 고향에 대한 찬사를 보낸다. 저자가 설명한 국가들에 대한 왕권의 정당성이 입증된다. 그들을 정복하기는 어렵다. 저자는 독자에게 마지막 인사를 하고, 앞으로의 생활 방식을 제안하며, 좋은 조언을 하고 결론을 맺는다.

그러므로, 친애하는 독자여, 나는 16년과 7개월 이상의 여행에 대한 충실한 역사를 당신에게 제공하였다. 그 과정에서 나는 진실보다 장식에 더 신경 쓰지는 않았다. 아마도 나는 다른 사람들처럼 당신을 이상하고 믿기 어려운 이야기로 놀라게 할 수 있었겠지만, 나는 오히려 가장 간단한 방식과 스타일로 사실을 전달하는 걸로 선택했다. 왜냐하면 나의 주된 목적은 당신에게 정보를 제공하는 것이지, 즐겁게 하는 것이 아니었기 때문이다.

우리와 같이 영어를 사용하는 사람이나 다른 유럽인들이 좀처럼 방문하지 않는 외딴 나라로 여행하는 사람들에게는 바다와 육지에서의 놀라운 동물에 대한 묘사를 형성하는 것이 쉽다. 그러나 여행자의 주요 목표는 사람들을 더 지혜롭고 더 나은 존재로 만들고, 외국 장소에 대한 그들이 전달하는 나쁜 예와 좋은 예를 통해 그들의 마음을 개선하는 것이어야 한다.

나는 모든 여행자가 자신의 여행기를 출판하기 전에 고위 총리 앞에서 자신이 인쇄할 모든 내용이 자신의 지식에 따라 절대적으로 진실하다는 것을 맹세해야 한다는 법이 제정되기를 진심으로 바란다. 그렇게 된다면 세상은 보통처럼 속지 않을 것이며, 일부 작가들이 자신의 작품이 대중에게 더 잘 통과되도록 하기 위해 무고한 독자에게 가장 심각한 허위 사실을 강요하는 일이 없을 것이다. 나는 젊은 시절에 여러 여행서적을 큰 기쁨으로 읽었지만, 그 이후로 세계의 대부분을 돌아다니며 내 자신의 관찰로 많은 허황된 이야기를 반박할 수 있었기 때문에, 이 독서에 대한 큰 혐오감과 인류의 맹신이 이렇게 뻔뻔하게 남용되는 것을 보며 분노를 느꼈다. 그러므로 내 지인들이 나의 미약한 노력이 내 나라에 불쾌하지 않을 것이라고 생각해 주었기 때문에, 나는 결코 흔들리지 않을 원칙으로 진실에 엄격히 따르겠다고 스스로에게 부과했다. 사실, 나는 고귀한 스승과 내가 오랫동안 겸손한 청중으로서 존경해온 다른 저명한 후이늠의 강의와 예를 마음에 간직하는 한, 진실에서 벗어날 유혹을 느낄 수 없다.

불행한 운명이 이 시논을 버리지 않도록

끝났습니다, 헛된 것도, 거짓말쟁이도 부정직하게 만들어낼 것입니다.

나는 매우 잘 알고 있다, 천재성이나 학문, 또는 좋은 기억력이나 정확한 일지를 제외하고는 어떤 다른 재능도 필요하지 않은 글쓰기로 얻을 수 있는 명성이 얼마나 적은지를. 또한, 여행 작가들이 사전 편찬자들처럼 마지막에 오는 사람들의 무게와 부피에 의해 잊혀진다는 것도 알고 있다. 그리고 이 작품에서 묘사된 나라들을 앞으로 방문할 여행자들이 내 오류(있다면)를 발견하고, 그들 자신의 많은 새로운 발견을 추가함으로써 나를 유행에서 밀어내고 내 자리를 차지하여 세상이 내가 저자였던 것을 잊게 만들 가능성이 매우 높다. 그것은 정말로 내가 명성을 위해 글을 썼다면 너무 큰 수치가 될 것이지만, 나의 유일한 의도가 공공의 이익이었기 때문에 나는 전혀 실망할 일은 없을 것이다. 이성적으로 자신의 나라를 지배하는 동물로 생각할 때, 내가 언급한 훌륭한 후이늠의 미덕을 읽고 자신의 악덕이 부끄럽지 않을 수 있겠는가? 나는 야후가 지배하는 먼 나라들에 대해서는 아무 말도 하지 않겠다. 그 중에서 가장 덜 부패한 것은 브롭딩낵인들이며, 그들의 도덕과 정부에 대한 지혜로운 격언을 우리가 따르는 것은 우리의 행복이 될 것이다. 그러나 나는 더 이상 논의하지 않고, 오히려 신중한 독자가 자신의 의견과 적용에 맡기도록 하겠다.

나는 이 작업이 비판을 받지 않을 가능성이 있다는 것에 대해 조금도 기쁘지 않다. 왜냐하면 우리가 무역이나 협상과 관련하여 전혀 관심이 없는 먼 나라에서 발생한 단순한 사실만을 서술하는 작가에게 어떤 반대 의견이 있을 수 있겠는가? 나는 일반 여행 작가들이 종종 정당하게 비난받는 모든 잘못을 신중하게 피했다. 게다가 나는 어떤 당파에도 전혀 개입하지 않으며, 어떤 사람이나 집단에 대해서도 열정, 편견, 또는 악의 없이 글을 쓴다. 나는 인류를 알리고 가르치기 위해 가장 고귀한 목적을 위해 글을 쓴다. 나는 가장 뛰어난 후이늠들 사이에서 오랫동안 대화함으로써 얻은 이점 덕분에, 겸손을 해치지 않고도 어느 정도의 우월성을 주장할 수 있다. 나는 이익이나 칭찬을 염두에 두지 않고 글을 쓴다. 나는 반성처럼 보일 수 있는 단어가 지나가는 것을 결코 허용하지 않으며, 심지어 가장 쉽게 반응할 수 있는 사람들에게도 최소한의 불쾌감을 줄 수 있는 단어조차 허용하지 않는다. 그래서 나는 내가 완전히 비난받을 이유가 없는 저자라고 정당하게 주장할 수 있기를 바란다. 답변자, 고려자, 관찰자, 반성자, 탐지자, 주석자 부족은 결코 그들의 재능을 발휘할 수 있는 소재를 찾지 못할 것이다.

나는 고백한다, "내가 영국의 신하로서 첫 방문 시 국무장관에게 기념비를 제출해야 할 의무가 있었다. 왜냐하면, 신하가 발견한 모든 땅은 왕관에 속하기 때문이다." 그러나 내가 다루고 있는 나라들에서 우리의 정복이 페르디난도 코르테스가 벌거벗은 아메리카인들에 대한 것만큼 쉬울지 의문이다. 나는 릴리퍼트인들이 그들을 정복하기 위해 함대와 군대를 동원할 가치가 거의 없다고 생각한다. 그리고 브롭딩낵인들이 시도하는 것이 신중하거나 안전할지 의문이다. 또는 영국 군대가 그들의 머리 위에 떠 있는 비행 섬과 함께 편안할 수 있을지 의문이다. 그 후이늠들은 전쟁에 대해 잘 준비되어 있지 않은 것처럼 보이며, 그들은 이 분야에서 완전히 낯선 존재이며, 특히 발사 무기에 대해서는 더욱 그렇다. 그러나 내가 국가의 장관이라고 가정한다면, 그들을 침략하라는 조언을 결코 할 수 없을 것이다. 그들의 신중함, 일치, 두려움에 대한 무지, 그리고 조국에 대한 사랑은 군사 기술의 모든 결점을 충분히 보완할 것이다. 상상해 보십시오, 그들 중 2만 명이 유럽 군대의 한가운데로 돌진하여 대열을 혼란스럽게 하고, 마차를 전복시키며, 전사들의 얼굴을 끔찍한 발굽의 타격으로 미라처럼 만들어 버리는 모습을. 그들은 아우구스투스에게 주어진 성격을 잘 받을 자격이 있다. 그러나 그 위대한 민족을 정복하기 위한 제안 대신, 나는 그들이 유럽을 문명화하기 위해 충분한 수의 주민을 보내는 능력이나 의향을 가지고 있기를 바란다. 그들은 우리에게 명예, 정의, 진리, 절제, 공공 정신, 용기, 순결, 우정, 자비, 그리고 충실의 첫 번째 원칙을 가르쳐 줄 수 있다. 이러한 미덕의 이름은 여전히 대부분의 언어에서 우리 사이에 남아 있으며, 고대 저자뿐만 아니라 현대 저자에서도 찾아볼 수 있다. 이는 내가 소량의 독서를 통해 주장할 수 있는 것이다.

하지만 나는 또 다른 이유가 있었다. 그것은 내가 그의 새로운 영토를 제 발견으로 확장하는 것에 대해 덜 적극적이게 만들었다. 사실을 말하자면, 나는 그런 경우에 군주들의 분배 정의에 대해 몇 가지 주저함을 느꼈다. 예를 들어, 해적 선원들이 그들이 어디로 가는지 모르는 폭풍에 휘말린다. 결국 한 소년이 마스트 꼭대기에서 땅을 발견한다. 그들은 해안으로 가서 약탈하고 강탈하며, 무해한 사람들을 보고 친절하게 대접받는다. 그들은 그 나라에 새로운 이름을 붙이고, 그들의 왕을 위해 공식적으로 소유권을 주장한다. 그들은 기념으로 썩은 판자나 돌을 세우고, 원주민 두세 명을 살해하며, 샘플로 몇 명을 강제로 데려온다. 집으로 돌아가서 사면을 받는다. 여기서 신의 권리에 의한 칭호를 가지고 획득된 새로운 지배권이 시

작된다. 배는 첫 번째

기회: 원주민들은 쫓겨나거나 파괴되었다. 그들의 군주들은 그들의 금을 찾기 위해 고문했다. 모든 비인간적이고 정욕적인 행위에 자유로운 허가가 주어지고, 땅은 그 피로 악취를 풍긴다.

주민들: 그리고 그토록 경건한 원정에 고용된 이 무시무시한 도살자 무리는 우상 숭배적이고 야만적인 사람들을 개종시키고 문명화하기 위해 파견된 현대의 식민지이다!

하지만 이 설명은 결코 영국 국민에게 영향을 미치지 않음을 고백한다. 그들은 지혜, 배려, 정의로 전 세계의 모범이 될 수 있으며, 종교와 학문의 발전을 위한 관대한 기부, 기독교를 전파하기 위한 신실하고 유능한 목사들의 선택, 본국에서 온 절제 있는 삶과 대화를 가진 사람들로 식민지를 채우는 데 신중함, 모든 식민지에서 가장 유능한 공무원으로 민사 행정을 지원하는 정의의 분배에 대한 엄격한 고려, 그리고 그들이 통치하는 국민의 행복과 그들의 주군인 왕의 명예 외에는 다른 목적이 없는 가장 경계하고 미덕 있는 총독들을 파견함으로써 모든 것을 완성한다.

하지만 내가 설명한 나라들은 정복당하고 노예가 되거나, 살해되거나, 식민지에 의해 쫓겨나고자 하는 욕망이 없어 보이며, 금, 은, 설탕, 담배가 풍부하지도 않기 때문에, 나는 그들이 우리의 열정, 용기 또는 관심의 적절한 대상이 아니라고 겸손히 생각했다. 그러나 그 문제에 더 관련된 사람들이 다른 의견을 갖는 것이 적절하다고 생각한다면, 나는 법적으로 소환될 때, 유럽인이 저보다 먼저 그 나라를 방문한 적이 없다고 증언할 준비가 되어 있다. 내 말은, 주민들의 말을 믿어야 한다면, 수년 전에 후이늠랜드의 산에서 목격되었다고 하는 두 야후에 관한 논쟁이 일어나지 않는 한, 그 짐승의 종족이 내려왔다는 의견이 있다. 그리고 이것들은 내가 아는 모든 것에 의해서 영국인이었을 수도 있는데, 실로 나는 그들의 후손들의 얼굴의 혈통으로부터 그것을 의심하기 쉬웠다. 그러나 그것이 칭호를 만들기 위해 어디까지 갈 것인가는 식민지 법에 박식한 사람들에게 맡기겠다.

그러나 내 주권자의 이름으로 소유권을 취득하는 것의 공식성에 관해서는, 그것이 내 생각에 한 번도 들어오지 않았다. 그리고 만약 그것이 들어왔다 하더라도, 그 당시 내 상황을 고려할 때, 아마도 신중함과 자기 보존의 관점에서 더 나은 기회로 미뤘을 것이다.

여행자인 나에 대해 제기될 수 있는 유일한 이의에 이렇게 대답한 후, 나는 이 자리에서 모든 정중한 독자들에게 마지막 인사를 전하고, 레드리프에 있는 나의 작은 정원에서 나 자신의 사색을 즐기기 위해 돌아왔다. 내가 후이늠들 사이에서 배운 그 훌륭한 미덕의 교훈을 적용하기 위해 내 가족의 야후들에게 내가 그들을 다룰 수 있는 동물들을 찾을 수 있는 한, 가르쳐 주기 위해서 유리잔 속의 내 모습을 자주 보는 것, 그리하여 가능하다면 인간 피조물의 광경을 용인하는 데 시간을 들여 습관화하는 것, 내 나라에 있는 후이늠에 대한 잔인성을 애도하지만, 나의 고귀한 주인, 그의 가족, 그의 친구, 그리고 우리의 모든 혈통을 닮는 영광을 가지고 있는 후이늠 종족 전체를 위해 항상 그들의 사람들을 존경심으로 대우한다.

지난주부터 아내가 긴 테이블의 가장 먼 쪽에 앉아 나와 함께 저녁을 먹도록 허락하기 시작했다. 내가 그녀에게 묻는 몇 가지 질문에 대해 (하지만 최대한 간결하게) 대답하도록 했다. 그러나 여전히 매우 불쾌한 야후의 냄새 때문에, 나는 항상 코를 루, 라벤더 또는 담배 잎으로 잘 막고 있다. 그리고 비록 인생 후반에 오래된 습관을 없애는 것이 어렵지만, 이웃 야후와 함께 있는 것을 두려워하지 않고 견딜 수 있을 것이라는 희망을 완전히 잃지는 않았다.

일반적으로 야후 같은 존재들과의 화해는 그들이 자연이 부여한 결점과 어리석음만으로 만족한다면 그렇게 어렵지 않을 것이다. 나는 변호사, 소매치기, 대령, 바보, 귀족, 도박꾼, 정치인, 매춘부, 의사, 증인, 매수자, 변호사, 배신자와 같은 존재를 보아도 전혀 자극받지 않는다. 이는 모든 것이 정당한 과정에 따른 것이다. 그러나 내가 몸과 마음 모두에서 기형과 질병의 덩어리를 보고 자만심에 사로잡힐 때, 그것은 즉시 내 인내의 한계를 무너뜨린다. 나는 그러한 존재와 그러한 결점이 어떻게 일치할 수 있는지를 결코 이해할 수 없을 것이다. 지혜롭고 미덕이 있는 후이놈들은 이성적인 존재를 장식할 수 있는 모든 우수함이 풍부하지만, 그들의 언어에는 이 악덕에 대한 이름이 없다. 그들은 악을 표현할 수 있는 용어가 없으며, 오직 그들의 야후의 혐오스러운 특성을 설명하는 용어만이 있다. 그들 중에서는 자존심이라는 이 악덕을 구별할 수 없었는데, 이는 그들이 그 동물이 지배하는 다른 나라에서 나타나는 인간 본성을 완전히 이해하지 못했기 때문이다. 그러나 나는 더 많은 경험이 있었기 때문에, 야생 야후들 사이에서 그 악덕의 일부 기초를 분명히 관찰할 수 있었다.

하지만 이성의 지배 아래 사는 후이놈들은 자신이 가진 좋은 자질에 대해 자랑스럽지 않으며, 나는 다리나 팔이 없다는 이유로 자랑할 이유가 없다. 이는 아무도 제정신이라면 자랑할 일이 아니지만, 그들 없이는 불행할 수밖에 없다. 나는 어떤 방법으로든 영국 야후의 사회가 견딜 수 없게 되지 않기를 바라는 마음에서 이 주제에 대해 더 오래 이야기하고자 한다. 그러므로 나는 이 어리석은 악습의 기미가 있는 사람들에게 내 시야에 들어오지 말 것을 간청한다.

작가 연보

1667년 아일랜드의 수도 더블린에서 11월 30일에 유복자로 태어나다.

1682년 더블린의 트리니티 칼리지를 졸업하고, 교회 구성원이 되겠다는 꿈을 가지고 영국으로 여행하다.

1692년 옥스퍼드 대학에서 석사학위를 취득하다.

1695년 킬루트 교회의 교구신부가 되다.

1696년 기독교계의 분열을 풍자한 『통 이야기』 집필을 시작하다.

1697년 『걸리버 여행기』가 페러디 형식을 취한 윌리엄 댐피어의 여행기인 『새로운 세계 일주 여행』이 발표되다.

1702년 더블린에서 신학박사 학위를 받다.

1704년 가톨릭, 개신교, 성공회를 비판한 『통 이야기』를 발표하다.

1713년 더블린의 성 패트릭 대성당의 주임사제로 임명되다.

1724년 『드레피어의 편지』를 발간하다.

1726년 『걸리버 여행기』가 발간되다.

1728년 〈존슨 부인의 사망에 관하여〉 시를 쓰다.

1729년 『겸손한 제안』을 발표하다.

1731년 〈닥터 스위프트의 죽음에 관하여〉 글을 쓰다.

1745년 78세의 나이로 10월 19일 생을 마감하고 성 패트릭 성당에 묻히다.

걸리버 여행기

초판 1쇄 인쇄 2025년 3월 20일
초판 1쇄 발행 2025년 3월 27일

지은이 조나단 스위프트
옮긴이 강경숙
펴낸이 이효원
편집인 김성규
마케팅 추미경
디자인 기린
펴낸곳 올리버
출판등록 제395-2022-000125호
주소 경기도 고양시 덕양구 삼송로 222, 101동 305호(삼송동, 현대헤리엇)
전화 070-8279-7311 **팩스** 02-6008-0834
전자우편 tcbook@naver.com

ISBN 979-11-94381-27-3 04080
979-11-89550-89-9 (세트)

* 값은 뒤표지에 있습니다.
* 잘못된 책은 구입하신 서점에서 바꾸어 드립니다.

* 도서출판 올리버는 탐나는책의 교양서 브랜드입니다.

올리버 세계교양전집 목록

01 **사람을 얻는 지혜** 발타자르 그라시안 지음 | 황선영 옮김

02 **자유론** 존 스튜어트 밀 지음 | 이현숙 옮김
서울대, 연세대, 고려대 선정 필독 교양서

03 **명상록** 마르쿠스 아우렐리우스 지음 | 김수진 옮김
하버드대, 옥스퍼드대, 시카고대 선정 필독 교양서

04 **군주론** 니콜로 마키아벨리 지음 | 민지현 옮김
하버드대, 옥스퍼드대, 서울대 선정 필독 교양서

05 **부는 어디에서 오는가** 월러스 워틀스 지음 | 김주리 옮김

06 **데일 카네기 인간관계론** 데일 카네기 지음 | 주정자 옮김

07 **데일 카네기 성공대화론** 데일 카네기 지음 | 신예용 옮김

08 **데일 카네기 자기관리론** 데일 카네기 지음 | 도지영 옮김

09 **인간 실격** 다자이 오사무 지음 | 임지인 옮김

10 **사양** 다자이 오사무 지음 | 이재현 옮김

11 **이방인** 알베르 카뮈 지음 | 구영옥 옮김
1957년 노벨 문학상 수상 작가, 미국대학위원회 선정 SAT 추천도서

12 **동물 농장** 조지 오웰 지음 | 윤영 옮김
《타임》 선정 '20세기 100대 영문 소설', 미국대학위원회 선정 SAT 추천도서

13 **도련님** 나쓰메 소세키 지음 | 임지인 옮김
서울대 선정 필독 교양서

14 **자기 신뢰 · 운명 · 개혁하는 인간** 랄프 왈도 에머슨 지음 | 공민희 옮김

15 **노인과 바다** 어니스트 헤밍웨이 지음 | 서나연 옮김
노벨 문학상 수상 작가, 1953년 퓰리처상 수상작

16 **소크라테스의 변명 · 크리톤 · 파이돈 · 향연** 플라톤 지음 | 최유경 옮김

17 **데미안** 헤르만 헤세 지음 | 이민정 옮김
노벨 문학상 수상 작가, 괴테상 수상 작가, 서울대 선정 필독서

18 **1984** 조지 오웰 지음 | 주정자 옮김
하버드대생이 가장 많이 읽는 책 20, 서울대 지원자들이 가장 많이 읽은 책 20

19 **톨스토이 단편선** 레프 니콜라예비치 톨스토이 지음 | 민지현 옮김

20 **군중심리** 귀스타브 르 봉 지음 | 최유경 옮김
《르몽드》 선정, 세상을 바꾼 20권의 책

21 **유토피아** 토머스 모어 지음 | 김용준 옮김

22 **프랑켄슈타인** 메리 셸리 지음 | 윤영 옮김
미국대학위원회 선정 SAT 추천도서, 《뉴스위크》 선정 세계 최고의 책 100선

23 **예언자** 칼릴 지브란 지음 | 김용준 옮김

24 **벤자민 버튼의 시간은 거꾸로 간다** F. 스콧 피츠제럴드 지음 | 이민정 옮김

25 **변신·시골 의사** 프란츠 카프카 지음 | 윤영 옮김
서울대 권장도서 100선, 미국대학위원회 선정 SAT 추천도서

26 **지킬 박사와 하이드 씨** 로버트 루이스 스티븐슨 지음 | 조진경 옮김
하버드대 신입생 권장도서, 《가디언》 선정 '모든 사람이 꼭 읽어야 할 책'

27 **싯다르타** 헤르만 헤세 지음 | 최유경 옮김
노벨 문학상 수상 작가, 괴테상 수상 작가, 서울대, 연세대, 고려대 선정 추천도서

28 **젊은 베르테르의 슬픔** 요한 볼프강 폰 괴테 지음 | 민지현 옮김

29 **수레바퀴 아래서** 헤르만 헤세 지음 | 정다은 옮김
노벨 문학상 수상 작가, 괴테상 수상 작가, 국립중앙도서관 선정 청소년 권장도서

30 **햄릿** 윌리엄 셰익스피어 지음 | 홍수연 옮김

31 **위대한 개츠비** F. 스콧 피츠제럴드 지음 | 정윤희 옮김
《타임》 선정 '20세기 100대 영문 소설', 미국대학위원회 선정 SAT 추천도서

32 **페스트** 알베르 카뮈 지음 | 구영옥 옮김
1957년 노벨 문학상 수상 작가, 국립중앙도서관 선정 청소년 권장도서

33 **시지프 신화** 알베르 카뮈 지음 | 신예용 옮김
1957년 노벨 문학상 수상 작가

34 **이반 일리치의 죽음** 레프 니콜라예비치 톨스토이 지음 | 정지현 옮김
노벨 연구소 선정 최고의 작품, 시카고 대학 그레이트 북스

35 **어린 왕자** 앙투안 드 생텍쥐페리 지음 | 이민정 옮김

36 **로미오와 줄리엣** 윌리엄 셰익스피어 지음 | 정지현 옮김
서울대 권장도서 100선, 미국대학위원회 선정 SAT 추천도서

37 **맥베스** 윌리엄 셰익스피어 지음 | 이현숙 옮김
서울대 권장도서 100선, 미국대학위원회 선정 SAT 추천도서

38 **체호프 단편선** 안톤 파블로비치 체호프 지음 | 홍수연 옮김
노벨연구소 선정 세계문학 100선, 1888년 푸시킨상 수상 작가

39 **오만과 편견** 제인 오스틴 지음 | 최유경 옮김
미국대학위원회 선정 SAT 추천도서, 《뉴스위크》 선정 세계 최고의 책 100선

40 **여름** 이디스 워튼 지음 | 주정자 옮김
최초의 여성 퓰리처상 수상 작가, 미국 문단에서 여성의 성장을 다룬 최초의 본격 문학

41 **걸리버 여행기** 조나단 스위프트 지음 | 강경숙 옮김
디스커버리 선정 '죽기 전에 읽어야 할 책 100권'